Économie urbaine et régionale

Mario POLÈSE Richard SHEARMUR
Laurent TERRAL

Économie urbaine et régionale

Géographie économique et dynamique des territoires

4e édition

ECONOMICA
49, rue Héricart, 75015 Paris

REMERCIEMENTS

Ce livre est le fruit d'un travail d'équipe. Parler ici de toutes les personnes envers qui nous avons contracté une dette serait impossible, et nous nous empressons de les remercier toutes à défaut de pouvoir les nommer une à une. C'est surtout vrai des nombreuses personnes qui ont collaboré aux trois premières éditions de ce livre, à laquelle cette nouvelle édition reste fidèle dans ses grandes lignes.

Nous désirons manifester notre reconnaissance envers nos institutions respectives, le Centre Urbanisation Culture Société de l'INRS à Montréal, l'école d'urbanisme de l'université McGill, ainsi que le Laboratoire Ville Mobilité Transport (LVMT) de l'Université Paris-Est, rattaché également à l'École des Ponts ParisTech et à l'IFSTTAR. C'est en bonne partie grâce à l'ambiance intellectuelle et à la qualité des services dont nous y bénéficions que cette quatrième édition voit le jour. Nous remercions donc l'ensemble de nos collègues.

Nous avons bénéficié de la collaboration de nombreux collègues et étudiants, aussi bien au Canada qu'en France, qui nous ont aidés, notamment dans la structuration des données, dans la production de figures, de tableaux et de cartes géographiques ainsi que dans l'élaboration de nos idées. À l'INRS à Montréal, nous tenons surtout à remercier Cindy Rojas, responsable de la mise en page de l'ouvrage et de sa présentation visuelle. À McGill, ce sont les étudiants des cours sur l'Économie de la Ville et sur la Créativité, l'Innovation et la Ville qui sont à remercier, ainsi que David Doloreux (Université d'Ottawa) avec qui Richard Shearmur collabore de longue date. Au LVMT, Laurent Proulhac a apporté son aide à l'exploitation des données françaises.

Nous aimerions également saluer la Maison Economica, notamment dans les personnes de Jean Pavlevski (son directeur), qui nous a incités à produire cette quatrième édition, et de Catherine Hersent, qui en a fait une relecture minutieuse. Finalement, comment passer sous silence la patience et la compréhension de nos proches tout au long de cette rédaction.

M.P., R.S. et L.T., avril 2015.

Géographie économique comme champ d'étude

À l'intérieur des deux disciplines sœurs que sont les sciences économiques et la géographie humaine, la *géographie économique* (qui tend à remplacer *économie urbaine et régionale* comme libellé générique) est le champ d'étude qui a pour objet la compréhension de la relation entre l'espace vécu et la vie économique. Il ne saurait y avoir de vie économique sans territoire. Ainsi l'espace géographique est, dans l'explication des événements humains, une donnée aussi incontournable que le temps. Cependant, les frontières de ce champ d'étude, aussi appelée économie spatiale ou économie géographique, ne sont ni fixes ni étanches, et il n'existe pas de définition unique : d'autres, telle la science régionale, s'en rapprochent sur plusieurs points. Depuis la parution de la première édition de ce livre (en 1994), l'intérêt pour ce champ d'étude a connu un net regain ; pour s'en convaincre, il suffit de se référer aux lectures suggérées à la fin de cette introduction. Afin de désigner ce brassage d'idées, tant chez les économistes que les géographes, on parle parfois de « nouvelle géographie économique » ou encore de « sciences du territoire », raison pour laquelle nous avons jugé bon pour cette 4e édition d'ajouter « la dynamique des territoires » au sous-titre.

Encadré A
LE POIDS DES MOTS

La géographie économique, comme d'autres disciplines des sciences humaines, n'échappe pas aux modes intellectuelles. En 1994, à la parution de la première édition de ce manuel, pôles de croissance et métropoles d'équilibre furent des concepts courants, tout comme tertiaire moteur et complexe industriel. Tout cela sonne un peu vieillot aujourd'hui. D'autres concepts ont pris la relève : clusters ; classe créative ; économie résidentielle ; métropolisation. Le mot territoire (et son adjectif) tend depuis quelques années à remplacer région (donc : développement territorial plutôt que régional) ; du moins, dans le monde francophone. D'autres concepts comme agglomération et centralité sont restés des repères essentiels en géographie économique. Dans cette 4e édition, tout en introduisant les concepts les plus récents, nous invitons le lecteur à rester critique. Les concepts, faut-il le rappeler, sont des inventions (nécessaires) de l'esprit humain, des tentatives de représenter la réalité. Mais ils sont aussi des pièges : changer de mot ne signifie pas forcément changer de réalité. À chaque concept abordé dans ce manuel, nous invitons le lecteur à se poser la question : s'agit-il d'un concept utile ; un autre mot aurait-il aussi pu servir pour exprimer la même réalité ?

Les étudiants et les chercheurs qui s'intéressent à l'économie urbaine et régionale partagent une interrogation de fond qui pourrait se résumer ainsi : pourquoi les choses se passent-elles « ici » et pas « ailleurs » ? Toute activité économique, peu importe sa nature, est exercée sur un site. Mais pourquoi celui-ci et non un autre ? Comment expliquer le « comportement spatial » des agents économiques, tant entreprises que ménages ? Pourquoi les populations se déplacent-elles d'une région à une autre ? Pourquoi les industries se concentrent-elles dans telle ville ou dans tel quartier ? Peut-on proposer des « lois » économiques pour expliquer les choix de localisation des entreprises ?

Nombre d'autres questions peuvent intéresser la personne qui aborde ce champ d'étude :

- Pourquoi les villes existent ? Quel est leur fondement économique ?
- Pourquoi les villes ne cessent-elles pas de grandir en dépit des problèmes de congestion et de pollution ?
- Existe-t-il une logique dans la façon dont les villes se distribuent sur le territoire ?
- Pourquoi observe-t-on des disparités de revenu ou d'emploi entre les régions d'un même pays ?
- Quelle est l'efficacité des interventions publiques en matière de développement économique local ?
- Quel est l'impact du progrès technologique sur la localisation des activités économiques ?
- Comment expliquer le découpage des villes en quartiers résidentiels distincts ?
- Pourquoi les terrains ont-ils systématiquement plus de valeur dans certains quartiers que dans d'autres ?

Ce ne sont là que des exemples, et nos lecteurs pourront sûrement allonger la liste. Ce manuel vise à leur fournir des outils pour y répondre.

À qui s'adresse ce livre ?

Ce manuel ne s'adresse pas uniquement à des étudiants de sciences économiques ou de géographie économique. Nous souhaitons qu'il trouve aussi audience auprès d'étudiants et de praticiens de disciplines divers : urbanisme, aménagement du territoire, études urbaines et régionales, économie foncière et immobilière, administration publique, science régionale, sociologie urbaine, droit municipal…

Ce live se veut accessible aux étudiants d'université, mais aussi aux praticiens et aux intervenants (fonctionnaires, consultants, etc.) qui, sans avoir de formation avancée en économie ou en géographie économique, veulent bénéficier de l'apport de ces disciplines. Pour l'étudiant déjà pourvu d'une bonne base en géographie ou en sciences économiques, il s'agit de mieux comprendre comment ses connaissances peuvent s'appliquer à l'analyse de questions urbaines et régionales.

Ce choix d'auditoire se manifeste de deux façons dans le livre. Il se traduit d'abord dans le langage et dans les analyses et explications, que nous avons souhaitées accessibles à tout étudiant ayant une formation universitaire de base en sciences humaines. Les concepts et outils sont expliqués à mesure qu'ils apparaissent. L'utilisation d'équations, de jargons techniques et de formulations mathématiques reste parcimonieuse, limitée à ce qui semble nécessaire à la compréhension des modèles et analyses.

Comment ce livre se distingue-t-il d'autres ouvrages ?

Depuis les années 1950, nombreux sont les manuels, recueils et ouvrages généraux parus en français (voir la liste présentée à la fin de cette introduction), et surtout en anglais, dans le domaine de la géographie économique et dans des champs connexes. Pourquoi en présenter un de plus ?

Développer les habilités critiques

Sur le plan des idées, nous nous inspirons des grands auteurs classiques, dont les schèmes conceptuels nous servent souvent de point de départ pour aborder l'analyse de réalités actuelles à la lumière de travaux plus récents (souvent à caractère empirique). La recherche d'une vision intégrée de l'évolution de la vie économique et de son rapport à l'espace géographique est à la base de notre démarche. Nous proposons un cheminement intellectuel à la faveur duquel, étape par étape, sont rassemblés des éléments permettant de comprendre comment le passage d'une population (pays, ville ou région) d'un niveau de développement à un autre se répercute dans sa façon de s'organiser sur le plan territorial.

Cependant, l'étude des grands concepts et des théories classiques est aussi une invitation à aiguiser le sens analytique du lecteur, voici l'un des objectifs cachés de ce manuel. Nous y avons introduit des encadrés, parfois provocateurs à dessein, dont l'objectif est d'alimenter les habilités critiques du lecteur, y compris à l'égard des énoncés dans ce livre. Il est évident que ce livre reflète nos visions personnelles. Certains sujets et modes de pensée y sont privilégiés ; nous ne respectons pas forcément les frontières traditionnelles de l'économie urbaine et régionale. Nous privilégions une démarche que l'on pourra qualifier d'« empiriste» qui, à chaque reprise, cherche à faire le lien entre les modèles et théories et l'analyse empirique ou l'expérience vécue. Les schèmes de pensée, aussi élaborés soient-ils, qui ne se prêtent pas à la vérification empirique restent suspects à nos yeux.

Encadré B
DIFFICILE PASSAGE DE « CONCEPT » À « QUANTIFICATION »

Les concepts sont rarement univoques, et le même mot peut renvoyer à des idées parfois assez différentes. Mais même une fois le concept bien défini, sa traduction en objets mesurables demeure un grand défi. L'adéquation est rarement parfaite, et elle n'est parfois pas possible : comment traduire, par exemple, le concept de *gouvernance* en chiffres ? Cependant beaucoup de concepts sont mesurables, le plus souvent par l'intermédiaire d'indicateurs qui en révèlent un sens particulier. Pour un concept comme la *gouvernance*, il s'agira souvent d'en mesurer certains aspects ou certaines composantes. Mais *pauvreté*, *innovation*, *développement*, pour ne prendre que trois exemples, sont des concepts essentiels que l'on cherche souvent à mesurer directement. Comment, concrètement, leur rendre justice ? *Développement* se réduit difficilement à un seul chiffre. C'est tout aussi vrai pour la grande majorité des concepts. Peu importe les indicateurs choisis, ils seront nécessairement réducteurs. Cependant, l'avancement des connaissances ne peut se faire sans s'appuyer sur des définitions, que l'on cherche très souvent à quantifier. La recherche est impossible sans objets observables ou mesurables. Comment examiner la relation entre éducation et pauvreté sans indicateurs mesurables de *pauvreté* et d'*éducation*, aussi réducteurs soient-ils ? La solution à ce dilemme n'est pas de renoncer à la quantification, mais de ne pas perdre de vue la distance qui sépare les indicateurs employés du concept que l'on souhaite cerner.

Enfin, nous cherchons à réaliser une synthèse entre des courants venus de continents et de pays différents. Nous voulons que ce livre puisse servir de fenêtre, pour des lecteurs francophones, sur des ouvrages d'origine anglo-américaine, mais sans pour autant négliger les ouvrages en langue française.

Perspective historique : comprendre les incidences spatiales des grandes transformations économiques et sociales

Tout au long de ce livre, ce sont les transformations économiques et sociales à la base de ce qu'il convient d'appeler le « développement » qui serviront de fil conducteur ; plus précisément, les conséquences pour la dynamique des territoires, tant à l'échelle urbaine que régionale. Nous souhaitons sortir l'économie urbaine et régionale du cadre statique et abstrait où elle est trop souvent enfermée. L'univers dont nous parlons dans ce livre est un univers en changement continuel : changement technologique, changement des mœurs et des perceptions, changement des modes de vie.

Comment comprendre les relations entre cet univers en mouvement et la façon dont nous nous organisons sur le territoire pour gagner notre vie ? L'urbanisation est-elle une conséquence inévitable du développement ? Et que dire de l'expansion continue des villes et de son impact sur l'environnement ? La maîtrise de ces transformations est-elle possible, et à quel coût ?

Au-delà des particularismes nationaux

Nous n'avons pas voulu, dans ce livre, privilégier l'étude de la géographie économique d'un pays en particulier, bien que notre regard porte plus souvent sur la France et sur le Canada. Cette perspective internationale comporte des désavantages. Ainsi, les analyses des problèmes de développement urbain et régional de ces deux pays seront forcément plus limitées. En revanche, ce choix nous oblige à examiner les grandes tendances, à mieux saisir les transformations qui ne s'expliquent pas par des accidents de l'histoire ou de la géographie.

Les ouvrages en géographie économique se situent souvent à un extrême : ou bien ils revêtent un caractère local et descriptif et n'offrent de ce fait que des possibilités de généralisation limitées, ou bien ils sont trop abstraits et trop théoriques et offre peu de possibilités d'application à des cas réels. Ce manuel vise à se frayer un chemin entre ces deux voies. Nous adoptons souvent une approche comparative, reposant sur la mise en relation d'expériences de pays divers. Si nous nous référons souvent à des données canadiennes, ou françaises, c'est qu'elles nous sont plus accessibles. Les sources des données utilisées se trouvent à la fin de l'ouvrage, ainsi que des explications méthodologiques.

Fenêtre sur des questions d'actualité

La grille d'analyse de la géographie économique peut servir de porte d'entrée à l'étude des questions qui ne sont pas habituellement associées à ce champ de connaissance. Dans ce livre, nous repoussons les frontières de la géographie économique en la rapprochant un peu plus de certains sujets d'actualité. Nous traiterons donc des questions de développement (et par conséquent de sous-développement), nous accorderons aussi une place aux questions environnementales, au développement urbain durable et aux conséquences du vieillissement des populations pour la dynamique spatiale des économies modernes.

Analyse critique des moyens d'intervention

Tout au long du livre, nous ferons des rapprochements entre les modèles heuristiques et la mise en œuvre (et l'efficacité probable) des politiques. Ce va-et-vient entre l'univers analytique des sciences humaines et l'univers de l'intervention politique est en partie le résultat du cheminement personnel des trois auteurs. Tous sont chercheurs de carrière, mais le premier a aussi œuvré dans des ministères (au Canada notamment) et dans des organismes internationaux. Le deuxième auteur a travaillé en Europe comme conseiller en immobilier d'entreprises – de l'économie géographique appliquée – avant d'entamer sa carrière actuelle. Le troisième auteur intervient également comme consultant auprès de collectivités territoriales et d'organisme public. Les trois auteurs collaborent sur une base régulière avec des administrations publiques et des acteurs privés.

Les choix politiques sont rarement simples, tel est le message que nous cherchons à transmettre. L'État, comme les autres intervenants publics, doit composer avec la réalité de ce qu'il est convenu d'appeler « le marché » au sein duquel les « lois » de la géographie économique s'appliquent. Les politiques provoquent parfois des effets contraires à leurs objectifs, faute de connaissance adéquate des forces en jeu. Le contexte actuel est à la remise en question du rôle de l'État. Cette remise en cause est le fruit de plusieurs courants : les crises économiques récurrentes, la mondialisation, mais aussi l'émergence d'identités et d'appartenances territorialisées. Bien que ces problématiques ne soient présentes qu'en filigrane dans le livre, les leviers possibles d'intervention politique qui y sont avancés peuvent être questionnés à la fois en ce qui concerne leur légitimité, mais aussi leur efficacité, à la lumière du contexte institutionnel et des théories actuelles de l'État. Notre but, plus modeste qu'une telle remise en question, est de tirer des leçons de l'expérience passée en matière de politiques urbaines et régionales, et de commenter leur efficacité à la lumière d'études empiriques et des théories de la géographie économique.

Organisation du livre

Le livre est divisé en trois parties. La première est consacrée aux fondements économiques de la ville. Notre planète connaît, depuis un siècle et demi, une véritable révolution dans la géographie des populations et des activités économiques. Quelles sont les causes de cette révolution urbaine, qui se manifeste par des taux accélérés d'urbanisation et de croissance des populations urbaines Pourquoi les industries modernes se concentrent-elles dans les villes ? Les trois premiers chapitres ont pour objet de proposer des éléments de réponse à ces questions. Après un bref rappel des tendances historiques, le premier chapitre présente les changements macro-économiques des structures de consommation et de production. Dans les chapitres 2 et 3, plus proches de l'analyse économique spatiale classique, nous jetons un regard davantage micro-économique sur les processus de production et de choix de localisation des entreprises ; pour expliquer le comportement spatial de ces dernières, nous nous intéressons au jeu complexe des arbitrages entre économies d'échelle et coûts de transport (chapitre 2) ; la notion d'économies d'agglomération est ensuite explorée, de même que les problèmes de mesure et d'interprétation qu'elle soulève (chapitre 3).

Le chapitre 4 sort davantage des sentiers battus : nous y proposons un regard sur les défis d'une planète en plein processus (irréversible ?) d'urbanisation et d'expansion urbaine. Les villes sont-elles trop grandes ? Est-il souhaitable de stopper l'urbanisation ? Comment réconcilier expansion urbaine et environnement ? Comment aborder la relation entre l'urbanisation et le développement durable, question reprise dans le chapitre 10 lors de l'analyse des formes urbaines et des mobilités résidence-travail.

Dans la deuxième partie, nous changeons d'échelle d'analyse : la région devient notre objet. Les transformations ne se limitent pas à la création et à l'expansion des villes. Elles touchent également les rapports économiques entre les différentes parties d'un pays. Certaines régions sont plus avantagées que d'autres. Pourquoi faut-il que des disparités apparaissent ? Les chapitres 5 et 6 fournissent des éléments de réponse, d'abord par la présentation de théories du développement économique régional (chapitre 5), ensuite par l'exploration des facteurs qui sont à la base des disparités économiques régionales (chapitre 6). Nous accordons une place importante à l'analyse des marchés régionaux du travail et des migrations interrégionales. Dans cette partie, nous nous interrogeons également sur les facteurs, parfois intangibles, qui sous-tendent le développement, régional ou local.

C'est le désir de stimuler l'économie des territoires et d'aplanir les disparités territoriales qui dicte la plupart des politiques régionales. Les outils d'intervention dont dispose l'État et leur efficacité sont examinés aux chapitres 7 et 8. Nous distinguons les politiques régionales qui relèvent nécessairement de l'État central (chapitre 7) de celles qui reposent plutôt sur des initiatives locales (chapitre 8) pour ensuite examiner des outils d'intervention dans une perspective de développement territorial, concept plus récent (chapitre 9), qui sera aussi l'occasion d'aborder des questions d'information et d'innovation. Cet examen nous confronte au difficile arbitrage entre objectifs d'équité (interpersonnelle ou interrégionale) et objectifs d'efficacité et de croissance économique. L'exploration du concept de développement local (chapitre 8) nous met également en présence de l'arbitrage, non moins complexe, entre objectifs d'autonomie locale et objectifs d'équité interterritoriale.

Dans la troisième partie, nous nous replaçons dans le cadre de l'économie spatiale plus traditionnelle pour exposer des modèles et des théories de localisation des activités économiques, en distinguant les théories relatives à des espaces nationaux ou macro-régionaux (chapitre 10), de celles qui portent sur la ville (chapitre 11). Les entreprises ne se localisent pas au hasard. Pourquoi voit-on certains types d'industries opter pour des sites particuliers ? Pourquoi les activités de bureau se concentrent-elles dans les plus grandes villes ? C'est dans cette partie que nous abordons les questions de concurrence spatiale, de division des marchés et de formation des hiérarchies urbaines. Au chapitre 11, nous regardons la ville de l'intérieur, autrement dit sa structure interne, pour comprendre comment les populations et les entreprises se répartissent dans l'espace urbain. Nous y explorons également l'impact du changement technologique et des politiques sur la forme urbaine et sur les modèles résidentiels.

Dans la conclusion, nous proposons un portrait synthèse des dynamiques territoriales à l'échelle urbaine et régionale, en reprenant les grands thèmes du livre. Nous en profitons également pour aborder des sujets qui n'ont pas été traités, ailleurs, tout en introduisant des éléments de prospective.

LECTURES SUGGÉRÉES : ÉCONOMIE URBAINE ET RÉGIONALE, GÉOGRAPHIE ÉCONOMIQUE ET CHAMPS CONNEXES

Ouvrages de base en langue française

Baumont *et al.*, 2000 ; Benko et Lipietz, 2000 ; Camagni, 1996 ; Combes Mayer et Thisse, 2006 ; Fujita et Thisse, 2003 ; Huriot et Bourdeau-Lepage, 2009 ; Rémy, 2000.

Revues spécialisées en langue française

Revue d'économie régionale et urbaine (RÉRU) ; L'Espace géographique ; Revue canadienne des sciences régionales (revue bilingue) ; Géographie, économie, société ; Région et développement ; Cahiers de Géographie du Québec ; Les Annales de la recherche urbaine ; Études foncières ; Espace population sociétés ; Économie rurale.

****

Ouvrages de base en langue anglaise (depuis 2000)

Badcock, 2002 ; Coe *et al.*, 2007 ; Clark *et al.*, 2000 ; Fujita et Thisse, 2013 ; McCann, 2013 ; O'Sullivan, 2008.

Revues spécialisées en langue anglaise

Journal of Economic Geography ; Journal of Urban Economics ; Urban Studies ; Regional Studies : Economic Geography ; Environment and Planning A ; Journal of Regional Science ; Papers in Regional Science ; International Regional Science Review ; International Journal of Urban and Regional Research ; Regional Science and Urban Economics ; Urban Geography ; Annals of Regional Science ; Land Economics ; Growth and Change ; European Urban and Regional Studies ; Regional Science, Policy and Practice.

Note : on trouvera les références complètes dans la bibliographie générale, à la fin du volume.

FONDEMENTS ÉCONOMIQUES DE LA VILLE

Expliquer les origines de la ville à l'aide des outils de l'analyse économique, voilà ce que nous nous proposons dans les quatre chapitres qui composent cette première partie.

Pourquoi, dans l'histoire, l'urbanisation est-elle l'inséparable compagne du développement économique ? Pourquoi les entreprises et les populations se concentrent-elles dans des agglomérations urbaines ? Quel intérêt y trouvent-elles ?

Les villes naissent parce qu'elles sont des formes d'organisation spatiale qui permettent aux populations d'atteindre un niveau de bien-être plus élevé. Mais comment ? Et quelles sont, alors, les relations entre la ville et les autres territoires ?

Ces questionnements sont au cœur de l'analyse économique urbaine et régionale. Les efforts déployés pour y répondre reposent, à la base, sur deux constats :

- l'espace géographique, plus précisément la distance, introduit des coûts dans la vie économique ; cette donnée fournit le point de départ du chapitre 2 ;
- la proximité géographique, autrement dit l'agglomération, procure des avantages économiques ; cet aspect est traité au chapitre 3.

Avant d'aborder l'analyse économique spatiale proprement dite, nous proposons, au chapitre premier, un survol des tendances internationales en matière d'urbanisation, tout en situant le fait urbain dans une perspective historique.

Au chapitre 4, nous reprenons des questions d'actualité en matière d'analyse économique urbaine. Il y est notamment question de la difficulté de tenir compte des déséconomies engendrées par l'agglomération des populations et des activités économiques, déséconomies qui prennent la forme de dommages infligés à l'écosystème et à l'environnement, et de désagréments affectant directement le quotidien des individus, comme la congestion, les nuisances sonores, etc.

CHAPITRE 1

URBANISATION : ORIGINES ET EXPLICATIONS

Les fondements de l'urbanisation sont en grande partie économiques, comme nous tâcherons de l'expliquer dans les pages qui suivent. Ce chapitre servira également d'entrée en matière : nous y tracerons les grandes lignes de l'évolution du fait urbain. Notre démarche sera à la fois empirique et analytique. Nous parlerons beaucoup des pays en développement (PED), non seulement parce que la problématique urbaine y a pris une dimension particulière, mais aussi parce que leur expérience récente nous servira de repère pour mieux saisir les origines du fait urbain dans les pays développés.

Pour que l'urbanisation se produise, il faut, nous le verrons, que trois conditions soient réalisées :

- une hausse soutenue et prolongée des revenus réels par habitant ;
- une élasticité-revenu inférieure à 1,0 pour les produits de la campagne ;
- l'existence d'économies d'agglomération pour la production de produits non agricoles.

Concepts de base

Encadré 1.1
VILLE : UN CONCEPT À VISAGES MULTIPLES

Nul concept n'est plus évocateur, mais aussi plus furtif que *ville*. Pourtant, il se trouve au cœur du sujet traité dans ce manuel. Le nombre de synonymes, plus ou moins imparfaits, n'a pas de limite : cité ; métropole ; région urbaine ; municipalité ; agglomération ; place centrale ; commune ; chef-lieu… Déjà, il faut faire attention à la distinction entre des définitions administratives (comme dans Ville de Lyon ou Ville de Montréal) et des utilisations génériques. Lorsqu'on affirme spontanément que New York est la plus grande ville des États-Unis ou Paris la plus grande ville de France, ce n'est pas à la Ville (Municipalité/ Commune) qu'on se réfère, mais bien à la région métropolitaine. Les définitions statistiques et géographiques de ce qui constitue une aire urbaine, une agglomération, varient d'une agence statistique à l'autre et d'un auteur à l'autre. Aussi, la projection d'attributs de causalité à *ville* (exemple : « la ville est source d'innovation ») est-elle une pratique courante dans les écrits en géographie économique. Ceci est donc un autre appel à la vigilance du lecteur devant l'utilisation des termes, concepts et mots.

Urbanisation

Avant de commencer l'analyse, il convient de définir nos concepts de base. Le terme urbanisation désigne le passage d'une société rurale à une société de plus en plus urbanisée. Il désigne également la croissance plus rapide des populations urbaines par rapport aux populations rurales. Le taux d'urbanisation mesure le niveau d'urbanisation à un moment donné; c'est le rapport entre la population urbaine et la population totale. Il ne faut pas confondre urbanisation et croissance urbaine ou croissance des populations urbaines. Le terme croissance urbaine désigne l'augmentation en nombre de la population des villes. La population des villes (ou d'une ville) peut augmenter sans qu'il y ait hausse du taux (national) d'urbanisation. Cependant, urbanisation et croissance urbaine vont souvent de pair.

La définition de ce qui constitue une ville varie d'un pays et d'une époque à l'autre. En Europe, par exemple, si on s'en tient à la définition *stricto sensu* que beaucoup de pays ont adopté, la ville se reconnaît d'abord à la continuité de son bâti, et donc en général à une densité d'habitants au kilomètre carré supérieure. À ce critère, s'ajoute bien souvent un seuil de population : en France, il est fixé à 2 000 habitants, mais peut atteindre les 10 000 habitants, comme en Grèce. Parfois encore, la distinction urbain-rural peut s'appuyer sur des critères socioéconomiques. Ces dernières décennies, la croissance des villes a été telle que la dichotomie urbain-rural n'est plus forcément envisagée sur ces bases-là ; les zones intermédiaires se multiplient à mesure que, au-delà des frontières des premiers peuplements urbains, la suburbanisation et l'étalement urbain se développent dans le paysage. Comme nous l'indiquions dans l'encadré 1.1, le concept de ville (dans son sens premier) peut avoir tendance aujourd'hui à s'effacer derrière d'autres notions comme région urbaine, agglomération, aire urbaine (pour reprendre un périmètre bien défini en France) renvoyant à une autre réalité, et désignant un marché intégré de travail, dont les limites géographiques sont fixées par le bassin immédiat des migrations pendulaires (quotidiennes) liées au travail[1]. C'est dans cet esprit que le terme est employé dans ce livre. Il traduit cette idée qu'une ville forme aussi un marché du travail attirant un certain seuil d'actifs en provenance de sa périphérie. En prenant cette perspective économique, on comprend que la région urbaine ou l'agglomération, définie comme un espace fonctionnel (à partir de liens domicile-travail par exemple), va bien au-delà de la définition traditionnelle de la ville comme entité administrative.

Développement économique

Il est difficile de trouver une définition satisfaisante du développement économique, phénomène complexe dont aucune mesure ne peut capter toutes les dimensions. Dans ce livre, nous nous en tiendrons surtout à un indicateur quantitatif relativement simple, mais largement accepté, faute de mieux. Le développement économique d'un pays sera défini comme une hausse soutenue et irréversible du revenu réel par habitant. L'adjectif « réel » signifie que l'on ajuste les résultats pour tenir compte de l'inflation, c'est-à-dire que les données sont exprimées en unités monétaires constantes (dollars, euros ou autres). Le concept de revenu est voisin de celui de produit intérieur brut (PIB), souvent employé dans la littérature (voir encadré). Pour situer le niveau de développement d'un pays, nous utiliserons indifféremment des mesures de PIB, ou de revenu national par habitant, selon la disponibilité des données. Malgré leurs faiblesses, ces indicateurs quantitatifs demeurent moins le principal point de repère dont nous disposons pour juger de l'évolution économique d'un pays et établir des comparaisons à l'échelle internationale.

Encadré 1.2
PIB : UN INDICATEUR UTILE, MAIS IMPARFAIT

Le **Produit Intérieur Brut** (PIB) mesure la valeur, aux prix du marché, de tous les biens et services destinés à la consommation finale, produits au cours d'une année dans un pays, une région, ou une autre unité spatiale. C'est l'indicateur le plus courant pour qualifier le niveau de production d'un pays. Mais il faut avoir conscience de ses limites. Il a le défaut de laisser de côté des activités non marchandes (productions familiales, secteur informel, activités illégales), si bien qu'il sous-estime souvent la production des pays moins industrialisés. À ce propos, les nouvelles normes comptables mises en place par l'Union européenne (Esa 2010) permettent désormais aux pays membres d'ajouter au calcul de leur PIB les revenus tirés de la drogue et de la prostitution. Par ailleurs, le PIB intègre des éléments non désirables d'un point de vue moral : ainsi, les dommages liés à une inondation, à un accident de la route vont contribuer à l'augmentation du PIB en raison des activités qu'ils génèrent à la suite. En revanche, la valeur des travaux domestiques (la cuisine, le ménage, le bricolage qu'on fait pour soi) n'est pas comptabilisée pas plus que le bénévolat dans une association. Enfin, le PIB mesure un « flux » (ce qui fut produit durant une année) et non pas un « stock », laissant de côté la valeur des paysages, la qualité de l'air, ou bien d'autres dotations naturelles ou bâties. Pour mesurer le niveau de bien-être des populations, on lui préfère le **revenu**, car ce dernier mesure les sommes effectivement reçues par les populations d'un territoire, qui ne correspondent pas forcément au PIB ; des revenus provenant du PIB (profits, redevances, salaires…) peuvent aller à des résidents d'autres territoires. Les revenus de placement et les paiements associés aux programmes sociaux (régimes de retraite, assurance chômage…) sont largement indépendants du PIB. Plus le territoire est petit, plus le PIB devient problématique comme indicateur : c'est un indicateur calculé à l'échelle nationale à partir des comptes nationaux, et dès qu'on le décline à plus petite échelle il devient une estimation : le PIB régional dépend des règles de décomposition et de géolocalisation de la production de valeur ajoutée, règles souvent opaques et toujours approximatives. Le revenu *moyen* par habitant, beaucoup plus robuste lorsqu'on examine le niveau régional, ne dit pas comment les revenus sont répartis entre les habitants du territoire. On lui préfère souvent le revenu médian, tout aussi robuste en termes géographiques, et indiquant aussi, sommairement, la répartition des revenus - mais cette donnée est rarement disponible.

Le développement économique signifie une évolution à long terme qui ne se réduit pas à des mouvements conjoncturels. Une hausse conjoncturelle du revenu par habitant, provoquée par exemple par une hausse subite du prix du baril de pétrole, ne doit pas être prise pour un indicateur de développement. C'est pourquoi nous parlons de processus irréversible, car le développement véritable s'appuie sur des changements de société profonds qui, une fois accomplis, sont définitifs. Parmi les indicateurs de modernisation, mentionnons les taux de fécondité, les taux de scolarisation, les structures de consommation (sur lesquelles nous reviendrons), la taille des ménages, le statut de la femme. Il nous arrivera d'utiliser d'autres termes que développement (croissance économique à long terme, industrialisation, etc.), mais ce sera pour nommer la même réalité, soit le passage d'une société d'un niveau inférieur à un niveau supérieur de bien-être économique.

Urbanisation : tendances historiques

Depuis environ trois siècles, notre planète vit une transformation profonde. La révolution industrielle, dont les premières manifestations se font sentir en Angleterre au XVIIe siècle, marque un tournant dans l'histoire de l'humanité. Ses origines remontent en fait aux découvertes scientifiques et aux changements sociaux et institutionnels qui ont, au cours des siècles antérieurs, transformé les civilisations de l'Europe occidentale. Du point de vue économique, l'époque moderne se caractérise par un accroissement sans précédent de la capacité de production des habitants de la planète, grâce à l'application de nouvelles connaissances à la production de biens et de services. En moins de deux siècles, la production mondiale de biens industriels s'est trouvée multipliée par plus de 200 (Bairoch, 1992 : 15).

L'évolution de la population du globe se révèle un excellent indicateur de la profondeur de ces changements (figure 1.1). De l'Antiquité au début du XVIIe siècle, cette population n'a augmenté que faiblement et il est peu probable qu'elle ait dépassé le demi-milliard. Par la suite, elle a connu une montée fulgurante, surtout après 1900, passant d'environ 1,6 milliard d'habitants à 7 milliards au début du XXIe siècle. Cette croissance démographique est surtout attribuable à la diminution des taux de mortalité infantile et à l'augmentation de la longévité, toutes deux reflet de l'amélioration des conditions de vie, et surtout du progrès technologique qui a marqué les domaines de l'agriculture, des infrastructures sanitaires et des soins médicaux. En France, le taux de mortalité infantile est passé de 149 par 1 000 naissances en 1900, à 4 un siècle plus tard. Dans les pays de l'Europe occidentale, l'espérance de vie à la naissance est passée de 47 ans en 1900 à 76 ans ces dernières années.

Cependant, ce progrès ne s'est pas réparti de façon égale sur la planète ; l'écart entre pays riches et pays pauvres reste énorme. Pour prendre un exemple extrême, le PIB par habitant était presque 400 fois plus élevé aux États-Unis qu'en Éthiopie selon les estimations de la Banque mondiale[2]. Les différences ne sont pas moins criantes au chapitre des indicateurs socio-sanitaires : dans de nombreux pays africains, la majorité de la population n'a pas un accès direct à l'eau potable.

Encadré 1.3
LES VILLES SONT-ELLES PLUS PRODUCTIVES QUE LES RÉGIONS RURALES ?

Si l'on prend une coupe transversale en ce début de XXIe siècle, les chiffres de revenu et de PIB par habitant semblent clairement démontrer que les villes sont plus productives (par travailleur) que le monde rural. Or, les villes doivent leur évolution et leur croissance au fait que la productivité agricole (et celle des activités d'extraction de ressources) a crû rapidement permettant aux villes de se développer. Pourquoi, donc, les zones rurales semblent-elles si peu productives ? Ce constat renvoie d'abord aux élasticités de prix différents : la productivité agricole en a fait, paradoxalement, baisser l'importance dans le panier de biens et de services moyen. Mais la faiblesse relative de la productivité rurale renvoie aussi aux principes de fixation des prix, aux choix effectués lorsqu'on répartit spatialement le PIB, et au déséquilibre – en termes de pouvoir et de contrôle des flux financiers et de marchandises – entre les acteurs économiques urbains (où l'on trouve banques, gouvernements, distributeurs, etc.) et ceux des régions rurales (où l'on trouve souvent une multitude peu structurée de producteurs). Dans une certaine mesure, les acteurs urbains ont une plus grande capacité à fixer les termes d'échange avec le monde rural, et cela se reflète dans les prix et donc dans la valeur ajoutée attribuée aux activités rurales. L'économie n'est pas seulement un processus d'équilibrage de l'offre et la demande par le biais d'informations contenues dans les prix : c'est aussi un jeu de pouvoir dans lequel les prix peuvent être influencés par des normes sociales, des politiques publiques et par des intérêts économiques dominants (Sexton, 2013 ; Shearmur, 2013).

Un monde massivement rural jusqu'à très récemment

Récemment encore, la population de la planète restait massivement rurale ou du moins continuait de vivre majoritairement dans des villages ou de petites villes. Moins de 10 % de la population mondiale habitait des villes au début du XXe siècle (figure 1.2). La France est alors rurale à presque 60 %, la Suisse à plus de 75 %, le Canada à environ 63 % et le Japon à plus de 80 % ; seules la Grande-Bretagne et quelques régions limitrophes de l'Europe du Nord sont majoritairement urbanisées. Il est peu probable qu'il y ait eu des villes de plus d'un million d'habitants avant l'ère moderne ; à son apogée (quelque dix ans avant notre ère), Rome comptait à peine un million d'habitants. L'urbanisation, au sens que nous donnons aujourd'hui à ce mot, est un phénomène très récent.

L'effet cumulé des augmentations de population (figure 1.1) et du niveau d'urbanisation (pourcentage de la population vivant dans des villes : figure 1.2) se traduit par une croissance urbaine impressionnante. De 1900 à aujourd'hui, la population mondiale a plus que quadruplé (1,6 milliard à 7 milliards), et le niveau d'urbanisation a sextuplé passant de 9,2 % à 54 %, et continue de progresser. La multiplication des deux éléments nous apprend que la population urbaine mondiale a crû par un facteur de 26, passant de 147 millions en 1900 à plus de 3,5 milliards aujourd'hui. Cet essor démographique se reflète dans l'évolution des villes. Durant le siècle qui sépare 1900 de 2000, la population de l'agglomération urbaine de Mexico s'est multipliée par 45, celle de Tokyo par 23, et celle de Montréal par 12. En France, où la population totale n'a même pas doublé depuis 1900, la population de l'agglomération parisienne est néanmoins passée d'un peu plus de 3 millions en 1900 à plus de 11 millions aujourd'hui.

Figure 1.1 - Évolution de la population mondiale

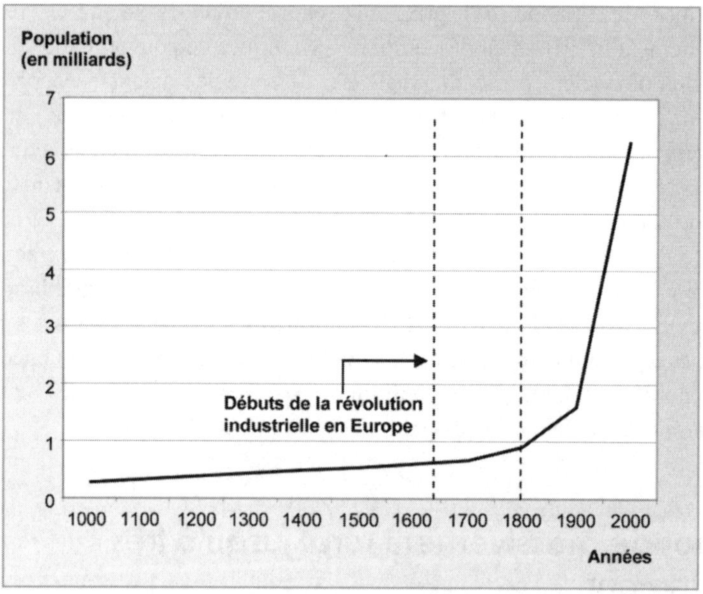

Dans la plupart des pays industrialisés, la grande période de croissance urbaine est aujourd'hui révolue. Les populations nationales sont à peu près stabilisées et les taux d'urbanisation dépassent facilement les 80 %, ce qui laisse peu de place à l'augmentation des populations urbaines. La croissance des villes se fait surtout par le déplacement des activités économiques et des populations, ce qui avantage certaines villes aux dépens de certaines autres (les questions de concurrence interurbaine et de localisation des activités économiques seront abordées dans d'autres chapitres).

Figure 1.2 - Évolution du niveau d'urbanisation de la population mondiale

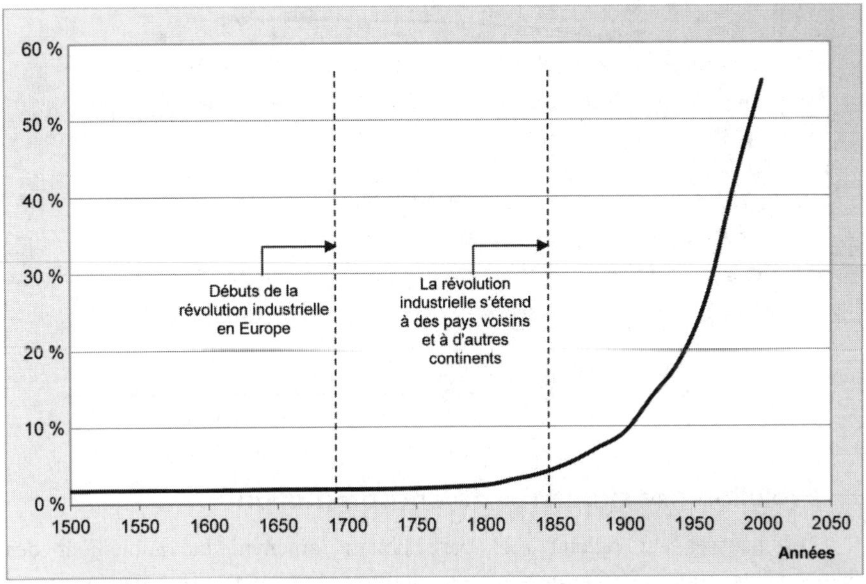

Origines économiques de l'urbanisation

En sciences économiques, où il existe peu de certitudes, il est rare que l'on puisse parler d'issue inéluctable. Le lien entre urbanisation et développement économique, du moins dans le sens développement économique $\Rightarrow$ urbanisation, fait partie des exceptions. L'urbanisation est une conséquence incontournable du développement économique. Aucun pays, à ce jour, n'a échappé à cette « loi ».

Niveaux de développement et urbanisation

Les hausses soutenues du produit (ou revenu) par habitant font monter le niveau d'urbanisation, surtout durant les phases initiales du développement. La figure 1.3 exprime la relation entre le niveau du PIB par habitant et le niveau d'urbanisation. Celle-ci s'élève rapidement à mesure que l'on passe de pays pauvres (la majorité) à des pays comme la Tunisie ou le Mexique, ayant déjà atteint un certain niveau de développement, sans pour autant faire partie du club des pays riches. Les pays riches sont, en règle générale, fortement urbanisés, tandis que les pays les plus pauvres restent largement ruraux. Les vingt pays les plus urbanisés (urbains à 85 % et plus) ont en moyenne un PIB par habitant presque 50 fois supérieur à celui des vingt pays les moins urbanisés. Voyons maintenant ce qui se cache derrière cette relation entre niveau de vie et urbanisation.

Figure 1.3 - Relation entre niveau de développement et niveau d'urbanisation

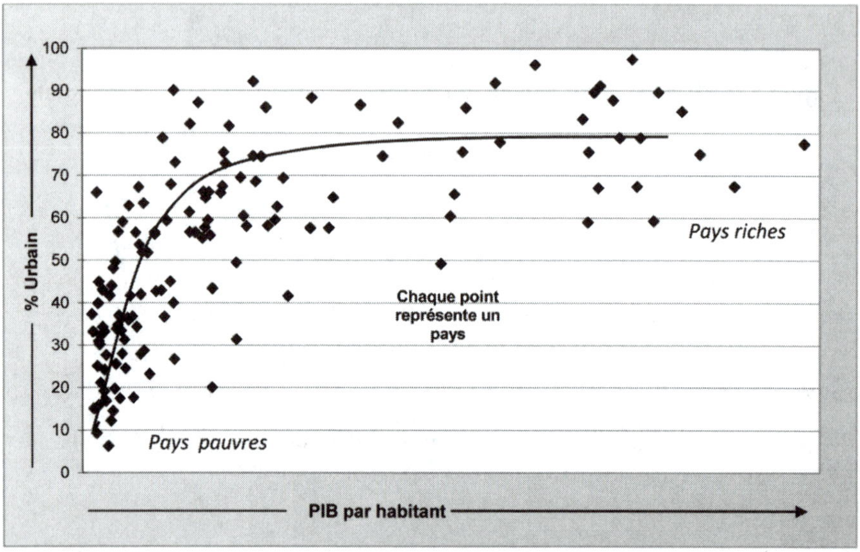

Évolution des structures de consommation

Les hausses du revenu réel par habitant amènent inévitablement des changements, qui se manifestent en premier lieu dans les structures de consommation. La structure de la demande nationale se modifie à mesure que les revenus augmentent. Parmi les rares « lois » solidement établies en économie figure celle formulée par l'économiste prussien Ernst Engel (1821-1896), dite loi d'Engel, selon laquelle la part du budget consacrée à l'alimentation diminue lorsque le revenu augmente. Les données originales d'Engel portaient sur 153 familles belges et sur l'année 1853.

En comparant pays riches et pays pauvres, la relation entre le PIB par habitant et la part du budget des ménages consacrée à l'alimentation est tout à fait conforme à la loi d'Engel. Un Canadien consacre en moyenne moins de 10 % de son revenu à l'achat de produits alimentaires (13 % pour un Français ou un Belge), alors qu'un Marocain ou un Algérien y consacrait plus de 40 % et un Sénégalais ou un Camerounais plus de 45 % selon les données les plus récentes[3]. La figure 1.4, qui donne une coupe historique de l'évolution des dépenses d'alimentation dans le budget des ménages américains de 1870 à aujourd'hui, confirme cette relation[4]. Il est facile de comprendre que la capacité de consommer des aliments atteint une limite au-delà d'un certain seuil (un individu ne prendra pas six repas par jour, quel que soit son revenu). Un ménage dont le revenu double ne consacrera pas pour autant deux fois plus d'argent à l'alimentation. La loi d'Engel est inscrite dans les capacités physiologiques de l'espèce humaine. En conséquence, la part des produits agricoles dans la demande nationale totale baissera au fur et à mesure qu'un pays s'enrichit.

Élasticité-revenu des produits agricoles

La loi d'Engel nous dit que *l'élasticité-revenu des produits agricoles sera, en règle générale, inférieure à 1,0.* L'élasticité-revenu de la demande d'un bien ou d'un service se définit comme le rapport entre la variation (en pourcentage) de la quantité demandée et la variation (en pourcentage) du revenu :

Élasticité = Variation (%) de la demande/Variation (%) du revenu.

On peut remplacer « revenu » par « prix ». On parlera alors d'élasticité-prix. Le concept d'élasticité renvoie toujours à la sensibilité d'un phénomène (la demande en l'occurrence) à un autre (revenu, prix) et suppose la comparaison de rythmes de changement. On dira que la demande d'un bien est plus ou moins élastique selon sa sensibilité à des changements de prix ou de revenu.

Figure 1.4 - Part des dépenses des ménages consacrée à l'alimentation, États-Unis, 1870 à aujourd'hui

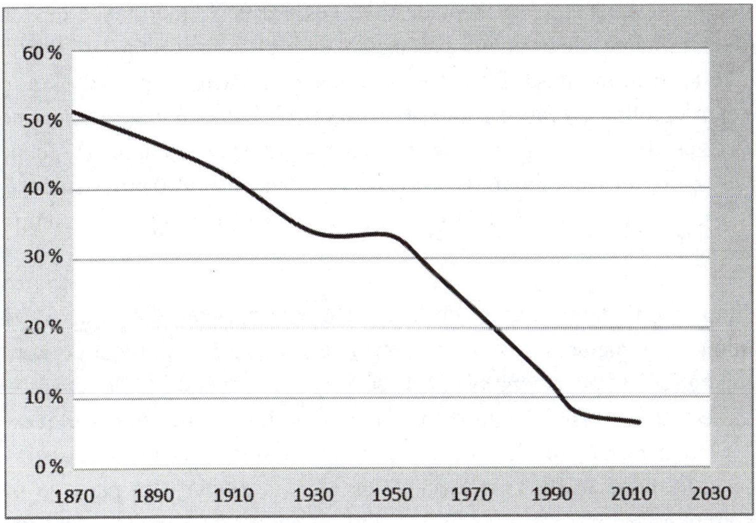

Pour l'élasticité-revenu, lorsque le résultat est inférieur à 1,0, cela signifie que la demande augmente moins rapidement que les revenus. À titre d'exercice illustratif, nous pouvons calculer un indice d'élasticité-revenu en comparant deux pays en coupe instantanée sur l'échiquier du développement. Choisissions le Cameroun et le Canada. En prenant les données les plus récentes[5], les informations sont les suivantes :

(a) PIB par habitant en dollars à parité du pouvoir d'achat, Cameroun 3 000$; Canada 44 500$;

(b) part consacrée à l'alimentation, Cameroun 46 % ; Canada 9,6 % ;

(c) dépenses alimentaires par habitant, Cameroun 1 388$; Canada 4 272$.

En passant du Cameroun au Canada, le PIB par habitant (**a**) augmente par un facteur de 15 et les dépenses consacrées à l'alimentation (**c**) par un facteur de 3. En divisant (**c**) par (**a**), nous arrivons à un indice de 0,20 ; ce qui signifie que, pour chaque augmentation de 10 % des dépenses (ou du PIB) par habitant, la demande de produits alimentaires augmentera de 2 %.

Augmentation de la productivité agricole

Les hausses soutenues du revenu réel par habitant reposent à leur tour sur des hausses de productivité par travailleur, tant dans le secteur agricole que dans d'autres secteurs. En termes simples, si là où trente employés étaient nécessaires auparavant, un seul suffit maintenant, la productivité a été multipliée par trente. Les différences de productivité agricole peuvent à nouveau s'illustrer en comparant pays riches et pays pauvres. La valeur ajoutée par travailleur agricole est, à titre d'exemple, environ 270 fois plus élevée en France qu'au Burkina Faso et 190 fois plus élevée au Canada qu'au Mali, selon les données les plus récentes[6].

Bien des éléments se cachent derrière ces écarts. L'importance des engrais utilisés (en centaines de grammes par hectare arable) se chiffrait à 2 162 en France contre 75 au Burkina Faso. En outre, le nombre de tracteurs par 100 km^2 de sol arable était de 685 en France contre 4 au Burkina-Faso. De plus, comme nous le verrons dans d'autres chapitres, des facteurs « urbains » comme les économies d'agglomération et l'amélioration des réseaux d'échanges et d'information ont un impact sur le niveau de productivité des activités économiques, y compris les activités agricoles.

L'impact de l'augmentation de la productivité agricole conjugué à celui de l'évolution des structures de consommation se traduira par un recul de la part de l'emploi agricole dans l'emploi total du pays. Les résultats de ce processus apparaissent au tableau 1.1, qui donne l'évolution historique pour quelques pays. On ne s'étonnera pas que les parts restent élevés (80 % ou plus) dans des pays comme le Mali ou le Burkina Faso. Mais pour la plupart des pays, la part de l'agriculture est en régression pour se stabiliser autour de 2 ou 3 % dans les pays riches. En Italie, par exemple, la part de la main-d'œuvre agricole dans le total national est passée de 60 % en 1900 à 4 % aujourd'hui. Bref, le jeu conjugué des augmentations de productivité dans le secteur agricole (mais aussi dans d'autres secteurs) et de la baisse relative de la demande de biens agricoles rend inévitable le mouvement de la main-d'œuvre agricole vers d'autres secteurs de l'économie. Et les activités non agricoles obéissent, comme nous le verrons dans les chapitres suivants, à des forces économiques qui favorisent la création des villes.

Inégalités ville-campagne et exode rural

Les hausses de revenu entraînent un transfert progressif de la demande vers des produits urbains. Ce déplacement de la demande engendre une hausse de la demande de terrains urbains, qui se répercute sur les prix fonciers urbains. L'appel de main-d'œuvre vers la ville se fera sentir par l'offre de salaires plus élevés à la ville qu'à la campagne. Ces salaires plus élevés et les mouvements migratoires qui les accompagnent sont le reflet d'un processus continu d'ajustement des populations et des entreprises à l'évolution de la composition de la demande. Cette question sera reprise de façon plus détaillée au moment où nous aborderons le sujet des disparités régionales (chapitre 6).

Tableau 1.1 - Évolution de la part de la main-d'œuvre dans le secteur agricole, divers pays

Pays	1900	1950	2000	2010*
Pays industrialisés				
Belgique	20	12	3	1
Royaume-Uni	9	5	2	1
Allemagne	35	24	3	2
Canada	42	20	3	2
États-Unis	38	13	3	2
Pays-Bas	30	20	3	2
Suède	40	21	3	2
France	43	30	3	3
Espagne		50	7	4
Italie	60	42	6	4
Japon	70	49	5	4
Suisse	30	16	4	4
URSS/Russie	80	45	12	10
Pays en développement				
Argentine	31	25	8	5
Chili		34	14	10
Mexique	70	61	20	13
Colombie		57	30	17
Égypte	70	65	30	29
Chine		70	50	35
Maroc		67	50	40
Inde		74	60	47
Mali				80
Burkina Faso				90

* Ou l'année la plus récente

Mais revenons à l'urbanisation. Le processus se poursuivra tant que les revenus (reflétés surtout dans le niveau des salaires) resteront sensiblement plus élevés en ville qu'à la campagne. C'est le cas aujourd'hui dans presque tous les PED. De nombreuses enquêtes auprès des populations urbaines aboutissent au même résultat : même les plus démunies fournissent des réponses qui indiquent presque toujours une amélioration de leur sort par rapport à celui qu'elles avaient connu à la campagne. Dans les PED, la pauvreté urbaine, si frappante soit-elle pour le visiteur, n'est donc pas forcément un bon critère pour évaluer la force d'attraction ou de répulsion de la ville. Cette affirmation peut choquer, vu la misère des bidonvilles des grandes métropoles des PED. Il ne s'agit pas de dire que les pauvres des villes vivent bien, mais seulement que les possibilités de gagner des revenus supplémentaires sont encore plus réduites à la campagne, pour les raisons que nous avons tenté d'expliquer.

Les écarts entre la ville et la campagne ne se limitent pas aux revenus seulement. Au Sénégal, à titre d'exemple, seulement 34 % des populations rurales ont accès à des infrastructures sanitaires modernes (réseaux d'assainissement, notamment), contre 79 % des populations urbaines[7]. Nous parlons surtout ici des PED, parce que l'urbanisation y est une réalité très actuelle, nous l'avons dit, mais aussi parce que les informations sur les conditions en Europe il y a un siècle sont beaucoup plus difficiles à trouver. Toutefois, il est raisonnable de penser que, par le passé, l'exode rural se faisait en gros pour les mêmes motifs : la ville offrait de « meilleures » conditions et de meilleures perspectives d'emploi que le milieu rural.

Si nous insistons sur cet aspect, c'est aussi qu'il permet d'illustrer un postulat fondamental en analyse économique, à savoir que l'être humain est « rationnel ». L'analyse économique suppose qu'il se comporte selon ce qu'il perçoit comme son intérêt, en fonction de ses goûts, de ses possibilités et de l'information dont il dispose. L'homme (ou la femme) rationnel cherchera normalement à éviter les coûts et à maximiser les gains, à moins d'avoir des raisons particulières (non économiques) d'agir autrement. Or, il se peut que l'être rationnel se trompe ou que certaines personnes désapprouvent son choix. Ces possibilités sont admises. Cependant, l'analyse économique part du postulat que l'être humain n'agira pas sciemment contre son propre intérêt, et que l'individu demeure encore le meilleur juge de son propre intérêt. Cela ne signifie pas automatiquement que la somme des choix individuels équivaut à un optimum social. C'est là le cœur du débat qui oppose le marché à l'État. Et il n'est pas certain que les mouvements migratoires entraînent un optimum social à tout point de vue (comme nous le verrons au chapitre 6).

Revenons à l'exode rural. Pour un ménage de la campagne, l'attrait de la ville se mesure au gain que peut lui apporter chaque membre en restant ou en partant, compte tenu de tous les coûts. Si l'envoi d'un membre de la famille de plus dans les champs rapporte x centimes par jour (dans certains cas, le gain marginal sera de zéro) et que son départ vers la ville en rapporte $x + 2$, il devient « rationnel » de l'envoyer à la ville, à condition que le gain de 2 centimes par jour dépasse les coûts supplémentaires qu'il absorbera en ville (coûts psychologiques, transports urbains, logement, etc.). À moins que l'on postule que les populations n'agissent pas dans leur intérêt (ou du moins en fonction de ce qui leur apparaît comme leur intérêt), les mouvements ville-campagne doivent être interprétés comme l'indice d'un écart de niveau de vie au profit de la ville. Tant que les écarts subsisteront, l'exode rural et l'urbanisation se poursuivront.

Urbanisation dans les pays en développement (PED)

L'expérience que traversent aujourd'hui les pays en développement est-elle fondamentalement différente de celle qu'ont vécue avant eux les pays industrialisés ? Notons d'abord les ressemblances. Le rythme de progression du niveau d'urbanisation reste, dans l'ensemble, comparable à celui qu'ont connu les pays riches. À titre d'illustration, de 1975 à 2000 le niveau d'urbanisation de la Chine est passé de 20 % environ à 37 %, comparable à l'évolution de l'urbanisation au Canada entre 1875 et 1900. Il existe, bien entendu, des différences importantes d'un pays à l'autre, mais globalement on ne peut pas parler de taux d'urbanisation qui rompent avec le passé des pays industrialisés.

Dans l'ensemble, les déterminants de la localisation et de la relocalisation des entreprises agissent de façon semblable dans tous les pays, peu importe leur niveau de développement, et les modèles de localisation et les méthodes d'analyse régionale dont il sera question plus loin s'appliquent tout autant aux PED qu'aux pays industrialisés. Le processus d'urbanisation des PED est en somme, dans les grandes lignes, conforme au modèle général. Il existe toutefois, entre les PED et les pays industrialisés, des différences importantes que nous allons maintenant examiner.

Transition démographique : impact sur la croissance urbaine

L'expérience récente des PED se distingue de l'histoire des pays industrialisés sur un aspect majeur : la croissance urbaine a pris une grande ampleur dans un faible laps de temps et se fait à un rythme beaucoup plus rapide dans les PED. Regardons d'abord la croissance des populations urbaines. En 1965, les pays en développement comptaient à peu près le même nombre de citadins que les pays riches (figure 1.5), soit environ 500 millions. Un demi-siècle plus tard, la population urbaine des PED se chiffrait à presque 3 milliards (une croissance par un facteur de 6), tandis que celle des pays riches n'avait pas franchi le seuil d'un milliard, et ne le franchira peut-être jamais. Comment expliquer cette croissance rapide des populations urbaines, qui tranche avec l'expérience des pays aujourd'hui industrialisés ?

La réponse se trouve en bonne partie dans ce que les démographes appellent « la transition démographique », complément du processus de développement économique, mais qui ne se manifeste pas de la même façon aujourd'hui que par le passé. *Par transition démographique, on entend le passage d'une société, en principe préindustrielle, caractérisée par des taux élevés de natalité et de mortalité (donc, population stable) à une société, plus riche, avec de bas taux de natalité et de mortalité (à nouveau, population stable).* Cette transition se fait sur plusieurs générations. La figure 1.6, qui schématise l'expérience des pays industrialisés, est calquée sur l'expérience de l'Angleterre entre 1750 et 2000. L'écart entre la courbe de natalité et la courbe de mortalité (en dessous) donne la croissance naturelle, qui épouse la forme d'une courbe normale (en pointillés).

Figure 1.5 - Populations urbaines : pays riches et pays en développement, 1950-2010

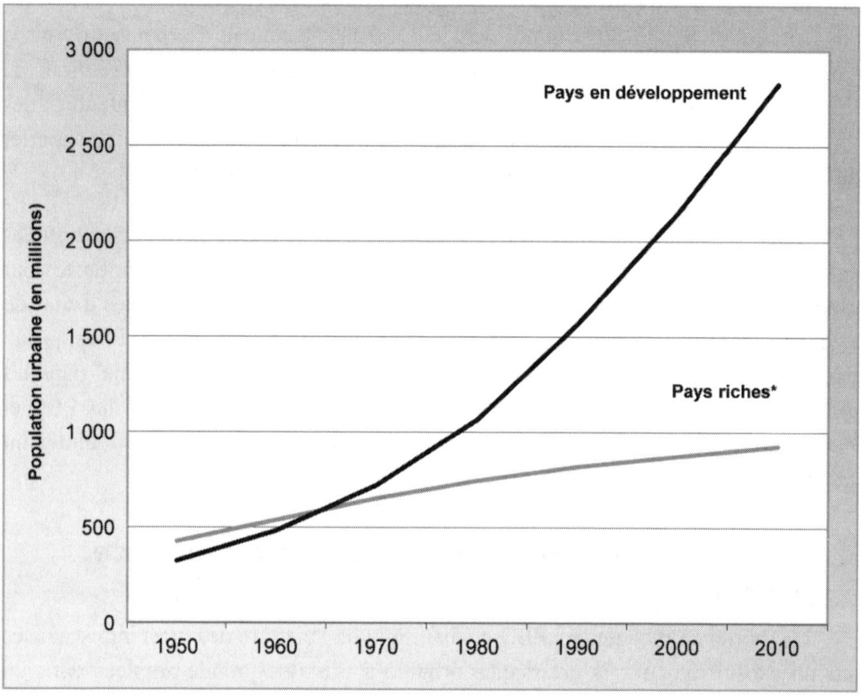

* Europe, Amérique du Nord, Japon, Australie et Nouvelle-Zélande.

La transition démographique est une autre illustration de comportement « rationnel ». Lorsque les conditions sanitaires sont rudimentaires avec des taux élevés de mortalité infantile, il est tout à fait « rationnel » de donner naissance à plusieurs enfants, sachant que seulement quelques-uns survivront après l'âge de cinq ans. De plus, les enfants sont moins « utiles » dans une société urbaine que dans une société rurale (pour travailler sur les exploitations agricoles familiales). Il est donc entièrement logique que les taux de natalité reculent à mesure que la société s'urbanise et à mesure que diminuent les risques de perdre un enfant. Sur ce plan, les femmes des PED aujourd'hui, ne sont point différentes des femmes des pays industrialisés autrefois ; les taux de natalité sont à la baisse partout. La différence, comme nous allons le voir, réside dans l'évolution des taux de mortalité.

La croissance des populations urbaines résulte de l'effet combiné du rythme d'urbanisation et des taux de croissance démographique (naturelle). Les populations nationales auxquelles s'appliquent ces taux sont maintenant d'un tout autre ordre, comme l'illustrent les indicateurs démographiques présentés au tableau 1.5 pour six pays industrialisés vers 1900 et pour sept PED en l'an 2000. À un siècle de distance, les deux groupes de pays ont, en moyenne, des taux de natalité et des niveaux d'urbanisation comparables. Cependant, leurs populations présentent des taux de croissance naturelle très différents.

Tableau 1.2 - Croissance démographique comparée. Pays industrialisés (1900) et pays en développement (2010)

	Natalité	Mortalité	Croissance naturelle	Niveau d'urbanisation
	(taux brut, sur 100)		*(taux annuel)*	(%)
Pays industrialisés, vers 1900				
Suède	2,7	1,6	1,1	21,5
Suisse	2,8	1,9	0,9	22,1
Canada	2,8	1,6	1,2	37,5
États-Unis	3,3	1,9	1,4	39,7
France	2,2	2,1	0,1	40,9
Allemagne	3,6	2,2	1,4	56,1
Moyenne	*2,9*	*1,9*	*1,0*	*36,3*
Pays en développement 2010				
Sénégal	3,9	1,0	2,9	41,0
Algérie	2,2	0,4	1,8	63,0
Inde	2,4	0,8	1,6	28,0
Haïti	2,9	1,1	1,8	43,0
Népal	2,9	0,9	2,0	17,0
Maroc	2,1	0,6	1,5	56,0
Niger	4,6	1,5	3,1	17,0
Moyenne	*3,0*	*0,9*	*2,1*	*37,9*

Comparons l'Allemagne et le Sénégal. En 1900, le taux brut de natalité était de 3,6 % en Allemagne et le taux brut de mortalité de 2,2 %, ce qui donnait un taux de croissance naturelle de 1,4 % par an. Si l'on pose que toute la croissance se faisait au profit des villes (ce qui implique des migrations campagne-ville), le taux maximum de croissance de la population urbaine aurait été de 2,5 % par an (pour arriver à ce résultat, nous divisons le taux d'accroissement naturel du pays par son niveau d'urbanisation : 1,4 %/56,1 %). Regardons maintenant le Sénégal : son taux de croissance naturelle est beaucoup plus élevé (2,9 %). En appliquant au Sénégal le même calcul qu'à l'Allemagne, on obtient un taux potentiel (maximum) de croissance annuelle de la population urbaine de 7 % (ce qui équivaut, grosso modo, à un doublement des populations urbaines tous les dix ans), soit presque le triple du taux allemand il y a un siècle. L'écart aurait été encore plus brutal si l'on avait comparé le Sénégal de l'an 2000 à la France de 1900.

Changements démographiques et technologiques

Comment expliquer la différence ? Elle se manifeste surtout dans l'évolution des taux de mortalité. Pour des niveaux comparables d'urbanisation (et de développement, pourrait-on dire), les taux bruts de mortalité sont aujourd'hui beaucoup plus faibles qu'il y a un siècle. Cette relation est schématisée dans la figure 1.6, où nous supposons pour le PED une évolution de l'urbanisation et de la natalité analogue à celle des pays industrialisés. L'intervalle qui sépare les deux points extrêmes d'« équilibre » (taux de natalité et de mortalité à égalité) peut se situer entre 100 et 200 ans, environ, selon la rapidité de la transition. La plupart des pays industrialisés ont achevé leur transition démographique, et se situent donc à l'extrême droite de la figure 1.6 ; les taux de croissance naturelle y sont aujourd'hui très bas, voire même négatifs. Par contre, les PED aujourd'hui sont en transition, pour la plupart, mais avec des conditions socio-sanitaires améliorées, d'où des taux de mortalité plus bas (haut de la figure 1.6).

L'Europe de l'Ouest et l'Amérique du Nord sont entrées dans la phase d'urbanisation accélérée à une époque où, étant donné les taux de mortalité, les taux de croissance naturelle demeuraient relativement faibles, si bien que lorsque la révolution sanitaire est venue abaisser les taux de mortalité, elles étaient déjà bien engagées dans la transformation démographique menant à la diminution des taux de natalité. Les PED sont confrontés, si l'on peut s'exprimer ainsi, aux progrès accomplis en matière de médecine et de santé depuis un siècle. Nous savons aujourd'hui que les taux de mortalité (infantiles surtout) peuvent se mettre à décroître dans un pays bien avant qu'il emprunte la voie du développement, donc bien avant que la baisse des taux de natalité commence à faire effet. Cette chute rapide des taux de mortalité, illustrée à la figure 1.6, a lieu bien avant que le niveau d'urbanisation ne dépasse les 50 %. Dans ce cas, le pays connaîtra des taux de croissance démographique largement supérieurs à ceux qui ont marqué l'histoire des pays industrialisés.

Le progrès technologique a aussi eu un impact non seulement sur le rythme de croissance des populations urbaines mais aussi sur la taille des villes. La technologie moderne permet l'existence de villes beaucoup plus grandes qu'il y a un siècle (la thèse de la taille urbaine optimale sera examinée au chapitre 4). Au XIXe siècle, on n'avait tout simplement pas la technologie nécessaire pour faire fonctionner une ville de plus de cinq ou six millions d'habitants. En 1881, la plus grande ville du monde, Londres, comptait environ 4,7 millions d'habitants dans sa zone métropolitaine. L'expansion démographique et physique de la ville repose sur des réseaux d'approvisionnement en eau, de collecte des déchets, de transport, de distribution d'électricité, etc.

Figure 1.6 - La transition démographique. Représentation schématique : pays en développement ; pays industrialisés

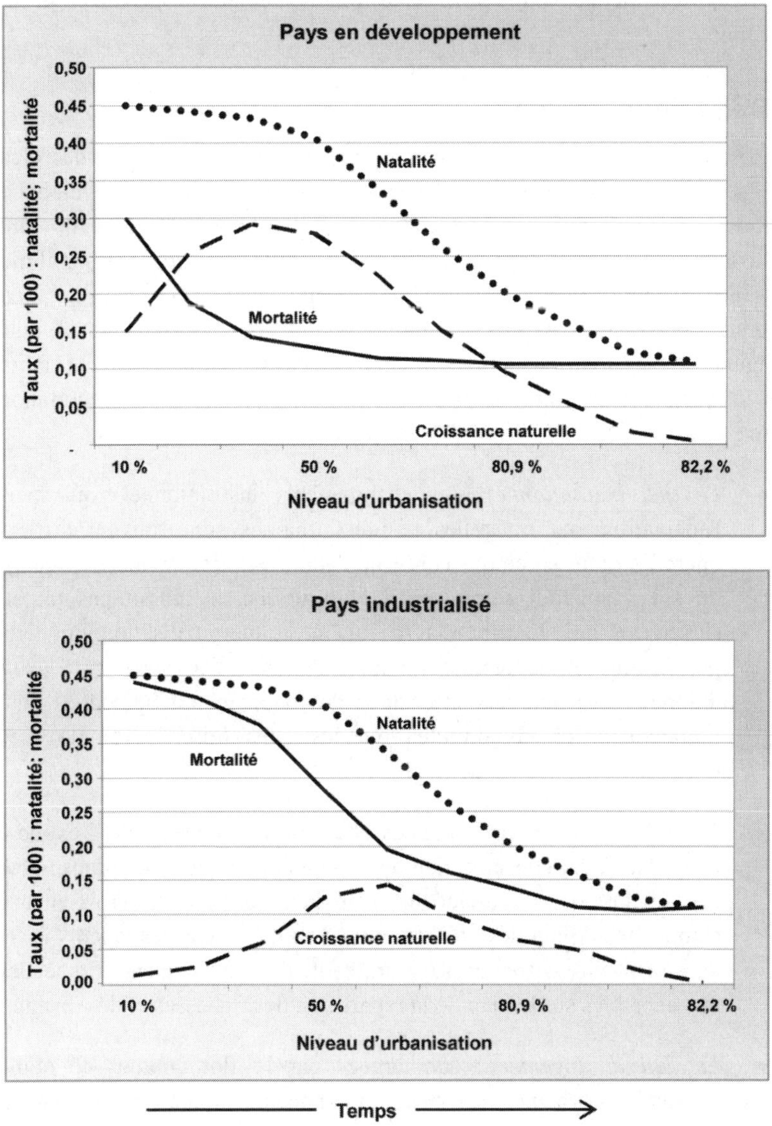

Ainsi les PED, pour beaucoup d'entre eux, ont intégré ce type de progrès technologiques. L'urbanisation les touche à une époque où les entraves à l'expansion urbaine se relâchent ou du moins ne commencent à se faire sentir qu'à des seuils de population beaucoup plus élevés. Il ne faut donc pas s'étonner que les grandes villes prennent leur essor aussitôt le développement amorcé. La plupart des villes de 10 millions d'habitants et plus se trouvent aujourd'hui dans des pays en développement. Si l'urbanisation est étroitement liée au processus du développement, il n'existe pas par contre de lien entre la taille des villes et le niveau de développement, Même des pays relativement peu urbanisés, comme l'Inde, peuvent avoir de grandes villes : Delhi en est une, ainsi que Mumbai (Bombay) et Calcutta, où vivent déjà plus d'habitants que dans la région parisienne.

Défi urbain des PED

Résumons. Le rythme d'urbanisation des PED (l'augmentation des taux) ne s'éloigne pas du cheminement « normalement » associé au développement. Cependant, à cause du progrès technologique, surtout en matière de santé et d'infrastructures, les populations des villes des PED atteignent des rythmes de croissance et des tailles sans précédent. Cette croissance urbaine galopante provoque des tensions parfois insolubles et qui sont au cœur de ce qu'il est convenu d'appeler la problématique urbaine des pays en développement. Parmi les défis auxquels doivent faire face les pays en voie d'urbanisation, mentionnons-en quatre :

- *Le défi institutionnel* : les changements institutionnels qui facilitent l'adaptation aux nouvelles réalités urbaines sont souvent difficiles à opérer, surtout en ce qui concerne l'administration locale et l'occupation du sol. L'appareil administratif et juridique ne réussit pas toujours à suivre, ce qui contribue à la fois à la marginalisation de certaines populations et de certaines zones, donnant lieu à ce qu'il convient d'appeler des quartiers informels, des peuplements spontanés ou, plus brutalement, des bidonvilles ou des cités misère (voir la section : « Discussion » à la fin de ce chapitre) ;

- *Le défi des inégalités sociales* : le rythme accéléré de l'exode rural conjugué à la concentration des populations urbaines dans quelques agglomérations, en allant de pair avec des écarts croissants ville-campagne au plan des salaires, fait souvent flamber les valeurs foncières dans les villes touchées, entraînant des conséquences socialement inacceptables sur le plan de la répartition des richesses et des revenus ;

- *Le défi du logement* : submergées par le flot continu de nouvelles populations urbaines, les villes en expansion rapide font souvent face à des pénuries aiguës de logement. Le secteur du logement pose des problèmes particuliers d'analyse économique, en partie à cause de l'inélasticité de l'offre, en bonne partie reliée au défi institutionnel, évoqué plus haut. Des marchés du logement peuvent fonctionner de façon satisfaisante même en contexte de croissance démographique accélérée, à condition de reposer sur un cadre réglementaire approprié et un appareil administratif fonctionnel ;

- *Le défi environnemental* : l'importance des investissements publics nécessaires à la réalisation des infrastructures urbaines pèse sur la gestion macro-économique des économies nationales. Les grandes villes exercent sur les ressources de l'État une pression qui rend difficile la mise en application de politiques adaptées, ce qui se traduit par des niveaux élevés de pollution et de congestion. Ce n'est pas un hasard si le niveau de pollution atmosphérique est, en règle générale, plus élevé dans les villes des PED. Nous y reviendrons dans le chapitre 4.

Les tensions sociales et institutionnelles provoquées par l'urbanisation ne se manifestent pas de la même façon dans tous les pays. Les défis ne seront pas les mêmes selon le moment où le pays en est dans la grande épopée de l'urbanisation, qui peut se dérouler sur plusieurs générations. Les inégalités sociales seront particulièrement aiguës aux premiers moments de l'urbanisation. Plusieurs études soulignent le caractère passager de l'impact de l'urbanisation sur la répartition des revenus et les inégalités régionales. Nous y reviendrons dans le chapitre 6.

Enfin, ce qu'il faut surtout retenir, c'est que l'urbanisation transforme profondément l'organisation de la société, tant ses institutions politiques et ses structures économiques que ses valeurs sociales. Or, tout changement (même pour le mieux) comporte un coût. Nous reviendrons constamment sur les problèmes et sur les choix politiques qu'amène le développement urbain.

Simulation des incidences de l'urbanisation pour un pays imaginaire

À titre de synthèse, imaginons une petite ville *i* située au cœur du pays *A*, à la veille d'une révolution industrielle. Déjà, la ville *i* a une certaine importance comme lieu central du pays car elle est lieu de marché et de négoce et les économies d'agglomération exercent un attrait sur les activités de fabrication de l'ensemble du pays, encore artisanales. Le pays *A* est massivement rural, et les méthodes de production y sont préindustrielles.

Pour simuler l'impact du développement économique sur la localité *i*, imaginons le pays *A* à deux moments, t1 et t2, l'un antérieur, l'autre postérieur à une période de croissance soutenue du revenu par habitant (tableau 1.6). Cette simulation se trouve à mi-chemin entre l'expérience passée des pays industrialisés et l'évolution récente des pays en développement (PED). Pour être fidèle à la réalité, supposons qu'au moins une génération (30 ans) sépare t1 et t2. Nous ne nous préoccupons pas ici des autres villes – plus petites – du système urbain de *A*. Dans la simulation, la ville *i* compte le tiers de la population urbaine du pays ; le reste est dispersé dans d'autres villes et villages.

Examinons maintenant l'évolution du pays *A*. En t1, la ville *i* comptait 25 000 habitants ; *A* était alors rural à 85 %. Il fallait donc que 85 personnes travaillent sur la terre pour en nourrir 100. Avec l'arrivée de la révolution industrielle, de nouvelles méthodes de production et de distribution se mettent en place. Entre les deux périodes (t1 – t2), la productivité agricole augmente de 600 %, suivant l'évolution générale de l'économie, d'où une hausse du revenu par habitant, qui passe de 200 $ à 1 200 $. L'amélioration des conditions de vie, et en particulier des conditions sanitaires, se traduit par une croissance de la population du pays, qui passe de 500 000 à 2 000 000 d'habitants.

La demande en produits agricoles ne suit pas l'augmentation des revenus. Le tableau 1.6 nous apprend que l'élasticité-revenu de la demande de produits agricoles est de 0,38. Même si la demande de produits agricoles augmente de façon appréciable (de 900 %), la demande de produits non agricoles augmente beaucoup plus (de 4 650 %). En t2, la production agricole ne compte plus que pour 22,5 % de la demande nationale totale, contre 60 % en t1.

L'évolution de la composition de la demande provoque un processus d'urbanisation. La production non agricole se fait surtout dans les zones urbaines, et les populations suivent le mouvement géographique des activités économiques. La population rurale continue de croître (de 50 % environ), mais la population urbaine s'accroît beaucoup plus rapidement, se multipliant par un facteur de 18. Le taux d'urbanisation passe de 15 % à 68 %. Si l'on suppose que la part de la ville *i* dans la population urbaine reste stable, la population de la ville passe de 25 000 à 448 000 habitants : *i* est maintenant une métropole de taille respectable. Mais pour mieux saisir l'ampleur de la transformation qui la touche, il faut tenir compte de l'effet conjugué de la croissance démographique et de la hausse des revenus. Le tableau 1.6 nous apprend que la demande intérieure de la ville *i* se multiplie par 72. On conçoit l'impact de cette augmentation sur la valeur des terrains, surtout au centre-ville, et sur les intensités relatives d'utilisation du sol (voir la théorie de la rente foncière au chapitre 10).

L'urbanisation ne touche pas tout le monde de la même façon. Grâce à un mélange de chance et de perspicacité, Mme B, commerçante de la ville *i*, profite de l'urbanisation à plusieurs titres. Son commerce se trouve en plein cœur de *i*, qui est maintenant le centre-ville d'une agglomération d'un demi-million habitants. Elle a eu la perspicacité (ou la chance) d'attendre quelques décennies avant de vendre les premiers morceaux de son capital immobilier, ce qui lui vaut des bénéfices intéressants qu'elle réinvestit dans la modernisation et l'expansion de son entreprise, afin de tirer le maximum de profit des économies d'échelle rendues possibles par l'essor de la demande intérieure. D'autres sont moins bien lotis. Monsieur P, ouvrier agricole en région, a de plus en plus de mal (comme ses fils) à trouver du travail à temps plein, à cause des hausses de productivité enregistrées dans le secteur agricole et de la détérioration des termes d'échange des biens agricoles par rapport aux biens industriels. Il décide alors de quitter son petit lopin de terre et d'aller tenter sa chance en ville.

Tableau 1.3 - Simulation de l'urbanisation : la ville i et son pays

	t1	t2	Changement (t2/t1)
Population du pays	500 000	2 000 000	400 %
Revenu par habitant (en $ constants)	$200	$1 200	600 %
Productivité / travailleur agricole (t1 = 100)	100	600	600 %
Demande totale (en $ constants)	$100 000	$2 400 000	2 400 %
Demande : produits agricoles ($ constants)	$60 000	$540 000	900 %
Élasticité-revenu : sur période t1-t2	**0,38**		
Demande : produits non agricoles ($ constants)	$40 000	$1 860 000	4 650 %
Élasticité-revenu : sur période t1-t2	**1,94**		
% urbaine (villes de 2 000 habitants et plus)	15 %	68 %	
Population rurale	425 000	640 000	151 %
Population urbaine	75 000	1 360 000	1 813 %
Population de la ville i	25 000	448 800	1 795 %
Demande à i ($ constants)	$7 500	$542 400	7 232 %

L'essor démographique de la ville i est tel que les administrations locales arrivent difficilement à suivre le mouvement : dans plusieurs quartiers, les services publics restent primitifs, des terrains sont occupés sans autorisation, les conditions d'habitat sont souvent carrément inacceptables. Les transactions d'affaires et les échanges se font parfois par des voies parallèles, en dehors du marché formel. L'afflux des populations rurales et l'arrivée de populations étrangères provoquent des tensions et entraînent la différenciation des quartiers selon le rang social et l'origine des nouveaux citadins. Les pressions sur les terres agricoles de la périphérie sont telles que l'urbanisation se fait sans contrôle ni planification. Malgré tout, la ville i poursuit sa progression démographique ; elle assure à la population des conditions de vie meilleures qu'auparavant. Sans ville, sans urbanisation, les hausses de productivité (à la base des hausses de revenus) seraient impossibles. Nous verrons pourquoi dans les deux prochains chapitres.

Discussion : les fondements institutionnels de l'urbanisation : la difficile transition vers l'urbain

Certaines sociétés réussissent mieux la transition vers l'urbain que d'autres. La question se pose : au-delà du rythme rapide de croissance des populations urbaines, pourquoi les PED connaissent-ils tant de difficultés à faire la transition, pourquoi les services urbains (eau, éclairage, assainissement, etc.) font-ils si souvent défaut ?

Les quartiers spontanés et les bidonvilles des PED ne sont pas forcément (ou uniquement) le résultat de mauvaises politiques. Ils sont aussi le reflet de la difficile transition de la société rurale à la société urbaine, et donc sensibles à l'histoire et à la culture du pays. Faire croître l'offre de terrains à urbaniser au même rythme que la demande suppose, au préalable, un cadre institutionnel qui n'est pas forcément présent partout. Par cadre institutionnel, nous entendons l'ensemble des normes et pratiques qui régissent le fonctionnement de l'État à tous les niveaux. Le transfert « ordonné » d'une parcelle de terre d'un propriétaire à un autre, par exemple d'un paysan à un promoteur immobilier urbain, suppose l'existence d'un marché immobilier, d'un marché foncier, avec des règles et des normes définies, dont notamment la notion de propriété privée. Il ne peut y avoir de « marché », au sens de réseaux d'échanges, sans que les droits de propriété des objets échangés aient été définis au préalable. Dans la plupart des pays aujourd'hui industrialisés, comme la France et le Canada, les régimes de droits de propriété du sol (et aussi d'imposition foncière) font partie des mœurs depuis longtemps, si bien que l'urbanisation n'a pas exigé de transformations institutionnelles majeures.

Cependant, l'existence d'un marché immobilier, fondé sur le principe de la propriété privée, ne va pas de soi. C'est une construction sociale, comme diraient les sociologues. On comprendra facilement que ce fruit de la modernisation ne trouve pas le même niveau d'acceptation dans toutes les sociétés, en particulier dans celles où l'utilisation collective ou communale de la terre revêt une signification importante. Le lotissement des terrains à des fins de développement urbain est, en principe, incompatible avec le principe de terre communale[8]. Devant les pressions d'urbanisation, cela peut donner lieu à des marchés noirs où les terrains sont « vendus » de façon informelle, sans que cela s'accompagne de l'obtention de titres de propriété reconnus, pratique courante en Afrique et en Amérique latine. En Afrique, on se trouvera souvent en situation de conflit d'interprétations entre régimes de droit concurrents : droit tribal, droit islamique, droit civil français ou autre. Si bien qu'il est difficile d'établir avec certitude à qui revient telle ou telle parcelle. Dans d'autres cas encore, c'est l'appareil administratif et politique nécessaire à l'administration du régime foncier qui fait défaut.

Figure 1.7 - Séquence de la gestion de l'impôt foncier

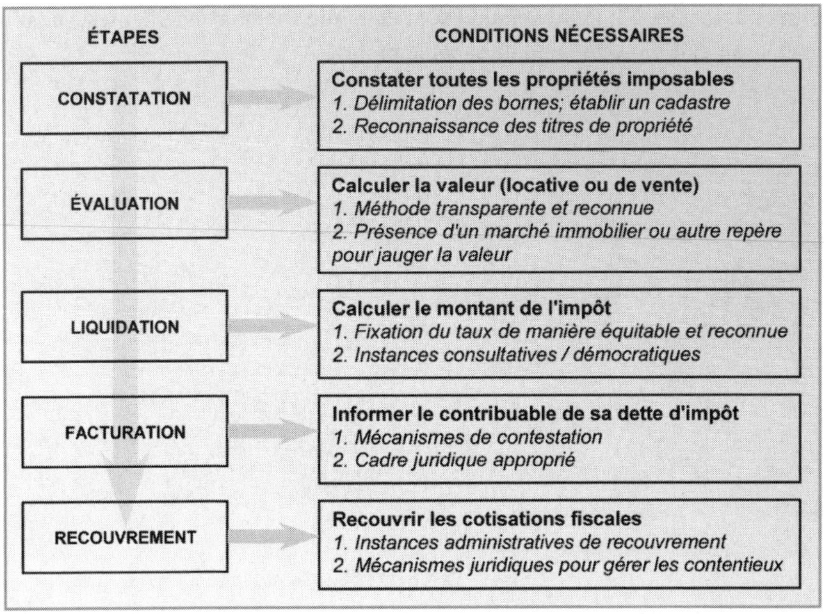

En l'absence de titres de propriété reconnus, l'État (local ou national) connaîtra des difficultés à prélever des impôts sur le patrimoine foncier. Comment prélever des impôts sur la parcelle *x*, si l'on ne peut pas en identifier le propriétaire ou s'il est impossible d'en établir la valeur, faute de marché ? La figure 1.7 résume les étapes nécessaires à la gestion de l'impôt foncier (par exemple, par une autorité locale). On comprend que la mise en place d'un tel cadre institutionnel local suppose une capacité administrative et une relation de confiance entre l'État et le citoyen qui font trop souvent cruellement défaut dans des PED. L'État se trouvera alors devant l'incapacité de financer des infrastructures publiques (eau, égouts, entretien des rues, etc.) nécessaires pour assurer une urbanisation efficace. Les autorités locales ne desserviront pas, ou peu, les quartiers (informels) dont elles ne tirent pas de revenus ; les habitants, à leur tour, auront peu d'incitation à payer des impôts. C'est un cercle vicieux qui s'observe dans trop de villes des PED.

La présence d'un marché foncier, fondé sur un État de droit, constitue également une condition nécessaire pour la création d'un marché hypothécaire qui, à son tour, favorise l'investissement immobilier et donne aux propriétaires, dont les petits propriétaires, la possibilité de transformer leur patrimoine foncier (ou bâti) en actif productif. Bref, pour porter pleinement ses fruits, l'urbanisation suppose qu'il y ait en parallèle des changements institutionnels dont la réalisation se fera avec plus au moins de facilité selon les traditions et les ressources du pays. On comprend alors que les économies d'agglomération dont il sera question dans le chapitre 3 ne surgissent pas nécessairement de façon spontanée. Les externalités positives associées à l'agglomération sont en partie tributaires de la présence d'un État de droit et d'un cadre institutionnel approprié.

CHAPITRE 2

ESPACE GÉOGRAPHIQUE ET COÛTS ÉCONOMIQUES

Toute économie, tout système de marché ou de planification, repose sur l'interaction sociale, et donc aussi sur l'interaction spatiale. Comme le temps, l'espace géographique est une donnée incontournable avec laquelle la société doit composer, et, quel que soit le système de production, aucune économie ne peut exister sans qu'il y ait des rapports entre les individus. Même si Internet et plus globalement les nouvelles technologies de l'information en modifient la donne – les rapports entre individus peuvent se maintenir plus facilement à distance qu'ils ne le pouvaient autrefois – les rencontres en face à face (contacts fondamentaux pour le bon fonctionnement de l'économie) et, bien sûr, la livraison de marchandises, continuent de requérir des déplacements dans l'espace géographique. Comment donc la société s'organise-t-elle pour satisfaire ses besoins économiques en tenant compte des contraintes que lui impose l'espace géographique ?

À propos de la notion d'espace en géographie économique

Avant d'aller plus loin, précisons que les termes *espace* et *espace géographique* se prêtent à des définitions multiples, car ils recouvrent des réalités complexes, et il est difficile de leur donner une définition unique pleinement satisfaisante. *Espace* évoque milieu, écoumène, territoire, environnement, région, paysage et autres concepts qui, à des degrés et à des moments divers, peuvent lui servir de synonymes. On parle encore d'espace terrestre, social, résidentiel, théorique, numérique, géométrique ou mathématique. Par tradition, on utilise aussi *espace* pour désigner une réalité abstraite, plus générale, pour englober un tout sans s'attarder sur des particularités. C'est dans cet esprit que nous l'employons dans ce livre.

Si, en parallèle, nous parlons d'*espace géographique*, c'est qu'il s'agit toujours de généralisations de l'espace réel, vécu, terrestre. L'espace, comme le temps, sert de contenant à l'activité humaine. Moran (1963), dans son ouvrage classique, parlait de l'espace comme étant le milieu de déploiement d'une action. Ce sont les relations économiques entre les hommes qui retiennent notre attention ici, si bien que le terme *espace économique* convient également à notre propos. Mais nous utiliserons volontiers le terme *espace,* sans adjectif, dans un sens plus ou moins abstrait selon les circonstances. Ainsi, dans ce chapitre, tout comme dans les chapitres 9 et 10, où il sera question de théories et de modèles, il prendra un sens plus abstrait. Quand il sera question de politiques ou d'interventions, *espace* prendra un sens plus concret. Nous emploierons souvent aussi le terme *territoire,* dont le sens est plus juridique, en nous référant à des espaces d'intervention.

L'espace n'est pas économiquement neutre. Ses attributs influencent l'homme dans ses comportements, ses perceptions et ses choix, et l'homme agit sur l'espace pour le modifier. Comme l'écrit Ponsard (1988 : 8), pionnier de l'économie spatiale française, « son introduction [dans l'analyse économique] n'apporte pas des raffinements de détail : elle change tout ». Nous verrons, en effet, qu'elle modifie les calculs de coûts et d'avantages des acteurs, tant entreprises que ménages. Pour l'analyse économique, Moran (1963 : 24) distingue trois niveaux de traitement : l'espace comme *distance,* l'espace comme *surface* et l'espace comme *lieu.* Dans l'exposé qui suit, l'aspect *distance* sera privilégié. Grâce au progrès technologique, les coûts de transport et de communication ont sensiblement diminué depuis deux cents ans ; mais la distance comme contrainte économique n'a pas disparu pour autant.

Distance

Distance géographique et coûts de transport et de communication

L'espace géographique, plus précisément la distance, implique des coûts, tant pour les particuliers que pour les entreprises. Franchir la distance qui sépare deux points de l'espace géographique exige des efforts, des ressources et du temps. Ce coût s'exprime de plusieurs façons : coûts de transport des marchandises, coûts de communication de l'information, coûts de déplacement des personnes, etc. Les coûts sont, en règle générale, d'autant plus élevés que la distance à franchir est grande. On dit que les coûts sont fonction de la distance (voir la figure 2.1).

Nous savons que la très grande majorité des activités humaines sont sensibles à la distance. Les échanges économiques, les mouvements migratoires et les contacts interpersonnels ont tous tendance à diminuer d'intensité avec la distance. À moins que d'autres obstacles se posent, une région entretient normalement plus de relations commerciales avec une région qui lui est voisine qu'avec une région située à l'autre bout du monde. Des facteurs autres que la distance géographique peuvent influencer la perception de la distance : frontières politiques, différences de culture ou de langue, différences sociales. Ils ont souvent pour effet d'accentuer l'impact de la distance géographique sur le comportement des populations et des entreprises. Cependant, nous nous en tiendrons, pour le moment, à une définition purement géographique de la distance.

D'autres concepts, comme ceux de « coûts d'interaction spatiale » et de « friction de l'espace », peuvent également décrire l'ensemble des coûts économiques qu'impose la distance, mais il s'agit toujours de qualifier la même réalité. Dans ce livre, le terme *coûts de transport* servira souvent de terme générique pour englober la gamme des divers coûts à assumer pour surmonter la distance, y compris les coûts d'option (voir ci-dessous la section « Distance et coûts d'option »).

Représentation graphique des coûts de transport

La figure 2.1 représente, pour une entreprise donnée (usine, commerce, bureau, etc.), la relation entre la distance et le prix du produit (bien ou service), auquel sont intégrés les coûts de transport. Ceux-ci peuvent être assumés par le consommateur, sous forme de déplacements, ou par le producteur, sous forme de coûts « réels » de transport et de distribution. Les coûts doivent également refléter le coût d'option du temps consacré aux transports.

Figure 2.1 - Relation entre distance et coût de transport

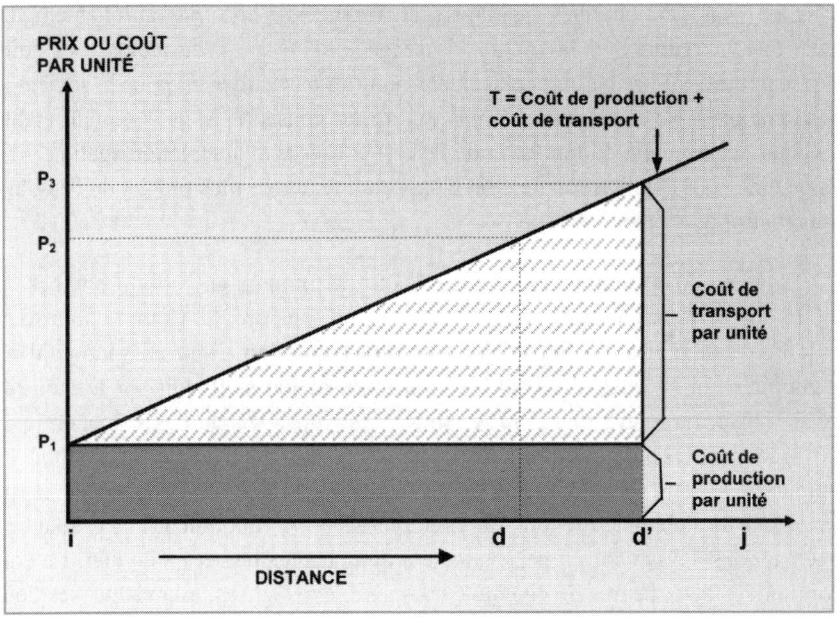

L'axe horizontal représente la distance ; l'entreprise est localisée au point *i*. La distance (par rapport à l'entreprise) s'accroît à mesure qu'on va vers la droite. L'axe vertical mesure le coût final du produit. Le niveau P_1 donne le prix du produit au point de production, donc en l'absence de coûts de transport. Supposons qu'il en coûte l'équivalent d'un dollar par kilomètre pour transporter le produit. Ce coût se reflète dans la courbe de transport T, qui monte en fonction de la distance. Plus la pente est accentuée, plus les coûts de transport sont sensibles à la distance, et plus le coût de transport du produit est élevé. À chaque point du trajet (entre *i* et *j*), le niveau de T donne le prix du produit, y compris les coûts de transport. Ainsi, le produit coûte moins cher au point *d* qu'au point *d'*.

Les entreprises, les ménages et les autres agents économiques cherchent normalement à réduire au minimum les coûts de transport qu'ils doivent assumer. Pour se procurer un bien ou un service, par exemple pour acheter un kilo de riz ou consulter un dentiste, un consommateur choisira, *ceteris paribus*[1], le point *d* avant le point *d'*. Pourquoi assumerait-il des coûts supplémentaires (représentés par P_2 et P_3) ? Plus les agents économiques sont rapprochés, plus les coûts sont réduits. Les consommateurs les plus proches du point *i* sont donc favorisés dans ce modèle. On peut ainsi s'attendre à ce que les sites les plus proches de *i* soient les plus convoités, avec les conséquences que l'on imagine pour la valeur des terrains (la relation entre distance ou accès et rente foncière sera expliquée au chapitre 11). L'agglomération géographique des populations dans des villes ou villages tire ses origines, dans un premier temps, de la possibilité qu'elle donne aux agents économiques de réduire leurs coûts de transport et d'interaction.

Distance géographique et coûts d'option

Les coûts économiques qu'impose la distance ne sont pas uniquement des coûts directs : surmonter la friction de l'espace exige aussi du temps. Les coûts économiques qu'entraîne un déplacement pour un particulier ou pour la société se mesurent aussi par la valeur du temps qui lui est consacré. Mais comment établir la valeur économique du temps ou de l'effort consacré à l'interaction spatiale ? Le concept de coût d'option (ou de coût d'opportunité, terme plus proche de l'anglais) nous fournit un élément de réponse.

La façon dont le temps est employé exprime toujours un choix. Le temps est une ressource rare, une ressource économique au sens propre. Comme pour toute ressource, son utilisation fait l'objet d'un choix que l'on opère en soupesant les possibilités qui s'offrent. Le coût d'option d'une action se traduit par le gain (ou par le plaisir, ou mieux, par l'utilité, pour employer la terminologie économique) qu'on pourrait escompter en employant le temps autrement. Le coût d'option est toujours le reflet d'un gain auquel on a renoncé en faisant autre chose que ce qui permettait de l'obtenir. Prenons un exemple de la vie quotidienne : en allant au cinéma, nous « renonçons » par exemple à deux heures passées à étudier. Le coût d'option des deux heures de cinéma correspond, dans ce cas, à la valeur des deux heures d'études perdues.

Plus les autres choix qui s'offrent sont intéressants, plus le coût d'option du temps sera élevé. Examinons deux cas hypothétiques. Supposons qu'une grande entreprise de Tokyo fasse affaire avec une entreprise de Lyon et qu'un cadre japonais songe à aller à Lyon pour négocier des contrats avec son vis-à-vis français. Pour l'entreprise japonaise, le coût « réel » de ce déplacement doit comprendre la valeur du temps que le cadre lui consacrera. Ce coût réel (c'est-à-dire incluant le coût d'option) sera très élevé s'il s'agit d'un cadre supérieur, bien payé, dont la présence à Tokyo est importante. Il se pourrait, par exemple, que son absence retarde des prises de décision et fasse manquer des occasions d'affaires à son entreprise.

Le coût d'option se calcule difficilement dans les faits. Tant pour le particulier que pour l'entreprise, il est estimé de façon souvent approximative, voire intuitivement. Mais dans tout processus de choix, il y a un calcul, au moins implicite. Pour que ce processus puisse être qualifié de « rationnel », au sens propre, il suffit que les acteurs fassent des choix associés à des gains escomptés qui sont supérieurs aux gains auxquels ils renoncent, c'est-à-dire aux coûts d'option. Dans l'exemple qui précède, le cadre japonais n'ira à Lyon que s'il estime que les gains de son déplacement seront assez élevés. Puisque le coût d'option de son temps est élevé, il faut que les gains espérés le soient aussi.

Transportons-nous maintenant dans un village du Haut Atlas marocain, où un père de famille poursuit des activités de subsistance. En plus, tous les mois, il a des olives, quelques épices et une chèvre ou deux à vendre. Les activités de subsistance ne lui prennent pas tout son temps, et ses fils et ses filles peuvent le remplacer aux champs. Or le village (qui n'est desservi par aucune route carrossable) ne dispose pas de véritable marché où l'homme pourrait « vendre » son temps, et pour ce qui est de vendre ses produits, le marché le plus proche se trouve à deux jours à dos d'âne. Ses ventes ne lui procurent que des gains monétaires modestes, mais il décidera de faire néanmoins le trajet. C'est là un comportement rationnel, car en choisissant de ne pas se déplacer, il n'aurait retiré aucun revenu supplémentaire. En d'autres termes, le coût d'option de son temps est faible. Le coût de son déplacement se limitera à peu près aux coûts directs : un peu de nourriture pour l'âne, quelques nuits chez des amis, des frais d'installation sur la place du marché, etc.

La valeur du temps qui se cache derrière les coûts de transport sous forme de coûts d'option (figure 2.1) diffère selon les contextes. Mais il s'agit toujours d'affecter des ressources rares à une fonction, en l'occurrence le transport, aux dépens d'autres fonctions. C'est la nécessité de ménager les ressources rares consacrées aux transports qui est à la base des modèles de localisation des activités économiques (voir les chapitres 9 et 10). L'optimum social est atteint lorsque l'on ne peut consacrer à d'autres fonctions les ressources utilisées pour surmonter la distance sans réduire le niveau général de bien-être économique de la population. Cet optimum, aussi appelé optimum de Pareto, se reflète également dans la localisation des populations et des activités économiques. Aucune activité économique ne peut changer de site sans diminuer le niveau de bien-être de la société.

Production : centralisée ou dispersée ?

L'espace présuppose une première question : le bien ou le service fera-t-il l'objet d'une production centralisée ou d'une production dispersée ? La décision sera la résultante de deux forces qui peuvent être opposées : les coûts de transport et les économies d'échelle (voir ci-dessous). Le producteur cherche normalement à maximiser les avantages qu'il peut tirer des économies d'échelle tout en minimisant ses coûts de transport, comme nous allons le voir (nous traitons ici des décisions de production de l'entreprise isolée ; la théorie des lieux centraux comme élément d'explication des systèmes de villes sera abordée au chapitre 9).

Jeu conjugué des économies d'échelle et coûts de transport

La plupart des activités économiques, dont les activités de l'État, comportent des coûts fixes et des coûts variables. La courbe typique du coût moyen de production par unité, représentée dans la figure 2.2, a la forme d'un U. Les coûts unitaires de production ont tendance, dans un premier temps, à diminuer à mesure que l'échelle de production s'accroît[2]. Nous voyons qu'entre les quantités Q_1 et Q_2, les coûts unitaires sont en baisse. À la quantité Q_2 (qui correspond à un niveau de production plus élevé), le coût unitaire du produit est au plus bas, ce qui constitue un gain pour le consommateur (et donc aussi, en principe, pour la société). Pour désigner le gain de productivité attribuable à la dimension de la production, on emploie le terme économie d'échelle. On parle également de rendements à l'échelle ou encore de rendements croissants.

Il existe pour chaque entreprise une taille optimale à laquelle les coûts de production sont minimisés. La courbe des coûts moyens finit par remonter (figure 2.2), en vertu de la loi des rendements décroissants qui dit que l'ajout continu de facteurs variables à un facteur fixe de production (par exemple d'un nombre croissant de travailleurs affectés à la même machine) donne, à partir d'un certain seuil, des résultats de moins en moins intéressants. À un point donné, l'addition d'un autre travailleur ne fait plus augmenter la production, à moins que l'on augmente aussi les facteurs fixes. En principe, l'entreprise cesse de produire au point où les coûts marginaux l'emportent sur les coûts moyens, ce qu'illustrent les chiffres du tableau 2.1 (sur lequel nous reviendrons plus bas).

En économie de marché, l'entreprise finit en principe par produire la quantité Q_2 qui correspond au point où les coûts moyens de production égalent le coût marginal de production par unité. C'est aussi le point où les profits « normaux », compris dans les coûts de production, sont maximisés. En situation de concurrence « parfaite », un concurrent remplacera l'entreprise si celle-ci produit à un prix supérieur à celui qui correspond à la quantité Q_2. Nous supposons donc, de façon implicite, que l'entreprise n'a pas de contrôle sur le prix du marché. Précisons aussi que, sauf indication contraire, nos représentations graphiques de l'espace reposent toujours sur le postulat suivant : la population est répartie de façon égale dans toutes les directions sur un terrain peu accidenté (une plaine homogène). Nous supposons également que les populations ont partout les mêmes préférences de consommation, y compris le coût d'option des déplacements.

Il reste maintenant à voir si l'entreprise trouvera un marché qui lui permettra de couvrir ses frais de production, et donc de réaliser un profit « normal ». Dans la figure 2.2 (comme à la figure 2.1), l'axe horizontal représente en même temps la distance et le marché, et donc aussi le nombre d'unités produites. Marché et espace font partie de la même réalité. Nous savons qu'espace signifie introduction de coûts de transport. La dimension du marché desservi, et donc aussi le niveau final de production, résultent de l'arbitrage entre coûts de transport et économies d'échelle. Il n'y aura production (centralisée) que si les baisses de coûts, associées à la dimension du marché, ne sont pas annulées par des coûts additionnels de transport, qui empêcheraient alors l'établissement d'offrir le produit au prix P1.

Figure 2.2 - Étendue du marché et coût de production

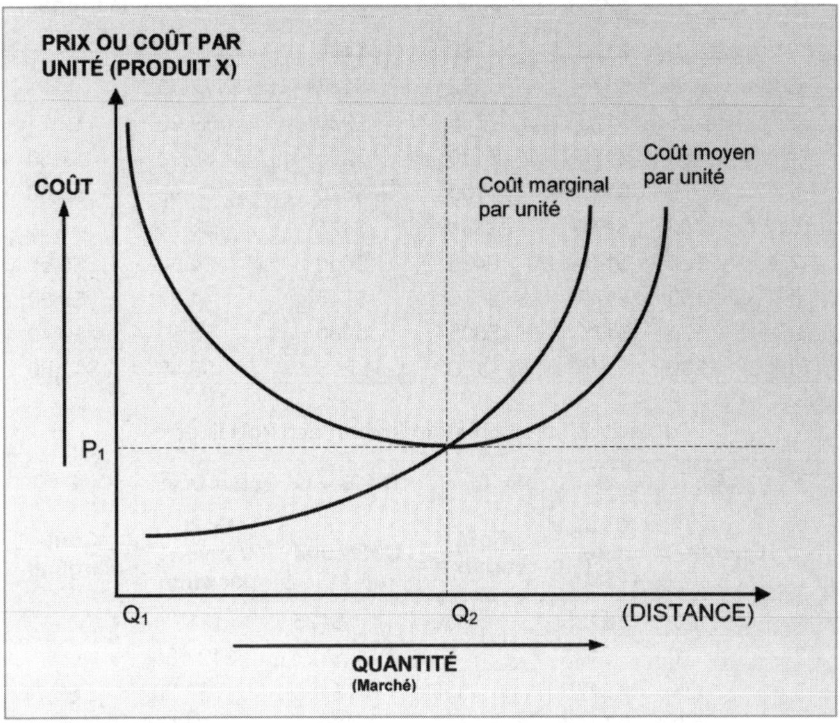

L'arbitrage entre coûts de transport et rendements à l'échelle se voit bien dans le cas d'une entreprise dont les économies d'échelle n'ont pas de limite. Dans la figure 2.3, nous représentons une activité dont les rendements à l'échelle sont infinis. Les coûts unitaires de production sont en baisse sur toute son aire potentielle de marché. Cette activité peut, en principe, dominer tout le territoire et donc empocher des profits de monopole. Toute la production sera centralisée dans un seul endroit. Mais les coûts de transport font contrepoids, si bien que les coûts unitaires *totaux* de production, y compris le transport, commencent à monter à partir de la quantité Q_2. Le coût unitaire total de production est donné par la courbe T. Nous retrouvons notre courbe « normale » en U grâce à l'impact de la distance sur les coûts de production. À noter, la figure 2.3 suppose l'absence des rendements à l'échelle pour les coûts de transport (courbe linéaire), ce qui n'est pas conforme à la réalité (voir plus loin). Si nous introduisons des économies d'échelle pour les transports, la courbe H augmentera moins vite (voir figure 2.6 plus loin), si bien que la remontée de la courbe T se fera à une valeur de Q plus grande. L'effet centralisateur sera d'autant plus prononcé.

Tableau 2.1 - Calcul de coûts unitaires de production pour un établissement hypothétique

	A	B	C	D = B + C	E = D/A	F
	Quantité	Coût fixe	Coût variable	Coût total	Coût moyen par unité	Coût Marginal*
1	0	$175	$0	$175		
2	1	$175	$2	$177	$177,00	
3	25	$175	$55	$230	$9,20	$2,21
4	50	$175	$120	$295	$5,90	$2,60
5	75	$175	$195	$370	$4,93	$3,00
6	***100***	***$175***	***$300***	***$475***	***$4,75***	***$4,20***
7	125	$175	$425	$600	$4,80	$5,00
8	150	$175	$570	$745	$4,97	$5,80
9	175	$175	$805	$980	$5,60	$9,40
10	200	$175	$1 120	$1 295	$6,48	$12,60

Tableau 2.1a - Après diminution des frais fixes

	A	B	C	D = B + C	E = D/A	F
	Quantité	Coût fixe (- $50)	Coût variable	Coût total	Coût moyen par unité	Coût Marginal*
1	0	$125	$0	$125		
2	1	$125	$2	$127	$127,00	
3	25	$125	$55	$180	$7,20	$2,21
4	50	$125	$120	$245	$4,90	$2,60
5	75	$125	$195	$320	$4,27	$3,00
6	***100***	***$125***	***$300***	***$425***	***$4,25***	***$4,20***
7	125	$125	$425	$550	$4,40	$5,00
8	150	$125	$570	$695	$4,63	$5,80
9	175	$125	$805	$930	$5,31	$9,40
10	200	$125	$1 120	$1 245	$6,23	$12,60

* Le coût marginal est calculé pour chaque accroissement de 25 unités. Ainsi, à la ligne 6, pour calculer le coût additionnel du passage de 75 à 100 unités, on divise l'accroissement du coût total par l'accroissement correspondant de quantité : (475 $-370 $)/25. Notons que coût moyen et coût marginal ne sont pas parfaitement comparables; le premier est calculé sur une base unitaire, le deuxième sur des accroissements de 25 unités.

Le jeu simultané des coûts de transport et des économies d'échelle provoque un effet double. D'une part, l'effet combiné de ces deux éléments sera à l'origine de la décision de concentrer ou non la production en un point central. Si les rendements à l'échelle sont importants mais les coûts de transport faibles, la production sera fortement concentrée. Mais le jeu des coûts de transport et des économies d'échelle explique aussi pourquoi toute la production ne sera pas concentrée en un seul lieu. Pour qu'une telle concentration se produise, les coûts de transport devraient se situer à zéro.

Nous pouvons maintenant compléter le portrait en introduisant les économies d'échelle dans le modèle de base (figure 2.1) ; le résultat est représenté dans la partie inférieure de la figure 2.4. L'espace s'étend dans les deux directions ; un même symbole, *d,* représente une distance équivalente par rapport au point *i*. Que dit la figure ? Si de petites quantités sont produites (si l'on a affaire, par exemple, à une production familiale), le produit *x* est disponible partout au prix P_2. Si la production est centralisée au point *i*, le prix unitaire tombera à P_1, mais uniquement si l'établissement peut produire une quantité équivalant à l'aire de marché qui correspond à la distance *d*. Selon la représentation que l'on voit à la figure 2.4, c'est précisément à la distance *d* que l'impact des coûts de transport compense l'effet des économies d'échelle. Au-delà de *d*, par exemple au point *d'*, le consommateur est mieux servi par la production locale du produit *x*.

Figure 2.3 - Coûts de transport et économies d'échelle

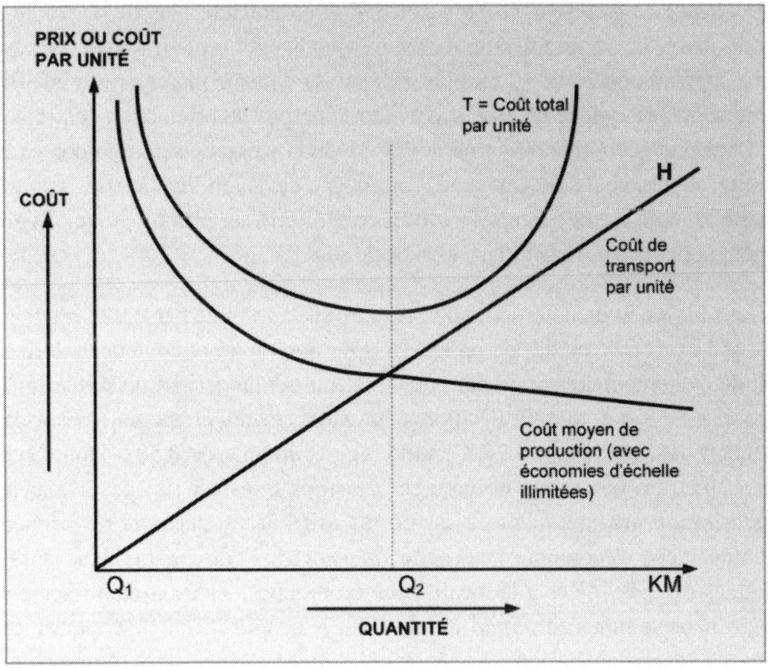

Simulation : exemple numérique

Pour illustrer le jeu d'équilibre entre économies d'échelle et coûts de transport et déterminer quels biens ou services seront produits de façon centralisée plutôt que localement et de façon dispersée, imaginons une petite ville *i* au cœur d'une région A largement agricole, et une boulangerie dont le four a une capacité maximale de 100 pains à chaque cuisson. Cuire 25 pains coûte 9,20 $ par pain (!), en cuire 100 revient à 4,75 $ l'unité, étant donné les frais fixes liés à l'utilisation du four. À partir de 100 pains, les coûts variables (composés surtout des salaires) augmentent rapidement, si bien que les coûts marginaux dépassent les coûts moyens par unité. Le meilleur prix est 4,75 $. La relation est illustrée au tableau 2.1. Rappelons que le concept de coût comprend toujours la rémunération de l'entrepreneur ou de l'investisseur (qu'on appelle aussi le profit « normal »). En dessous du prix qui couvre ce coût, il ne vaut pas la peine de produire, étant donné le coût d'option du temps (ou du capital) de l'entrepreneur.

Les familles de la région peuvent aussi produire du pain chez elles au coût moyen de 5 $ par pain. L'utilisation du four à sa pleine capacité (100 pains) leur procure donc une économie importante. À 4,75 $ le pain, les habitants de *i* sont disposés à aller à la boulangerie. Cependant, la petite bourgade *i* ne compte que 25 familles dont la consommation totale s'élève à 50 pains par jour. À ce rythme, il revient toujours moins cher de produire à la maison. L'habitant moyen de la région (hors de *i*) serait prêt à marcher un quart d'heure (15 minutes) pour se procurer un pain à 4,75 $. Le coût d'option de son temps de déplacement est donc, implicitement, de 0,25 $. Cela signifie également que la boulangerie ne trouvera pas de clients à l'extérieur de la région *i* si elle demande plus de 4,75 $ le pain. Dans un rayon de 15 minutes de marche, la boulangerie pourra aller chercher un marché supplémentaire de 10 familles (20 pains). Mais le marché reste insuffisant, il manque encore quinze clients. Il n'y aura donc pas de production centralisée du pain. Dans une économie moderne, le lavage de la vaisselle serait un bon exemple d'activité où les coûts de transport continuent de l'emporter sur les économies d'échelle : même si une entreprise offrait ce service à un prix modique, il vaudrait rarement la peine d'y transporter la vaisselle sale.

Dans la région de notre exemple, il se trouve aussi une personne, Monsieur P, disposée à exercer le métier de potier. Un four pour cuire ses objets en terre glaise constitue également son principal coût fixe. La boulangerie propose de lui louer son four à 50 $ par jour (utilisation partagée), ce qui permettrait désormais la production de 100 pains à 4,25 $ l'unité, une économie de 0,50 $ l'unité (voir le tableau 2.1a). La possibilité de partager des frais fixes est l'un des avantages de l'agglomération urbaine. Dans ce cas-ci, les gains de productivité ne proviennent pas uniquement d'économies d'échelle *internes* (à l'entreprise), mais aussi des économies *externes*, liées à la localisation (conjointe) des deux établissements. À ce stade, nous sommes en train d'anticiper sur le chapitre 3, où il sera question des économies d'agglomération. La ville *i* gagnera donc deux entreprises ; la production de pain et de céramique sera désormais centralisée. D'autres fabricants ou commerçants pour qui la taille optimale du marché correspond à la région A auront également intérêt à se localiser dans la ville *i*, en vertu du principe de la centralité géographique.

Figure 2.4 - A) Aire de marché et centralité géographique ; B) coût de production et coût de transport, avec économies d'échelle

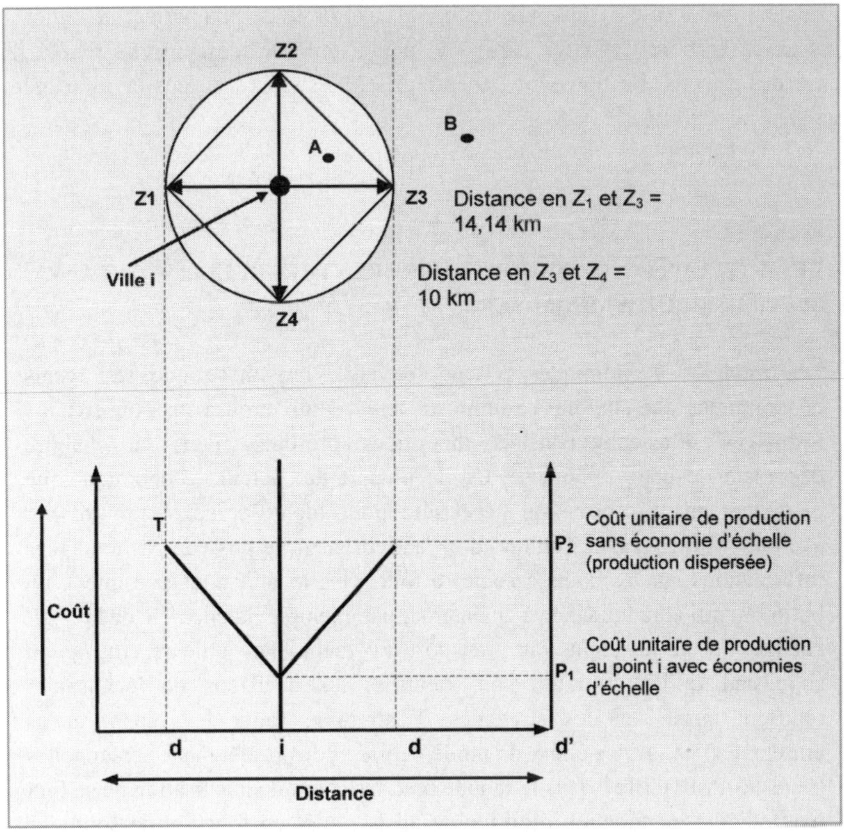

Principe de centralité géographique

Le principe de la centralité nous dit que les relations d'échange entre les agents économiques donneront naissance à un lieu central. Le terme centralité s'entend ici dans le sens géographique : un lieu comme centre géométrique d'un espace. Au cœur du principe de la centralité se trouve la minimisation des déplacements. Tout agent économique cherche normalement à réduire au minimum le temps nécessaire pour se procurer un bien ou un service ou, en parallèle, à maximiser le « rendement » de chaque déplacement. Les consommateurs, comme la société dans son ensemble, réalisent une économie de temps si plusieurs besoins exigeant des déplacements peuvent être satisfaits à partir d'un seul lieu. Ainsi, un paysan venu en ville pour vendre ses produits pourra profiter de son passage pour consulter un médecin, plaider sa cause auprès d'un fonctionnaire, faire réparer ses outils, acheter des produits, payer des factures ou voir un spectacle.

Le regroupement des achats et des transactions se traduit, en d'autres termes, par un gain de productivité, mais du point de vue du consommateur il entraîne également une forme d'économie d'échelle, car l'unité de lieu permet de régler un plus grand nombre d'affaires dans une même unité de temps. Cette réalité fait partie des raisons qui poussent les entreprises désireuses de desservir le même marché à se regrouper.

Encadré 2.1
LES ACTEURS ÉCONOMIQUES CHERCHENT-ILS RÉELLEMENT À MAXIMISER OU À MINIMISER ?

Les modèles économiques posent souvent l'hypothèse que les agents économiques chercheront à minimiser leurs coûts et/ou à maximiser leurs avantages. Plusieurs constats théoriques présentés dans ce chapitre découlent de cette hypothèse. Or, la plupart des acteurs économiques ne possèdent pas l'information nécessaire pour identifier cet optimum (par exemple, il est presque certain qu'un entrepreneur ne possède pas toutes les informations sur les coûts associés à toutes les localisations possibles), un optimum qui aura tendance à changer si, par exemple, la clientèle de la PME change ou si les coûts de transport évoluent. Par ailleurs, même en supposant qu'un optimum soit identifié, les décisions de localisation reposent aussi sur des stratégies d'entreprise (pour les plus grandes entreprises) et sur des choix de mode de vie et des préférences personnelles (pour les PME). Bref, dans le monde réel, les choix de localisation ne se font pas toujours en fonction d'optimums mais plutôt en fonction de solutions acceptables : si une localisation permet à l'entreprise de fonctionner convenablement, alors elle est acceptable. Pourvu que le différentiel de coûts avec d'autres localisation ne soit pas trop important, l'entreprise fonctionnera sans problèmes soit avec des marges un peu différentes, soit en introduisant des petites innovations de gestion et de procédé permettant de faire face aux coûts légèrement plus élevés. Cette notion de localisation « acceptable », et l'incapacité des acteurs économiques d'avoir en main toutes les informations et de prédire l'avenir, permettent à certaines régions et villes qui devraient décliner selon la théorie, de survivre et même de s'épanouir.

Le principe de la centralité ne se limite pas aux activités marchandes. Il s'applique dès qu'il s'agit de desservir efficacement une population, qu'il soit question de salle de spectacle, de lieu de culte, de bureau de poste ou de palais de justice. Par efficacité, nous entendons ici la minimisation du temps de déplacement et des autres coûts d'interaction spatiale pour le plus grand nombre d'utilisateurs.

Le principe de centralité s'applique également, a fortiori, à tout système central de taxation, d'entreposage et de distribution. Les premiers peuplements que l'on pourrait qualifier de villes avaient souvent des fonctions spirituelles ou administratives. La religion et l'administration publique sont des biens économiques tout autant que les biens marchands, dans la mesure où ils répondent à une demande (à un besoin, si l'on préfère) et où leur production exige l'utilisation de ressources rares. Cependant, le financement et la consommation de ces « biens » ne se font pas nécessairement par l'intermédiaire des mécanismes du marché. Une église (ou un temple ou une mosquée) dont la capacité est de deux cents fidèles, et dont les coûts (entretien de l'édifice, rémunération du clergé, autres frais) doivent être couverts par les contributions volontaires des fidèles, a avantage à se localiser là où la probabilité d'attirer deux cents fidèles est maximisée.

La concentration des établissements au centre géographique du marché est illustrée à la figure 2.4. À mesure qu'on s'éloigne du point *i*, les coûts augmentent dans l'espace. Le consommateur « A » se trouve à l'intérieur de l'aire de marché[3] du lieu central ; le consommateur « B » est trop loin. Pour se convaincre que le point de minimisation des déplacements se trouve au centre géographique du marché, il suffit de faire la démonstration mathématique suivante. Supposons quatre points (Z_1, Z_2, Z_3, Z_4) situés à l'intérieur de l'aire de marché, équidistants les uns des autres et formant les sommets d'un carré dont le point *i* est le centre (figure 2.4). Supposons également que chaque côté du carré mesure 10 kilomètres, soit la distance entre Z_1 et Z_2 (par exemple). Étant donné le théorème de Pythagore, nous savons que la diagonale du carré est égale à 14,14 kilomètres, ce qui signifie que le point *i* se trouve à 7,07 kilomètres de chaque point Z. Supposons enfin qu'il y a un nombre égal de consommateurs à chaque point. Pour l'ensemble des consommateurs des cinq points réunis, la somme des kilomètres à parcourir pour atteindre un point *x* se calcule comme suit[4] :

$$K_i = D_{i-j}(C_j)$$

où K_i = les kilomètres parcourus par les consommateurs de l'ensemble du système pour atteindre le point *x*,

D_{i-j} = la distance entre le point *i* et tout autre point *j*,

C_j = le nombre de consommateurs (qui se déplacent) à chaque point *j*,

n = le nombre de points (n = 5 dans l'exemple donné).

Si nous appliquons la formule à notre exemple, en posant que le nombre de consommateurs à chaque point égale 1, nous découvrons que le nombre total de kilomètres à parcourir pour aller au point *i* est 28,3 kilomètres, mais 41,21 kilomètres pour tout point Z. L'avantage du point *i* serait encore plus grand si nous supposions que s'y trouve un plus grand nombre de consommateurs potentiels. Bref, à moins d'autres contraintes, un établissement (privé ou public) se localisera au centre géographique du territoire qu'il désire desservir, étant donné l'impact de la distance sur le comportement des consommateurs. Il n'est pas important de savoir si ce résultat provient d'abord du comportement « rationnel » du consommateur ou de celui de l'établissement dans son choix d'un site. Il suffit de constater que les deux vont dans le même sens. Pourquoi un établissement choisirait-il un site à la périphérie du marché ? Pourquoi le consommateur irait-il plus loin que nécessaire ?

Il n'est pas non plus important de savoir si les marchés épousent, en réalité, des formes parfaitement circulaires. Ce qu'il faut retenir de la démonstration qui précède, c'est que la tendance normale de tout type d'établissement est de chercher le centre géographique de son marché.

Commerce et croissance urbaine

Jusque-là, notre région est demeurée fermée, sans contact avec le reste du monde. La ville est née au centre de la région afin, d'abord, de tirer profit des économies d'échelle dans la production de biens et de services, mais afin aussi de réduire les coûts associés aux échanges et à la consommation des biens et services. Comme nous allons le voir maintenant, la ville remplit également une autre fonction économique : celle de point de contact et de commerce avec l'extérieur. Nous avons vu que sans ville, sans lieu central, il ne peut y avoir d'échanges (ou de marchés) à l'intérieur d'une région[5]. Les échanges interrégionaux et internationaux sont eux aussi tributaires de l'existence des villes.

Avantages comparatifs

Avant d'examiner le rôle des villes dans le commerce interrégional, il convient d'expliquer le principe des avantages comparatifs, qui aidera le lecteur à comprendre aussi les avantages de la spécialisation et de la division du travail. Le principe des avantages comparatifs peut s'étendre à plusieurs contextes. Dans l'exemple hypothétique qui suit, le lecteur pourra, s'il le désire, remplacer les régions par des particuliers, des groupes, des entreprises ou des pays.

Supposons qu'à côté de notre région (la région A) se trouve une autre région (la région B). La région A, si elle se spécialise, est capable de produire 600 unités de blé ou 500 unités de laine, ou une combinaison des deux, si l'on suppose un taux constant de substitution de 6 unités de blé pour 5 unités de laine. La région B, par contre, peut produire 1 100 unités de blé ou 600 unités de laine, avec un taux de substitution de 11 unités de blé pour 6 unités de laine. Les possibilités comparées de production et de substitution des régions sont illustrées à la figure 2.5.

On constate que la région B jouit d'un avantage *absolu* pour la production des deux biens. Elle est capable de produire à la fois plus de blé et plus de laine que la région A. Elle a aussi un avantage *comparatif* pour la production de blé car, compte tenu des taux de substitution, une unité de blé y équivaut à 0,54 unité de laine, tandis qu'une unité de blé correspond à 0,83 unité de laine dans la région A.

Si l'on se limite pour le moment à des échanges purement internes, une unité de blé coûte plus cher (échangée contre de la laine) dans la région A que dans la région B. On peut imaginer que la région A est *relativement* plus montagneuse que la région B, et donc comparativement plus efficace dans l'élevage de moutons (pour la laine) que dans la production de blé, ses territoires étant moins propices à la culture céréalière.

Si la région A peut obtenir du blé à un taux d'échange (taux de substitution) plus favorable, ce sera un gain pour elle. La région B serait disposée à livrer du blé à un taux plus favorable dans la mesure où elle obtiendrait également un gain, c'est-à-dire un taux d'échange supérieur à 0,54 (blé) pour 1,00 (laine), et si les coûts de transport n'annulaient pas la différence.

Supposons que les marchands des deux régions s'entendent sur un taux de 3 unités de blé pour 2 unités de laine, soit un taux d'échange de 1,00 pour 0,66. À ce taux, les deux parties gagnent. En échange d'une unité de blé, la région B pourra maintenant s'offrir 0,66 unité de laine au lieu de 0,54, tandis que la région A pourra désormais obtenir 1 unité de blé en échange de 0,66 unité de laine (au lieu de 0,83). En l'absence d'obstacles au commerce interrégional, il y aura donc des échanges entre les deux régions. Avant que le commerce ne se développe, chaque région produisait une combinaison des deux produits pour répondre à la demande locale. Les deux régions vont maintenant se spécialiser. La région A produira 500 unités de laine, dont 200 seront échangées contre 300 unités de blé. La région B produira 1 100 unités de blé, dont 300 seront échangées contre 200 unités de laine.

Cet exemple est illustré au tableau 2.2. La région A pourra s'offrir 300 unités de blé + 300 unités de laine (au lieu de 300 + 250) ; la région B obtient 800 unités de blé + 200 unités de laine (au lieu de 800 + 164).

La démonstration serait encore plus percutante si nous supposions l'existence de rendements à l'échelle dans la production de blé pour la région B et dans la production de laine pour la région A. Les gains à tirer de la spécialisation seraient alors encore plus considérables.

Résumons. Pour que le commerce soit bénéfique aux deux régions, il suffit qu'il existe des différences entre elles au plan de la dotation relative (ou comparée) en ressources ou en facteurs de production. Puisqu'il est rare, voire improbable, que deux régions se ressemblent en tous points, le commerce interrégional est presque toujours une source de plus grande productivité et donc aussi de plus grande richesse collective. Pour l'ensemble du système, la production globale est maximisée lorsque chaque région, chaque agent économique, se spécialise dans l'activité pour laquelle il ou elle possède un avantage comparatif ; cela correspond aussi, en principe, à l'optimum social.

Figure 2.5 - Frontières des possibilités de production pour deux régions

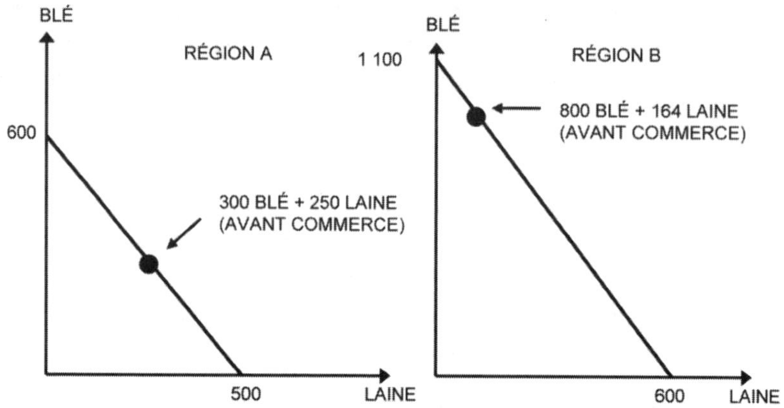

POSSIBILITÉS DE PRODUCTION			
RÉGION A		**RÉGION B**	
BLÉ	600	BLÉ	1 100
LAINE	500	LAINE	600

Tableau 2.2 - Les gains de la spécialisation et du commerce interrégional

	Production		Consommation	
	Blé	**Laine**	**Blé**	**Laine**
Avant commerce				
Région A	300	250	300	250
Région B	800	164	800	164
Total (1)	1 100	414	1 100	414
Après commerce				
Région A		500	300	300
Région B	1 100		800	200
Total (2)	1 100	500	1 100	500
Gains (2)-(1)		*86*		*86*

Villes et commerce interrégional

Pour que le commerce interrégional des marchandises puisse se réaliser, il faut au moins trois conditions :

1. un lieu de marché : un endroit central où vendeurs et acheteurs peuvent se rencontrer ;

2. des installations de stockage, entreposage et distribution pour les biens en attente de vente, de réception ou d'expédition ;

3. des coûts de transport entre les régions assez bas pour ne pas annuler les gains escomptés du commerce interrégional.

Économies d'échelle en matière de transport et de distribution

La dernière condition est en partie tributaire des autres. Des économies d'échelle existent aussi dans le domaine des transports et sont sous deux formes. D'abord, les coûts unitaires n'augmentent pas proportionnellement à la distance parcourue. Un voyage de 100 kilomètres ne coûte pas le double d'un voyage de 50 kilomètres. Le tracé en ligne droite de notre première courbe de transport (figure 2.1) supposait des rendements constants à l'échelle en matière de transport. Or, pour plusieurs moyens de transport, les frais fixes (installations portuaires, gares, écuries, etc.) sont des éléments importants du coût total. Puisqu'un court voyage (une petite quantité) doit représenter les mêmes frais fixes qu'un long voyage, la courbe des coûts de transport a tendance à fléchir, voire à s'aplanir à mesure que la distance à parcourir s'accroît[6]. Ceci est illustré dans la figure 2.6.

Les économies d'échelle en matière de transport prennent aussi une deuxième forme : les coûts n'augmentent pas de façon proportionnelle à la quantité transportée. De nouveau, l'économie repose en partie sur la rentabilisation de frais fixes. Un wagon à demi rempli ou une soute de navire ou d'avion remplie à 60 % de sa capacité signifient des coûts unitaires plus élevés. Le coût supplémentaire à assumer pour ajouter un wagon au train ou un chameau à la caravane est souvent marginal (en termes techniques, le coût marginal est inférieur au coût moyen). On comprend alors que le transporteur réalisera des économies importantes s'il peut utiliser pleinement ses équipements dans les deux directions à l'aller et au retour.

Pour que les économies d'échelle implicites de la figure 2.6 puissent se réaliser, il faut donc un commerce suffisant dans les deux directions. Mesuré en prix unitaire par kilomètre, le coût de voyages effectués sur de petites distances avec de petites quantités est plus élevé. Dans la figure 2.7, le producteur solitaire (de laine, par exemple) localisé à *N* se trouve face à une courbe de transport T' dont la pente est beaucoup plus abrupte. Rappelons que ce coût de transport comprend le coût d'option de son temps. Selon la figure 2.7, les coûts de transport auxquels il fait face pour transporter son petit lot de laine ne lui permettent pas d'envisager une distance supérieure à celle qui sépare N et N'. À cette distance, il pourra transporter son lot au point *i* (lieu central de la région A) mais il ne pourra, tout seul, faire du commerce avec la région B.

Distribution et mise en marché

Le lieu central *i*, en regroupant les petits lots de plusieurs producteurs de laine, permet de transporter ces lots de la région A vers d'autres régions en réalisant des économies d'échelle. Mais le point *i*, comme le point *j* dans la région B, joue aussi le rôle de centre de distribution pour les importations. Les activités de manutention, d'entreposage et de mise en marché, qu'on assimile parfois aux coûts de transport, sont, à l'instar de ces derniers, très sensibles aux coûts fixes. Une grue inutilisée, un entrepôt à moitié vide se traduisent par des coûts supplémentaires. Il n'est pas difficile d'imaginer la place des frais fixes dans des domaines comme le stockage, l'entreposage et le commerce de gros.

Figure 2.6 - Coûts de transport avec économies d'échelle

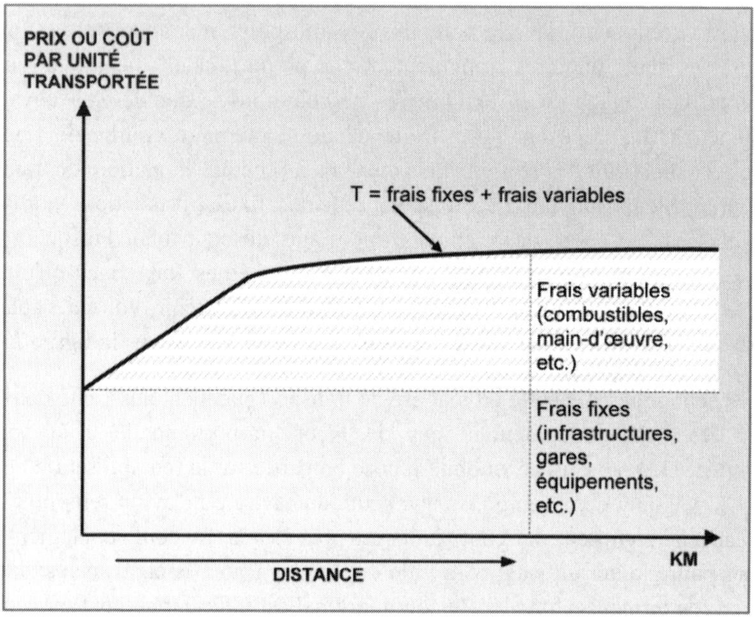

Figure 2.7 - Coûts de transport avec et sans économie d'échelle

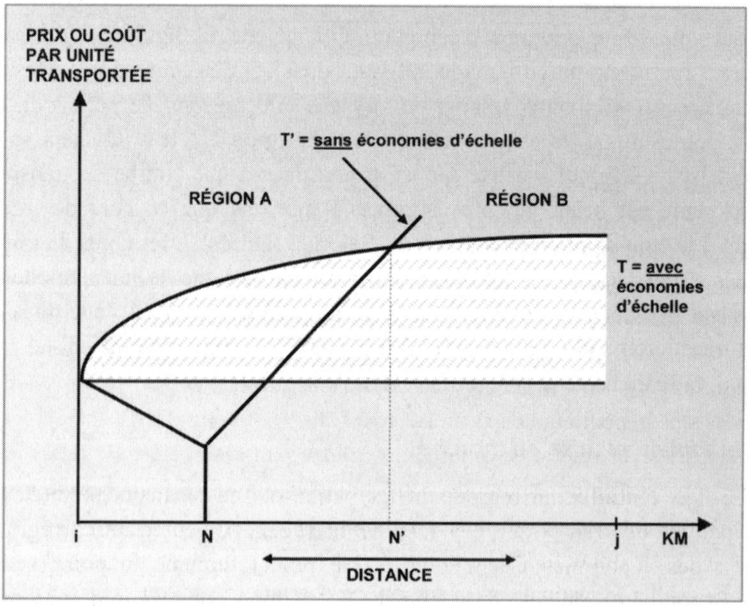

Examinons de plus près la place stratégique de la distribution dans le commerce interrégional. Le producteur de laine qui arrive au point *i* avec son stock doit trouver preneur. Les moments où il peut se permettre un déplacement à *i* sont limités. Il n'y a pas forcément correspondance entre sa présence à *i* et celle d'acheteurs de la région B. De plus, il prévoit de profiter de l'occasion pour se procurer du blé à bon prix. Il faut donc qu'au moment opportun pour lui, il y ait à *i* un marchand pourvu de blé.

La présence à *i* de commerçants en gros et d'activités connexes de distribution remplit donc deux fonctions essentielles au commerce :

- le regroupement dc la réception et de l'expédition des marchandises ;
- la réduction de l'incertitude et du temps de recherche pour les acheteurs et vendeurs.

Figure 2.8 - Espace et commerce interrégional

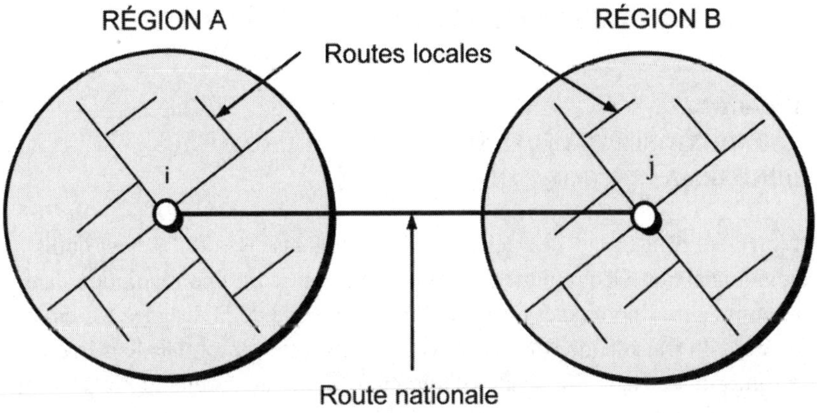

Nous venons de voir les avantages que comporte le regroupement des expéditions ; à ce titre, la ville est un lieu de rassemblement. Mais il faut encore que l'expéditeur trouve un acheteur en gros à l'autre bout du voyage. Dans la figure 2.8, les régions A et B sont de nouveau représentées. Une route, la Nationale 1, relie les lieux centraux *i* et *j*, et chaque lieu central est relié aux localités de sa région par un réseau de routes de campagne.

La figure 2.8 permet de visualiser les déplacements supplémentaires qu'il faudra assumer s'il n'y a pas de lieu central. Imaginons ce que serait la situation des grossistes expéditeurs de B en l'absence de point central *i*. Le marchand ou le transporteur de la région B, venu faire affaire dans la région A, verrait vite se dissiper tous ses gains escomptés, vu le coût des multiples voyages à effectuer avec de petits lots sur des distances plus ou moins courtes pour rejoindre tous les clients du cercle qui délimite la région A (figure 2.8). Il passera peut-être plusieurs semaines à aller et venir dans la région. Si, par contre, le lieu *i* sert de point de distribution pour la région A, l'économie de temps et d'efforts sera considérable pour ce marchand. Il sera donc disposé à vendre son produit (du blé) à un bon prix aux commerçants de gros de la région A. Il s'agit finalement d'une autre application du principe de la centralité géographique, fondée sur la minimisation des coûts de déplacement.

À la fonction de lieu de distribution des importations viennent souvent se greffer d'autres activités économiques, notamment dans le domaine de la finance. Les voyages sur de grandes distances, qui comportent des risques de pertes ou de retards, donneront naissance à des institutions de crédit et d'assurances. Le commerçant en attente d'une livraison qui est censée arriver deux mois plus tard doit, entre-temps, continuer de couvrir ses frais fixes, dont la rémunération de ses employés réguliers. Un banquier lui prêtera peut-être la somme nécessaire en escomptant que les transactions commerciales à venir lui permettront de récupérer son avoir. Ce n'est pas un hasard de l'histoire si les premières places financières étaient souvent des ports : Venise, Amsterdam, Londres.

Synthèse : naissance de la ville et de sa région

Encadré 2.2
PARADOXE (SPATIAL) DES NOUVELLES TECHNOLOGIES D'INFORMATION (NTI)

L'arrivée d'Internet, des téléphones intelligents et des autres outils de communication électronique constitue, sans contredit, une révolution dans la relation entre l'homme et l'espace. Fini la tyrannie de la distance ! L'étudiant du nord du Canada, de l'Auvergne ou de l'Afrique a désormais le même accès à l'information que l'étudiant à Paris ou à Montréal, à condition d'avoir une connexion Internet. Pourtant, l'arrivée des NTI ne semble pas encore avoir ralenti la polarisation des activités économiques et des populations dans les grandes villes et zones proches. Les activités les plus friandes d'informations (finances, média, grands bureaux…) continuent à se concentrer dans les grandes métropoles. Comment expliquer le paradoxe apparent entre la nouvelle liberté de mouvement que nous procurent les NTI et la poursuite des tendances à la concentration urbaine ? Deux forces sont à l'œuvre :

- Le passage des économies nationales vers des productions à plus fort contenu en matière grise, sensibles aux *économies d'agglomération* (voir chapitre 3), favorise actuellement les grandes villes. Pensons, à titre d'exemple, à la conception et la commercialisation de logiciels de pointe.
- La communication électronique, rapide et quasi gratuite, rend possible la centralisation des fonctions de commande, conception et commercialisation, etc., dans un seul lieu : bureau-chef, centre de recherche ou centre de diffusion.

Là où la communication électronique a pu se substituer au contact en face à face, les NTI ont, depuis la fin des années 1980, encouragé plus de centralisation. Les coupables ne sont pas difficiles à identifier pour les services financiers. Alors que les guichets automatiques et les transactions bancaires par Internet ont permis de s'affranchir du contact humain, en parallèle les opérations les plus sophistiquées ont tendance, de leur côté, à se regrouper. L'industrie des spectacles est un autre bon exemple. Par le passé, nous devions nous déplacer pour assister à un spectacle. Aujourd'hui, grâce à la télévision chez soi, mais encore plus grâce à son IPad ou à son ordinateur portable, il devient disponible où qu'on soit. En revanche, le spectacle – ainsi que les services qu'il mobilise – est produit dans la grande ville (dans un studio, à Montréal, New York ou Paris) et transmis par voie électronique.

Cependant, la concentration spatiale n'est pas aussi inéluctable que la théorie semble nous le dire : en réduisant les différences avec la grande ville les NTI ont pour effet de rendre certaines localisations « acceptables » (voir encadré 2.1) alors qu'elles ne l'étaient pas voici 15 ans. Certains entrepreneurs, ne cherchant pas nécessairement à optimiser mais plutôt à trouver un équilibre entre aménités, mode de vie et coûts, peuvent maintenant envisager de s'y localiser ou d'y rester s'ils y sont déjà. Ces nouvelles possibilités de localisation sont très importantes pour les petites villes et les espaces ruraux, dont certains (mais pas tous) pourront en tirer profit.

Voir aussi la discussion à la fin de ce chapitre.

Tout territoire peuplé ayant dépassé le stade de l'économie de subsistance enfantera un lieu central, une ville. Deux facteurs suffisent pour faire naître un lieu central, une ville, sur le territoire :

- la distance, qui implique des coûts économiques ;
- des économies d'échelle dans la production de certains biens ou services, dont les transports.

Les contours de la « région » comme concept économique commencent également à se dessiner, à mesure que se précise l'aire de marché et d'interaction du lieu central. Les limites de l'espace polarisé par le lieu central, et donc aussi les limites de la ville, sont largement tributaires de l'état de la technologie, c'est-à-dire des coûts de transport et des coûts de production des biens et services. L'arbitrage entre économies d'échelle et coûts de transport nous apprend que tout changement technologique qui aura pour effet de réduire les coûts de transport (ou de communication) se traduira par une extension des aires de marché, et donc aussi par une centralisation accrue de la production (voir aussi « concurrence spatiale », chapitre 9).

En introduisant, dans un deuxième temps, des possibilités de commerce interrégional et international, nous voyons se dessiner les traits d'une ville plus complexe, dotée de services et d'institutions divers. Les activités de distribution et de commercialisation y occupent une place importante. C'est par l'entremise de la ville que la région entretient des relations commerciales avec l'extérieur. En contrepartie, le commerce interrégional et international est un moteur important de croissance urbaine. Et comme pour les échanges internes à la région, ce commerce interrégional dépend du changement technologique pour se développer.

Discussion – Internet : assiste-t-on à la fin de la distance comme contrainte économique ?

Les NTI (nouvelles technologies de l'information) n'ont pas effacé les effets de la distance. La raison réside en partie dans la distinction qu'on fait aujourd'hui entre *informations codifiées* et *informations tacites*, et en partie également dans la *fréquence et le rythme des échanges* que certaines activités entretiennent entre elles : nous y reviendrons dans le chapitre 8 lors de l'analyse de l'efficacité des politiques d'aide aux PME. L'échange des informations tacites continue à reposer sur des contacts en face à face : la possibilité de communiquer des informations codifiées par voie électronique n'a pas pour autant diminué le besoin en informations tacites, qui pour des raisons de confiance, de compréhension, de sécurité parfois, se transmettent mieux à l'occasion de rencontres physiques. Les moyens de communication modernes ont fait d'énormes progrès - Skype, vidéoconférences, etc. – pour réduire les distances entre les individus, mais aussi sophistiqués soient-ils, ils ne permettent pas, du moins à ce jour, l'intégration complète des ressentis et de certaines subtilités qu'une rencontre en face à face va faire passer. Tout étudiant qui a déjà communiqué par Skype avec un ami (ou un professeur) comprendra la différence. La communication électronique n'aura en rien réduit la valeur (et même le besoin) des rencontres interpersonnelles. Toujours à ce propos, il est important de faire la distinction entre les activités qui nécessitent des rencontres fréquentes (hebdomadaires voire pluri-hebdomadaires) et pour qui la co-présence est primordiale peu importe le type d'informations échangées, et celles qui se suffisent de rencontres occasionnelles et planifiées (trimestrielle ou annuelle). Nous pourrions bien entendu aller plus loin dans l'analyse des variables qui vont déterminer la préférence d'une rencontre physique à l'usage des NTI (Aguiléra et Lethiais, 2011) : la phase dans laquelle la collaboration se situe, par exemple, est régulièrement citée. Le démarrage d'une collaboration ou bien sa conclusion occasionne généralement plus de rencontres en face à face.

L'impact des NTI est analogue à celui de l'arrivée du téléphone, il y a un siècle : pas plus que les NTI, cette technologie (qui avait permis pour la première fois l'échange à distance d'informations verbales de manière instantanée) n'a réduit le besoin de contacts en face à face. Les communications électroniques et les contacts en face à face sont autant des compléments que des substituts. La possibilité de communiquer par voie électronique crée souvent de nouveaux besoins de rencontres, qui se manifestent par la multiplication des réunions d'affaires, de colloques, de foires commerciales et d'échanges plus informels, qui font vivre le cœur des villes encore aujourd'hui (voir chapitre 9). Une des raisons pour lesquelles les activités ne se sont pas toutes retirées de nos centres-villes est précisément que les contacts en face à face fréquents demeurent toujours structurants dans l'économie actuelle. Enfin, comment expliquer l'augmentation des déplacements professionnels en TGV et par avion, si ce n'est par le besoin toujours crucial de se rencontrer, y compris quand le client ou le fournisseur ne se trouvent pas à proximité ?

De là à dire que les communications virtuelles n'ont rien changé, il y a un pas que nous ne pouvons franchir. On a bien noté chez certaines entreprises des changements de comportement. Dès les années 1990, des chercheurs ont remarqué, notamment aux États-Unis, la migration de PME issues de secteurs de services (consultation) en direction de petites villes ou régions rurales, situées dans des zones visiblement pas choisies au hasard. En général, elles étaient bien connectées à un aéroport local, ce qui leur donnait la possibilité, quand c'était nécessaire, de se déplacer pour rencontrer *de visu* des partenaires économiques. Des résultats plus récents affirment que, pour des PME manufacturières, être localisé dans une région rurale ou périphérique n'est plus un frein pour l'accès aux services supérieurs : Internet leur sert non seulement à identifier des prestataires de services potentiels, mais aussi à assurer un contact continu durant cette prestation et donc à réduire la fréquence des rencontres en face à face.

L'impact des NTI, dont Internet, est un exemple du jeu d'arbitrage entre les *économies d'agglomération*, d'une part, et *les coûts de transport ou de communication* d'autre part (qui déterminent l'ampleur de l'effet de centralité). Internet, en réduisant les coûts de communication des informations, permet en théorie à l'entreprise la plus « efficace » d'étendre son marché aux dépens d'entreprises qui le sont moins – en pratique, Internet change aussi la distribution de localisations qui, sans être optimales, sont acceptables pour certaines activités économiques. Où se localiseront les entreprises ? Tout dépend de *leur fonction de production* ; et de l'importance que les *économies d'agglomération* (ou d'autres types d'économies d'échelle) y prennent. Dans le cas où ces dernières sont cruciales, il est logique que l'effet attendu soit celui d'une centralisation des activités dans une grande ville. Dans le cas inverse, et si les entreprises sont moins sensibles aux économies d'agglomération, alors les NTI peuvent effectivement donner une plus grande diversité d'options de localisation. Prenons deux exemples pour illustrer ce jeu d'arbitrage.

Dans le premier, nous avons affaire à une entreprise spécialisée dans la fourniture de services financiers à forte valeur ajoutée. Elle appartient à un secteur qui, à l'image des bourses et de la gestion des grands portefeuilles de placements, aura tendance à se concentrer davantage sous l'effet des NTI. La recherche de concentration spatiale est la conséquence directe des NTI et de la durée de vie très courte de certaines informations financières (tacites), et donc de l'instantanéité des échanges, de leur haute fréquence. Un courtier ou un *trader* assis dans un bureau à New York peut aujourd'hui sans grand coût traiter les commandes de clients à Johannesburg, Buenos Aires ou Paris (informations codifiables), tout en étant à l'affût de rumeurs et de tendances propres à son marché (informations tacites). L'avantage du courtier de New York réside, précisément, dans sa proximité à d'autres courtiers et d'autres informateurs clés ; d'où le constat paradoxal que les NTI peuvent, au bout du compte, accélérer la concentration spatiale (voir l'encadré 2.2), du moins dans ce cas de figure.

Dans le deuxième exemple, celui de PME manufacturières ou bien de certains consultants spécialisés, Internet va leur permettre de demeurer (ou bien de se relocaliser) dans des régions plus éloignées, dotées d'autres attraits que celui d'être central. Ces comportements ne renverseront sans doute pas la tendance spatiale générale de concentration dans et autour des grandes villes, mais mettent en évidence que (certaines) régions plus excentrées sont désormais devenues des localisations acceptables – peut-être même optimales dans certains cas – alors qu'elles ne l'étaient pas avant que les NTI ne se démocratisent.

Dans le débat autour de la distance et de son impact sur la localisation des entreprises, il faut garder à l'esprit la différence entre, d'une part, les coûts associés à la production du service ou du produit comme tel (incluant le coût de « transport » des informations qui entrent dans la production), et d'autre part, les coûts associés à sa distribution ainsi qu'à sa diffusion. Si, dans un cas comme dans l'autre, les informations échangées – intrants et extrants – sont de nature codifiable, si le risque de perte de valeur dans le temps est faible, si la prestation présente un caractère quasi routinier, l'éventail de localisation aura tendance à s'élargir. Cette dernière n'aura que peu d'impact sur les coûts reliés à l'information, et d'autres facteurs vont alors entrer en ligne de compte. Advenant que les intrants ou bien les extrants comprennent une forte dose d'informations tacites, nécessitent une fréquence d'échanges importants, alors les choix de localisation vont se réduire à un petit nombre de lieux, ceux limitant les effets de la distance.

Enfin, le principal coût relié aux rencontres en face à face est le coût de déplacements des personnes, incluant le coût d'option du temps. Internet n'a eu aucun effet (ou du moins peu d'effet) sur le coût financier de déplacement des particuliers. Par contre, en réduisant dans certains cas la fréquence des rencontres et en rendant plus aisée la préparation de celles-ci, les NTI ont, pour les entreprises qui interagissent de façon plus ciblée et stratégique avec leurs interlocuteurs, un impact sur le coût total des déplacements. Par ailleurs, les communications mobiles réduisent le coût d'option des déplacements – il est désormais possible d'être en contact avec ses collègues, d'effectuer des analyses et de répondre à ses messages pendant le voyage. Ainsi, sans complètement vaincre le coût d'option du temps, les NTI peuvent agir sur les coûts totaux associés à la distance : pour certaines entreprises, cet effet pourra jouer sur l'éventail de localisations possibles, et réduira un peu les avantages d'une localisation plus centrale.

CHAPITRE 3

ÉCONOMIES D'AGGLOMÉRATION

Pour désigner les multiples avantages que les entreprises tirent de leur regroupement dans l'espace, les géographes et les économistes parlent d'*économies d'agglomération* (voir encadré 3.1). Et comme la source de ces gains ne se trouve pas à l'intérieur de l'entreprise, dans sa technologie propre ou son mode de gestion, mais plutôt dans son environnement (sa localisation), on parle d'économies externes ou d'externalités positives. À certains égards, la notion d'économie d'agglomération constitue une extension du concept d'économie d'échelle (voir le chapitre 2), car il s'agit également de gains attribuables à la taille ; non pas à la taille de l'entreprise dans ce cas, mais à la taille de la ville. Le concept d'économie d'agglomération recouvre des phénomènes très divers, comme nous allons le voir. Le concept n'est pas nouveau : l'économiste Alfred Marshall (1890) notait déjà que la productivité de l'industrie textile anglaise de l'époque reposait en partie sur le regroupement des ateliers dans des districts industriels, où « les secrets de l'industrie cessent d'être des secrets, ils sont pour ainsi dire dans l'air »[1]. Cependant, l'identification et la mesure des éléments à la base des économies d'agglomération comptent parmi les grands défis de l'analyse urbaine et régionale. Depuis les années 1980, une littérature abondante est apparue dont l'objectif est de mieux comprendre les économies d'agglomération (voir les lectures suggérées). Puisqu'il s'agit d'*économies externes* à l'origine de gains de *productivité*, nous allons d'abord examiner ces deux concepts.

Productivité et économies externes

Représentation des relations de production

Pour produire une quantité X, un agent économique (entreprise, ménage ou service public) doit combiner des facteurs de production. Dans sa formulation la plus simple, cette relation mathématique, qu'on appelle fonction de production, s'exprime comme suit :

$$X = f(C, T, Z) \quad (1)$$

où X égale la quantité produite, C le facteur capital, T le facteur travail, et Z tout autre facteur que l'on voudra considérer selon les circonstances (la technologie, les connaissances, l'information, etc.). Chaque entreprise a sa fonction de production propre. Au chapitre 2, nous avons présenté le cas d'une entreprise hypothétique (une boulangerie) dont la structure des coûts (tableau 2.1) peut également s'écrire sous forme de fonction de production :

$$Q = f(C_f, T_b) \qquad (2)$$

où Q = la quantité de pains produits (tableau 2.1, colonne A) ;

C_f = le nombre d'unités du four (le capital), exprimé dans le tableau 2.1 (colonne B) sous forme de coût unitaire (fixe) ;

T_b = la quantité de travail, exprimée dans le tableau 2.1 (colonne C) sous forme de coût variable total.

L'estimation d'une fonction de production soulève, dans les faits, de nombreux problèmes méthodologiques. Comment, par exemple, exprimer correctement les facteurs capital et travail ? Dans le cas précédent, il serait plus juste de représenter le facteur travail par le nombre d'heures travaillées et le four par une unité physique (inchangée). Idéalement, on cherche des mesures qui, autant que possible, expriment des facteurs homogènes, c'est-à-dire comparables et interchangeables à tous points de vue. Les fonctions de production sont plus ou moins complexes, ou plus ou moins raffinées, selon les circonstances et la disponibilité des données. L'idée de base reste cependant la même : saisir la relation mathématique entre le nombre d'extrants et le nombre d'intrants.

Productivité

Nous pouvons maintenant préciser ce que nous entendons par productivité. Dans sa formulation la plus simple, il s'agit du nombre d'extrants par intrant. Suivant la formule (1), la productivité se mesure comme suit :

$$P = X/(C+T) \qquad (3)$$

$$P_c = X/C \qquad (4)$$

$$P_t = X/T \qquad (5)$$

où P = la productivité globale par rapport aux deux facteurs de production ;

P_c = la productivité du capital ;

P_t = la productivité du travail.

La mesure de la productivité pose également de nombreux problèmes, tant du côté des intrants que du côté des extrants. Il est souvent impossible de trouver une mesure satisfaisante des extrants. C'est surtout vrai pour les activités du secteur tertiaire. Comment, par exemple, mesurer les extrants d'une école, d'un hôpital ou d'une base militaire ? Comment évaluer la productivité de ce type d'activités ? Est-ce que la productivité d'un chirurgien, par exemple, devrait s'évaluer au nombre de patients qu'il opère en une journée ou à la réussite de ses opérations, peu importe leur nombre ? Toutes ces questions renvoient d'ailleurs aux problèmes de calcul du PIB (encadré 1.2), car la valeur ajoutée, que mesure le PIB, est la somme des différences entre la valeur des extrants et celle des intrants : la plupart des études se contentent, faute de mieux, d'utiliser des données monétaires sur la valeur de la production ou sur le niveau des salaires pour désigner X.

On parlera de gain de productivité si X croît plus rapidement que C ou T, ou encore plus rapidement que toute combinaison de C et de T. Les gains de productivité sont à la base du développement économique ; l'identification de leurs causes compte parmi les grands défis de la science économique (voir le chapitre 5). Dans ce chapitre-ci, nous essaierons d'isoler les gains de productivité attribuables à une cause particulière, à savoir l'agglomération géographique des populations et des activités économiques. Mais il n'est pas facile de décortiquer les divers éléments qui sont à l'origine des gains de productivité.

Pour l'entreprise individuelle, une hausse de productivité se traduit par une baisse de ses coûts unitaires de production (figure 3.1). Le lecteur pourra, à titre d'illustration, comparer les données des tableaux 2.1 et 2.1a (chapitre 2). La baisse des coûts de production de la boulangerie due à la juxtaposition de deux entreprises signifie un gain de productivité. Dans ce cas-ci, la source de l'économie externe est facile à identifier ; à savoir, le partage des coûts fixes avec une autre entreprise. Pour illustrer l'impact des économies d'agglomération, il suffit, dans la figure 3.1, de dire que la courbe T1 représente une localisation rurale et la courbe T2 une localisation urbaine. C'est la distance entre les deux courbes à chaque quantité de production qui mesure l'impact positif d'une localisation urbaine sur les coûts de production de l'entreprise. Ce sont par contre, rappelons-le, les économies d'échelle *internes*, tributaires de la technologie de l'établissement, qui déterminent la forme de la courbe. Pour ce qui est des économies *externes*, la baisse *généralisée* des coûts unitaires en ville (courbe T2) se traduira par une productivité plus élevée des facteurs de production (capital, travail), et donc par des salaires plus élevés[2].

Productivité régionale/urbaine

Le concept de productivité peut être étendu pour s'appliquer à une ville, à une région ou à un pays (nous y reviendrons au chapitre 5). Il s'agit alors de l'agrégation des données pour l'ensemble des entreprises et des autres activités économiques de la région. L'équation (1) se lit alors comme suit :

$$Q_r = f(C_r, T_r, Z_r, \ldots) \qquad (6)$$

où Q_r = la quantité d'extrants de la région, exprimée souvent sous forme de la valeur de la production de la région ;

C_r = la quantité de capital de la région, exprimée (lorsque la mesure existe) par la valeur du stock de capital ;

T_r = la quantité de travail de la région, exprimée souvent par le nombre de travailleurs ou encore par le nombre d'heures de travail (par semaine, par mois) ;

Z_r = la quantité de tout autre facteur.

Figure 3.1 - Impact d'une hausse de productivité sur le coût moyen de production

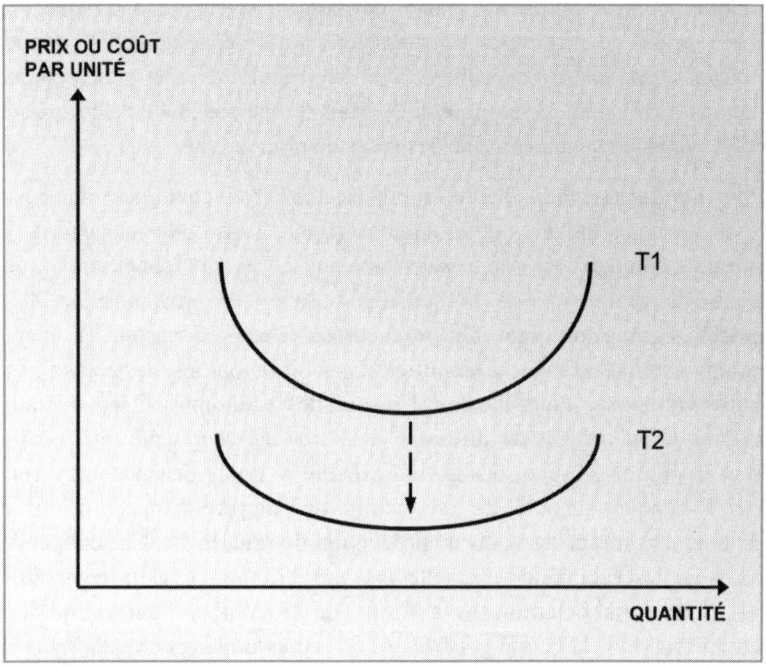

La valeur, au prix du marché, de tout ce que la région produit en une année, la somme des Q_r, se nomme le produit intérieur brut (PIB), concept analogue au PNB pour des nations. Cependant, de telles données n'existent pas toujours pour des entités régionales, et encore moins pour les agglomérations urbaines. Sur le plan régional, les indices de productivité se limitent souvent à des relations simples comme le niveau de salaire par travailleur ou le PIB par travailleur. Dès que nous nous éloignons de l'entreprise individuelle par l'utilisation de données agrégées, les informations obtenues deviennent de plus en plus indirectes.

Au niveau de la représentation graphique, toute hausse globale de la productivité de la région pour un produit donné se traduira par un mouvement vers le haut (ou vers la droite) des frontières des possibilités de production (voir le chapitre 2, figure 2.5). Avec le même nombre d'intrants (capital et travail), la région A, par exemple, pourra maintenant produire 1 000 unités de laine, plutôt que 500, pour 600 unités de blé (figure 3.2).

Figure 3.2 - Impact d'une hausse de productivité régionale sur les frontières des possibilités de production, pour le produit B

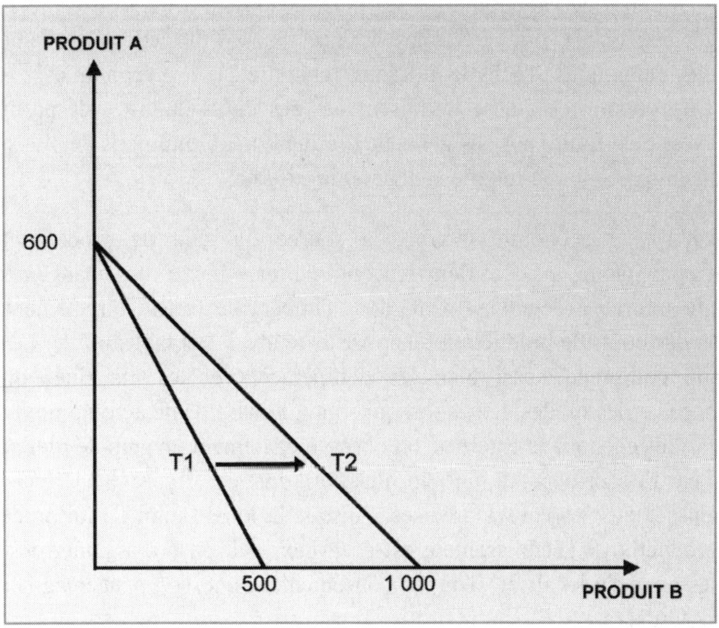

Ce gain de productivité dans la production de la laine peut être dû à une amélioration des pratiques d'élevage des moutons. Dans ce cas, on dira que les gains de productivité s'expliquent par le progrès technologique. Par contre, ce même gain régional de productivité serait interprété comme une économie d'agglomération s'il était le résultat d'une meilleure circulation de l'information, rendue possible par des rencontres et des échanges en ville. On devine qu'il n'est pas toujours facile de décortiquer les divers éléments à l'origine des hausses de productivité.

Externalités, économies externes

Une externalité est un gain ou un avantage dont les origines se situent à l'extérieur de l'entreprise et dont elle n'assume pas les coûts. Élément clé de l'analyse économique urbaine et régionale, ce concept d'externalité se rattache directement à la notion d'espace géographique. L'espace, c'est aussi tout ce qui nous entoure, notre environnement, notre voisinage. Ce qui se passe autour de nous a un impact sur les coûts et les bénéfices de nos actions. Chaque site comporte des externalités positives ou négatives qui lui sont propres. Lorsque l'externalité est positive, on parle d'économie externe. On parle également d'effets de voisinage (traduction de l'anglais *neighborhood effects*) ou de débordement.

Le concept d'externalité est aussi un élément central de l'économie de l'environnement. Dans ce domaine, ce sont surtout les externalités négatives, les *déséconomies* externes (pollution, congestion, etc.), qui retiennent l'attention. Les problèmes conceptuels sont analogues. L'analyse économique urbaine et régionale et l'analyse économique environnementale ont plusieurs points communs qui découlent en partie de l'attention que les deux accordent à l'aspect territorial et à l'espace géographique (voir, au chapitre 4, la section « Villes et environnement »). Comme les économies d'échelle internes (chapitre 2), les économies externes procurent des avantages qui se traduisent par des coûts unitaires de production moins élevés, c'est-à-dire par des gains de productivité. Examinons de plus près la distinction entre économie interne et économie externe.

Lorsqu'il y a économie interne, la source du gain de productivité est habituellement facile à identifier. L'économie est due à un changement de technologie interne à l'établissement, dont l'impact se reflète directement dans l'évolution des coûts de production (chapitre 2, figure 2.2 et tableau 2.1). Le terme technologie comprend aussi bien les équipements et les machines que les connaissances et les modes de gestion qui sont à la base d'une activité productive. Dans le cas des économies externes, on observe également un gain de productivité (associé, en l'occurrence, à une localisation donnée, figure 3.1), mais sans toujours en détecter les causes précises. Puisque la localisation T2 lui procure un gain de productivité, l'établissement est en principe disposé à assumer des coûts plus élevés pour s'y localiser, d'où les conséquences que l'on peut imaginer pour les valeurs foncières.

Le concept d'externalité s'applique aussi à l'analyse des gains et des coûts des ménages ou des particuliers. Madame X décide de retaper sa maison et d'embellir son jardin. Son voisin, Monsieur Y, ainsi que tout le quartier, en profitera, tant sur le plan esthétique que sur le plan de la valeur marchande des maisons. Pour les habitants du quartier (Madame X exceptée), il s'agit là d'une externalité positive, d'une économie externe.

On peut appliquer le même raisonnement à l'analyse des effets que peuvent avoir sur le quartier (c'est-à-dire sur les entreprises et sur les ménages qui s'y trouvent) la rénovation du réseau routier local, la construction d'un système d'égout plus perfectionné ou une amélioration de la qualité de l'eau. Il s'agit toujours d'une externalité (positive) dans la mesure où les gains obtenus ne se reflètent pas directement dans les prix payés par ceux qui en profitent. Dans les derniers exemples que nous venons d'évoquer, nous pouvons supposer que les coûts des améliorations seront assumés surtout par un gouvernement supérieur (donc par l'ensemble des contribuables), et pas uniquement par les habitants du quartier.

Internalisation des externalités

La ligne de démarcation entre économies externes et économies internes n'est pas nette. Si l'origine du gain est effectivement externe à l'entreprise ou au ménage mais que celle-ci ou celui-ci finit par en assumer le coût, on dira que le coût est internalisé. Ainsi en sera-t-il dans le cas du quartier qui a bénéficié d'améliorations, si les bénéfices qu'en tirent les résidents finissent par se répercuter sur leurs taxes foncières. Dans un système qui fonctionne parfaitement, les prix, taxes et impôts compris, reflètent l'impact des externalités. Cependant, les relations entre coûts et bénéfices sont parfois très indirectes, si bien que la correspondance est souvent difficile à vérifier. L'évaluation plus juste des externalités positives ou négatives et leur prise en compte dans le système de prix comptent parmi les défis majeurs de l'analyse économique moderne.

Économies d'agglomération : indicateurs et interprétations

Encadré 3.1
ÉCONOMIES D'AGGLOMÉRATION

Concept fondamental de la géographie économique – elles font référence aux *gains de productivité* (ou, dit autrement, baisses de coûts) attribuables à la concentration géographique des entreprises et des populations. C'est la présence d'économies d'agglomération qui pousse les activités (non agricoles) à se regrouper dans certaines villes en particulier ; le regroupement peut aller jusqu'au niveau de certains quartiers de ces mêmes villes. Les économies d'agglomération prennent des formes multiples : partage des coûts d'infrastructures (routes, aéroports, assainissement, production d'énergie...) entre usagers, facilité des échanges entre clients et fournisseurs ; accès à des aires de marché plus étendues ; grandes institutions de recherche et d'enseignement.

C'est l'accès aux « cerveaux » – aux informations, aux idées et aux compétences – qui constitue de plus en plus l'élément central des économies d'agglomération. On choisit la grande ville pour l'accès qu'elle procure à une main-d'œuvre qualifiée et diversifiée, mais aussi pour les possibilités accrues d'échanges et de rencontres. Il est plus facile de trouver un conseiller en design graphique ou un traducteur portugais-mandarin à Paris qu'à Avignon. Plus les idées ou les informations à échanger deviennent sensibles aux relations interpersonnelles, plus leur valeur dépend de la rapidité avec laquelle elles sont obtenues, traitées ou bien diffusées, et plus la tendance à s'agglomérer s'impose aux entreprises comme le meilleur compromis pour demeurer productives.

Toutes les entreprises n'ont pas la même sensibilité aux économies d'agglomération. Un cabinet-conseil en conception de logiciels n'aura pas les mêmes besoins qu'un fabricant de meubles. Le premier sentira davantage le besoin de s'installer dans la grande ville, et sera disposé à assumer les coûts immobiliers et salariaux plus élevés, contrepartie des économies d'agglomération que lui procure la ville.

Les économies d'agglomération sont des économies externes, ou externalités positives, associées à la concentration spatiale d'acteurs économiques, et donc à la masse des acteurs : en principe donc, plus une ville est grande, plus les économies d'agglomération y seront importantes.

L'évaluation empirique des économies d'agglomération se fait souvent de façon indirecte ; c'est-à-dire, sans nécessairement observer des relations précises de causalité. D'une industrie dont la productivité augmente avec la taille de la ville, on dira qu'elle est sensible aux économies d'agglomération. La taille de la ville, ou encore la concentration d'une industrie dans la ville, sera acceptée comme une preuve de l'existence d'économies d'agglomération sans que l'on puisse, en général, vérifier le caractère précis des externalités.

Productivité des villes : quelques indicateurs

Les économies d'agglomération se mesurent rarement de façon directe. Elles se manifestent en partie par le plus haut niveau de productivité (globale ou par travailleur) des agglomérations urbaines. Dans le tableau 3.1, on trouvera des informations sur la part des villes dans la population nationale (a) et dans la production nationale (b) pour quelques pays et régions. En faisant abstraction d'autres facteurs, on peut prendre le rapport entre (b) et (a) comme indicateur de la productivité relative (par travailleur) des zones urbaines par rapport aux autres régions du pays.

Dans le cas du Brésil, à titre d'illustration, on constate que la contribution de l'agglomération urbaine de São Paulo au produit national du pays (36,1 %) est environ trois fois plus élevée que sa part dans la population brésilienne (10,5 %), soit un rapport de 3,44 entre les deux données. Nous pouvons en déduire que les activités économiques localisées à São Paulo sont globalement plus productives que celles du reste du pays, au sens qu'elles engendrent un PIB par habitant plus élevé.

On observe des résultats analogues pour tous les pays et régions figurant dans le tableau 3.1. Le rapport PIB/Population est systématiquement plus élevé en ville. Il atteint, en règle générale, son niveau le plus élevé dans la plus grande ville du pays. Aux États-Unis, le rapport est de 1,35 pour la région urbaine de New York, la plus grande du pays, et 1,17 pour Chicago, la troisième. En règle générale, les rapports sont plus élevés dans les PED, preuve supplémentaire qu'ils sont encore en pleine phase de transition vers une société plus urbaine.

La relation positive entre le PIB par habitant et taille urbaine a maintes fois été confirmée par des études, tant pour les pays industrialisés que pour les PED. Manifestement, l'agglomération urbaine exerce un impact positif sur la capacité de production de plusieurs secteurs d'activité économique. Ce gain de productivité se répercute sur les salaires, qui sont, en règle générale, plus élevés dans les grandes villes. La figure 3.3 illustre de façon schématique la relation entre taille urbaine et niveau des salaires. Si la courbe finit par s'aplanir à partir d'une certaine taille urbaine, c'est en principe que les gains de salaire supplémentaires par travailleur s'amenuisent lorsque la ville dépasse un certain seuil de population[3]. La forme précise de cette relation diffère d'un pays à l'autre.

Tableau 3.1 - Poids économique des villes : part du PIB, part de la population nationale*

Agglomérations urbaines (150 000 habitants et plus)	(a) Part (%) du total national Population (%)	(b) PIB (%)	(c) Rapport (b)/(a)
PED et pays émergents*			
Chine (611 villes)	43	74	1,72
Asie du Sud (228)	18	31	1,72
Amérique latine (194)	46	68	1,48
Moyen-Orient et Afrique du Nord (140)	36	64	1,78
Afrique subsaharienne (143)	19	51	2,68
Pays riches*			
États-Unis et Canada (244)	77	82	1,06
Europe de l'Ouest (168)	55	59	1,07
Grandes agglomérations sélectionnées **			
Shanghai	1,3	5,4	4,15
Beijing	1,1	3,2	2,91
Bangkok	10,9	37,4	3,43
Manille	12,1	25,1	2,07
Mexico	14,2	33,8	2,38
São Paulo	10,5	36,1	3,44
Casablanca	12,1	25,1	2,07
Abidjan	18,1	33,1	1,83
Toronto	14,2	17,3	1,22
Montréal	11,4	11,5	1,01
New York	7,5	10,1	1,35
Chicago	3,2	3,8	1,19
Londres	12,3	20	1,63
Paris	18,7	28,3	1,51

* 2007 où l'année la plus proche. ** diverses années

Typologie des économies d'agglomération

Comment expliquer la relation positive entre productivité et agglomération ? Quelle est la nature exacte du lien de causalité ? Les économies d'agglomération peuvent prendre des formes diverses selon les industries en cause, les technologies en vigueur et les échelles spatiales. Les facteurs qui poussent les entreprises à se regrouper dans l'espace ne seront pas forcément les mêmes pour toutes les industries. Il est aujourd'hui d'usage de les grouper sous deux grandes rubriques : les économies de localisation et les économies d'urbanisation.

Figure 3.3 - Relation schématique entre productivité du travail et taille urbaine

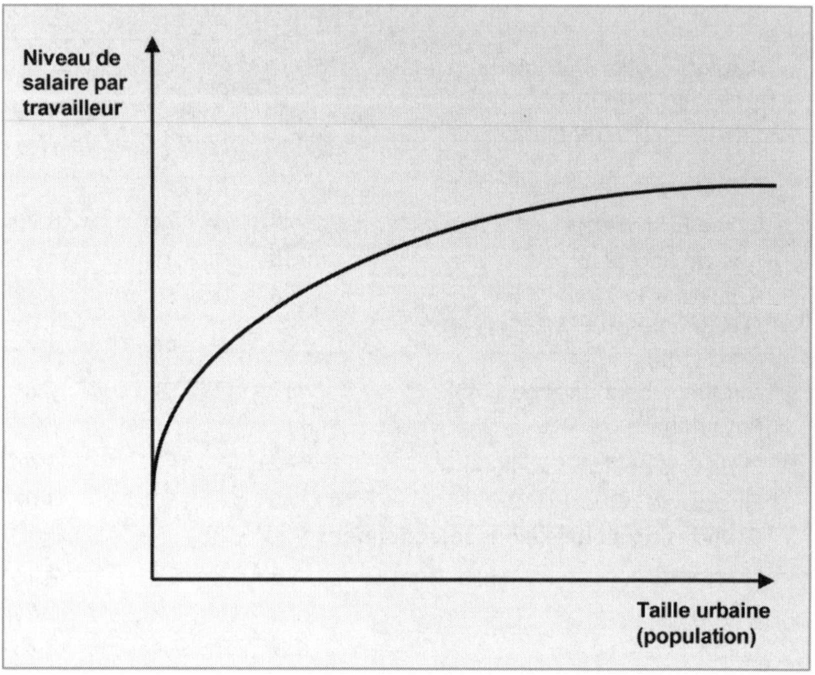

Note : la courbe est tracée de façon approximative.

Économies de localisation

Les économies de localisation (ou de juxtaposition) sont des *gains de productivité propres à une industrie*, ou à un ensemble d'établissements connexes, imputables à sa localisation. Le terme *industrie* fait référence ici à un ensemble d'établissements ou d'entreprises d'un même secteur d'activité économique. Ainsi, on pourra parler de l'industrie pétrolière ou de l'industrie du textile. Dans ce cas, les gains de productivité sont imputables à la taille de l'industrie, c'est-à-dire le nombre d'établissements ou le nombre d'emplois regroupés dans un même lieu. Il est possible de tracer des courbes de coûts pour une industrie comme pour une entreprise (figure 3.1), à cette différence près qu'elles illustreront les résultats agrégés pour l'ensemble des entreprises qui composent l'industrie.

Estimation des économies de localisation

Henderson (1988) fut parmi les premiers à vérifier, à l'aide de modèles économétriques, l'existence d'économies de localisation imputables à la taille de l'industrie. Les résultats de son calcul, qui portait sur des villes brésiliennes et américaines, apparaissent au tableau 3.2. L'analyse de Henderson se résume par l'introduction d'un facteur de production (Z) supplémentaire dans l'équation (1) pour capter l'impact de la taille de l'industrie sur la quantité (Q) produite. Les résultats de Henderson peuvent se lire comme le rapport entre l'accroissement de Q et l'accroissement de la taille de l'industrie, toutes choses égales quant aux autres facteurs, dont la taille de la ville. Ils peuvent également être interprétés comme des *élasticités* de la production (Q) par rapport à la taille.

Tableau 3.2 - La sensibilité des industries manufacturières aux économies de localisation : estimations économétriques pour le Brésil et les États-Unis*

	Indice de sensibilité aux économies de localisation		
	Brésil	États-Unis	
Secteur d'activité économique	(E = 500)	(E = 5)	(E = 20)
Sidérurgies	1,21		
Machines non-électroniques	1,07	1,13	1,03
Équipements de transports	1,14		
Chimie, dont pétrochimie	1,21		
Textiles	1,12		
Confection/habillement	1,03	1,13	1,03
Pâtes et papiers	1,13	1,09	1,02
Aliments et boissons	1,04	1,21	1,05
Métaux primaires		1,24	1,06
Machines électroniques		1,21	1,05
Pétrole, raffineries		1,45	1,11
Produits de cuir		1,14	1,03
Produits de bois		1,11	1,03

* Les estimations économétriques donnent la relation entre les augmentations dans la production des entreprises et dans la taille de l'industrie (mesurée par le nombre d'emplois, E). Ainsi, pour l'industrie sidérurgique du Brésil, un accroissement de l'emploi de 1,0 % dans la ville, en partant d'une base de 500 (E = 500), se traduira par un accroissement de 1,21 % de la production des entreprises du secteur. Les valeurs supérieures à 1 sont l'indice d'économies d'échelle, imputables à la taille de l'industrie.

Puisque les élasticités sont partout supérieures à 1 (et statistiquement significatives), autrement dit que la production (Q) augmente à un rythme plus rapide que la taille de l'industrie, nous pouvons en déduire l'existence d'économies de localisation pour les industries étudiées. L'analyse de Henderson nous dit aussi que l'impact des économies de localisation varie selon les industries et les contextes. Finalement, l'impact supplémentaire de la taille sur la production a tendance à diminuer à partir du moment où l'industrie atteint un certain seuil, en vertu de la loi des rendements décroissants. Ainsi, pour les États-Unis, on observe au tableau 3.2 que son impact est toujours plus élevé lorsque E = 5 que lorsque E = 20. Les gains les plus importants sont donc obtenus durant les premières périodes d'expansion de l'industrie. Depuis la première étude d'Henderson, d'autres études sont arrivées, en gros, à des conclusions semblables pour d'autres pays et d'autres groupes d'industries. Selon Henderson (2003 : 15), les élasticités associées aux économies de localisation, lorsqu'elles s'observent, tournent en règle générale autour d'un maximum de 1,10[4]. Ces relations s'observent plus facilement pour les activités manufacturières dont les produits, ainsi que la productivité, se mesurent plus facilement que ceux des activités tertiaires.

Explication des économies de localisation

Pour l'industrie, comme pour l'entreprise individuelle, les frais fixes et les indivisibilités sont souvent à l'origine des rendements croissants d'échelle. Ici, les coûts fixes sont répartis entre plusieurs utilisateurs.

Les *indivisibilités* sont des frais fixes affectés d'une contrainte supplémentaire : l'équipement, bien ou service, ne peut exister en deçà d'une certaine dimension. Il s'agit, en somme, d'un objet (ou d'une action) qui ne se divise pas en éléments plus petits. Cette contrainte repose souvent sur des facteurs technologiques ou physiques ; ainsi, on ne peut acheter la moitié d'une véhicule ou d'un cheval, ni construire la moitié d'un canal, d'un quai ou d'un barrage. Comme nous le verrons plus loin, les indivisibilités sont également importantes dans le cas des services publics.

L'atelier de céramique et la boulangerie qui partagent un four (chapitre 2) sont un bon exemple de ce genre d'économie externe. Il n'est pas difficile d'imaginer d'autres exemples à partir du tableau 3.2. La juxtaposition d'entreprises dans l'industrie des équipements de transport (par exemple) peut justifier l'existence d'un atelier de réparation spécialisé offrant ses services à un coût unitaire plus bas. L'agglomération géographique des entreprises de la pétrochimie est en partie attribuable à la possibilité de répartir le coût de grands équipements (pipelines, port pétrolier, etc.) entre plusieurs participants.

Pour désigner les ensembles géographiques d'établissements connexes de ce genre, on parle parfois de complexes industriels ou de districts industriels, où souvent les extrants d'une entreprise sont les intrants d'une autre. Dans la littérature récente, on parle aussi de *clusters* (terme anglais qui signifie « regroupement »). Les économies de localisation à réaliser dans ce cas ne reposent pas uniquement sur le partage des frais fixes, mais aussi sur la réduction des coûts d'interaction et sur la multiplication des possibilités d'échange. En d'autres termes, l'agglomération géographique rend possible la maximisation des gains de la spécialisation résultant de la mise en valeur des avantages comparatifs des entreprises individuelles. On aura compris que des concepts comme avantages comparatifs, économies d'échelle, division du travail et économies de localisation se recoupent souvent.

Les économies de localisation ne datent pas d'hier. Elles existent tout autant pour des industries plus traditionnelles. Prenons l'exemple de l'industrie de la confection. Les entreprises de tissage et de tricotage, les teinturiers, les chemisiers, les chapeliers, les fabricants de boutons, d'aiguilles et de fil, les couturiers et les grossistes et détaillants spécialisés dans les articles d'habillement étaient souvent regroupés dans la même ville, voire dans le même quartier : le quartier Chabanel à Montréal, l'*Apparel District* de New York ou encore le quartier du Sentier à Paris. Le caractère pointu des activités et la présence de nombreuses PME indiquent qu'il s'agissait avant tout de tirer profit des avantages de la spécialisation.

Les économies de localisation, comme tout avantage de production, sont rarement éternelles ou immuables. Notre exemple l'atteste. Pour toute industrie, la nature précise des économies de localisation est d'abord tributaire du niveau de développement de la technologie, mais aussi des facteurs susceptibles de modifier les avantages comparatifs de diverses localisations. Ainsi, une bonne partie de l'industrie de la confection a aujourd'hui quitté New York pour d'autres régions.

Le lien entre spécialisation et agglomération nous aide à comprendre la distinction entre industrie et entreprise (ou firme) comme concepts d'analyse et à éviter certains pièges. La concentration géographique d'une industrie (c'est-à-dire la taille plus grande de cette industrie) ne se traduit pas forcément par la taille plus grande des entreprises. Au contraire, la relation semble le plus souvent inverse. Les villes industrielles se caractérisent fréquemment par des petites et moyennes entreprises (PME). Les économies de localisation (attribuables à la taille) sont, nous l'avons vu, propres à l'industrie et non aux entreprises individuelles.

La fréquence et la diversité des échanges sont des facteurs d'agglomération importants. Pour l'industrie de la confection, la demande est souvent changeante et imprévisible : les modèles, la mode changent, les goûts individuels évoluent et se diversifient, etc. L'entreprise (imaginons un fabricant de robes pour dames) doit continuellement modifier et adapter sa production. On parle alors de production *non standardisée*.

L'entreprise a donc avantage à se localiser là où existe un grand choix de fournisseurs, afin de pouvoir, au besoin, changer rapidement de fournisseur. Le contact continu et rapide avec les fournisseurs (actuels ou potentiels) est un élément clé de sa productivité. Être en retard sur la mode peut lui faire perdre des clients au profit d'autres établissements. Autrement dit, le coût d'option de son temps est élevé.

Même si les économies de localisation s'observent plus facilement pour les activités de fabrication, elles touchent également le secteur tertiaire. Eu égard aux frais fixes ou aux indivisibilités, l'agglomération de plusieurs marchands peut, par exemple, justifier les frais de construction et d'entretien d'un hall couvert, d'un entrepôt frigorifique, ou encore d'un système plus efficace de collecte des ordures ou de transport en commun. Nous savons (voir le chapitre 2) que le regroupement des achats et des transactions signifie une économie de temps pour le consommateur, donc un plus grand nombre de clients potentiels par marchand au lieu central i, un rythme plus élevé d'écoulement des marchandises et par conséquent, en principe, la possibilité d'offrir les biens ou les services à des prix moins élevés. Les économies d'échelle à réaliser peuvent être significatives si les frais de stockage et d'entreposage sont des éléments importants des coûts.

Dans la littérature économique récente, l'accent est souvent mis sur les effets du « débordement du savoir » (*knowledge spillovers*, en anglais) : c'est-à-dire les gains qu'un établissement peut réaliser en profitant du « savoir » qui circule dans un milieu riche en entreprises dans des domaines connexes. Ce facteur joue notamment pour les industries intensives en savoir et en information (finance, industries de haute technologie, etc.) ; il est souvent évoqué pour expliquer la naissance des technopoles comme la célèbre Silicon Valley en Californie. En se localisant dans un tel milieu, l'entreprise réduit ses coûts d'information. L'information et les idées sont sensibles à la distance. En se localisant auprès d'entreprises qui appartiennent au même secteur d'activité économique qu'elle, l'entreprise maximise ses chances d'être tenu au courant d'informations et d'innovations essentielles à l'industrie.

En parallèle, les économies de localisation peuvent se manifester sous la forme de réductions dans des coûts de recrutement et de formation de la main-d'œuvre. Les possibilités de trouver une main-d'œuvre compétente et expérimentée sont plus grandes dans un endroit où se trouvent d'autres établissements du même domaine. Le temps nécessaire pour trouver et former une main-d'œuvre compétente peut comporter un coût significatif. Les possibilités de trouver rapidement de nouveaux employés ou des remplaçants sont maximisées dans des bassins de main-d'œuvre plus grands. Là encore, ce sont des secteurs modernes (à forte intensité de savoir) qui sont surtout sensibles à ce facteur. Plus une entreprise dépend d'une main-d'œuvre spécialisée, plus les coûts de formation sont élevés, et donc plus elle y sera sensible. En se plaçant au cœur d'un bassin de main-d'œuvre spécialisée et expérimentée, l'entreprise maximise ses chances de profiter de la formation et de l'expérience que les travailleurs ont acquises dans des établissements concurrents, sans en payer directement tout le coût. Pour elle, il s'agit là d'une externalité positive au sens propre[5].

Finalement, corollaire des deux points précédents, le va-et-vient des travailleurs entre les entreprises de la région et les échanges formels ou informels d'information peuvent avoir pour effet d'accroître la productivité globale de la main-d'œuvre de l'industrie concernée. À cela, nous pouvons ajouter la densité des institutions qui contribuent à la circulation des idées (universités et écoles, revues et journaux à circulation locale, stations de télévision et de radio locales, etc.), mais dont tous les coûts sont rarement directement assumés par les bénéficiaires. Il n'est pas impossible que ce « bourdonnement intellectuel », plus que tout autre facteur, explique une partie de la productivité, et donc aussi les salaires plus élevés, dans certains milieux. Cependant, la mesure précise des effets de « débordement du savoir » reste un des principaux défis de l'économie urbaine et régionale.

Économies d'urbanisation

Les économies d'urbanisation ressemblent aux économies de localisation mais, dans ce cas, nous débordons le cas d'une seule industrie pour parler des gains de productivité qui découlent de l'agglomération d'industries de toute sorte. Les économies d'urbanisation sont les économies externes dont profitent les industries du simple fait qu'elles sont localisées dans une grande ville. L'origine des gains réside donc dans des attributs propres à la grande ville, dont la taille du marché et la diversité des activités qui s'y trouvent. À la différence des économies de localisation, les effets directs sur une industrie particulière se mesurent beaucoup plus difficilement, en partie à cause de la nature diffuse des facteurs à l'origine des économies d'urbanisation. La difficulté de mesurer la productivité dans le secteur tertiaire constitue un problème supplémentaire dans l'analyse de ces facteurs.

Caractère hétérogène et diffus des économies d'agglomération

On trouvera dans le tableau 3.3 la liste des secteurs d'activité économique concentrés dans la région parisienne et dans les plus grandes villes du Canada, donc en principe sensibles aux économies de localisation et d'urbanisation. Ce n'est pas tant l'identité des industries qui importe que le caractère hétérogène des économies d'agglomération mis en évidence par le tableau. Le poids des facteurs qui poussent les entreprises à se localiser dans la grande ville varie d'un cas à l'autre. De plus, la frontière entre économies d'urbanisation et économies de localisation n'est pas étanche, si bien que des entreprises peuvent être attirées par la grande ville pour des raisons qui chevauchent les deux types d'économies d'agglomération.

Cependant, la distinction entre économies de localisation et d'urbanisation est utile pour distinguer les facteurs qui poussent les entreprises à se regrouper dans l'espace de ceux qui les poussent à se regrouper dans les plus grandes villes. Ainsi, ce sont d'abord les économies de localisation propres à l'industrie elle-même qui incitent, par exemple, l'industrie aérospatiale, comme l'industrie pharmaceutique, à se regrouper dans des villes particulières, indépendamment de leur taille et de leur rang dans la hiérarchie. Aussi bien en France qu'au Canada et aux États-Unis, la plus grande ville n'abrite pas les plus importantes concentrations de l'industrie aérospatiale, qu'on retrouve respectivement à Toulouse, à Montréal et à Seattle ; dans ce cas, il est raisonnable de penser que ce sont les économies de localisation qui l'emportent comme facteur déterminant. L'industrie pharmaceutique à Lyon, la deuxième agglomération française, est un autre exemple.

En revanche, d'autres secteurs du tableau 3.3, comme l'industrie du cinéma, les activités culturelles et les diverses fonctions d'intermédiation financière, profiteraient davantage de la multiplicité des réseaux d'échanges, de la diversité des talents, autrement dit des ressources qui ont tendance à augmenter avec la taille de la ville. C'est ce qu'on décrit quand on parle d'économies d'urbanisation. Pour d'autres encore, comme le transport aérien et le commerce de gros, les avantages d'une localisation centrale, qui maximise l'accès aux marchés, sont à la base des gains de productivité que procure la grande ville. Pour les industries manufacturières concentrées dans la grande ville, la présence d'une main-d'œuvre qualifiée agit le plus souvent comme le facteur déterminant (voir aussi la figure 6.7 au chapitre 6), tandis que pour d'autres industries, la diversité des entreprises connexes à proximité va importer davantage. L'industrie de l'habillement (la confection), dont il fut question plus tôt, est l'exemple-type, présent dans les deux colonnes du tableau 3.3. En prenant les secteurs d'activité un par un, le lecteur pourra essayer d'imaginer les facteurs qui favorisent leur productivité, et les mettre en rapport avec la taille urbaine.

Tableau 3.3 - Secteurs d'activité fortement concentrés dans les grandes villes, France et Canada

Région parisienne*	Grandes villes canadiennes**
Transports aériens	Fabrication : aéronautique et aérospatiale
Activités informatiques	Confection et habillement
Postes et télécommunications	Fabrication : produits pharmaceutiques
Extraction de minerais métalliques	Fabrication : savons et de produits de beauté
Assurance	Production et distribution de films
Intermédiation financière	Services de soutien aux transports
Auxiliaires financiers et d'assurance	Banques et autres sociétés de crédit
Activités récréatives, culturelles et sportives	Fabrication de produits électriques divers
Activités immobilières	Services informatiques, conception de logiciels
Édition, imprimerie, reproduction	Agences de publicité
Fabrication de matériel informatique	Fabrication d'ordinateurs
Recherche et développement	Courtiers en valeurs mobilières
Industrie du tabac	Sociétés d'investissement
Production et distribution d'électricité et de gaz	Théâtres et spectacles
Industrie de l'habillement et des fourrures	Bureaux de conseillers en gestion
Services aux entreprises	Services de télécommunications
Location sans opérateur	Transports aériens
Commerce de gros et intermédiaires	Activités extra-territoriales
Hôtels et restaurants	Bureaux de placement
Fabrication d'instruments médicaux, de précision, d'optique et d'horlogerie	Services juridiques

* Île-de-France (2006). ** Régions urbaines de Toronto, Montréal et Vancouver (2011). Branches d'activité affichant des quotients de localisation élevés (concentrations de l'emploi par rapport à la moyenne nationale). Le quotient est expliqué au chapitre 5. À noter, les règles de classement et les nomenclatures ne sont pas forcément les mêmes dans les deux pays. Les emplois qui relèvent du secteur public sont exclus.

Explication des économies d'urbanisation

La plupart des exemples donnés pour les économies de localisation peuvent s'appliquer aux économies d'urbanisation. Ainsi, les économies externes à réaliser au chapitre des effets de débordement du savoir, des possibilités de recrutement et de formation de la main-d'œuvre et des frais fixes sont souvent plus importantes encore si elles s'appuient sur une masse plus considérable d'agents économiques. Le simple fait qu'un bassin de main-d'œuvre soit plus grand facilite le recrutement de travailleurs de tous types ; de même, un accès généralisé plus rapide à toutes sortes d'informations est un avantage pour l'entreprise.

L'entreprise est d'autant plus sensible aux économies d'urbanisation qu'elle a des fournisseurs et des clients diversifiés, qui ne sont pas identifiés à un seul type d'industrie, et que ses rapports avec eux ont un caractère imprévisible. Pensons à une société d'investissement ou à une agence de publicité. Dans les deux cas, la clientèle possible, très changeante d'une année à l'autre, couvre la gamme complète des industries et des secteurs d'activité économique. La main-d'œuvre spécialisée dont la banque ou l'agence aura besoin appartient également à une gamme étendue de domaines et de professions : comptables, dessinateurs, ingénieurs, architectes, analystes financiers, gestionnaires, experts en marketing, conseillers juridiques, et ainsi de suite. Dans la grande ville, les entreprises de ce genre maximisent leurs chances de trouver les talents requis et minimisent leurs coûts de recrutement et de formation ; la localisation du tertiaire supérieur est abordée plus en détail au chapitre 9.

Biens publics

Les gains à réaliser dans la production de biens publics sont un élément clé des économies d'urbanisation. Par biens publics, on entend les équipements ou les services dont la production peut difficilement être assurée de façon privée, à cause du poids des externalités ou de l'importance des indivisibilités ou d'autres frais fixes. Du côté des grands équipements, on peut penser aux ports de mer, routes, aqueducs, aéroports, égouts et réseaux d'électrification. Du côté des services, mentionnons l'administration publique, l'éducation, la santé, la justice et l'ordre public.

Dans presque tous ces cas, les gains à retirer de l'équipement ou du service ne sont pas purement privés mais profitent à l'ensemble de la société. Une population plus instruite et en meilleure santé est un gain pour tout le pays ; au plan économique, l'amélioration de l'éducation et de la santé se traduit par des hausses de productivité, donc par une augmentation du produit national par habitant. La difficulté d'exclure des bénéficiaires (c'est-à-dire de « privatiser » les gains) est une autre caractéristique de plusieurs biens publics : comment limiter à un public choisi ou à une clientèle cible les bénéfices de mesures comme la protection publique, l'entretien et le nettoyage des lieux publics ou le contrôle de la qualité de l'air ? Il est donc « normal » que les coûts qui y sont associés soient assumés, du moins en partie, par l'ensemble de la société, sous forme de taxes ou d'impôts. Cependant, le financement des services publics suscite des débats importants.

Comment déterminer, par exemple, la part des coûts de l'éducation qui doit être assumée par le particulier et la part qui doit être assumée par la société ? Il s'agit là d'un débat social autant qu'économique. De plus, la distinction entre bien public et bien privé est loin d'être immuable. Là encore, on a souvent affaire à un choix social ; ce qui est privé dans un pays sera public dans un autre.

Les biens publics sont également sensibles aux économies d'échelle. Deux exemples suffiront pour le démontrer. La « qualité » d'un aéroport (ou d'un port de mer) repose en partie sur la fréquence du service et sur la diversité des destinations offertes. Or, fréquence et diversité sont tributaires de la taille du marché desservi. Les frais fixes sont un élément important des coûts d'exploitation. Pour un grand aéroport, les coûts d'exploitation unitaires (par atterrissage et décollage) deviennent rapidement exorbitants en dessous d'un seuil minimal de trafic aérien. Les aéroports et les ports bien desservis sont, en général, le fait des grandes villes.

La « qualité » d'un hôpital (ou d'une université ou d'une grande école) dépend beaucoup du nombre et de la diversité des spécialisations et des spécialistes qu'on y trouve mais aussi de certains grands équipements indivisibles. Plusieurs spécialisations sont absentes d'un petit hôpital (ou d'une petite université). Certains grands équipements ne sont pas envisageables en dessous d'un seuil donné d'exploitation : pensons à un grand ordinateur ou à un spectrographe dans le cas d'un hôpital. La qualité de la bibliothèque ou du centre de documentation sera également fonction de la taille de l'établissement. Qualité des soins de santé (ou qualité du système d'éducation) et taille urbaine sont souvent associées.

Économies de variété connexe (« related variety »)

Alors que les économies de localisation et d'urbanisation forment une subdivision classique des économies d'agglomération, une troisième catégorie intervient de plus en plus souvent dans les débats. En effet, plusieurs chercheurs, comme Frenken *et al.* (2007) et Boschma et Iammarino (2009), soulignent qu'il existe des processus intermédiaires : des externalités positives émergent non plus par le biais de concentrations industrielles, ni par le simple fait d'être localisé dans une grande ville, mais par la juxtaposition spatiale d'entreprises dans des secteurs variés mais connexes.

Cette idée repose sur celle de la filière : une filière constitue un ensemble de fonctions et de secteurs économiques qui sont liés par des relations marchandes et dont les extrants de l'un sont souvent les intrants de l'autre. La filière dans son ensemble produit un bien final. Dans l'aéronautique, par exemple, il y a certes le constructeur qui intègre les éléments et qui produit l'appareil final, mais la filière comprend les équipementiers, les consultants en design, les spécialistes de la comptabilité en aéronautique, voire même des écoles spécialisées dans la formation des employés. Bref, l'argument mis en avant par les tenants des économies de variété connexe est que la concentration, dans un lieu donné, d'entreprises de secteurs différents mais qui sont (ou pourraient) être reliées est une autre source d'économies externes qui ne se fond pas dans les deux catégories précédentes.

Évidemment, une filière déjà constituée (comme l'aéronautique) pourrait refléter une évolution historique d'une spécialisation industrielle (économies de localisation) qui aurait mené, par la division du travail, à de multiples entreprises spécialisées dans des secteurs divers. Mais l'intérêt de cette nouvelle catégorie est qu'elle met aussi en évidence la possibilité inverse, c'est-à-dire que la juxtaposition spatiale d'entreprises dans des secteurs *différents* pourrait être source d'externalités positives si ces entreprises, en échangeant leurs savoirs et capacités, parviennent à se constituer en une nouvelle filière (ou, plus prosaïquement, à innover et à étendre leurs marchés).

Synthèse : naissance d'une métropole

Les économies d'agglomération procurent aux entreprises des avantages qui se traduisent par des accroissements de productivité et donc par des salaires plus élevés. Difficiles à mesurer avec précision, les économies d'agglomération se manifestent de mille et une façons pour l'entreprise, notamment par l'intermédiaire des externalités associées à la circulation des connaissances, à la présence de bassins spécialisés de main-d'œuvre et de fournisseurs et par la maximisation de l'accès aux marchés. On peut aussi attribuer aux économies d'agglomération la possibilité de tirer un meilleur parti des avantages de la spécialisation et de la division du travail.

Revenons à la ville *i*, chef lieu – place centrale – du pays (voir le chapitre 2). On se rappelle qu'en vertu du principe des avantages comparatifs, le commerce interrégional et international s'est développé. En tant que point d'échanges et de distribution, la ville *i* est le point d'arrivée, d'entreposage et de revente des céréales qui, à leur tour, faciliteront la naissance d'industries de transformation. On y trouve aussi les réseaux d'échanges des produits de la laine de la région et des autres produits dérivés de l'élevage des moutons. Une classe marchande naîtra.

Du côté de la fabrication, l'existence d'économies de localisation fait en sorte que les entreprises concernées par ces échanges auront avantage à se regrouper dans la ville *i*. Ainsi, à partir de la filière céréalière (à laquelle appartient la boulangerie du chapitre 2) naîtront des minoteries, des brasseries et des boulangeries industrielles. Une raffinerie de sucre viendra également s'installer à *i*, le tout donnant naissance à une *filière* industrielle localisée (ou *cluster*, selon la terminologie anglaise) dans le domaine de l'alimentation.

Par ailleurs, l'avantage comparatif de la région A dans l'élevage des moutons favorisera la concentration d'ateliers de tissage de laine et de tricotage et autres entreprises connexes : seront ainsi jetées les bases d'une filière industrielle en vêtements et textiles, à laquelle viendront s'ajouter des entreprises de cuir et de fabrication de chaussures. On finira par trouver dans la ville *i* une concentration de main-d'œuvre expérimentée et de grossistes spécialisés, ainsi qu'un marché spécialisé du tissu, avec des courtiers, des institutions financières et d'autres fonctions d'intermédiation.

La ville *i* passera de quelques milliers d'habitants à un demi-million, dans un premier temps, conformément à la simulation présentée au chapitre premier, pour se transformer, dans un deuxième temps, en une métropole de plusieurs millions d'habitants. À mesure que l'économie du pays se développe pour entrer, après quelques décennies, dans la société post-industrielle, les activités tertiaires modernes viendront se substituer aux activités de fabrication dans les plus grandes villes. La nature des économies d'agglomération évoluera aussi ; les externalités associées à la circulation du savoir et de l'information occuperont une place plus importante encore dans les économies urbaines.

Discussion : à la recherche des économies d'agglomération *dynamiques*

Revenons à la relation entre développement et urbanisation où, plus précisément, entre gains soutenus de productivité (et donc de revenus par habitant) et agglomération. Dans le sens développement ⇒ urbanisation, la relation est bien établie (revoir chapitre premier) mais c'est la relation inverse qui nous interpelle désormais. Elle pose la question de l'importance de l'agglomération, à son tour, pour des hausses futures de productivité. Avons-nous affaire à une relation circulaire ? Le développement est-il aussi stimulé par l'existence des villes ? Il est fréquent de lire que les villes sont des moteurs de développement. Cela revient à postuler l'existence d'économies d'agglomération *dynamiques*. Nous savons que l'agglomération se traduit par des gains de productivité (chapitre 3) ; mais pouvons-nous pour autant affirmer que l'agglomération provoquera aussi des hausses continues de productivité ?

Jusqu'ici, les économies d'agglomération dont il a été question étaient, implicitement, de nature *statique*[6] ; c'est-à-dire que les gains de productivité s'effectuaient dans un contexte de technologie fixe. Comme nous le verrons dans le chapitre 5, la croissance à long terme du revenu réel par habitant est tributaire du progrès technologique (au sens large, pour englober l'innovation dans toutes les sphères de la vie économique : fabrication, gestion, distribution, agriculture...). Sans progrès technologique, nous restons dans un univers statique, où les hausses possibles de productivité finiront par s'épuiser. Dès qu'on parle d'effets *dynamiques*, on parle d'impacts sur l'évolution à long terme de la productivité, ce qui suppose des changements dans les modes de production et les façons de faire. C'est une autre façon de se demander si l'agglomération favorise l'innovation. L'existence d'économies d'agglomération *dynamiques* ne fait pas consensus. La relation agglomération ⇒ développement soulève de nombreux problèmes d'analyse, à commencer par la difficulté à établir des liens vérifiables de causalité en sciences sociales, mais aussi en raison de l'échelle spatiale à laquelle cette relation est susceptible de s'opérer.

Une littérature abondante a mis en évidence le rôle stratégique de la ville dans l'évolution des sociétés, tant à l'ère moderne qu'à l'époque des premières manifestations de la révolution industrielle ; les œuvres classiques de Jane Jacobs, Henri Pirenne et Karl Polanyi ont fait ressortir ces processus. Grâce aux travaux de Pirenne et d'autres historiens, on reconnaît aujourd'hui le rôle qu'ont joué les villes dans la reconnaissance des « libertés » bourgeoises et dans l'apparition des classes marchandes au Moyen Âge en Europe. Le mot « bourgeois » lui-même exprime l'idée de citoyen urbain, citoyen d'un « bourg ». Les villes sont des centres de civilisation. Elles ont été, de tout temps, des foyers d'innovation, de culture et d'invention. D'autres auteurs insistent sur la relation positive entre innovation technologique et agglomération. Fujita et Thisse (2003 : 481) écrivent : « Dans ce cas, *l'agglomération serait la contrepartie territoriale de la croissance économique* » (en italiques dans le texte). En d'autres termes, le bouillonnement intellectuel et la concentration de talents, propres à la ville, seraient des éléments déclencheurs (c'est là tout le débat) du processus d'innovation et de progrès technologique.

Jacobs (1969, 1984) est peut-être l'avocate la plus passionnée de l'idée selon laquelle les villes seraient les moteurs du développement ; au point même que l'expression d'« économies de Jacobs » est quelquefois utilisée pour désigner les économies d'agglomération dynamiques. Jacobs insiste beaucoup sur le rôle historique de la ville comme laboratoire social. La diversité et l'intensité des contacts humains, le mélange des peuples et la rupture des liens ancestraux avec la terre provoquent des transformations sociales qui contribuent à l'innovation. C'est aussi par la ville, centre de négoce et de transit, que les idées venues d'ailleurs se répandent dans d'autres sociétés. Le bon fonctionnement d'une économie de marché est quasi inimaginable sans ville, sans place centrale. Bref, la ville (l'agglomération) est, de toute évidence, un complément essentiel du développement. Mais est-elle une condition suffisante ? C'est à ce niveau que les opinions divergent.

À nouveau, l'histoire nous livre des éléments de réponse. Les villes n'ont pas attendu la révolution industrielle pour naître. Mais les joyaux de l'antiquité que sont Rome et Alexandrie n'ont pas provoqué de révolution industrielle, et des villes préindustrielles comme Athènes, Mexico ou Kyoto ne sont pas devenues des foyers d'innovation technologique. Pourquoi ? Revenons aux temps modernes. Nous avons vu dans le premier chapitre que l'urbanisation se manifeste dès que s'amorce le processus de développement (revoir la figure 1.3). Quelques augmentations soutenues de la productivité agricole (qui, par définition, ont eu lieu en dehors d'agglomérations – car celles-ci n'existaient pas), assorties d'une amélioration minimale des conditions sanitaires, suffisent pour déclencher un mouvement de la campagne vers la ville. Des taux d'urbanisation dépassant 20 % sont observés très tôt dans le processus de développement économique. Des pays comme l'Algérie et la Tunisie enregistrent aujourd'hui des taux supérieurs à 50 %. À partir d'un certain seuil, que l'on peut situer autour de 70 %, les taux d'urbanisation n'ont plus beaucoup de signification comme indicateur de progrès économique. C'est une simple déduction mathématique. Lorsque les taux atteignent les 80 %, comme c'est le cas pour la France et le Canada, chaque point qui s'y ajoute ne correspond qu'à une très faible augmentation du PIB. La courbe tracée à la figure 1.3 s'aplanit lorsqu'on entre dans la zone des pays avancés.

Bref, le niveau d'urbanisation d'un pays n'est pas une variable utile pour expliquer la croissance du PIB[7] ; pas plus que la taille de la ville ne nous permet de prévoir sa croissance future. L'expérience des pays de l'Amérique latine illustre utilement le caractère problématique de la relation ville $\Rightarrow$ développement. Plusieurs pays présentent des niveaux d'urbanisation comparables à ceux des pays les plus avancés. L'Argentine, le Chili et l'Uruguay affichent des niveaux supérieurs à 85 %. De plus, des agglomérations urbaines comme Mexico et São Paulo sont plus peuplées que les plus grandes villes d'Europe. En Argentine, la présence de Buenos Aires, grande ville cosmopolite, ne suffit pas à assurer à ce pays, plus urbanisé encore que la France, un taux comparable de revenu par habitant. Le revenu par habitant y est le tiers environ de celui de la France. Il faut croire que les racines de l'écart dépassent la question de la présence (ou non) de grandes villes. Les économies d'agglomération, et les vertus dynamiques qu'on veut leur attribuer, ne sont pas indépendantes d'autres variables, et en particulier les variables politiques et sociales. Il faut donc remettre les villes dans leur contexte.

L'urbanisation n'implique pas forcément un processus dynamique au sens économique. Elle est la traduction de l'allocation plus efficace des ressources entre la ville et la campagne qui s'exprime par des gains de productivité attribuables, précisément, aux effets bénéfiques de l'agglomération. Le travailleur x est plus « productif » à la ville qu'à la campagne, *étant donné les technologies en vigueur*. Ce constat revient à définir l'agglomération progressive des populations et des entreprises comme un mécanisme d'ajustement spatial. Les populations et les entreprises « s'ajustent » aux changements dans la demande et dans les technologies en s'agglomérant dans des villes ; mais sans la poursuite dans le temps des changements, l'urbanisation finira pas s'arrêter. Nous voici de retour à la question des origines des changements sociaux, dont le progrès technologique, à la base du développement.

Si les effets bénéfiques de l'agglomération agissent, c'est principalement sur l'accès aux marchés, sur la division du travail et sur la *diffusion* de technologies nouvelles. Par contre, il convient de relativiser le fait que les nouvelles technologies naissent nécessairement dans les grandes villes : rappelons qu'au début de l'urbanisation, les progrès techniques dans l'agriculture se sont développés pour l'essentiel en dehors des villes. À l'origine, la révolution industrielle ne s'est pas déclenchée en ville, mais plutôt dans la campagne anglaise où les artisans du textile vivaient et avaient localisé leurs activités. Ce n'est qu'une fois certaines améliorations techniques inventées à la campagne que les rendements d'échelle croissants ont permis à certaines entreprises de grossir et, à ce moment-là seulement, d'envisager de s'installer à proximité de grands bassins de main-d'œuvre, de sous-traitants, de réseaux de transport et de communications, dans le but d'obtenir des intrants (comme le charbon, le coton brut), d'exporter et de contrôler leurs marchés. Plus récemment, la mise au point de l'arme nucléaire est la preuve (tragique certes) que l'innovation technologique peut se développer dans un endroit reculé : dans son cas, l'isolement des recherches à Los Alamos (au Nouveau-Mexique) avait bien entendu été organisé par le gouvernement américain pour maintenir le secret militaire. Bref, tout cela pour dire que les innovations n'ont pas attendu la grande agglomération urbaine pour naître ; et encore aujourd'hui, il n'est pas rare de constater la concentration de grands laboratoires de recherche dans des espaces certes urbanisés, mais de taille relativement modeste à l'échelle de la planète. Ainsi, on ne peut pas dire que le pouvoir d'innovation de l'industrie pharmaceutique et des biotechnologies de la région de Bâle en Suisse, reconnu internationalement, ait un quelconque rapport avec la taille, somme toute petite, de cette agglomération. L'histoire ancienne et plus récente est remplie d'exemples rappelant que les liens de causalité entre innovation technologique et agglomération urbaine sont loin d'être systématiques. Les économies d'agglomération dites *dynamiques* sont en fait mal nommées. À la différence des économies d'agglomération *statiques*, exclusivement associées à la concentration spatiale d'agents économiques, les processus *dynamiques*, ceux qui mènent aux changements technologiques, ne le sont pas nécessairement (Shearmur, 2012). Ils peuvent caractériser certaines agglomérations urbaines, mais ils peuvent aussi caractériser des réseaux de recherche a-spatiaux ou des lieux plus isolés : ces processus ne sont pas *nécessairement* urbains.

Que conclure ? L'impact « moteur » des villes (c'est-à-dire de l'agglomération) dans le processus de développement économique est moins certain qu'il n'y paraît. Nous ne pouvons pas exclure la possibilité que l'agglomération provoque des effets dynamiques à long terme ; mais comment isoler les effets propres à l'agglomération des autres changements sociaux ? Une bonne partie du débat tourne autour de la relation entre agglomération et innovation. Est-ce que la première stimule *nécessairement* la deuxième ? Nous y reviendrons dans le chapitre 5. L'urbanisation apparaît finalement davantage comme une réaction – un ajustement nécessaire, certes, parmi d'autres grandes transformations sociales – des entreprises et des populations au changement plutôt qu'un vecteur indépendant de changement. L'agglomération, dans ce contexte, prend la forme d'une condition nécessaire au développement, mais elle n'est pas forcément une condition suffisante.

Encadré 3.2
À PROPOS DES LIENS DE CAUSALITÉ EN SCIENCES SOCIALES

Comment établir l'existence de liens de causalité en sciences humaines ? Comment savoir si le phénomène A est effectivement la cause du phénomène B ? À défaut de pouvoir réaliser des tests contrôlés en laboratoire, les sciences humaines ont souvent recours à des méthodes statistiques comme les analyses de régression. Cependant, la confirmation d'une relation statistique entre deux variables ne nous donne pas forcément le sens de la relation. Un coefficient de régression élevé de X sur Y, par exemple un R2 de 0,95, qui nous apprend que la variation de X « s'explique » à 95 % par les variations de Y, ne nous autorise pas à dire que Y provoque *nécessairement* X. Certes, cette possibilité ne peut pas être exclue. Mais on ne peut pas, non plus, exclure la possibilité que la relation opère dans le sens inverse et que ce soit X qui cause Y, ou encore que X et Y se trouvent dans une relation symbiotique. On ne peut pas davantage exclure la possibilité qu'une troisième variable, inconnue, soit à l'origine à la fois de Y et de X. Tout ce que l'analyse statistique nous autorise à dire, c'est que les deux choses varient ensemble : si Y bouge, X bouge aussi.

Il incombe au chercheur d'interpréter les résultats. Toute interprétation quant à l'existence de liens de causalité doit se faire avec prudence. Prenons l'exemple du lien entre urbanisation et développement. C'est nous qui avons postulé le sens des flèches, dans le chapitre premier, en évoquant la relation développement $\Rightarrow$ urbanisation. Les données montraient qu'il existe, effectivement, une association entre niveau d'urbanisation et niveau du PIB par habitant (revoir la figure 1.3) : les deux varient ensemble[8]. Mais c'est notre connaissance du domaine qui nous a permis de donner la direction probable des liens de causalité et d'expliquer pourquoi les hausses du PIB par habitant font augmenter les niveaux d'urbanisation. C'est nous qui avons « décidé » que la transformation des structures de consommation et des méthodes de production précède le mouvement d'urbanisation, et non l'inverse.

CHAPITRE 4

RÉVOLUTION URBAINE : QUESTIONNEMENTS ET ENJEUX POLITIQUES

Dans les trois premiers chapitres, nous avons insisté sur le rôle positif de la ville, comme source de productivité et comme complément du processus de développement économique. Mais existe-t-il une limite aux bienfaits (économiques) de l'agglomération ? L'urbanisation, la croissance des grandes métropoles surtout, n'est pas sans susciter des interrogations et des résistances. Les habitants de la planète sont de plus en plus sensibilisés aux questions d'environnement. Que dire des déséconomies externes (pollution, congestion, etc.) provoquées par la ville, comment y faire face ? La révolution urbaine est-elle une bonne ou une mauvaise chose pour la planète ? Le défi urbain des pays en développement (PED), évoqué à la fin du chapitre premier, fait peur.

Dans ce chapitre, nous aborderons divers sujets associés à ce qu'il convient d'appeler la problématique urbaine. Si nous les avons regroupés sous le titre « questionnements et enjeux politiques », c'est qu'il n'est pas toujours possible d'y apporter des réponses définitives. Doit-on intervenir pour ralentir l'urbanisation ? Les grandes métropoles sont-elles devenues trop grandes ? Existe-t-il une taille urbaine optimale ? Comment aborder la relation entre urbanisation et l'écosystème ?

L'urbanisation, un bien ou un mal ?

Devant l'énormité des défis, le premier réflexe est souvent d'envisager de freiner la croissance urbaine. Cependant, tout effort pour ralentir le processus d'urbanisation implique des coûts, et le calcul précis de ces coûts est difficile à faire. Pour l'heure, il n'est pas question de mettre un frein à l'expansion physique de telle ou telle ville mais plutôt de ralentir l'urbanisation comme mouvement général. C'est la difficulté de mesurer avec toute la précision voulue les gains attribuables aux économies d'agglomération (chapitre 3), ainsi que les déséconomies d'agglomération, qui est à l'origine des débats entourant les bienfaits et les méfaits de l'urbanisation. Le ralentissement du rythme de l'urbanisation peut se justifier comme objectif politique par le désir de réduire les coûts de transition d'une économie rurale à une économie urbaine. Nul ne peut contester l'existence de coûts sociaux reliés à l'exode rural. Les mouvements migratoires impliquent des coûts, tant pour les particuliers que pour la société, comme nous le verrons au chapitre 6. Il n'existe aucun modèle opérationnel de calcul des coûts et bénéfices qui permettrait de déterminer le rythme idéal d'urbanisation d'un pays. De toute façon, un tel modèle n'aurait d'utilité que si les gouvernements étaient en mesure d'infléchir les tendances de l'urbanisation par des mesures volontaristes.

Il existe un autre problème lié au calcul des coûts et bénéfices associés à l'urbanisation : ces coûts et ces bénéfices ne sont pas répartis uniformément entre les populations urbaines. L'urbanisation a lieu parce que les bénéfices de vivre à la ville (obtention d'un emploi, de salaires plus élevés, l'accès à une diversité de services…) l'emportent sur ceux de vivre à la campagne : la ville est attirante pour les gens qui n'y sont pas, et les gens qui y sont veulent y rester. Or, lorsque de nouveaux résidents s'installent en ville – participant ainsi au processus d'urbanisation – ils vont être les premiers à voir leur qualité de vie s'améliorer (dans le cas contraire, ils ne déménageraient pas): bien que leur migration résidentielle contribue à la congestion et aux autres déséconomies, ces nouveaux urbains sortiront gagnants du processus de migration. En revanche, pour les habitants déjà en ville, la croissance urbaine n'est pas forcément synonyme de meilleure qualité de vie si les bénéfices de cette croissance sont inférieurs aux déséconomies qu'elle induit. Ainsi, en termes politiques, on assiste à la constitution de deux groupes qui perçoivent de manière radicalement différente les coûts de la ville trop grande : ceux qui résident à l'extérieur de la ville et qui aspirent à y vivre verront d'un bon œil la croissance urbaine car elle promet d'améliorer leur sort, et ceux déjà urbains, que cette croissance va interpeler si la vie urbaine se dégrade.

Comme nous le verrons ci-dessous, deux catégories de solutions existent : ou bien on met à contribution les technologies et techniques de gestion pour permettre aux villes de croître sans en diminuer les avantages, soit on diminue le différentiel de niveau de vie entre la ville et la campagne en augmentant les avantages d'être à la campagne.

Limites et risques des politiques qui visent à freiner l'urbanisation

Divers pays ont, à différentes époques, mis en place des dispositifs réglementaires pour bloquer les déplacements de la campagne vers la ville. Examinons deux cas extrêmes. Les pays à économie planifiée (Chine, URSS, etc.) ont, à certaines époques, instauré des mesures parfois très sévères, comme des passeports internes et des permis de séjour urbain, pour limiter la croissance des villes. Ces politiques n'ont pas réussi, dans l'ensemble, à contrer la tendance à l'urbanisation, bien qu'elles aient sans doute eu pour effet de ralentir temporairement le rythme d'urbanisation. Nul ne connaît le coût économique de ces interventions, mais l'écart impressionnant de revenus entre citadins et ruraux, apparu dans les années 1990 et 2000 en Chine suite aux politiques de libéralisation[1], donne à penser que les freins à la migration interne comportent des coûts économiques, de même que toute autre barrière à la libre circulation des facteurs de production.

À l'autre extrême de l'échiquier idéologique, l'Afrique du Sud a imposé, à l'époque de l'apartheid, des *influx controls* assortis d'un système sévère de passeports internes et de permis de séjour, pour garder les populations noires dans les campagnes et préserver le caractère « blanc » des villes du pays. Là encore, le régime a finalement dû, à la fin des années 1980, abandonner ces politiques restrictives, sous la pression d'une économie en évolution. La demande de travail en ville a été tellement forte qu'il s'est créé, autour des villes « blanches », de vastes *townships* « noirs » plus ou moins tolérés par les autorités, qui étaient incapables d'en arrêter l'expansion. Comme dans les pays communistes, les restrictions à l'installation et au mouvement des populations se sont révélées inapplicables (ou du moins peu efficaces), étant donné la pression du développement économique.

Que l'urbanisation se poursuive dans les PED malgré ses coûts sociaux et les transformations institutionnelles qu'elle exige, et en dépit des mesures adverses prises par plusieurs États à diverses époques, est la meilleure preuve de la force irrépressible des facteurs qui sont à son origine. Au chapitre premier, nous avons vu que l'évolution des structures de consommation provoque fatalement une hausse de la part des produits non agricoles dans la demande nationale. Aux chapitres 2 et 3, nous avons vu que les conditions de production des biens non agricoles favorisent la création des villes. Dans tous les pays, le rythme de l'urbanisation résulte du jeu entre le transfert progressif de la demande vers des produits non agricoles et l'impact des économies d'agglomération sur la production de ces biens non agricoles. Bref, c'est le « marché » au sens d'arbitrage entre l'offre et la demande, qui finit par imposer l'urbanisation.

Des politiques qui font fi des pressions du marché peuvent provoquer des pénuries « artificielles ». Si les quantités (par exemple, des terres à urbaniser) sont fixées par l'État à des niveaux où l'offre reste inférieure à la demande, cela se traduira par la hausse des prix du sol urbain, qui deviendront donc moins accessibles aux populations pauvres. Si les pénuries de terrains à urbaniser (autorisés) ne sont pas comblées, les « signaux » du marché se manifesteront également par des listes d'attente (pour des permis de construire ou pour des logements), ou encore par l'apparition de marchés noirs, dont les manifestations les plus visibles sont les quartiers informels installés au voisinage de presque toutes les grandes villes des PED. Il existe un grand choix d'adjectifs pour qualifier les quartiers de ce type : quartiers clandestins, non réglementaires, informels, spontanés, etc. Cependant, il s'agit, dans tous ces cas, de décrire des territoires où l'urbanisation se fait sans règles formelles, souvent dans des conditions déplorables.

Favoriser le développement rural

Si les freins à l'installation urbaine sont rarement un moyen efficace pour réduire les coûts sociaux associés à l'urbanisation, peut-être serait-il possible de réduire les pressions sur la ville en mettant davantage l'accent sur le développement rural ? En fait, développement rural et développement urbain sont étroitement liés. L'augmentation de la productivité agricole – parce qu'elle diminue le nombre d'emplois dans le secteur – a généralement pour effet d'accroître le niveau d'urbanisation, et non de le ralentir.

Si les changements qui surviennent en milieu rural font augmenter les revenus des populations rurales (par l'intermédiaire de nouvelles productions destinées à l'exportation ou de produits de substitution aux importations, par exemple), ils accélèrent la demande de produits urbains par leur impact sur les structures de consommation. Il est possible qu'initialement les revenus ruraux augmentent plus vite que les revenus urbains, par exemple si la demande accrue de biens urbains exprimée par les populations rurales est principalement satisfaite par des importations. Un tel renversement de tendance dans la croissance relative des revenus aurait effectivement pour conséquence de faire baisser la part de la population urbaine dans la population nationale. Mais cette situation ne peut durer qu'un certain temps. À terme, si la population rurale continue de s'enrichir, des producteurs urbains locaux viendront se substituer aux producteurs étrangers pour répondre à l'accroissement de la demande locale.

L'évolution des structures de consommation des populations rurales n'est pas le seul changement à avoir un impact sur l'urbanisation. Toute croissance du commerce des produits primaires, qu'il soit interne ou international, fait augmenter la demande intermédiaire de services, en aval ou en amont du secteur primaire : transports et distribution, entreposage et commerce de détail, assurances et autres services financiers (voir le chapitre 2). L'ampleur de l'impact de cette croissance sur l'urbanisation dépend beaucoup de l'envergure des échanges interrégionaux et internationaux ainsi établis.

À cela s'ajoute un autre facteur : à l'échelle internationale, la tendance séculaire de la demande de produits primaires est à la baisse : elle diminue en termes relatifs ; car avec l'accroissement de la population, la demande totale de produits primaires continue bien de croître, mais moins rapidement que le PIB mondial. Cette réalité s'exprime par la détérioration des termes d'échange des produits primaires, c'est-à-dire du rapport « prix des produits primaires/prix des produits industriels ». La baisse continue des prix relatifs des matières premières et des denrées agricoles (sucre, café, métaux de base, et bien sûr pétrole), accompagnée de fluctuations annuelles marquées, représente un défi de taille pour plusieurs PED. Les tentatives de régulation de l'offre par la formation de cartels (comme l'OPEP : Organisation des pays exportateurs de pétrole) en vue de faire augmenter les prix n'ont pas, en général, réussi à changer les choses. Il est probable que les préoccupations écologiques, qui favorisent le recyclage et l'utilisation plus mesurée des produits de la terre, ne feront qu'accentuer la tendance à la baisse des prix relatifs des produits primaires. Le progrès technologique joue également contre les produits primaires : les méthodes modernes de production sont de moins en moins intensives en matières premières.

Sur une longue période, les produits non agricoles offriront, dans l'ensemble, de meilleures perspectives de croissance de la demande (et donc des revenus) que les produits primaires. C'est la traduction à l'échelle internationale de l'impact de la hausse des revenus sur les structures de consommation. Cela n'empêche pas que des zones rurales puissent se spécialiser, avec succès, dans des productions primaires. Cependant, en bout de ligne, peu importe le secteur de l'économie dans lequel se font les hausses de productivité (et de revenus), ces hausses ont toujours eu pour effet d'accroître la demande relative de produits urbains et donc d'accélérer l'urbanisation, dans la mesure où l'élasticité-revenu de la demande de biens et de services produits en ville reste supérieure à l'élasticité-revenu des produits de la campagne.

Les villes sont-elles trop grandes ?

Pourquoi les populations s'entassent-elles dans de si grandes villes ? Que la ville comporte des avantages économiques, soit. Mais comment justifier l'existence de villes gigantesques comme São Paulo, New York ou Tokyo ? Dans cette section, nous examinons la question de la taille urbaine. Nous allons introduire la possibilité que l'agglomération puisse également comporter des déséconomies. Ceci nous amènera, dans la section suivante, à aborder les questions d'environnement.

Déséconomies d'agglomération

La question de la taille urbaine nous renvoie au concept d'économie d'agglomération. Ces « économies » sont-elles sans limites ? La ville peut-elle grandir indéfiniment, ou bien atteint-elle un stade où les déséconomies d'agglomération finissent par rattraper les économies et par provoquer l'arrêt de sa croissance ? Les déséconomies externes ne sont pas moins réelles que les économies. Elles se manifestent sous la forme de congestion urbaine, de pollution et de bien d'autres inconvénients associés à la concentration géographique des populations et des activités économiques. À voir le niveau de pollution et de congestion de certaines villes, il est difficile de se convaincre que les économies externes l'emporteront toujours sur les déséconomies.

Dans tous les pays, le jeu d'équilibre entre villes de tailles différentes est, à tout moment, le résultat de l'arbitrage entre facteurs de concentration et facteurs de dispersion. Rappelons l'arbitrage, décrit au chapitre 2, entre économies d'échelle (qui poussent les activités à la concentration) et coûts de transport (qui les poussent à la dispersion). L'arbitrage paraît différent pour chaque type de production. En l'absence de coûts de transport, si les économies d'agglomération sont infinies (si elles ne sont pas contrebalancées par des déséconomies), tout l'emploi aboutira dans une seule grande ville. C'est là un fait exceptionnel. Dans la réalité, la force relative des économies et des déséconomies d'agglomération diffère d'un secteur d'activité à l'autre. Les économies d'agglomération s'appliquent surtout aux biens et services qui s'échangent sur de longues distances. Les déséconomies d'agglomération, par contre, se font surtout sentir pour des facteurs et des biens dont la mobilité spatiale et les possibilités d'échange sont limitées : l'habitat, le sol, les transports urbains, l'air, etc. C'est d'abord pour des biens de ce genre que se manifeste la hausse des coûts consécutive à la concentration.

La quantification des coûts sociaux de la concentration urbaine se heurte à des problèmes majeurs de mesure, comme celle des économies externes. Puisqu'il s'agit d'externalités, mais négatives cette fois, les coûts privés révélés par le marché (surtout sous forme de prix) ne sont que des indices partiels des coûts réels assumés par l'ensemble de la collectivité. Dans la mesure où l'écart est important, on a affaire à une défaillance du marché. Nous y reviendrons au moment où nous parlerons des questions d'environnement. Le prix des terrains industriels à Montréal, par exemple, tient-il justement compte des externalités négatives qu'entraîne leur occupation pour l'ensemble des citoyens ? Comment le savoir ? À l'instar des économies d'agglomération, les coûts sociaux doivent souvent être déduits du comportement des entreprises et des populations.

Thèse de la taille urbaine optimale

Les gains supplémentaires apportés par les économies d'agglomération devraient, en toute logique, diminuer à partir du moment où une ville atteint une certaine taille, en vertu du principe des rendements décroissants. Il doit exister un seuil de population à partir duquel le rendement marginal qu'une entreprise ou un ménage déjà en ville peut retirer des économies d'agglomération commence à décroître. Il serait possible, alors, de calculer une taille urbaine optimale pour les différentes fonctions, et peut-être aussi une taille urbaine optimale pour ses habitants.

Ce raisonnement est présenté sous forme schématique dans la figure 4.2. Les gains à retirer des accroissements de la taille urbaine augmentent rapidement au début (phase 1), puis plus lentement à partir de la phase 2, entre les points A et B ; cependant, ils restent toujours supérieurs aux inconvénients. En contrepartie, les inconvénients (les coûts) associés à l'accroissement de la taille de la ville commencent à monter rapidement à partir d'un certain seuil, le point B, pour finalement annuler les gains, au point C. La taille optimale de la ville se trouve au point B, où l'écart qui sépare les gains et les coûts est à son maximum. Il est possible que la ville poursuive encore sa croissance au-delà de cet optimum, dans la mesure où, dans la phase 3, les gains continuent de l'emporter sur les coûts. Cependant, si d'autres villes du système, plus petites, peuvent offrir des avantages supérieurs au point B, normalement, certains facteurs de production s'y déplaceront, si bien que la croissance de la ville devrait ralentir où s'arrêter à partir du point B.

Le raisonnement schématisé à la figure 4.1 est, en gros, conforme à la réalité. Mais il a une portée limitée. Pourquoi ? D'une part, parce que le raisonnement se fait sans tenir compte de la distribution des coûts et bénéfices. Il n'intègre pas le fait que les avantages de la ville « optimale » sont ceux obtenus par les habitants et entreprises qui y sont déjà : vu de l'extérieur, du point de vue d'une entreprise ou d'une personne en zone rurale, une ville sous-optimale peut néanmoins être très attrayante. D'autre part, le principe des rendements décroissants est un raisonnement de caractère *statique*, qui s'applique à un environnement où la technologie et les structures économiques sont fixes. Pour tracer une courbe des coûts, il faut supposer une technologie inscrite dans un ensemble de relations connues. Or le développement économique suppose un environnement dynamique. Nous reviendrons au chapitre 5 sur la distinction entre statique et dynamique ; notons simplement pour l'instant que les prémisses qui sont à la base de la figure 4.1 rendent largement futile toute tentative de définition de la taille urbaine optimale. La taille optimale varie selon les structures économiques et les technologies.

Figure 4.1 - Évolution des gains et coûts économiques en fonction de la taille urbaine

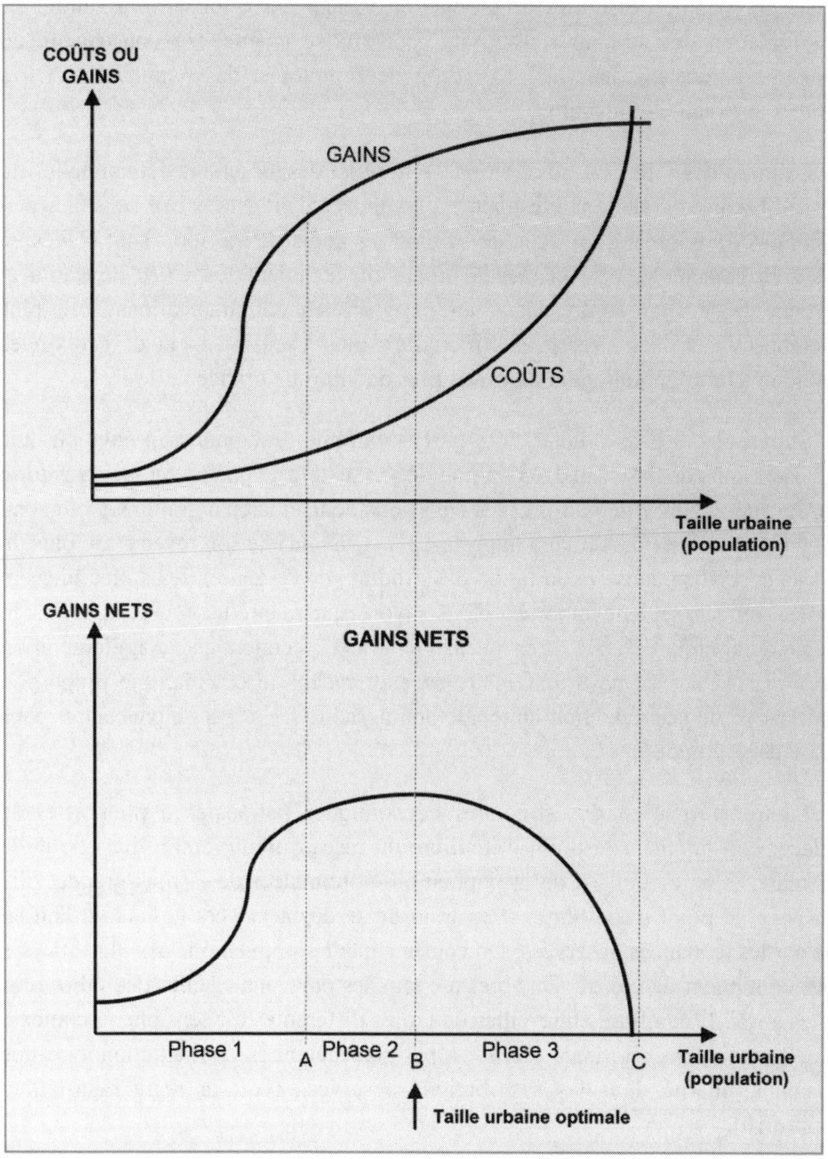

Examinons donc de plus près l'impact des structures économiques et des changements technologiques sur la taille des villes.

Impact des structures économiques sur la taille urbaine

L'évolution des structures économiques (c'est-à-dire de la composition de la production et de l'emploi) va de pair avec le développement, comme le premier chapitre le montrait. Ces transformations dépassent le simple passage de l'agriculture à l'industrie. Toute hausse de revenu s'accompagne d'une nouvelle combinaison d'industries, selon les structures de consommation et les technologies du moment. Certains secteurs d'activité disparaissent ou perdent de leur importance, d'autres naissent ou prennent de l'expansion. La taille optimale et la répartition spatiale des unités de production varient d'une industrie à l'autre. La transformation des structures d'activité économique amène, par conséquent, un changement constant dans la localisation de l'emploi et des populations. On a affaire à une réalité mouvante.

La taille des villes est aussi en partie le reflet des structures économiques du pays. Si l'économie nationale est surtout composée d'industries peu sensibles aux économies d'agglomération, et si de surcroît les coûts de transport sont élevés, le pays sera caractérisé par un réseau urbain où abondent les villes de petite et moyenne taille. Par contre, dans un pays où les communications sont plus développées et les secteurs d'activité plus sensibles aux économies d'agglomération, on s'attendra à trouver plus de villes de grande taille.

Supposons, à titre d'illustration, un cas extrême. Imaginons un pays où, une fois les besoins de base satisfaits, la population manifeste une préférence très forte pour le cinéma, les vidéo-clips et les émissions de télévision à grand déploiement. Elle y consacre un pourcentage important (et croissant) de son revenu. De plus, le pays se spécialise dans l'exportation des produits de ce genre ; les autres biens et services sont largement importés. Nous savons que la production et la diffusion cinématographiques sont très sensibles aux économies d'agglomération (chapitre 3). Dans ce pays imaginaire spécialisé dans le cinéma, une proportion significative de la production nationale non agricole finira par se concentrer dans une ou deux grandes métropoles.

La transformation des structures économiques nationales a pour effet de déplacer constamment le point d'équilibre du réseau urbain entre villes de taille différente. Pour ce qui est de la population « optimale » de la plus grande ville d'un pays, le point d'équilibre est en train de se déplacer vers le haut, si l'on en juge par les tendances observées. On constate que les populations des plus grandes villes continuent de croître dans presque tous les pays, mais celles des villes plus petites aussi. L'équilibre entre villes de tailles différentes est sensible au contexte local, nous l'avons dit ; mais ceci n'est pas pour autant en contradiction avec une certaine régularité dans les distributions observées (voir la règle rang-taille : chapitre 10).

Impact des changements technologiques sur la taille urbaine

C'est en grande partie la technologie qui détermine l'étendue des économies d'échelle qu'une usine peut réaliser, et donc la taille optimale des unités de production. La technologie compte également parmi les facteurs qui déterminent les limites physiques de la ville. Examinons l'impact du progrès technologique sur les services urbains : infrastructures, services d'approvisionnement en eau, services d'assainissement et autres services qui permettent à la ville de fonctionner.

Nous savons que les économies d'agglomération sont le reflet des gains qu'offre la ville au chapitre des coûts de transaction et d'interaction. La minimisation de ces coûts est au cœur de la raison d'être économique de la ville et dépend beaucoup des moyens internes de communication. Sans chaussée carrossable, sans métro, sans moyens de transport adéquats, l'interaction devient plus onéreuse. Si la ville n'est pas dotée de bons systèmes d'assainissement de l'eau et de gestion des déchets ainsi que d'installations sanitaires appropriées, les coûts (les dangers) de la cohabitation augmentent rapidement en fonction du nombre de ses habitants. Mais plus les technologies s'améliorent, plus les gains à réaliser au chapitre des économies d'agglomération se multiplient, et plus, en somme, la taille « optimale » de la ville peut être considérable. En 1850, la technologie nécessaire pour faire fonctionner une ville de dix millions d'habitants de façon efficace et vivable n'existait tout simplement pas.

L'impact du progrès technologique sur l'évolution des coûts et des gains est illustré à la figure 4.2. Commençons par supposer que la courbe des « gains nets » de la figure 4.1 représente l'évolution des gains sociaux nets apportés par un service urbain, par exemple un système de transport de surface, à un moment donné ; les gains sociaux nets sont maximisés au point B, qui correspond (par exemple) à une population urbaine d'un million d'habitants. Nous dirons maintenant que la courbe T_1 de la figure 4.2 est une transposition de cette courbe. Si nous faisons évoluer les technologies sur plusieurs périodes (T_2, T_3...), d'abord par l'introduction d'un métro automatisé puis par le développement d'un tramway moderne, par exemple, la courbe se déplacera vers la droite, tout en conservant son allure normale en forme de cloche. Avec les technologies les plus récentes, l'optimum se situe au point T_4, qui correspond (par exemple) à quatre millions d'habitants. Toute innovation qui réduit les coûts de la cohabitation (il s'agit souvent d'améliorations socio-sanitaires) ou qui accroît les gains à retirer des économies d'échelle a pour effet de déplacer la courbe des gains nets vers la droite.

De la même façon, toute amélioration apportée aux infrastructures urbaines repousse les limites démographiques et physiques maximales de la ville. Imaginons une ville de dix millions d'habitants sans système de métro, et les coûts qui en découlent pour les agents économiques, notamment le coût d'option du temps perdu. La construction d'un métro fera diminuer les coûts d'interaction des agents économiques et accroîtra donc la force relative des économies d'agglomération de cette ville, la mettant en meilleure posture par rapport à d'autres villes du pays. Les activités les plus sensibles aux économies d'agglomération (les activités bancaires, par exemple) bénéficieront d'une consolidation de leurs avantages comparatifs, qui se traduira par une hausse des salaires et par une expansion de l'emploi, et donc, au bout du compte, par un afflux de populations nouvelles dans la ville. De plus, la construction du métro élargira le bassin potentiel de main-d'œuvre, donc les limites géographiques de la ville. Les gains de temps associés aux déplacements journaliers seront surtout récupérés par les salariés, qui pourront maintenant venir de plus loin.

Il est aussi tout à fait possible que les changements technologiques opèrent dans l'autre sens, augmentant les attraits de la campagne par rapport à la ville. Les progrès réalisés par les NTI (voir encadré 2.2) pourront par exemple permettre à certaines industries et activités d'envisager de nouvelles localisations en dehors des villes. Sans abolir les multiples avantages de la ville, les progrès technologiques dans le domaine ont surtout pour effet de réduire les inconvénients d'une localisation non urbaine pour les raisons évoquées dans le chapitre précédent : possibilité désormais d'obtenir des informations plus facilement, aide au maintien des réseaux socio-professionnels, et meilleur accès aux compétences. En somme, ces progrès modifient le calcul coût/bénéfice inhérent aux décisions de localisation ; et s'ils n'ont qu'un effet à la marge pour l'instant, pour des petites collectivités, cet effet – marginal dans l'absolu – peut s'avérer très important.

Figure 4.2 - Taille urbaine et progrès technologique

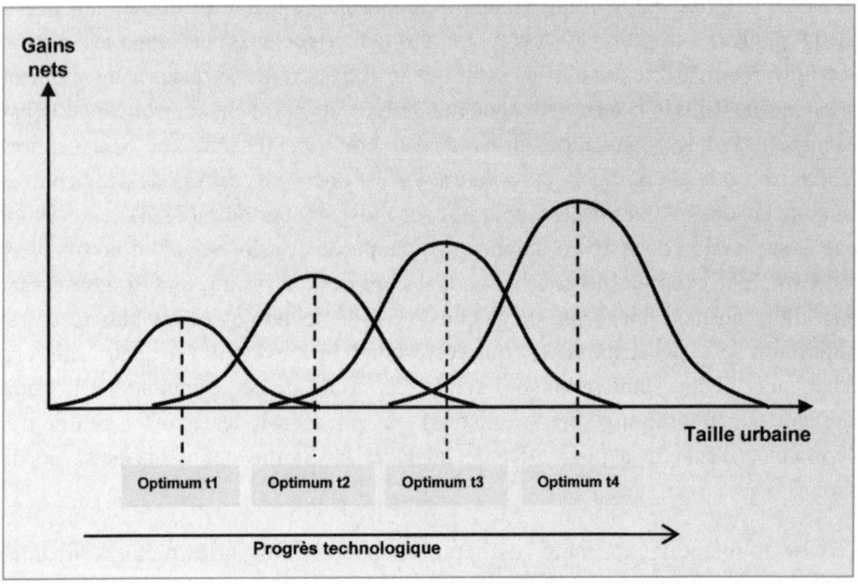

Résumons. Le concept de taille urbaine optimale repose sur des variables qui évoluent : l'optimum se déplace continuellement. Il n'est pas impossible qu'une agglomération de cinquante millions d'habitants puisse être un jour à la fois vivable et efficace (en Chine, sans doute). En d'autres termes, dès que nous passons d'un cadre statique à un cadre dynamique, avec des hausses répétées de productivité, la loi des rendements décroissants ne s'applique plus, du moins à l'échelle (agrégée) de la ville. En ce sens, et à long terme, il n'existe pas forcément de limites aux économies d'agglomération. Mais comme le disait (en boutade) l'économiste anglais, John Maynard Keynes : sur le long terme, nous sommes tous morts. À court terme, plus proche du vécu, les limites aux avantages que l'on peut retirer de la concentration urbaine sont réelles ; ceci nous amène maintenant à regarder de plus près la relation entre urbanisation et environnement.

Encadré 4.1
ATTENTION À L'ÉCHELLE SPATIALE

Des raisonnements valables à une échelle spatiale ne le seront pas forcément à une autre. Nations, régions, villes, quartiers… peuvent cacher des dynamiques sociales différentes. Aussi, les perceptions et les effets peuvent varier selon l'échelle spatiale qui sert de point de référence. L'impact de l'urbanisation sur l'écosystème est un exemple (voir dans ce chapitre). L'impact des NTI en est un autre. À l'échelle d'une agglomération, il n'est pas impossible que les NTI, à moyen terme, conduisent à changer certains comportements et à favoriser le travail à domicile (même si, dans les faits, le télétravail concerne encore peu de salariés), les achats à distance, etc. et produisent une dispersion plus importante des populations urbaines, en les libérant de certaines contraintes. Cependant, à l'échelle de la nation la relation est toute autre (revoir le chapitre 2), les effets centralisateurs l'emportant souvent sur les effets de décentralisation.

De la même façon, les théories et les modèles peuvent s'appliquer à une échelle, mais plus difficilement à une autre. L'échelle spatiale est au cœur du débat sur les sources du développement (voir le chapitre 5). Les déterminants du développement économique ne sont pas forcément les mêmes pour une ville que pour un pays.

La théorie des lieux centraux (chapitre 9) peut s'appliquer à différentes échelles (ville, région, nation), tandis que le modèle de localisation industrielle de Weber s'adresse surtout aux espaces nationaux.

C'est donc une invitation faite au lecteur de rester attentif aux conséquences (et aux limites) de l'échelle spatiale pour les modèles ou les raisonnements évoqués dans ce manuel.

Villes et écosystème

Que dire de l'impact des villes et de l'urbanisation sur l'environnement ? Est-il possible que les économies d'agglomération soient surestimées et les déséconomies sous-estimées ? Envisageons, en d'autres mots, la possibilité que la croissance des villes soit en partie le résultat d'une défaillance du marché, en ce sens que le marché, qui fixe les prix, ne comptabiliserait pas correctement tous les coûts sociaux et environnementaux de l'expansion urbaine. Ce n'est pas une possibilité que nous pouvons exclure. Si nous nous référons au schéma « coûts et gains » de la figure 4.1, le marché, laissé à lui-même, aurait tendance à fixer la courbe des coûts à un niveau trop bas.

La recherche d'un modèle idéal de cohabitation entre la ville (devenue géante !) et l'écosystème a enfanté un nombre croissant de formules et d'idées. Le concept de *ville durable* s'inscrit aujourd'hui comme idée maîtresse chez les urbanistes, gestionnaires urbains et autres intervenants qui se préoccupent de l'avenir des villes et de la planète. Pensons aussi à d'autres concepts comme villes vertes, éco-quartiers, villes intelligentes, ou encore « smart growth ». Tous véhiculent le même espoir : la ville et l'environnement ne sont pas incompatibles ; à condition cependant de développer des politiques adéquates, de mettre certaines technologies au service de cette ambition et d'encourager le changement de certains comportements. Le défi est de taille, car nous nous heurtons ici à une des limites fondamentales du marché. De par ce que nous consommons ou nous ne consommons pas, le marché est le reflet de nos préférences, de nos perceptions et de nos connaissances, mais aussi de notre ignorance. Suivant ce raisonnement, les choix politiques sont tributaires, du moins dans les pays démocratiques, des volontés de l'électorat. Les choix vers la transition écologique impliquent presque toujours des coûts immédiats, que ce soit pour le consommateur ou pour le contribuable. Comment alors les convaincre que le coût à payer immédiatement, les sacrifices à réaliser, valent la peine d'être considérés pour les générations futures si les gains et les dommages potentiels pour l'écosystème sont difficiles à évaluer, en partie parce que le marché arrive difficilement à les intégrer.

Avantages de la concentration urbaine pour l'écosystème

Commençons par analyser le « bon côté » de la concentration urbaine, qui pose comme précédemment la question de son évaluation. Et si le marché sous-estimait les bienfaits de l'agglomération pour l'écosystème ? Il est probable que les défaillances du marché pour évaluer cet aspect-là ne sont pas moins présentes que pour en estimer les méfaits. Pouvons-nous affirmer que le marché traduit fidèlement tous les avantages de l'urbanisation pour l'écosystème ? Rappelons que l'écosystème (en tant qu'acteur autonome) est absent du processus. Le marché, nous l'avons dit, tient compte des perceptions et des opinions que manifestent les êtres humains. Les « préférences » des animaux et de la nature ne sont pas prises en considération. Par ailleurs le capital naturel consommé ou détruit n'est pas comptabilisé : ce sont des intrants ou extrants exogènes au système économique. Nous ne pouvons pas exclure l'hypothèse que l'écosystème, s'il pouvait s'exprimer, se prononcerait en faveur d'une plus forte concentration urbaine, à la fois pour freiner la croissance des populations humaines et leur dispersion sur le territoire.

Insistons d'abord sur ce qui fait l'attribut premier de l'agglomération : la concentration géographique des populations. Le regroupement des populations sur un territoire plus restreint peut être considéré comme un gain environnemental. Il réduit la part de territoires touchés par l'occupation humaine. Imaginons un instant que les douze millions de Franciliens s'éparpillent sur le territoire français, ou que les quatre millions de Montréalais se dispersent dans tout le sud du Québec. Certaines régions rurales connaîtraient une expansion démographique importante, avec les conséquences que l'on peut deviner pour l'écosystème. Du point de vue de l'espace consommé, la concentration géographique des populations humaines comporte des avantages pour la nature et pour l'écosystème. Les régions rurales qui se vident constituent, certes, un problème social ; mais comment devons-nous en évaluer l'impact pour l'environnement ? En France comme au Québec, d'anciens territoires agricoles retombent en friche, au grand bonheur des renards, des chevreuils et d'autres rois (et reines) de la forêt qui retrouvent leurs droits.

Quantités de problèmes environnementaux n'ont rien à voir avec l'urbanisation. L'émission de polluants dans l'atmosphère n'est pas inhérente à l'existence des villes, pas plus que le niveau élevé de consommation des ressources naturelles par l'industrie et par les ménages. Il est vrai que la congestion routière, propre aux grandes villes, a pour conséquence de faire augmenter les émissions de CO_2 par véhicule (nous y reviendrons). Cependant, toutes proportions gardées, les émissions de gaz à effet de serre en provenance des grandes villes sont plutôt faibles comparées à d'autres formes de peuplement ; du moins dans les pays développés. Selon Doldman (2009), les émissions par habitant de gaz carbonique des New-Yorkais sont sensiblement en dessous de la moyenne américaine et celles des Londoniens sensiblement plus basses que pour la moyenne britannique. Glaeser et Kahn (2010) font le même constat en comparant des agglomérations de tailles différentes aux États-Unis. Ces résultats ne sont pas surprenants quand on sait que les grandes villes se prêtent beaucoup plus facilement à l'utilisation de transports collectifs moins polluants. La majorité des travailleurs qui entrent tous les jours dans le centre de Paris, de Tokyo ou de New York n'utilise pas leur propre véhicule ; ce n'est donc pas là que se trouve la source principale de l'augmentation des émissions de gaz à effet de serre.

L'essentiel ici est de faire la distinction entre les conséquences de l'agglomération d'un côté, et celles de l'enrichissement, de l'industrialisation et de la consommation de l'autre. Le principal coupable, pour ainsi dire, est l'enrichissement en tant que tel ; plus précisément, ce sont les habitudes de consommation (de surconsommation, diraient certains) des populations des pays riches qui sont en cause, leur plus forte motorisation, source majeure des émissions de CO_2, leur production importante de déchets. L'agglomération urbaine, en tant que telle, produit plutôt une diminution des mouvements motorisés et donc, en parallèle, une diminution de la consommation de ressources et de l'émission de polluants. Elle favorise le traitement et le recyclage de déchets. Elle offre, nous l'avons vu, un contexte plus efficace de production de biens non agricoles, ce qui signifie une utilisation plus parcimonieuse de ressources rares, et en particulier les ressources énergétiques nécessaires au transport de marchandises et des personnes. La dispersion géographique de l'industrie se traduirait par une utilisation plus importante de combustibles.

À un autre niveau, celui des comportements et des perceptions, l'urbanisation est un facteur de transformation des mœurs et des valeurs. Elle est un facteur clé (peut-être même indispensable) dans la transition démographique ; à savoir, la réduction des taux de natalité. Sans elle, la planète subirait des pressions démographiques plus fortes. Parmi ses autres impacts positifs, mentionnons la possibilité de réaliser des économies d'échelle en matière de soins de santé et d'éducation. Dans la mesure où la ville est, comme nous l'avons vu, un complément nécessaire du développement économique, comment entrevoir l'amélioration des conditions de vie des populations et des hausses du PIB sans agglomération ? L'efficacité des politiques environnementales dépend en partie des ressources dont dispose l'État. Ce n'est pas un hasard si l'électorat des pays riches, et celui des villes en particulier, est en règle générale plus favorable aux politiques écologiques ; nous y reviendrons.

Pourquoi les impacts environnementaux sont-ils mal évalués ?

Revenons à l'évaluation des effets négatifs pour l'écosystème. Les dommages causés à l'environnement biophysique par les agents économiques sont en partie attribuables au fait que la société est incapable de leur faire payer le « véritable » prix de leurs actions, par la voie du marché ou de l'État. Pourquoi ? Examinons d'abord les limites du marché.

Défaillances du marché et du raisonnement économique

Pour le bon fonctionnement du marché, il faut réunir des conditions pas toujours présentes. Plusieurs composantes de l'écosystème se prêtent mal à des transactions de marché. Leur valeur économique réelle pour la société sera donc mal évaluée. Plusieurs cas de figure se présentent :

a) La composante ne peut pas faire l'objet d'un marché puisque l'on ne peut ni la posséder ni l'échanger. Comment, par exemple, établir le prix de l'air ? Qui fixera ce prix ? L'air appartient à tout le monde et à personne. On peut donc l'endommager sans rien payer ; d'où la pollution de l'air. Dès que les droits de propriété sont difficiles à établir ou trop diffus, le danger de surexploitation surgit.

b) L'accès à la composante est libre. Le marché ne tient compte que de la partie commercialisable d'une activité ou d'une ressource. Si, par exemple, l'accès à une forêt, à un parc ou à une voie de passage est libre, au sens qu'il ne fait l'objet d'aucun contrôle qui en permettrait la commercialisation, l'utilisation de ce lieu ne sera pas soumise à la discipline du marché ; c'est pourquoi il y a parfois utilisation excessive de la ressource. La surpêche dans les océans au-delà des limites territoriales nationales est un bon exemple de ce genre d'excès. En parallèle, dès qu'une chose est gratuite surgit également la possibilité de surexploitation. Le marché n'est pas le seul régulateur envisageable – dans d'autres cultures il existe des normes ou des croyances ayant pour effet de limiter la surexploitation : cependant, dans notre société, qui est marchande, le marché peut servir à limiter la surexploitation.

c) Les externalités négatives de l'activité sont telles que l'agent économique peut transférer à d'autres une bonne partie de ses effets négatifs, sans en assumer le coût véritable. Il en va ainsi de la pollution sonore causée par les klaxons, postes de radio, sifflets, etc. ; on peut aussi évoquer les inconvénients causés à autrui par l'automobiliste qui s'engage sur une voie déjà surchargée. Dès qu'il est possible de transférer un coût à d'autres, en tout ou en partie, surgit encore une fois la possibilité d'une surexploitation. La pollution atmosphérique (le vent aidant) et la pollution fluviale (pour les territoires en amont) fournissent d'autres exemples.

d) L'information est imparfaite ou erronée. Le marché reflète ce que nous savons ou pensons savoir. Si, par exemple, nous ignorons que les émissions de gaz carbonique causées par les moteurs à combustion comportent des risques pour la santé et pour la survie de la planète, nous ne serons pas portés à réduire notre consommation d'essence. Pour bien des phénomènes biophysiques, nous méconnaissons les liens de cause à effet. De plus, les entreprises peuvent avoir intérêt à cacher certaines informations sur la nocivité de leurs produits. Les désaccords entre experts n'aident pas non plus. Plus l'information est imparfaite, moins le marché est efficace.

e) Les effets nocifs d'une action sont trop éloignés dans le temps pour que l'agent économique soit enclin à en tenir compte dans l'immédiat. On a ici le même type de défaillance qu'au paragraphe c, si ce n'est que cette fois les effets nocifs (les coûts) sont transmis à d'autres générations. Ainsi, les effets cumulatifs de la pollution de l'air sur la couche d'ozone, par exemple, seront surtout assumés par les générations à venir. Quel prix les générations présentes doivent-elles payer pour améliorer les conditions de vie des générations futures ? Plus les coûts se situent dans un avenir lointain, plus ils sont difficiles à évaluer, et plus il y a danger de surexploitation dans l'immédiat.

f) Les préférences des agents économiques sont telles que l'importance accordée à l'environnement est insuffisante. Or le marché ne tient compte que des préférences et des perceptions des acteurs qui échangent entre eux. Il ne s'agit pas, à proprement parler, d'une défaillance de sa part, car, précisément, il est censé traduire les préférences des populations. Cependant, dans la mesure où l'écosystème est perçu comme un objet indépendant de l'homme dont la valeur n'est pas purement sociétale, les préférences de la société peuvent être contestées. C'est d'abord une question éthique et politique ; nous y reviendrons.

g) Les normes comptables – et notamment celles qui président au calcul du PIB – intègrent une composante qui mesure la dépréciation du capital physique : chaque année la valeur ajoutée est minorée par l'usure du capital. Or, le capital naturel – par exemple les minerais non renouvelables, les espèces disparues – ne fait pas partie de ce calcul. Il ne s'agit pas uniquement de mettre un prix sur ce qui est extrait, mais aussi de considérer certains éléments de notre écosystème comme non renouvelables, et donc de minorer nos estimations de croissance si le capital naturel se déprécie : cette façon de raisonner est très difficile à opérationnaliser, mais il s'agit d'abord d'en accepter le principe.

Défaillances de l'État

Les interventions de l'État peuvent également fausser les prix et avoir ainsi des effets préjudiciables pour l'environnement. Signalons les exemples les plus répandus :

a) Les subventions aux producteurs agricoles entraînent souvent une surexploitation agricole et un gaspillage des ressources naturelles. Les surplus agricoles de l'Union européenne et de l'Amérique du Nord en sont un exemple tangible. Les subventions pour l'exploration minière ou pétrolière ont des effets analogues.

b) La sous-tarification des services publics, de l'eau et de l'électricité par exemple, provoque le gaspillage et la surconsommation. Dans plusieurs villes, les ménages n'assument pas le prix véritable des services publics de collecte et d'élimination des ordures, d'où une surproduction d'ordures et de résidus organiques domestiques.

c) La non-tarification des services publics : en milieu urbain, l'exemple le plus important reste l'utilisation des rues et des routes par des véhicules motorisés, d'où l'utilisation excessive de l'automobile en ville. C'est le corollaire public des défaillances (privées) du marché décrites aux paragraphes b et c de la section précédente. Souvent, les défaillances du marché et les politiques de l'État qui sont nuisibles à l'environnement ont des effets qui se complètent et se renforcent mutuellement.

Environnement urbain comme milieu de vie

Si la ville a souvent mauvaise presse s'agissant de l'environnement, c'est que des êtres humains y vivent. La ville est aujourd'hui le cadre de vie (l'environnement) de la plus grande partie de l'humanité. Les inconvénients de la vie en ville pour les humains sont plus facilement ressentis que les avantages pour l'écosystème de la concentration géographique des populations. Avant d'être la manifestation d'un souci pour la nature, c'est dans la perspective des humains que se pose la question environnementale en ville. La pollution de l'air ambiant, la congestion routière et l'entassement des populations (souvent liés) comptent parmi les problèmes environnementaux les plus importants de la vie en ville.

Dans les deux sections qui suivent, nous allons examiner les causes de la congestion et de la pollution. Comme nous le verrons, l'évaluation des coûts et donc aussi de l'opportunité d'intervenir est très sensible aux conditions locales.

Congestion routière

Les coûts de la congestion routière sont en partie privatisés (internalisés), si bien qu'ils sont en principe pris en compte dans le comportement des entreprises et des populations. La partie privatisée des coûts de la congestion correspond surtout au coût d'option du temps perdu : livraisons retardées, files d'attente, embouteillages, etc. Cependant, le coût assumé par l'individu est en général bien inférieur au coût social. Celui-ci revêt deux formes :

- c'est d'abord le temps perdu par d'autres : lorsque la circulation est dense, l'arrivée d'une voiture supplémentaire (de l'usager marginal) ralentit le flux des véhicules sur l'ensemble du tronçon touché. Lorsqu'un conducteur décide d'emprunter une voie urbaine, il effectue son choix en fonction de ses gains ou pertes escomptés, et non en fonction de l'impact marginal (social) de sa décision sur l'ensemble des usagers. L'addition d'une auto accroît le niveau global de congestion, mais l'occupant du véhicule n'assume qu'une fraction des coûts. Les coûts sociaux sont supérieurs aux coûts privés, et c'est là l'exemple type d'une défaillance du marché ;

- le coût social comprend aussi la pollution additionnelle (émissions de gaz carbonique) occasionnée par la congestion, dont les effets sont transférés à l'ensemble de la population. À nouveau, les particuliers qui provoquent les dommages n'en assument pas pleinement le coût : les coûts sociaux sont supérieurs aux coûts privés.

Dans presque toutes les villes du monde, le niveau de congestion routière est supérieur à ce que commanderait un marché efficace, où coûts privés et coûts sociaux sont égaux. Il s'agit, par définition, d'une externalité négative dont les coûts sont également subis par des personnes ou entreprises qui n'en sont pas responsables. Tous subissent les effets de la congestion routière. Pour tous, elle se traduit par des biens et services plus chers et par un air de qualité inférieure. La congestion, vu les coûts qu'elle impose à l'ensemble de la population, a en principe pour effet de freiner la croissance urbaine.

On constate pourtant que les villes des PED continuent de croître, bien que les niveaux de congestion y soient souvent beaucoup plus élevés que dans les villes des pays industrialisés. Le concept de coût d'option fournit une partie de l'explication. Si les populations des PED acceptent souvent, pour se rendre au travail, des temps de parcours qui paraissent inacceptables dans des pays plus riches, c'est qu'ils jugent, de façon implicite, que le coût d'option de leur temps est plus faible. Il ne s'agit pas de dire que cette situation est souhaitable selon des critères moraux ou sociaux, mais que les populations font des choix en fonction des possibilités réelles (ou perçues comme telles) qui s'offrent à elles. Un inconvénient aussi évident *a priori* que la congestion routière n'a pas le même impact d'une société à l'autre, ce qui signifie que le calcul des coûts sera également différent de l'une à l'autre.

Pollution de l'air et émissions de gaz à effet de serre

Le coût de la pollution de l'air est plus difficile à internaliser et il ne se reflète généralement pas dans le prix des produits. L'ampleur du coût monétaire qui sera assumé par les ménages et par les entreprises dépend beaucoup des politiques de taxation et de la réglementation de l'État. L'imposition d'un coût est ici affaire de choix politique. Le marché n'en imposera pas, raison pour laquelle le niveau de pollution des villes (conditions atmosphériques locales mises à part) dépend surtout de la volonté et de la capacité des gouvernements d'appliquer des politiques environnementales.

Mais celles-ci sont souvent des « biens de luxe », que les sociétés ne s'offrent qu'une fois atteint un certain niveau de bien-être économique. Autrement dit, ce sont des dépenses (publiques) dont l'élasticité-revenu est supérieure à 1,0. Force est de constater que les gouvernements des PED sont souvent moins pressés d'imposer des mesures environnementales.

Le coût d'application des politiques antipollution (mais aussi la volonté politique de les appliquer) est étroitement lié aux technologies disponibles et à l'identité du pollueur. Il est, en règle générale, technologiquement possible de réduire la pollution industrielle, en provenance d'usines et d'activités connexes, à des proportions acceptables, pourvu que les ressources nécessaires y soient consacrées, comme en témoigne l'expérience des grandes villes des pays développés. Le niveau de pollution atmosphérique dû à des émissions de dioxyde de soufre épouse, en gros, la forme d'une courbe en forme de cloche. Aux premiers moments de l'industrialisation, la pollution monte rapidement (notez les taux élevés de pollution industrielle dans les villes indiennes et chinoises : figure 4.3) ; mais elle commence à diminuer à partir d'un certain seuil de développement. Certes, les conditions géographiques y sont aussi pour quelque chose : la ville de Mexico (identifiée sur la figure 4.3) se trouve dans un genre de cuvette, ce qui favorise la rétention de polluants. Le choix des combustibles industriels y est également pour beaucoup. Le charbon occupe une place importante en Chine, il est en bonne partie responsable des niveaux élevés de pollution atmosphérique dans des villes comme Beijing et Shanghai. La conversion vers des sources d'énergie (ou des technologies) moins polluantes ne se fait pas du jour au lendemain, même si ce n'est pas un défi impossible. Toutes les villes des pays développés affichent des niveaux de pollution industrielle, somme toute, acceptables. Bref, l'industrialisation fait croître la pollution, mais apporte aussi les éléments nécessaires à sa réduction.

Figure 4.3 - Émissions de dioxyde de soufre tonnes métriques par habitant, diverses villes

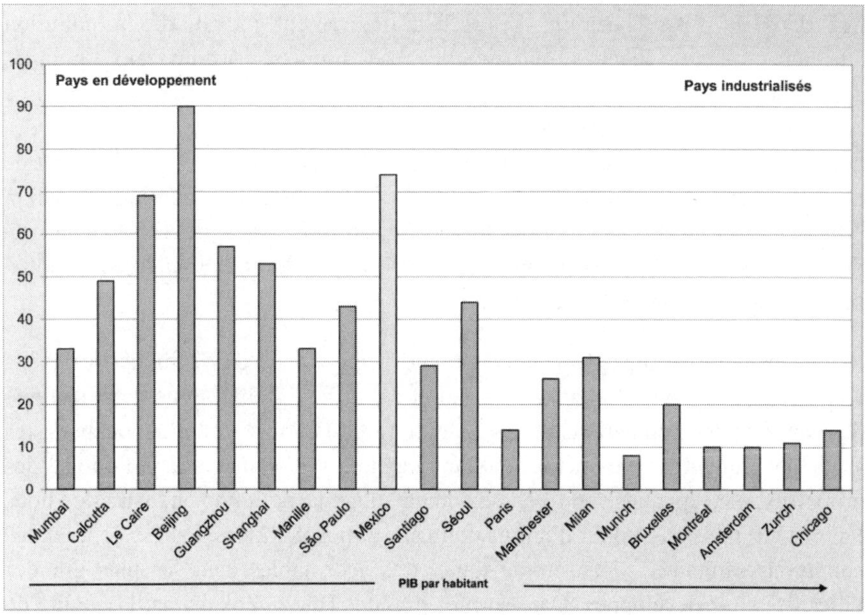

Pour la pollution industrielle, le « succès » des politiques tient en partie au nombre limité de gros pollueurs[2]. Le succès des politiques environnementales est mieux assuré lorsqu'on a affaire à des pollueurs faciles à identifier et à contrôler (usines, mines…) pourvu que la volonté politique soit au rendez-vous. Si la grande usine est une cible facile, l'administration des politiques visant la pollution causée par des milliers d'agents économiques, dont des particuliers, est moins simple. La maîtrise des déchets domestiques et des émissions de gaz carbonique (CO_2) est loin d'être acquise. De plus, comme pour les émissions de gaz carbonique, la quantité de déchets domestiques est une fonction positive de l'enrichissement des ménages (comment pourrait-il en être autrement ?). Comment en vouloir aux jeunes ménages chinois ou indiens de rêver, eux aussi, d'un beau logement moderne (une maison peut-être !), d'une voiture et de tout ce qui fait partie d'un bon niveau de vie ?

Cependant, les coûts privés assumés par les ménages intègrent rarement tous les coûts sociaux et toutes les externalités négatives des modes de vie modernes. Dans le cas des déchets domestiques, les coûts (de collecte, d'enfouissement...) sont parfois noyés dans l'ensemble des dépenses des autorités locales, donc payés par voie de taxation générale, ce qui n'incite guère les pollueurs à un comportement parcimonieux. C'est le cas dans la plupart des villes canadiennes. De plus, il est souvent difficile de calculer tous les coûts externes (présents et futurs) inhérents à l'enfouissement de diverses matières. L'absence d'informations adéquates et la possibilité de passer une partie de la facture aux générations futures compliquent aussi le calcul du coût social.

C'est encore plus vrai pour les émissions de CO_2 dont les effets négatifs sont très diffus (à l'échelle de la planète, en somme) et ne se feront pleinement sentir que dans un futur incertain. Les effets proprement locaux de la pollution attribuable aux véhicules automobiles se limitent surtout aux grandes agglomérations urbaines dont la géographie favorise la captation de polluants (Los Angeles, comme Mexico, est un cas typique). Mais pour la plupart des automobilistes dans d'autres agglomérations urbaines plus petites ou disposant de conditions atmosphériques plus favorables[3], l'effet nocif des émissions de gaz à effet de serre reste une notion largement abstraite, qui ne les touche pas directement. Le coût privé assumé est très éloigné du coût social (coût global serait peut-être plus proche de la vérité).

Le paragraphe précédent nous apprend l'importance de distinguer les effets locaux des effets plus globaux. Plus l'effet est diffus (global), plus il est difficile de mobiliser des populations et des États. Là où les effets sont plus localisés, les États, notamment les plus riches, ont largement réussi à ramener la pollution à des proportions acceptables, non pas seulement pour la pollution industrielle (nous l'avons vu) mais aussi pour d'autres polluants atmosphériques. Sauf exception, les conditions sanitaires sont, somme toute, très acceptables dans les plus grandes villes des pays développés. Dans la plus grande, Tokyo-Yokohama, la qualité de l'eau et de l'air dépasse nettement celle dont jouissent bien des villes plus petites d'autres pays. Bref, concentration urbaine et qualité de l'environnement (local) ne sont pas incompatibles.

Dans le domaine environnemental, la décision d'intervenir est en partie fonction des coûts d'option perçus par l'État ou par les populations, raison pour laquelle cette décision est souvent plus difficile à prendre dans des pays pauvres. Si le coût d'option de l'argent consacré aux mesures antipollution paraît très élevé eu égard à d'autres utilisations (l'éducation, par exemple), l'État ne s'engagera pas dans des politiques environnementalistes. Le paysan du Burkina Faso n'attachera pas la même importance aux taxes et aux règlements antipollution que le citadin canadien ou français. Là où la concentration urbaine repose surtout sur les migrations campagne-ville, comme dans la plupart des pays pauvres, ce sont les conditions de vie rurales qui déterminent la limite inférieure de ce qui est tolérable en ville.

Défi politique

Comment faire pour que les agents internalisent les externalités négatives qu'entraînent leurs actions privées pour la société et pour l'écosystème ? Ni le marché, ni le système politique ne nous offrent des voies faciles. Avant toute chose, l'élaboration de politiques environnementales nous place devant un choix d'ordre éthique qui dépasse les compétences de l'économiste ou du géographe. L'optimum visé doit-il privilégier la société (et dans ce cas, quelles générations) ou l'écosystème ? Les sciences économiques se limitent, par définition, à la recherche d'un optimum social. Dans un monde idéal, l'optimum social serait l'équivalent de l'optimum écologique ; toutes les conséquences pour l'écosystème (gains et dommages) de nos choix seraient connues, mesurables, et potentiellement prises en compte par le marché ou par les décideurs politiques. Nous sommes encore loin de cet idéal, nous l'avons vu. Plusieurs voies s'offrent à nous. Nous en explorons certaines.

Principe du pollueur-payeur

Comment faire pour que les coûts sociaux et les coûts privés se rejoignent ? Cette question a engendré le principe du pollueur-payeur, qui devrait idéalement guider l'élaboration des politiques, en milieu urbain comme ailleurs, mais dont l'application se heurte à des limites importantes qui ont à voir avec les défaillances du marché (voir ci-dessus). Le concept de « prix » (donc de payeur) peut, dans les faits, être interprété de diverses façons. On peut proposer que les pollueurs ne soient tenus de payer que les coûts directs et calculables, par exemple les coûts assumés par la collectivité locale (la municipalité) pour l'installation et le suivi de mesures antipollution et de nettoyage. En principe, la facturation de ce coût ne pose pas de problèmes. Mais on peut également penser que les pollueurs doivent indemniser la population pour les effets néfastes sur la santé. Mais si nous nous heurtons à la défaillance du marché décrite au paragraphe d ci-dessus, à savoir l'imperfection de l'information, comment calculer ce coût à sa juste valeur ? Plus les effets nocifs sont dispersés et diffus, plus il devient difficile de fixer le prix des dommages.

Tout aussi problématique est la question des frontières administratives. Dans le cas de la pollution atmosphérique, pourquoi une ville, une région ou un pays devrait-il assumer seul le coût d'une intervention qui profitera également à d'autres, ou dont l'efficacité sera limitée à cause de l'inaction des autres ? La tentation de s'en remettre à autrui est toujours présente pour des biens publics dont les externalités s'étendent sur de grands espaces (à cette différence près que, dans ce cas-ci, ce sont des administrations publiques, et non pas des agents privés, qui chercheront à transférer les coûts à d'autres). Pourquoi imposer une taxe antipollution aux ménages et aux entreprises de mon territoire si le gouvernement voisin ne le fait pas ?

Les coûts d'application des mesures réglementaires et administratives posent souvent problème. Il est plus difficile de surveiller les pollueurs lorsqu'il s'agit de milliers de petites entreprises ou d'automobilistes, nous l'avons vu. Comment établir des amendes, des règlements tenant compte correctement du niveau de pollution de chacun ? L'État ne dispose souvent que de mesures générales, par exemple des taxes sur l'essence ou sur l'achat de véhicules, qui ne constituent que des solutions partielles.

À défaut d'un calcul précis des dommages infligés à l'écosystème par chaque agent (pollueur), l'État peut fixer un plafond global aux émissions polluantes permises, en émettant une quantité correspondante de permis (crédits) de polluer, des crédits qui peuvent s'échanger entre agents. Des marchés de carbone (ou d'autres polluants) sont en train de s'instaurer dans plusieurs pays et régions, dont l'initiative la plus ambitieuse est celle du marché de permis européen (*European Union Emissions Trading Scheme*) qui a débuté ses activités en 2005. À terme, il est permis de croire que de tels marchés – réglementés par l'État – peuvent sensiblement réduire les niveaux de pollution. Là encore, l'efficacité de ce type de mécanisme dépend de la volonté politique (les plafonds fixés peuvent être plus ou moins bas) et de la capacité administrative de l'État à l'appliquer. Pour le moment, de telles expériences se limitent surtout aux grands pollueurs industriels ou institutionnels. Mais qui sait, peut-être verrons-nous demain l'instauration de marchés de carbone (ou l'équivalent) qui s'appliqueraient à tous les agents économiques, dont les ménages et les particuliers ?

Changement de mœurs et changement technologique

Les préférences et les technologies évoluent. Or la capacité du marché d'évaluer les incidences environnementales des actions humaines et la volonté de la société d'intervenir en dépendent. Il est possible que les écarts qui séparent actuellement l'optimum social et l'optimum privé s'amenuisent, à mesure que les technologies progressent et les préférences (et perceptions) se transforment à la lumière de nouvelles informations et d'une meilleure connaissance des enjeux. Ces changements peuvent se manifester de plusieurs manières.

Intégration des conséquences écologiques dans les prix du marché

Les prix du marché étant la traduction des perceptions et des informations des agents à un moment donné, si l'air pur n'est pas valorisé, le marché lui accordera un prix faible, mais si les valeurs écologiques deviennent des « biens » que les consommateurs et les électeurs réclament, le rapport de prix changera. Si les populations et les industries fuient les zones contaminées, bruyantes ou inesthétiques, le prix des terrains s'en ressentira. Une meilleure connaissance des impacts environnementaux aura un effet analogue. Si la population devient suffisamment sensible aux inconvénients réels ou appréhendés des externalités négatives provoquées par la pollution et la congestion, le marché finira par les internaliser, si bien que l'on ne pourra plus parler ici de défaillance du marché. Les prix du marché se rapprocheront des coûts sociaux, mais à condition que les consommateurs soient bien informés du coût environnemental de leurs actions et de leurs achats, y compris pour les générations futures. On comprend facilement qu'un tel marché idéal, sensible à l'environnement, est plus facile à imaginer pour les actions dont les impacts sont localisés que pour celles dont les impacts sont plus diffus.

Les nouvelles valeurs écologiques influenceront aussi les salaires (qui, au sens strict, sont un prix : le prix de la main-d'œuvre). Si la pureté de l'air ambiant et la qualité générale de l'environnement deviennent des attributs importants des milieux de vie, les travailleurs (et leurs conjoints) demanderont une prime, sous forme de salaires plus élevés, pour accepter de vivre dans des milieux moins salubres. Dans ce cas, des régions « vertes » auraient plus de facilité à attirer des travailleurs. Dans un univers où les préférences écologiques prévalent, les coûts environnementaux deviendront alors des facteurs clés de développement économique local.

Politiques urbaines « vertes »

La conscience écologique des électeurs se révélera dans leur vote, du moins en régime démocratique, et mènera à l'instauration de politiques de protection de l'environnement. Prenons comme exemple les politiques relatives à l'utilisation de l'automobile, principale source à la fois de congestion routière et d'émissions de gaz carbonique. Parmi les mesures qui peuvent influencer le coût d'utilisation et l'impact environnemental de la voiture, mentionnons les taxes sur l'essence, les droits d'immatriculation, la tarification des routes (péage) et des stationnements, l'obligation d'utiliser des essences plus « propres » (sans plomb), etc. Des politiques de ce genre ne peuvent être mises en œuvre sans le consentement des citoyens. Ce n'est pas par hasard si l'essence est plus taxée dans certains pays que dans d'autres : c'est un choix politique. Ce n'est pas non plus un hasard si l'utilisation de l'automobile est moins importante dans les pays où les taxes sur l'essence sont plus élevées et les transports collectifs davantage disponibles. Ce sont des choix politiques.

La juxtaposition des tableaux 4.4 et 4.5 nous apprend que le niveau de motorisation n'est pas le seul responsable des différences (locales ou nationales) dans les émissions de gaz carbonique. Le nombre de véhicules par habitant ne varie pas beaucoup à l'intérieur du club des pays riches, les États-Unis étant l'exception, et a plutôt tendance à se stabiliser depuis quelques années. Les Français possèdent, en moyenne, le même nombre de véhicules que les Canadiens. Pourtant, au plan des émissions de CO_2, la différence entre l'Europe et l'Amérique du Nord est frappante. La différence ne réside pas uniquement dans la taille des véhicules (les Européens ont, en règle générale, des véhicules plus petits). Elle s'explique aussi par des formes urbaines différentes (plus compactes en Europe) et, en parallèle, par les choix en matière de transports urbains.

La figure 4.5 envoie aussi un message d'espoir. Même si les pays riches sont les premiers responsables des émissions de CO_2, les émissions par habitant y sont en baisse, en particulier au Canada et en France, tendance qui s'explique en partie par la meilleure performance énergétique des nouveaux modèles et aussi, il faut le croire, par des politiques qui incitent les constructeurs à fabriquer des modèles moins énergivores et les consommateurs à les acheter. Par contre, la figure 4.4 annonce une nouvelle vague de motorisation, sans doute irréversible, en provenance des pays émergents et des PED. Le bond en avant est particulièrement impressionnant en Chine où le nombre de véhicules par millier d'habitants est passé de 12 à 82 en l'espace de dix ans. À ce rythme-là, la Chine devrait atteindre le niveau de motorisation européen avant 2025. La réponse ne réside pas dans le développement de mesures coercitives pour contrer l'ambition compréhensible de jeunes Chinois et Indiens de posséder un jour un véhicule, mais dans des politiques pour en réduire l'utilisation en ville, notamment pour des déplacements domicile-travail.

Figure 4.4 - Véhicules automobiles pour 1 000 habitants

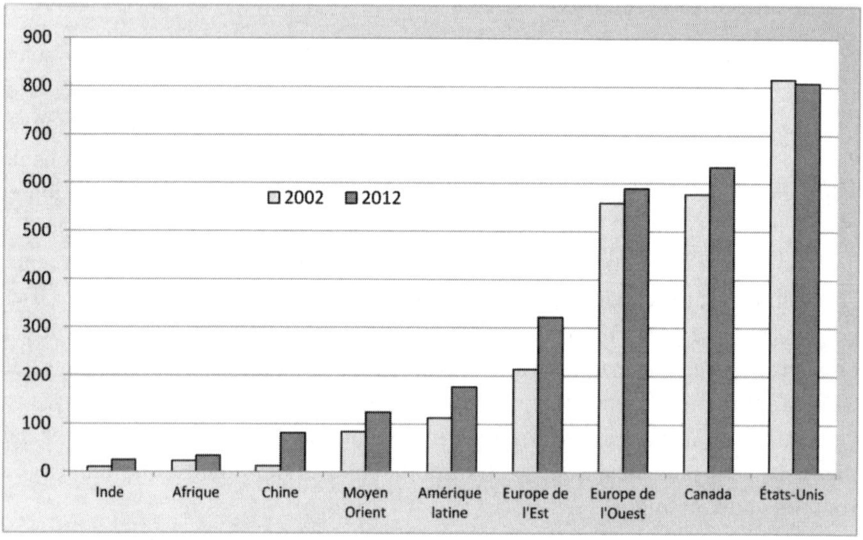

Technologies « vertes »

L'innovation technologique doit rarement au hasard. L'innovation est favorisée par les messages envoyés aux agents économiques par le marché – par les consommateurs – mais aussi par le milieu politique. Si le prix du pétrole monte, l'incitation à trouver de nouvelles technologies pour en diminuer la consommation est plus forte. Un véhicule automobile consomme aujourd'hui beaucoup moins de carburant qu'il y a vingt ans. Sous la pression des consommateurs et l'impulsion des autorités publiques, les constructeurs automobiles sont en train d'investir des sommes considérables en recherche-développement pour produire des véhicules plus propres. On parle aussi de véhicules « intelligents », pas seulement moins polluants, mais capables aussi de s'adapter aux conditions changeantes de la circulation. Beaucoup de secteurs d'activité sont engagés dans cette réflexion : la fabrication d'une tonne de papier-journal exige aujourd'hui beaucoup moins d'arbres qu'il y a vingt ans. Les maisons et les appareils ménagers « intelligents » nous annoncent en principe un avenir moins énergivore pour les ménages urbains.

L'invention de nouvelles technologies peut également faciliter l'application des politiques. Les technologies de détection permettent de mieux surveiller les pollueurs et de prévenir certains accidents. Elles permettent également aux populations de mieux comprendre ce qui se passe et de mieux saisir les conséquences collectives des actions privées, et réduisent donc le champ des externalités dues au manque d'information. Il n'est pas impossible, aujourd'hui, d'imaginer une ville munie d'un système de détecteurs et de compteurs de kilométrage sur toutes les artères, où les automobilistes responsables de la pollution et de la congestion seront facturés au vrai coût social de leurs actions ; pourvu, à nouveau, que la volonté politique – donc celle des électeurs – soit au rendez-vous.

Figure 4.5 - Émissions de dioxyde de carbone (CO_2) : tonnes métriques par habitant

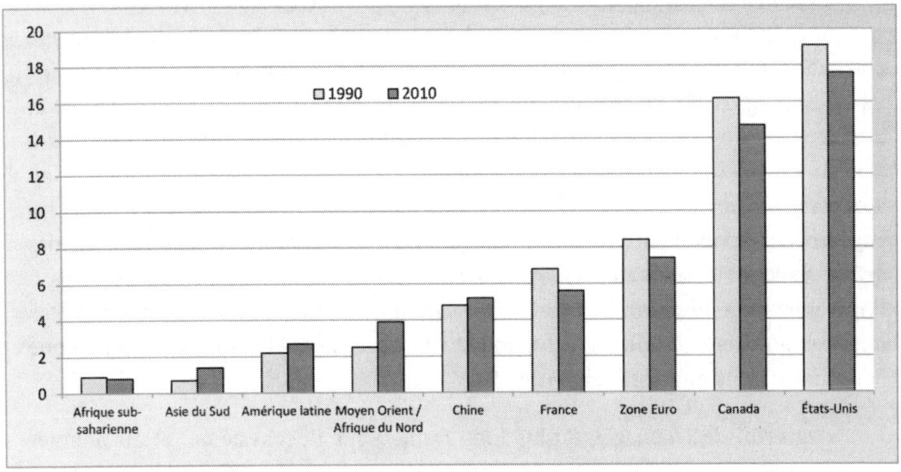

Mot de la fin : agglomération et développement durable

Pour terminer ce chapitre, nous allons, comme c'est de coutume dans plusieurs milieux, employer le terme « développement durable » comme un raccourci commode pour résumer l'aspiration d'un développement – urbain en l'occurrence – compatible avec l'écosystème. Les termes *agglomération* et *écologie* ne sont pas incomptables ; c'est le message central de ce chapitre. La concentration géographique des activités économiques et des populations va en principe dans le sens du développement durable, en favorisant notamment une utilisation plus parcimonieuse des ressources énergétiques et en réduisant l'étendue spatiale de l'empreinte humain sur le territoire. La perception que l'expansion urbaine nuit à l'environnement naturel est un autre exemple de l'importance de l'échelle spatiale dans l'analyse des phénomènes sociaux (voir encadré 4.1). À l'échelle de la région urbaine – le grand Paris ou le grand Montréal – l'extension toujours plus loin de la zone urbanisée constitue une attaque de l'espace naturel, en principe peu compatible avec la notion de développement durable. Mais à l'échelle de la nation ou de la planète, la concentration géographique des populations peut plutôt constituer un gain écologique. En ce sens, la révolution urbaine que subit notre planète depuis deux siècles est plutôt une bonne chose. Le défi politique ne réside pas dans la concentration urbaine comme telle mais dans la forme qu'elle épouse (plus ou moins dense, plus ou moins étalée) dont certaines sont plus compatibles que d'autres avec un développement durable idéal ; la *forme urbaine* est l'objet du chapitre 10.

Toutefois, pour que l'agglomération géographique (des entreprises et des populations) puisse agir dans le sens du développement durable, encore fallait-il qu'elle puisse offrir des cadres de vie propices à l'activité humaine. Les villes, il n'y pas si longtemps, avec les risques de propagation de maladies contagieuses, ne se présentaient pas comme un espace plus sain que la vie rurale. Pour que la ville, surtout la grande ville, devienne un milieu de vie accueillant pour l'être humain, elle a dû parcourir un long chemin. La ville est une réalité mouvante, nous l'avons vu. Les progrès de la technologie permettent aujourd'hui de faire fonctionner efficacement des villes d'une taille très supérieure à ce qu'on aurait pu imaginer il y a un siècle. Les conditions socio-sanitaires sont, dans l'ensemble, tout à fait acceptables dans les grandes villes des pays riches ; et en règle générale, dans les pays en développement (revoir le tableau 1.4), ces conditions s'améliorent dès qu'on franchit le seuil des villes, traduisant ainsi les gains sociaux associés à l'agglomération. Vouloir freiner l'urbanisation ou limiter la dimension des villes n'est pas un exercice utile ; c'est évidemment sans parler de la *forme urbaine* que nous discuterons plus loin (chapitre 10).

S'agissant des menaces à plus long terme pour l'écosystème, et au premier plan les émissions de CO_2 et le réchauffement planétaire, le défi à relever est celui du « développement » et des habitudes de consommation qui accompagnent nos sociétés – aujourd'hui les Nord-Américains et les Européens, demain les Chinois et les Indiens… – et la difficulté du marché à en comptabiliser les effets. C'est la contrepartie de l'enrichissement des sociétés et de l'économie du marché. Cependant, l'accueil réservé aux politiques écologiques est loin d'être unanime ; certaines populations y sont plus sensibles que d'autres ; c'est la conséquence à la fois du reflet imprécis et diffus des impacts environnementaux – faciles à ignorer – et des perceptions divergentes quant à l'arbitrage entre les coûts à payer (souvent immédiats) et les bienfaits escomptés, plus lointains.

Certains défis sont plus proprement urbains. La congestion (routière) et la pollution atmosphérique locale induite par la concentration des déplacements automobiles demeurent parmi les conséquences les plus visibles et les plus indésirables de l'agglomération géographique des entreprises et des populations. Là encore, le défi le plus grand se trouve, d'une part, dans la difficulté du marché à correctement intégrer de telles externalités négatives et, d'autre part, dans la difficulté à faire accepter et à faire appliquer des politiques dites écologiques. La prise en compte par les marchés, mais aussi par l'action publique, des dommages infligés par l'homme à l'écosystème reste un des grands défis des sociétés modernes.

Encadré 4.2
LIMITES DU RAISONNEMENT ÉCONOMIQUE

Le raisonnement économique est fondé sur l'idée de réversibilité (en supposant que A cause B, si une augmentation de A à A' a pour conséquence une augmentation de B à B', alors une diminution de A' à A entraînera une diminution de B' à B) et d'équilibre stable (si un choc externe pousse un système loin de son équilibre, les processus économiques sont tels qu'il retournera, toutes choses égales par ailleurs, à son équilibre d'origine). Or, on sait aujourd'hui que beaucoup de phénomènes chimiques, biologiques et même sociaux n'ont pas ces caractéristiques. Beaucoup de phénomènes sont irréversibles, et ces irréversibilités sont souvent dues au fait qu'un système apparemment stable peut basculer d'un équilibre à un autre : l'inquiétude des climatologues à propos du réchauffement climatique n'est pas seulement causée par les effets prévisibles (et donc comptabilisables) du réchauffement. Elle est aussi nourrie par l'imprévisibilité des conséquences, qui pourraient s'emballer et être bien plus dramatiques que prévues, faisant basculer l'équilibre climatique sous lequel nous vivons vers un autre, encore inconnu : la science économique, vu les principes d'équilibre et de réversibilité sur lesquelles elle est fondée, ne se prête pas à l'analyse de certaines questions environnementales parmi les plus urgentes (Ormerod, 1998). Le mode de raisonnement économique que nous adoptons dans ce manuel peut servir à réfléchir aux questions environnementales urbaines, mais – surtout dans le domaine des grandes questions environnementales – ce mode de raisonnement n'est pas applicable.

LECTURES SUGGÉRÉES EN MARGE DES THÈMES TRAITÉS DANS LA PREMIÈRE PARTIE

Économies d'agglomération

Bouinot, 2002 ; Carrincazeaux, 2000 ; Guillain et Huriot, 2000 ; Parr, 2002 ; Fujita et Thisse, 2013 ; Glaeser, 2010 ; Henderson, 2003 ; Puga, 2010.

Ville et croissance économique

Acs, 2006 ; Paulus, 2004 ; Brülhart et Sbergami, 2009.

Pôles de compétitivité et de développement

Polèse et Shearmur, 2003 ; Potter et Miranda, 2009 ; Retour, 2009.

Urbanisation/villes des pays en développement

Bussière et Madre, 2002 ; Polèse et Wolfe, 1995 ; Voir aussi : *Villes en développement* ; bulletin mensuel de la Coopération française pour le développement urbain.

Ville, congestion et environnement

Doldman, 2009 ; Luchini, 2000 ; Maclaren, 2002 ; Duranton et Turner, 2011.

Note : on trouvera les références complètes dans la bibliographie générale, à la fin du volume.

DEUXIÈME PARTIE

LA RÉGION COMME OBJET D'ANALYSE

Pourquoi le développement économique ne se distribue-t-il pas de façon uniforme sur tout le territoire ? Comment expliquer des écarts de bien-être entre les régions d'un même pays ? Que peut faire l'État pour réduire ces écarts ? Voici quelques-unes des questions auxquelles nous allons nous intéresser dans cette partie. Pour y répondre, nous allons nous tourner vers la « région » comme objet d'analyse. Existe-t-il des théories ou des modèles économiques susceptibles de nous aider à comprendre comment se fait le développement des régions ?

Pour expliquer le développement économique régional, il faut d'abord comprendre les sources du développement tout court. Nous procéderons par étapes. Tout d'abord, nous essaierons de dégager les facteurs qui permettent le développement des espaces nationaux et régionaux (chapitre 5). C'est un domaine où subsistent d'innombrables points d'interrogation, malgré l'existence de modèles d'analyse souvent très élaborés. Ensuite (chapitre 6), nous examinerons les processus qui président à l'apparition des écarts (« inégalités ») de revenu par habitant entre régions et nous verrons comment les mécanismes d'ajustement des régions aux inégalités peuvent produire des effets contradictoires.

Les disparités (de salaires, de PIB par habitant ou de chômage) entre régions sont une conséquence incontournable du développement, mais ce dernier en favorise aussi la réduction. C'est un des paradoxes du développement. Tout au long de cette deuxième partie, nous nous heurterons continuellement à ces effets apparemment contradictoires et ferons face à des conflits d'objectifs. Ces aspects seront particulièrement évidents dans les chapitres où nous traiterons des politiques qui cherchent à modifier la trajectoire spatiale des économies nationales (chapitre 7) ou à favoriser le développement « par le bas » de régions défavorisées (chapitre 8).

CHAPITRE 5

DÉVELOPPEMENT ÉCONOMIQUE RÉGIONAL : THÉORIES ET MODÈLES

Qu'entend-on par « région » ? En quoi l'analyse économique des régions pose-t-elle des problèmes particuliers ? Région ? Quels facteurs sont à la base du développement économique des régions ? Dans ce chapitre, après un bref examen du concept de région, nous nous pencherons sur des modèles d'explication du développement économique régional. Nous présenterons d'abord le modèle de la base économique, qui met l'accent sur les effets multiplicateurs de la transmission de la demande. Ensuite, nous examinerons les facteurs qui sont à l'origine du développement économique à plus long terme.

La région comme objet d'analyse

Espace économique ouvert

L'économie régionale (ou « territoriale », pour employer un terme plus récent) se distingue par son ouverture. La région, à la différence d'une nation, ne possède pas de frontières au sens économique du terme. Les échanges de biens et services se font sans égard aux frontières régionales. Les personnes, les marchandises, les capitaux et les idées peuvent entrer et sortir librement de la région. Les déplacements d'une région à l'autre sont d'autant plus importants qu'ils se font, justement, sans entraves administratives. La liberté et l'intensité des relations avec l'extérieur sont la marque de la région en tant qu'objet d'analyse économique.

L'ouverture économique signifie que « la région », comme concept absolu, n'existe pas ; ses frontières peuvent varier selon les circonstances. La seule condition de son existence, comme concept économique, est l'appartenance à un espace économique et politique plus vaste. Il n'est pas essentiel que la région ait une existence administrative propre. Cependant, elle relève toujours, directement ou indirectement, d'un gouvernement supérieur. Ainsi, la région à analyser peut être un département français, un canton suisse, une province canadienne, une *wilaya* algérienne, ou encore un ensemble de départements, de cantons, de provinces, voire une partie de département ou de province. Il n'existe pas de règle absolue pour définir les limites d'une région.

Espace à dimensions multiples

La délimitation des frontières régionales peut obéir à des nécessités politiques, culturelles ou administratives. L'économiste français Jacques Boudeville (1972) a proposé une triple caractérisation des régions, devenue classique : région polarisée, région homogène, région plan. Suivant les objectifs poursuivis, on peut adopter divers critères de découpage.

- Selon le critère de la nodalité, les régions sont définies comme des aires d'influence polarisées par un chef-lieu ou un lieu central : elles sont alors dites régions nodales ou encore régions polarisées. C'est dans ce sens que l'on parle de la région lyonnaise, de la région liégeoise ou de la région parisienne. Le concept d'aire d'influence admet plusieurs définitions, mais en général on l'applique, dans ces cas, aux aires commerciales de marché des services publics et privés[1]. La division de la France en départements en 1790 a suivi ce principe.

- Si l'on adopte le critère de l'homogénéité, c'est le fait que des territoires partagent certains traits (histoire, culture, langue, base économique, caractéristiques géophysiques, etc.) qui deviennent le principe de leur regroupement. On parle alors de régions homogènes. La Suisse romande, la Catalogne et la Wallonie en sont des exemples pour ce qui est de la culture et de la langue. Mais le sentiment d'appartenance régionale ne se résume pas toujours à des critères quantifiables. Et il est de fait parfaitement possible d'appartenir à plusieurs régions à la fois.

- Les régions se divisent aussi en fonction des frontières administratives ou politiques. On parle alors de régions politiques ou administratives, ou de régions plan. Les frontières sont parfois tracées en fonction des besoins d'agences ou d'organismes spécialisés. Les régions politiques – régions françaises, provinces canadiennes, cantons suisses, etc. – sont dotées de gouvernements ou administrations aux pouvoirs plus ou moins étendus, selon les traditions politiques du pays dont elles font partie (voir plus bas).

Le territoire national peut donc faire l'objet de découpages multiples, dont chacun procède d'objectifs spécifiques et correspond à un palier différent de responsabilité politique. Les exemples que nous venons de donner n'épuisent d'ailleurs pas toutes les possibilités de définition ou d'identification ; ainsi, la désignation « région périphérique » évoque une réalité ressentie par les habitants de plusieurs territoires.

De plus, le concept de région n'a rien d'immuable ; les identités et les définitions changent d'une époque à l'autre. Mais à tout moment, un pays est composé de plusieurs régions.

Encadré 5.1
LES RÉGIONS EXISTENT-ELLES ?

Le concept de région, quelles qu'en soient la définition et la délimitation précise qu'on en donne, renvoie le plus souvent, en économie, à une zone géographique donnée qui a des limites bien définies. Or des géographes comme Doreen Massey (2005) défendent l'idée que la région – comme le territoire – sont des concepts bien plus riches que la simple unité d'analyse qu'ils représentent parfois. S'ils reconnaissent l'utilité de ces concepts, ils insistent surtout pour dire que l'un et l'autre sont constamment en mouvement, se conçoivent de façons parfois très différentes d'un individu à l'autre, et sont donc difficilement saisissables. Que veulent-ils dire par là ? D'abord, que la région à un moment donné se compose des individus qui y sont présents – qu'ils soient résidents de longue date ou qu'ils ne soient que de passage. Ensuite, que chaque personne dans une zone donnée y apporte un ensemble de connaissances et de réseaux qui dépassent largement la région. Finalement, de par ces réseaux, chaque territoire est constamment soumis à l'influence de l'extérieur. Bref, présenté sous cet angle, une région est une intersection de trajectoires – trajectoires d'individus, d'objets et de savoirs ; ces intersections engendrent parfois des processus, mais ces processus ne sont pas cantonnés à la région ou au territoire. Prenons l'exemple d'une université (une micro-région) : cette dernière est composée de professeurs (certains de passage, certains qui y font carrière), d'étudiants présents pour quelques années, et d'employés très divers qui y passent une partie de leur journée, de leur semaine ou de leur vie professionnelle. Au sein de cette micro-région, les contacts vont se créer, parfois entre individus qui y sont en permanence, parfois entre individus de passage, parfois entre individus de passage et permanents. Ces contacts engendrent des projets parfois cantonnés à la micro-région, mais qui le plus souvent font appel à des savoirs externes et à des personnes de passage tout autant, sinon plus, qu'à des savoirs locaux ou à des permanents. Bref, plusieurs géographes présentent ainsi la « région » : en problématisant le concept de région, et en l'éloignant de la vision dichotomique souvent véhiculée en économie (un acteur est soit « dans », soit « en dehors », de la région), de nouvelles questions se posent.

Les modèles de croissance économique nationale sont-ils transposables à l'échelle régionale ?

Depuis la Deuxième Guerre mondiale, les pays de l'Europe se sont engagés dans un processus d'intégration économique. Selon les termes qui définissent l'Union européenne (UE), les frontières économiques entre pays membres ont cessé d'exister à plusieurs titres. Par exemple, le degré d'ouverture de l'économie belge, dont plus de la moitié de la production est exportée, est plus élevé que celui de bien des économies régionales. Les mêmes tendances s'observent sur d'autres continents. L'Accord de libre-échange de l'Amérique du Nord (l'ALÉNA) réunit le Canada, les États-Unis et le Mexique. Partout, on voit des économies nationales s'intégrer les unes aux autres. Les frontières nationales sont de moins en moins des barrières effectives au mouvement des marchandises, des idées et des capitaux.

La dichotomie pays-région est-elle une distinction en voie de disparition ? Si la question mérite d'être posée, c'est qu'on observe, y compris dans des pays d'ordinaire très centralisés (comme la France), une tendance à la décentralisation des pouvoirs de certains pouvoirs en direction des entités régionales. D'une certaine façon, l'actuelle réforme territoriale qui vient de réduire, en France, le nombre de régions de 22 à 14, pose effectivement la question de savoir si l'enjeu consiste à donner à la région davantage de responsabilités et une existence politique plus forte… ou le contraire. En réduisant le nombre d'interlocuteurs, le nouveau dispositif pourrait manifester la volonté de l'État d'exercer un meilleur contrôle sur la politique régionale[2]. Dans des fédérations comme la Suisse et le Canada, des gouvernements régionaux disposent de pouvoirs importants. Les pouvoirs exercés par le Québec (Canada) en matière de politiques économiques ne sont pas très éloignés de ceux des États nationaux membres de l'UE. Et en conséquence, le Québec fait face à des contraintes analogues à celles des pays membres de la zone Euro. Il se trouve dans une union monétaire (donc, pas de devise propre), ce qui exclut la possibilité d'une politique monétaire distincte, tout en imposant des limites à sa marge de manœuvre fiscale.

Bref, la distinction entre analyse économique nationale et analyse économique régionale s'amenuise à mesure que progresse l'intégration des espaces nationaux et que se décentralisent les compétences politiques. D'une part, les outils classiques de l'analyse régionale (comme le modèle de la base économique et les modèles de localisation industrielle) s'appliquent de plus en plus aux entités nationales, surtout à l'intérieur d'espaces fortement intégrés comme l'UE ; d'autre part, les modèles de développement économique national (comme ceux de Denison, Kuznets ou Romer : voir plus loin) peuvent être étendus avec profit à l'analyse des problèmes de développement des régions. Les facteurs dynamiques qui sont à la base de la richesse collective (capital humain, esprit d'entreprise, esprit d'innovation, cohésion sociale…) peuvent s'avérer tout aussi pertinents pour l'analyse des collectivités régionales que pour celle des collectivités nationales… en gardant néanmoins à l'esprit que la transposition doit se faire avec prudence ; nous revenons à la question de l'échelle spatiale. La distinction entre région et nation reste essentielle dans la mesure où l'analyse proprement régionale met l'accent sur l'ouverture du territoire analysé, et donc sur des réalités comme la mobilité des travailleurs, des idées et des capitaux. Pour des « régions » avec peu ou pas de pouvoirs, sans frontières politiques, la distinction reste fondamentale. Plus la région est petite et moins elle dispose de pouvoirs, plus nous nous éloignons du concept de pays au sens économique et plus il faut être prudent quant à la transposition de raisonnements valables à l'échelle de communautés nationales à des entités territoriales plus petites. La distinction reprend toute sa valeur dès que nous traitons des facteurs moins quantifiables comme le cadre institutionnel, les mœurs ou la culture entrepreneuriale (voir encadré 5.2).

Encadré 5.2

DISTINCTION ENTRE FACTEURS *ENDOGÈNES* ET *EXOGÈNES* : UNE AUTRE HISTOIRE D'ÉCHELLE SPATIALE

Comment décider de l`échelle appropriée pour des modèles de causalité ; prenons l'exemple de la relation entre capital humain et croissance ? Les conclusions tirées à une échelle ne se transposent pas forcément à d'autres échelles spatiales bien que la tentation soit forte. Il est normal, dans un pays en évolution, que certaines régions croissent plus vite que d'autres. Comment faire la part entre des facteurs *exogènes* de croissance et des facteurs *endogènes* ? En économie, l'adjectif *exogène* s'emploie pour désigner des variables dont la valeur est donnée, sur lesquelles la région (la ville, le canton…) n'a pas de prise, comme sa localisation à l'intérieur du pays ou le prix du pétrole ; tandis que la valeur des variables *endogènes* est en principe établie par la dynamique interne à la région. Une variable peut être endogène à une échelle mais exogène à une autre. Le poids des diplômés universitaires illustre bien ce principe : il est essentiellement endogène à l'échelle d'un pays, mais exogène à l'échelle d'une petite région, tributaire des mouvements migratoires. Toutefois, la frontière entre facteurs endogènes et exogènes n'est pas étanche ; de plus, des effets de rétroaction peuvent jouer à plusieurs niveaux. Tout au long de ce chapitre, nous invitons le lecteur à se poser la question : les variables explicatives du développement sont-elles endogènes à l'échelle des unités spatiales étudiées ?

Modèles statiques et modèles dynamiques

Il est important de garder à l'esprit la distinction entre modèles dont le cadre d'analyse est plutôt statique et les modèles qui cherchent à intégrer des éléments dynamiques (revoir la discussion à la fin du chapitre 3). La différence entre les deux, rappelons-le, concerne surtout les *préférences* de la population, et plus spécialement ses habitudes de consommation et les *technologies* employées par les entreprises pour la production de biens et services, y compris les modes de gestion.

Dans l'univers statique, qui est celui d'une bonne partie des efforts de modélisation, ces variables sont acceptées au départ. Ces modèles tentent, en règle générale, d'expliquer le niveau global d'activité d'une région à un moment donné, mesuré en emplois ou en valeur de la production. Quant aux modèles dynamiques, ils visent à expliquer l'évolution de variables telles que le niveau de productivité ou le revenu par habitant, mais ils peuvent aussi porter sur des variables comme le niveau d'investissement, le progrès technologique ou le rythme de création de nouvelles entreprises. Ajoutons que la frontière entre modèles statiques et modèles dynamiques n'est pas étanche.

Modèle de la base économique

En tant qu'espace économique ouvert, la région est nécessairement sensible aux influences extérieures, qu'il s'agisse de la demande extérieure suscitée par ses produits ou des politiques économiques des gouvernements supérieurs. Il n'est donc pas étonnant que les théories de la croissance régionale mettent souvent l'accent sur les relations de la région avec l'extérieur, plus précisément sur sa capacité d'exporter. Ce sont les activités d'exportation qui, dans un contexte d'ouverture interrégionale, fondent la prospérité régionale. Plus encore que le territoire national, la région est soumise au mot d'ordre « exporter ou mourir ».

Ainsi est née la théorie de la base économique, qui est encore aujourd'hui le modèle le plus cohérent et le plus répandu d'explication du niveau d'activité économique d'une région. L'étude de Tiebout (1962) en constitue l'une des premières applications. Très simplement, le modèle fait dépendre le niveau de production et le niveau d'emploi de la région de ses activités d'exportation, qui dépendent elles-mêmes de la demande extérieure et des avantages comparatifs de la région, et que le modèle considère comme des variables « exogènes » (sur lesquelles la région n'a pas de prise). L'idée d'ouverture est poussée à sa conclusion logique : la région vit de la demande extérieure et doit s'y adapter pour survivre. Le modèle de la base économique trace une ligne de démarcation entre les industries de base (activités basiques), qui permettent à la région de gagner sa vie, et les industries d'appoint (activités non basiques), qui découlent de la présence des activités de base (nous y reviendrons).

Même si la logique du modèle paraît simple, elle n'en correspond pas moins à une réalité, surtout pour les petites régions et pour les régions tributaires de leurs ressources naturelles. Imaginons une région minière exportant la totalité de sa production. La fermeture de la mine y provoquerait celle des activités qui desservent la population locale (épiceries, banques, écoles, etc.). Dans ce cas, il semble incontestable que la mine est l'activité de base qui fait vivre la communauté et que les épiceries ne sont que des activités d'appoint. Mais la distinction basique-non basique n'est pas toujours aussi claire, comme nous le verrons.

Détermination des activités de la base économique

La mise en application du modèle exige que l'on puisse scinder l'économie de la région en deux. Le problème méthodologique du modèle réside dans la difficulté de cerner les activités de base : la mesure des secteurs de base (d'exportation) peut être plus ou moins raffinée selon les outils et les données dont dispose le chercheur. En outre, la notion d'activité de base peut faire l'objet d'interprétations différentes : où tracer la ligne de démarcation ? Doit-on, par exemple, classer un sous-traitant régional de notre mine comme basique ou comme non basique ? Doit-on ou non traiter comme basique une entreprise régionale qui fait concurrence à des importateurs ? Une grande surface alimentaire, desservant plusieurs villes et villages, devrait-elle être considérée comme un exportateur de commerce de détail, et donc comme secteur basique de la ville où elle est localisée ? Plusieurs activités – dont le commerce – peuvent desservir à la fois des clientèles locales et des clientèles extérieures. L'ampleur du secteur de base dépend de la taille de la région : un petit territoire mono-industriel exportera la quasi-totalité de sa production, tandis que l'exportation n'occupe qu'une place limitée à l'échelle d'un continent. Bref, on a affaire à une notion très élastique, et qu'il faut donc manipuler avec prudence.

Il est souvent nécessaire de recourir à des enquêtes auprès des agents économiques (entreprises, ménages) pour déterminer les exportations régionales. D'habitude, il n'existe pas de comptabilité détaillée pour les échanges interrégionaux ; c'est là, précisément, le reflet de l'absence de frontières économiques. Les enquêtes, si elles cherchent à être exhaustives, cherchent à inventorier toutes les activités qui font entrer de l'argent dans la région. La notion d'activité de base ne se limite pas aux industries visibles d'exportation, mais s'étend à toute activité qui, d'une manière ou d'une autre, amène de l'argent dans la région. Il s'agit, en d'autres termes, de dresser la liste des rubriques positives dans la balance des paiements de la région. Un restaurant qui attire des clients de l'extérieur est une entreprise d'exportation, tout comme l'hôtel ou le musée qui vit de visiteurs hors-région. Il en va de même pour un médecin spécialiste qui attire des patients vivant hors de la région, ou encore pour une université dont les étudiants viennent de l'extérieur.

Le chercheur peut également employer des méthodes d'estimation plus indirectes, à condition que les bases statistiques existent. Nous présentons dans un encadré l'une des méthodes les plus courantes : l'estimation des exportations régionales à l'aide de quotients de localisation.

Dans son expression la plus élaborée, le modèle de la base économique exige que l'on trace un portrait détaillé des interrelations de l'économie régionale, comprenant les flux monétaires qui vont aussi bien d'une entreprise à l'autre que d'une région à l'autre. Idéalement, on cherchera à connaître l'origine et la destination de chaque dollar (euro ou autre unité de devise) dépensé dans la région ; on cherchera aussi à cerner, secteur par secteur, la part de la production régionale qui répond (directement ou indirectement) à une demande extérieure et la part qui répond à des besoins locaux. Ainsi pourrait-on évaluer le cheminement, et donc l'impact ultime, de chaque « nouveau » dollar entré dans la région. Ce dollar aura un impact d'autant plus grand, au point de vue de la création de revenus et d'emplois, qu'il restera longtemps dans la région pour être réinvesti dans les diverses activités d'appoint.

Encadré 5.3

ESTIMATION DES EXPORTATIONS RÉGIONALES : LE QUOTIENT DE LOCALISATION

Si l'on a en main, pour chaque secteur d'activité économique, des données sur l'emploi des régions ou des villes qui forment le système national, on peut, par des méthodes indirectes, estimer le niveau des exportations et des importations, ou plus exactement la part de l'emploi qui leur est attribuable, par secteur et par région. L'avantage de ces méthodes indirectes tient à leur grande simplicité. Toutefois, les résultats qu'elles permettent d'obtenir doivent être traités avec la plus grande prudence, car ce sont, précisément, des estimations.

La méthode employée le plus couramment s'appuie sur le calcul du quotient de localisation. En termes simples, c'est un modèle d'estimation qui compare le nombre d'emplois que compte une activité dans une région donnée à un ensemble de référence, soit, en général, l'emploi de l'activité dans tout le système étudié :

$$Q1j = (E1j/Ej)/(E1/En)*100 \qquad (1)$$

où Q1j = Quotient de localisation du secteur d'activité 1 dans la région *j*,

E1j = Emploi du secteur d'activité 1 dans la région *j*,

Ej = Emploi total de la région *j*,

E1 = Emploi du secteur d'activité 1 dans l'ensemble des régions (n),

En = Emploi total de l'ensemble des régions (n).

La valeur du quotient exprime le degré de concentration de l'activité dans la région par rapport au territoire de référence (c'est pourquoi on parle aussi de quotient de concentration) : une valeur supérieure à 1 signifie une concentration plus que proportionnelle dans la région. Cette information est utile pour comparer la structure économique d'une région (ou ville ou zone) à celle d'autres ensembles territoriaux. Nous y avons recours ailleurs dans ce livre (voir par exemple le tableau 10.12). On peut faire le même type de calcul pour analyser des zones au sein d'une région urbaine. Il est possible, par ailleurs, de remplacer la variable « emploi » par d'autres indicateurs : population, production, nombre d'établissements... Bref, la méthode peut servir à plusieurs types d'analyses.

L'utilisation du quotient de localisation pour estimer la structure des exportations repose sur le postulat suivant : une valeur de Q1j supérieure à 1 signifie que la région est exportatrice ; une valeur inférieure à 1 signifie qu'elle est importatrice. La formule peut alors se réécrire de la façon suivante :

$$C1j = [E1j - Ej\ (E1/En)]$$

où

C1j = le nombre d'emplois de la région *j* attribuables aux exportations de la branche d'activité 1, à condition que C1j > 0.

Si l'on dispose également de données sur la valeur ajoutée par employé et par secteur d'activité (données nationales, en règle générale), il devient possible de transformer en valeur monétaire les estimations des emplois dus aux exportations, tout en estimant la structure des importations :

Vij = [E1j – Ej (E1/En)] □ P1n (3)

où

Vij = si Vij > 0, la valeur (en dollars, etc.) des exportations de la région *j* dans le secteur d'activité 1,

Si Vij < 0, la valeur des importations,

P1n = la valeur ajoutée (ou PIB) par employé du secteur 1.

Comme tout modèle basé sur la logique du quotient de localisation, celui-ci comporte des limites importantes. Par exemple, il n'admet pas qu'une région à la fois importe et exporte les mêmes produits. Les résultats se rapportent toujours à des flux nets ; on suppose de façon implicite que l'exportation n'est possible que si la demande locale est d'abord satisfaite, ce qui amène une sous-estimation des exportations et du commerce interrégional en général. On peut contourner ce problème, du moins pour les exportations d'une région, en décidant, après évaluation des résultats, de situer la barre plus bas que Q1j = 1,0 (dans l'équation 1) ou V1j = 0 (dans l'équation 3).

Parmi les autres prémisses qui sous-tendent le calcul, mentionnons les suivantes. On suppose que l'économic du système *n* est fermée. Il n'y a ni importations ni exportations hors du système régional analysé. Les résultats auront donc d'autant plus de valeur que le système analysé couvre un grand territoire (un grand pays) dans lequel le commerce international n'occupe pas une place importante. Cependant, peu de pays répondent à ce critère. Là encore, le chercheur pourra contourner le problème en se servant de données sur le commerce international du pays concerné.

On suppose enfin que les structures de consommation sont partout les mêmes (ce qui ne constitue pas, en règle générale, une contrainte majeure) et que la productivité par secteur d'activité est également la même partout, hypothèse déjà plus restrictive. À moins de connaître les variations de productivité par région et par secteur d'activité, information rarement disponible, on ne peut généralement pas modifier cette hypothèse.

Multiplicateur régional

Nous venons de voir qu'au sein d'une région donnée il est possible de diviser les activités économiques en deux groupes. D'une part, il y a les activités qui sont portées sur l'exportation : ces activités basiques font rentrer de l'argent dans la région (et ils y créent directement des emplois). D'autre part, il y a les activités qui sont portées sur les services et produits livrés au sein de la région : ces activités non basiques desservent la population et les entreprises locales. Sans être exportatrices, elles contribuent indirectement aux exportations en offrant biens et services aux entreprises (et aux employés) exportatrices.

Le multiplicateur est le ratio entre l'activité économique totale d'une région (basique et non basique) et l'activité basique de cette région. Plusieurs cas de figure sont possibles.

Il se peut qu'une région aie très peu d'exportations car tout y est fabriqué sur place : cette région est presque auto-suffisante, et il y existe un multiplicateur très élevé. Il suffit de très peu d'exportations pour faire tourner cette région.

Une autre région pourrait avoir des exportations très élevées, mais très peu d'activités locales (car on y importe tout le nécessaire) : cette région a un multiplicateur très bas, car malgré les activités basiques importantes il y existe très peu d'autres activités.

Dans un contexte de grande ouverture régionale, l'autosuffisance (le premier cas de figure) est peu probable, sauf pour des entités nationales très grandes (à l'échelle d'un grand pays comme les États-Unis). Par contre, la dépendance excessive sur les importations (deuxième cas) fait en sorte que peu d'activités locales existent dans la région. La « meilleure » situation, celle qui permet de bénéficier des avantages du commerce tout en ayant une économie locale solide, est celle d'une région avec des exportations élevées, mais qui parvient à exporter sans trop importer : si les exportations génèrent une activité locale importante, on dira que cette région a un multiplicateur élevé (mais qui restera inférieur à celui d'une région auto-suffisante).

Nous avons vu que, par définition, le multiplicateur est le rapport entre l'activité économique totale de la région (l'ensemble de l'argent qui y est dépensé par les résidents et par les individus venus de l'extérieur), et les dollars qui y sont dépensés par les individus de l'extérieur uniquement. Ce concept peut aussi être appliqué aux emplois. Dans ce cas, le multiplicateur est le rapport entre l'emploi total dans une région et l'emploi qui y est dédié aux activités d'exportation (c'est-à-dire l'emploi qui fait partie de la base économique). En somme, le multiplicateur, dont le rapport emploi total/emploi basique est l'expression la plus simple, exprime la capacité de la région de retenir l'activité économique (les nouveaux dollars, les emplois) sur son territoire. Ce pouvoir de rétention dépend à son tour : de la *structure* économique de la région, c'est-à-dire de la gamme de biens et de services qu'elle produit ; du niveau d'*intégration* économique (interne) de la région, c'est-à-dire de l'intensité des échanges entre ses agents économiques ; de la *distance* entre la région et d'autres régions dont les structures économiques sont plus ou moins diversifiées.

Plus la région a une économie diversifiée et intégrée, plus le multiplicateur est grand. Les agents économiques (consommateurs ou entreprises) ont d'autant plus tendance à dépenser leur argent dans la région (et donc à y créer ou y maintenir des emplois) qu'ils y trouvent les biens et services dont ils ont besoin. De plus, ils ont d'autant plus tendance à dépenser leur argent sur place que les autres régions où ils pourraient s'approvisionner sont éloignées. Le degré d'interaction entre agents économiques est, *ceteris paribus*, une fonction négative de la distance, en vertu des principes évoqués au chapitre 2.

Si l'argent est réinvesti en dehors de la région (sous forme d'importations par exemple), il ne servira plus à créer des revenus ou des emplois dans la région[3]. C'est dans ce sens que l'on parle souvent de fuites. Les activités de base ont un impact multiplicateur dans la région uniquement dans la mesure où celle-ci réussit à retenir leurs effets. Prenons, à titre d'exemple, le cas d'une usine de textiles de la région A qui exporte toute sa production ; si le coton et les autres intrants de l'entreprise proviennent de l'extérieur et si les employés dépensent leurs salaires hors de la région (ou pour des biens et services importés), l'usine de textile ne suscitera pas beaucoup d'autres activités dans la région A, même s'il s'agit d'une activité basique.

Résumons. Le modèle de la base économique met l'accent sur deux éléments :

1. l'argent qui entre dans la région, grâce aux activités basiques d'exportation ;
2. les effets de propagation (l'impact multiplicateur) de cet argent dans la région.

Formulation mathématique

Le multiplicateur est ainsi nommé car c'est le chiffre par lequel on multiplie l'activité basique pour obtenir l'activité totale d'une région. Autrement dit :

$$kB = T \qquad (1)$$

où k = le multiplicateur

B = l'activité basique de la région

T = l'activité totale de la région.

Cette équation peut être exprimée comme suit :

$$k = T/B \qquad (2)$$

La mesure du niveau d'activité peut s'exprimer en unités monétaires ou en emplois. Sous l'hypothèse que le multiplicateur demeure constant, tout changement dans la base B entraînera automatiquement un changement dans T :

$$\Delta T = \Delta B * k \qquad (3)$$

L'hypothèse d'un multiplicateur constant n'est valable que pour un raisonnement marginal : il permet d'estimer l'effet sur l'activité économique régionale d'une hausse ou d'une baisse de quelques points de pourcentage de l'activité basique. Des changements plus importants impliquent des bouleversements structurels, et donc un changement dans la valeur de k.

Pour illustrer le concept de multiplicateur, supposons une région dont l'activité totale = 100. Supposons également que la région soit très ouverte : elle exporte 80 % de sa production ou, en d'autres termes (B = 80, NB = 20). Le multiplicateur sera alors 1,25. Si l'on applique la formule (3), une augmentation de 5 dans l'activité basique amènera un accroissement de 6,25 dans l'activité totale de la région.

Le rapport B/T, l'envers du multiplicateur, représente le niveau des fuites. La hausse initiale de 5 de la demande extérieure (basique) aurait donc également provoqué une hausse des importations de 4. Il est parfois possible de calculer, pour chaque secteur de l'économie locale, la propension des agents économiques à dépenser (ou à réinvestir) leurs revenus dans la région. Idéalement, pour estimer la PDR (propension à dépenser dans la région), on doit tenir compte des fuites susceptibles de se produire à toutes les étapes du processus de production et de consommation, ce qui nécessite un tableau complet de la comptabilité régionale (voir la section suivante). Sans cette information, on court le risque de sous-estimer la PDR, et donc de surestimer la valeur du multiplicateur (k). Finalement, nous constatons, à l'aide de cet exemple hypothétique, que plus la région est ouverte (plus elle exporte), plus le multiplicateur est faible, si l'on suppose un équilibre approximatif entre importations et exportations.

Tableau intersectoriel

Les tableaux de relations interindustrielles ou intersectorielles, ou tableaux entrées-sorties (*input-output tables*, selon la terminologie anglaise), tendent de plus en plus à remplacer, ou à étayer, les modèles de la base économique dans les études d'impact régional. L'utilisation des modèles intersectoriels n'est pas exclusive à l'analyse des économies régionales ; elle fait aussi partie de l'analyse des économies nationales. La bibliographie contient des références méthodologiques permettant d'approfondir l'étude du modèle de la base économique et du modèle intersectoriel.

Au tableau 5.1, on trouvera une version schématique d'un tableau intersectoriel établi pour une région hypothétique. Ce tableau comprend onze rubriques (y compris les sous-totaux et les totaux), dans chaque sens. Pour certains pays ou grandes régions, le tableau peut compter des centaines de secteurs dans chaque sens. Le niveau maximal de désagrégation est surtout fonction de la disponibilité des données. Dans l'exemple hypothétique de notre tableau, nous avons encadré le tableau interindustriel proprement dit, qui ne comprend que cinq secteurs d'activité, pour le distinguer du tableau intersectoriel dans son ensemble.

Tableau 5.1 - Tableau de relations intersectorielles pour une région hypothétique (en milliers d'unités monétaires)

↓	Extrants → Intrants	1 Agri.	2 Mét.	3 Élec.	4 Serv.	5 Tran.	6 Total inter.	7 Ménages	8 Gouver.	9 Export.	10 Demande finale	11 Total
1	Agriculture	21	-	9	3	-	**33**	30	15	22	**67**	***100***
2	Métaux / Sidérurgie	1	8	7	29	-	**45**	25	7	23	**55**	***100***
3	Électronique	3	20	-	50	7	**80**	9	5	6	**20**	***100***
4	Services	31	2	38	-	3	**74**	23	2	1	**26**	***100***
5	Transports	10	25	26	1	4	**66**	22	6	6	**34**	***100***
6	**Total : intermédiaire**	**66**	**55**	**80**	**83**	**14**	**298**					
7	Travail	15	30	8	14	30		1,5	39,75	-	**41,25**	**138,25** } 196
8	Intérêts; dividendes;	5	10	2	3	10		0,5	27,25	-	**27,75**	**57,75**
9	Taxes et impôts	7	4	4	-	30		59	-	-	**59**	***104***
10	Importations	7	1	6	-	16		26	2	-	**28**	***58***
11	***Total***	***100***	***100***	***100***	***100***	***100***		***196***	***104***	***58***	***358***	

Le tableau interindustriel fournit un portrait détaillé des relations de production et d'échange entre les diverses industries d'une économie. Les achats des industries auprès d'autres industries constituent ce qu'on appelle la demande intermédiaire. À la base, cette partie du tableau intersectoriel s'appuie sur des relations techniques. Par exemple, pour fabriquer un appareil électronique (secteur 3), un bien de demande finale, l'entreprise doit combiner des intrants de sources diverses : elle achètera de l'acier auprès des entreprises du secteur sidérurgique, mais aussi des services (transports, publicité, génie-conseil) auprès d'entreprises d'autres industries. Les colonnes résument, en somme, les fonctions de production propres à chaque industrie[4]. Le tableau trace ainsi le cheminement d'un dollar de demande finale (d'appareils électroniques) à travers les divers secteurs de l'économie et permet d'en saisir les impacts indirects. Une augmentation de 100 $ de la demande finale de radios occasionnera une augmentation de la demande de 7 $ dans le cas de l'acier, de 38 $ pour les services aux entreprises, de 26 $ pour les services de transport, et ainsi de suite.

Dans sa version plus complète (les autres secteurs de l'économie étant intégrés), le tableau intersectoriel prend la forme d'un système complet de comptabilité régionale. Si nous nous en tenons au secteur 3, nous voyons que la production de 100 $ d'appareils électroniques occasionne des dépenses salariales de 8 $, des paiements en rémunération du capital de 2 $, des paiements en impôts et taxes de 4 $ et des importations régionales de 6 $. Les lignes 7 et 8 (rémunération du travail et du capital) représentent la valeur ajoutée de chaque industrie, et leur somme nous donne la valeur totale de la production régionale, soit 196 000 $ dans l'exemple donné. Les lignes nous indiquent, pour chaque secteur, la destination des extrants. Ainsi, 80 % des extrants du secteur 3 sont destinés à la demande intermédiaire, 9 % aux ménages, 5 % au gouvernement et 6 % à l'exportation. La colonne 7 nous révèle la structure des dépenses des ménages ; sur des revenus totaux reçus de 196 000 $, ils dépensent, par exemple, 59 000 $ en taxes et 30 000 $ en biens agricoles et alimentaires. Un tableau intersectoriel complet contient en principe toutes les informations nécessaires pour calculer l'impact multiplicateur d'une hausse de la demande finale sur l'emploi ou sur les revenus.

À noter, le tableau 5.1 postule implicitement que le revenu régional et le produit régional (le PIB) sont égaux ; soit, une valeur de 196 000$ de chaque côté. Ceci est vrai, en gros, pour une nation ; mais pas forcément pour une région, et d'autant moins qu'elle est petite. Les dividendes et intérêts versés par les entreprises, qui comptent dans le calcul du PIB, ne le sont pas forcément aux seuls résidents de la région. Par le même biais, les dividendes et intérêts reçus par les ménages de la région ne sont pas nécessairement uniquement en provenance d'entreprises de la région. Il n'y a pas de raison, non plus, que les taxes et impôts perçus par l'État dans la région (soit 104 000$) soient nécessairement égaux à ce qui est versé aux résidents sous forme de salaires (aux fonctionnaires), de paiements d'intérêts sur des obligations, ou encore sous forme de transferts divers qui entrent dans le calcul du revenu des ménages. Nous y reviendrons dans les deux chapitres suivants au moment d'aborder le sujet des disparités et des politiques de redistribution du revenu.

De tels tableaux ne sont habituellement disponibles que pour des pays ou pour d'assez grandes régions, possédant les appareils statistiques nécessaires. Lorsqu'ils existent, ils sont très utiles pour calculer les effets de propagation de la demande à partir d'une dépense initiale. Mais le chercheur doit encore déterminer si la dépense initiale (par exemple, un investissement dans le secteur immobilier local) répond à la définition d'une activité de base : s'agit-il effectivement d'argent « neuf » provenant de l'extérieur ? Si l'on veut rester fidèle à l'esprit du modèle de la base économique, le choc initial dont on désire mesurer l'impact doit être à la fois exogène et autonome. En ce sens, l'utilisateur d'un tableau intersectoriel est confronté au même problème conceptuel que l'utilisateur de modèles plus simples, à savoir la détermination de ce qui constitue au départ une activité basique.

Enfin, le tableau intersectoriel peut très bien être utilisé sans référence au modèle de la base économique, étant en lui-même un outil d'analyse très puissant. Il peut permettre, par exemple, de comparer les retombées régionales probables de deux possibilités d'investissement : investis dans la construction d'autoroutes, deux cents millions de dollars n'auront pas le même impact de création d'emplois que s'ils servent à la construction d'un aéroport.

Limites du modèle de la base économique

Les modèles de la base économique, tout comme les modèles de relations interindustrielles et la notion de multiplicateur qui s'y rattache, ne tiennent compte que d'une partie de la réalité. Ce sont des modèles statiques.

Modèles d'inspiration keynésienne

Ces modèles tirent leur origine d'un cadre d'analyse de type keynésien, mais transposé à l'échelle régionale. Le niveau d'activité économique dépend, à tout moment, de la demande globale. Par keynésien, on entend communément les modèles macro-économiques qui cherchent à établir les relations entre le niveau global d'activité économique et les grandes variables macro-économiques que sont l'investissement, l'épargne et les dépenses de l'État et des consommateurs. C'est l'économiste anglais John Maynard Keynes, dans son ouvrage classique paru en 1936, qui a formulé l'idée que la demande globale peut, à tout moment, tomber en deçà du seuil correspondant au plein emploi et rester à ce niveau même en situation d'équilibre. Il s'ensuit que l'État doit intervenir, par des politiques fiscales, pour maintenir un niveau suffisant de demande globale. Dans les modèles nationaux d'inspiration keynésienne, l'investissement est, en règle générale, la variable exogène qui propulse le reste du système par ses effets de propagation de la demande (multiplicateurs), au même titre que les exportations régionales dans la théorie de la base économique.

Les modèles sont dits statiques parce que les structures économiques, les technologies et les préférences de consommateurs y sont généralement considérées comme des données de base. Les effets multiplicateurs sont calculés à partir d'une structure donnée de relations et d'échanges. On pourrait difficilement établir autrement des relations constantes entre les variables ou estimer les effets de la propagation de la demande. Si tout bouge (les relations techniques surtout), il devient quasi impossible de prévoir avec la précision voulue l'impact interindustriel d'un investissement initial.

Mais si on traite les relations techniques (et d'autres variables) comme des données, on ne peut parler d'un effet de développement économique au sens propre, même si la production globale augmente. L'accroissement soutenu du revenu régional par habitant passe nécessairement par des augmentations de la productivité et des transformations des structures économiques, à moins que l'on se trouve au départ en situation chronique de sous-emploi. Les facteurs qui sont à la base des hausses de productivité sont très complexes, comme nous le verrons. Il n'est pas certain qu'une hausse de la demande globale dans une région suffise à provoquer une hausse équivalente de la productivité du travail. Tout le problème est là.

Dans un monde statique et keynésien, les accroissements de la demande globale dans une région (liés par exemple à une augmentation des exportations régionales) ont surtout pour effet, en situation de plein emploi, de hausser les prix (donc les salaires), ce qui, dans une économie régionale ouverte, attire des travailleurs d'autres régions (la question des migrations interrégionales est abordée au chapitre suivant).

La gestion de la demande globale comme outil d'intervention politique a surtout pour objet de réduire l'ampleur des fluctuations (cycles) économiques ; Keynes n'a jamais prétendu offrir une théorie du développement économique à long terme. Son souci premier était de trouver une solution aux grands cycles économiques (récessions, dépressions), et notamment d'éviter que le monde sombre à nouveau dans une crise comme celle des années 1930. Les remèdes keynésiens ont souvent été mal appliqués, précisément parce que l'on ne fait pas toujours la distinction entre politiques anticycliques (de « création » d'emplois) et politiques de développement économique. Une hausse de la demande globale (publique) sans contrepartie au plan de la productivité du travail a surtout pour effet de susciter l'inflation ou d'accroître l'endettement du trésor public.

Par son insistance sur la demande globale (extérieure), la théorie de la base économique laisse peu de place aux facteurs endogènes de développement régional (voir le chapitre 8). S'il est vrai que les activités d'exportation d'une région y amènent de l'argent, il faut souvent aller plus loin pour comprendre les facteurs qui sont à la base de cette capacité d'exportation. À la limite, il est possible d'inverser complètement la logique du modèle de la base économique et d'affirmer que certaines activités de soutien (comme les écoles, les hôpitaux ou les universités) sont à la base de la compétitivité de la région. La productivité de la main-d'œuvre locale ne dépend-elle pas, par exemple, de la santé et du niveau d'instruction des travailleurs ?

Échelle spatiale et d'horizon temporel

L'ouverture d'une région est très liée à sa taille. Plus la région est petite, plus elle est tributaire de ce qui se passe hors de ses frontières. Pour des régions de taille réduite, la théorie de la base économique est un modèle pertinent d'explication du niveau d'activité de l'économie locale. Mais à mesure que nous avons affaire à des régions plus complexes, plus grandes, la valeur de la théorie comme modèle explicatif diminue.

Tout dépend aussi de l'horizon temporel. Les analyses de la base économique (étayées par des tableaux interindustriels, si possible) conservent toute leur utilité pour faire le portrait de l'économie d'une région à un moment donné et pour évaluer l'impact probable d'une entrée de fonds. De plus, elles possèdent l'avantage de reposer sur des cadres techniques opérationnels qui ont fait leurs preuves. Cependant, dès qu'on cherche à savoir quel sera l'impact à long terme d'un événement sur le potentiel de développement économique de la région, il faut chercher ailleurs ; et notamment du côté des facteurs dits dynamiques.

Modèles dynamiques : à la recherche des facteurs à la base du développement

Expliquer pourquoi les habitants de certains territoires, qu'il s'agisse d'entités régionales ou nationales, sont plus riches que d'autres demeure l'un des grands défis de la science économique. La question ne se réduit pas à un modèle mathématique ou à des relations quantitatives. Si la réponse était facile, et les mesures à prendre évidentes, il n'existerait plus de pays ou de régions pauvres.

Le désir de comprendre ce qui fait la richesse des pays, des peuples ou des régions est à l'origine de la science économique. Est-il nécessaire de rappeler que l'ouvrage qu'Adam Smith publia en 1776 s'intitule *Inquiry into the Nature and Causes of the Wealth of Nations ?* Résumer ce qui s'est écrit depuis lors sur la question dépasse le cadre de ce livre. Quoique des divergences d'opinion importantes continuent d'exister chez les économistes (c'est normal), depuis quelques années une sorte de consensus commence à se dégager quant aux grands facteurs d'explication de la croissance économique à long terme[5]. Il s'agit, à certains égards, d'une révolution de la pensée économique.

Les premiers modèles quantifiables de la croissance économique à long terme mettaient l'accent sur les investissements en capital physique (usines, machines, etc.) comme principal facteur d'accroissement de la capacité de production d'une économie. Les premières formulations de cette thèse sont dues à Harrod (1939) et à Domar (1946). Le taux d'investissement et le ratio « capital/production » sont les variables explicatives centrales de ces modèles. Dans la mesure où le ratio est constant, toute augmentation de l'investissement (donc du stock de capital) entraîne automatiquement une hausse de la production globale. Nous avons là une extension du schéma keynésien, puisque l'on propose des relations fixes tout en faisant de l'investissement la variable clé du modèle. Toutefois, les théories plus récentes de la croissance économique s'appuyant sur ces modèles mettent l'accent sur le capital humain, et notamment sur des facteurs plus qualitatifs : cadre institutionnel, cohésion sociale, capacité d'innovation, etc[6]. Aussi cette nouvelle perspective est moins mécanique et, en ce sens, le reflet d'une humilité salutaire chez les économistes (chez certains, du moins).

À certains égards, c'est une redéfinition du concept d'investissement qui nous est proposée. En parallèle, il s'agit d'étendre la notion de facteur de production à des éléments qui dépassent la trilogie : classique capital, travail, terre. La définition acceptée du concept d'investissement – toute dépense courante permettant d'accroître la productivité et la capacité de production futures – ne se limite plus aux investissements en capital physique, mais doit aussi tenir compte des investissements en capital humain, sous forme de dépenses d'éducation et de formation et de tout autre dépense menant à une hausse de la productivité du travail (voyages, soins de santé, etc.). À cela est venu s'ajouter, plus récemment, le concept de capital social, qui traduit en principe les efforts consentis pour assurer la cohésion sociale et l'esprit de coopération entre les membres d'un groupe (associé à un territoire) ; nous y reviendrons au chapitre 8. Mais la quantification rigoureuse des investissements intangibles de ce genre et leur intégration dans les schémas de comptabilité économique continuent à poser des problèmes majeurs, si bien que le terme « investissement », employé sans qualificatif, continue de faire référence, dans les faits, à l'investissement physique.

Revenons au concept de fonction de production. Quel est le poids relatif des facteurs classiques de production (capital et travail surtout) dans le processus de croissance économique à long terme, par rapport aux facteurs plus intangibles ou sociaux ? Une hausse du revenu réel par habitant signifie que l'économie (nationale ou régionale) réussit à produire plus avec le même nombre d'intrants, plus précisément avec le même nombre de travailleurs. Nous supposons donc que la quantité de travail par habitant reste relativement stable sur le long terme. Ceci est largement conforme aux tendances historiques. Mais pourquoi la production par travailleur augmente-t-elle ? Les réponses possibles ne sont pas innombrables : l'allocation plus efficace des ressources, l'augmentation de la quantité de capital par travailleur, l'accroissement de l'efficacité des travailleurs, le progrès technologique.

Par l'estimation de fonctions agrégées de production (pour des pays, en règle générale), il devient possible de décortiquer les éléments qui sont à l'origine de la croissance à long terme des revenus réels par habitant. La méthode a d'abord été appliquée par Denison ; son application à divers pays a, dans l'ensemble, abouti à des résultats comparables. D'autres auteurs, notamment Barro et Sala-i-Martin (1995), en utilisant des modèles économétriques plus avancés, mais qui s'inspirent de la même logique, sont arrivés à des conclusions quelque peu différentes, attribuables surtout à une définition du capital qui intègre des innovations technologiques. Les principaux éléments de l'approche de Denison sont résumés au tableau 5.2.

Tableau 5.2 - Composantes de la croissance à long terme du revenu réel par habitant : méthode comptable

Sources possibles de croissance du revenu par habitant	Contribution : fourchette*
A. Croissance du nombre (normalisé) d'intrants	
1. Travail : nombre d'unités de travail [par habitant]; nombre d'heures, normalisé pour tenir compte des améliorations dans la qualité de la main-d'œuvre.	**0 ou négatif**
2. Capital : nombre d'unités de capital, normalisé pour tenir compte des changements de qualité.	**0 à 10 %**
3. Terre : nombre d'unités de terre (œcoumène).	**Autour de zéro**
B. Croissance dans la productivité des intrants	
4. Améliorations de la qualité de la main-d'œuvre : nombre d'années de scolarisation; années d'expérience; meilleure santé ; etc.	**10 % à 50 %**
5. Meilleure allocation spatiale des ressources : migrations campagne → ville.	**0 à 10 %**
6. Économies d'échelle / taille du marché national	**5 % à 20 %**
7. Progrès des connaissances / changement technologique : le « résidu », dont la valeur dépend en partie du mode de calcul employé. Il sera plus élevé s'il englobe, de façon implicite, les changements dans la qualité du capital, dont l'estimation précise demeure problématique.	**30 % à 80 %**

* La part de la composante dans les hausses du revenu réel. Les pourcentages sont donnés à titre indicatif, en s'appuyant sur diverses études. Les résultats varieront d'un pays et d'une époque à l'autre.

L'approche de Denison est fondamentalement une démarche comptable. On commence par calculer l'augmentation du revenu réel au cours de la période étudiée. Cette augmentation est imputée à deux sources possibles : la hausse de la quantité d'intrants (A au tableau 5.2) et celle de la productivité des intrants (B). Appelons x la contribution de l'augmentation des unités de travail (A.1) à la croissance du revenu. On obtient x en multipliant l'augmentation des unités de travail (pondérée par les modifications de la répartition des travailleurs selon l'âge, le sexe et le niveau de d'éducation) par la part des revenus du travail dans le revenu national. La même opération appliquée aux unités de capital (A.2) nous donne la contribution du capital à la croissance du revenu national. La méthode nous permet donc de distinguer les changements purement *quantitatifs* (nombre d'heures travaillées, nombre d'unités de capital) des changements *qualitatifs* (niveau d'éducation et de santé de la main-d'œuvre). Là réside l'intérêt principal de la méthode.

Toutes les analyses de ce type arrivent à la conclusion que les hausses de la productivité par travailleur sont à l'origine de la plus grande partie des hausses de revenu par habitant à long terme, ce qui n'a rien d'étonnant (voir la section suivante). La part attribuable aux hausses de productivité peut facilement atteindre 80 %. L'impact de l'urbanisation et des économies d'agglomération se fait en partie sentir à travers les facteurs « meilleure allocation des ressources » et « économies d'échelle ». Mais ces facteurs ne se révèlent jamais aussi importants que le facteur nommé « progrès des connaissances » par Denison, dont le poids se situe, en règle générale, au-dessus de 50 %[7]. De fait, ce facteur correspond à un résidu, à savoir la part des hausses de productivité qui est restée inexpliquée. Des efforts plus récents de modélisation, en ajustant les unités de capital pour intégrer des changements de qualité, ont parfois réussi à réduire le poids du résidu. Cependant, l'importance des éléments inexpliqués dans les études de ce genre ne fait que confirmer l'impossibilité de réduire le processus de développement à quelques relations faciles.

Les modèles comptables de la croissance nous invitent donc à regarder plus loin. Que se cache-t-il derrière le résidu ? Quelles conditions favorisent le progrès des connaissances, l'innovation et le changement technologique ? Quelles sont les interrelations entre les facteurs ?

Capital humain et croissance endogène

Commençons par examiner de nouveau le rôle de l'investissement en capital physique. Quelle importance faut-il attribuer à l'augmentation de l'investissement, c'est-à-dire du nombre d'unités de capital par travailleur ? Le stock de capital est, à tout moment, constitué par l'ensemble des machines, équipements, infrastructures et usines qui composent l'appareil de production. Les résultats des calculs de type Denison nous disent qu'à lui seul, sans autre changement, l'accroissement du stock de capital ne joue qu'un rôle mineur dans les hausses de productivité par travailleur. Ce constat, qui peut étonner, mérite des explications.

Si la qualité du stock de capital n'évolue pas, c'est-à-dire si la technologie incorporée dans le stock de capital reste inchangée, il est peu probable qu'une augmentation de la quantité des unités de capital (par travailleur) ajoute grand-chose à la productivité par travailleur. À titre d'illustration, remontons à la France de 1880, prenons son stock de capital, avec la technologie qu'il incarnait, et doublons-le, en utilisant deux fois plus d'usines et de machines, tout en conservant les mêmes technologies : les additions possibles au PIB français par habitant finiront rapidement par s'épuiser, en vertu de la loi des rendements décroissants. L'investissement sans changement technologique, sans progrès des connaissances, n'a qu'un effet marginal sur les hausses de productivité.

Cependant, dès que nous entrons dans un univers dynamique, les limites imposées par la loi des rendements décroissants deviennent moins contraignantes. Le stock de capital d'une région est l'expression physique des connaissances accumulées, appliquées à la production de biens et services. Si les connaissances, incorporées dans le capital, changent, la nature du capital change elle aussi. Les nouvelles unités de capital, différentes des précédentes, ont pour effet d'augmenter la productivité des travailleurs (en remplaçant un ordinateur par un nouveau plus puissant, par exemple). Une grande partie du débat tourne autour des facteurs qui favorisent l'innovation et la mise en application des connaissances. Un certain niveau d'investissement est essentiel à la modernisation du stock de capital. Mais une bonne partie des innovations est intégrée dans le processus normal de remplacement du stock de capital ; leur avènement n'exige pas nécessairement une hausse du taux d'investissement de l'entreprise. L'application de meilleures méthodes de gestion et d'organisation du travail ne nécessite pas forcément de dépenses en capital. Aussi la productivité de l'unité de capital (prenons l'exemple de l'ordinateur, à nouveau) est largement tributaire de la formation et des connaissances des utilisateurs. De la même façon, des innovations se réalisent souvent « sur le tas » dans le cours normal des activités de production et des échanges d'informations ; ce qui n'est pas sans rappeler les effets de débordement du savoir, évoqués au chapitre 3. Bref, les investissements en capital physique, en l'absence d'un climat favorisant l'innovation et l'application des connaissances, risquent d'avoir des effets limités.

Toute innovation, toute amélioration dans les méthodes de production, repose en partie sur la circulation de nouvelles connaissances et de nouvelles idées. N'est-il pas alors raisonnable de penser que le rythme d'innovation est fonction du « stock » de capital humain (personnes formées et expérimentées) et de la densité d'interaction entre les personnes qui forment le stock régional de capital humain ? De cette proposition est né le modèle de croissance endogène (dont les pionniers sont Lucas et Romer) qui postule, en simplifiant quelque peu, que la loi des rendements décroissants ne s'applique plus dès qu'il s'agit de l'accumulation de connaissances, incorporées dans le capital humain ou physique. En termes simples, le potentiel productif d'un travailleur imaginatif s'accroît s'il se trouve à côté d'autres travailleurs pleins d'idées. L'addition continue d'unités de capital humain (qui incarnent les connaissances) ne fait qu'augmenter le rendement de chaque nouvelle unité. L'accumulation continue de connaissances nourrira, en somme, un processus « endogène » de croissance économique, qui se poursuit dans le temps.

Des ajouts de capital physique (par investissement) ou de capital humain (par immigration) seront plus rentables dans une région riche en connaissances que dans une région pauvre en connaissances. Ce principe expliquerait en partie pourquoi nous n'observons pas de mouvements massifs de capitaux privés des pays riches vers des pays plus pauvres, et encore moins des mouvements de travailleurs instruits vers des régions pauvres. Les écrits de Lucas, Romer et d'autres auteurs de la même école de pensée portent surtout sur les problèmes de développement des pays ; mais transposer cette analyse aux régions n'est pas si difficile à réaliser, même si l'opération n'en demeure pas moins délicate. Nous renouons donc avec le débat, évoqué au chapitre 4, sur la relation entre agglomération et innovation et sur l'échelle spatiale d'analyse appropriée.

D'autres auteurs (Landis 1988, et Olson 2000, par exemple) insistent sur l'importance de facteurs culturels, sociaux et ce que nous avons appelé le cadre institutionnel, dont l'existence d'un État de droit qui assure le bon fonctionnement des marchés. Le développement économique est difficilement imaginable sans un climat minimal de confiance entre personnes, sans des normes claires et sans un minimum de stabilité politique et sociale. Les économistes, par le passé, prenaient trop souvent ces conditions pour acquises ; nous savons aujourd'hui que la création des conditions institutionnelles qui sont à la base du développement ne va pas de soi. C'est le drame de bien des PED. On comprend alors l'importance, dans les écrits récents, accordée à l'organisation de l'État et au fonctionnement efficace des marchés. Par marchés efficaces, on entend, dans une perspective de développement, des marchés qui incitent les entreprises à innover et à adopter les méthodes de production les plus productives. Ces considérations ont généralement moins d'importance en analyse régionale ; les normes et les institutions qui régissent le fonctionnement de la société sont, en règle générale, un attribut national. Toutefois, il existe aussi des différences culturelles et institutionnelles d'un autre ordre qui peuvent différencier les régions entre elles : l'attitude envers le changement, la qualité des interactions entre acteurs économiques, le rôle que jouent les institutions locales, la flexibilité de la main-d'œuvre locale, la responsabilité et l'implication des entrepreneurs locaux… Tout ceci peut varier d'une région à l'autre et avoir un impact sur l'effet, en termes de développement, du déploiement de capital, qu'il soit physique ou humain.

Résumons. Selon la « nouvelle » école du développement, le rendement du capital physique ou financier est, au bout de compte, tributaire de la quantité et de la qualité du capital humain en place et des institutions qui l'encadrent. C'est le capital humain ainsi que ces institutions d'encadrement qui sont les ressources rares. En termes simples, l'argent suit les talents et non pas l'inverse. Le capital physique se « fabrique » plus facilement que le capital humain, d'autant plus que le capital financier (l'argent) est plus mobile, les importations de capital pouvant se substituer à l'épargne locale. C'est l'effet cumulé, souvent sur des décennies, de la concentration du capital humain, avec les connaissances qu'il incarne et les institutions et habitudes qu'il crée, qui constitue l'élément clé du développement. Mais la question reste posée : peut-on attribuer au capital humain le même rôle dans le développement de grandes « régions » comme le Québec ou la Wallonie, qui possèdent leur propre cadre institutionnel propre, que pour d'autres territoires dépourvus de telles assises ?

Rôle des richesses naturelles

Certains s'étonneront du fait que les ressources naturelles ne figurent pas parmi les facteurs explicatifs évoqués. Mais s'il y a une question qui fait l'objet d'un large consensus en sciences économiques, c'est bien celle de la fragilité des ressources naturelles comme source de croissance économique à long terme. À ce titre, il convient de bien distinguer le niveau de développement d'une région (son revenu par habitant) et sa structure économique, qui dépend beaucoup de ses avantages comparatifs naturels. La dotation d'une région en ressources naturelles détermine en partie les industries dans lesquelles elle se spécialisera (il est logique que le Québec, comme région boisée, exporte des produits issus de cette ressource), mais elle donne peu d'indications quant au niveau de développement de la région, mesuré par le revenu par habitant.

Les ressources naturelles ne sont source de richesse que si elles sont combinées efficacement (c'est-à-dire de façon plus efficace que dans d'autres régions) avec un stock adéquat de capital physique et, surtout, avec un stock adéquat de capital humain. Aucun avantage « naturel » n'est durable ou à l'abri des changements technologiques. La définition de ce qui constitue une ressource naturelle est une invention de l'homme et tributaire des conditions technologiques. Il suffit de quelques changements technologiques, par exemple l'apparition d'un substitut moins cher, pour réduire à néant la valeur de certaines « ressources ». Rien n'est plus éphémère qu'une base économique faite de ressources naturelles ; le destin des régions houillères de Belgique, de France et d'Angleterre en témoigne. Dans une perspective dynamique d'évolution des technologies, des marchés et des goûts, c'est en bonne partie la quantité et la qualité du stock régional de capital humain qui détermine la capacité de la région de reconvertir et de renouveler constamment ses structures économiques.

Mobilité des facteurs intangibles

Dans l'optique d'une analyse régionale, c'est le caractère mobile des facteurs de production qui doit retenir notre attention. Les connaissances, les idées, le savoir-faire, etc. sont la possession des individus, d'où précisément le concept de capital humain. Les facteurs de production peuvent se déplacer dans l'espace, le capital humain par des migrations, le capital physique par des transferts de fonds. Le capital physique (usines, machines, etc.) est mobile au sens qu'il est généralement possible de le rendre « liquide », c'est-à-dire de le transformer en capital financier par la vente des actifs qui le constituent. En outre, sa période d'amortissement, plus ou moins longue selon les circonstances, dépasse rarement une décennie. Les idées, les informations, les techniques se diffusent également dans l'espace par divers moyens : télécommunications, écrits, etc. Nous reviendrons sur les mouvements interrégionaux des facteurs de production au chapitre suivant.

L'ouverture économique procure des avantages à la région, par la possibilité d'échanges interrégionaux et par les bénéfices qu'elle peut retirer de la spécialisation (voir le chapitre 2). En ce sens, la théorie de la base économique est le complément naturel de la théorie des avantages comparatifs. Mais les avantages comparatifs de la région, grâce auxquels elle exporte, reposent en partie sur des facteurs de production susceptibles de se déplacer, comme nous l'avons vu. Sa base économique est, en somme, doublement sensible à des chocs provenant de l'extérieur. La région comme entité ouverte se trouve en situation de concurrence avec d'autres régions, non seulement au plan des échanges commerciaux (élément que retient le modèle de la base économique) mais aussi et surtout du point de vue de l'attraction et de la rétention des facteurs de production qui constituent sa base économique ; c'est ce que nous appellerons parfois des facteurs « intangibles » de production. Les usines, les idées et les populations peuvent se déplacer dans l'espace.

Les facteurs de production ne sont pas les seuls à être mobiles. La consommation elle-même se déplace dans l'espace. Une région pauvre en secteurs industriels et sans exportations apparentes pourra éventuellement « importer » des consommateurs, et ainsi faire vivre une économie de type résidentiel. Qu'entend-on par-là ? Les revenus qu'une région retire de la présence sur son sol de nouvelles populations participent aussi à son développement, en stimulant des secteurs tournés vers les besoins domestiques des individus (commerce, restauration et hébergement pour des touristes). On parle aussi d'économie présentielle pour la simple raison que c'est « l'excédent de présence » dans une région – résultat de l'attraction de populations extérieures (touristes, par exemple) et de la rétention des populations déjà résidentes – qui constitue le facteur d'enrichissement (Davezies, 2009).

Nous revenons ainsi au point de départ de ce chapitre. L'analyse régionale nous met face à une réalité économique « ouverte », en présence d'espaces habités où tout peut bouger, où rien n'est à l'abri de forces extérieures. Le sentier menant vers le développement d'une région est toujours le résultat d'un mariage (nécessairement différent et changeant) entre des facteurs endogènes et exogènes.

Synthèse : modèle schématique d'une économie régionale

La région est un espace ouvert. Son niveau d'activité économique dépend directement de la demande extérieure pour ses biens et services et les effets multiplicateurs qui en découlent. L'ampleur des retombées dépend largement de la diversification de la structure économique de la région. L'analyse de cette « réalité du moment » constitue ce que nous appelons l'analyse statique.

Le niveau d'activité économique de la région dépend indirectement, sur une période plus longue, de sa capacité de renouveler constamment son offre de facteurs de production (stock de capital humain, avec les connaissances et l'esprit d'entreprise qu'il incarne, stock de capital physique, etc.) ; cette capacité se reflète à son tour dans la productivité de ses travailleurs. À plus long terme, ce sont ces facteurs dynamiques qui déterminent la compétitivité de la région par rapport à d'autres régions. C'est une réalité plus difficile à saisir, qui relève de facteurs, souvent intangibles, qui peuvent se déplacer d'une région à l'autre.

Nous avons schématisé ces relations (figure 5.1). Le schéma a la forme d'un modèle d'impact ; on y distingue le cheminement, à travers l'économie de la région, des effets d'un événement extérieur, par exemple une hausse de la demande extérieure entraînant une augmentation des exportations (ce qui suppose une activité de base). Cette partie du modèle est donc conforme à la théorie de la base économique. En suivant les flèches dans le sens inverse, nous passons des facteurs dynamiques, mobiles, de production (qui sont « à la base de la base », pour ainsi dire) à l'effet multiplicateur (reflet de la structure économique) et à la demande exogène de biens et de services.

La distinction entre statique et dynamique est analogue ici à la distinction entre ce qu'il est convenu d'appeler, en analyse économique, les facteurs de demande et les facteurs d'offre. Les politiques de développement économique qui mettent l'accent sur l'offre cherchent, en principe, à agir sur les facteurs plus fondamentaux (éducation, santé, institutions, esprit d'entreprise…). Mais il est difficile de parler d'une doctrine économique cohérente, précisément à cause de la difficulté qu'on a à formaliser et à tester les relations en cause. Les événements extérieurs influencent à fois la demande de biens et services et l'offre de facteurs de production. Les échanges et les interactions avec le reste du monde ne se limitent pas aux flux commerciaux ; les entrées et les fuites peuvent influencer aussi bien la demande que l'offre de facteurs de production. La distinction entre le court et le long terme est importante aussi. À court terme, la région n'a pas d'influence sur la demande extérieure. Seule une position de force (de monopole, par exemple) pour un produit lui donne une telle influence, et c'est une situation exceptionnelle. Mais à long terme, la position concurrentielle de la région vis-à-vis du reste du monde peut se modifier, ainsi que la demande pour ses produits, d'où les flèches de rétroaction des « effets dynamiques » en direction de la « demande extérieure ». Toutefois, certains éléments sont difficilement modifiables, comme la localisation de la région par rapport aux principaux marchés ou bien la présence ou l'absence de grandes villes sur son territoire. Les conditions de la demande dans le reste du monde et qui définissent ce que « l'extérieur » veut acheter et à quel prix, demeurent également exogènes, hors de portée de la région. Finalement, c'est la rétroaction entre tous ces facteurs qui est à la base de la croissance économique à long-terme : la culture et les institutions locales interagissent avec les forces exogènes, soit en les faisant fructifier, soit en étouffant le développement.

Les mécanismes – internes à la région – de création, de rétention et d'attraction de facteurs dynamiques de production (connaissances, capital humain, jeunes entrepreneurs, etc.) restent primordiaux. Lorsque ces mécanismes sont faibles, les effets dynamiques risquent d'échapper à la région. On comprend qu'une région sans grand centre urbain, éloigné des principaux marchés – facteurs structurels sur lesquels les institutions et mécanismes locaux n'ont aucune influence – connaîtra *a priori* davantage de difficultés à attirer et à retenir les facteurs dynamiques de production. Les talents (les unités de capital humain) se déplacent constamment, au profit de certaines régions et aux dépens d'autres.

Figure 5.1 - Schéma de l'impact régional (d'une activité de base)

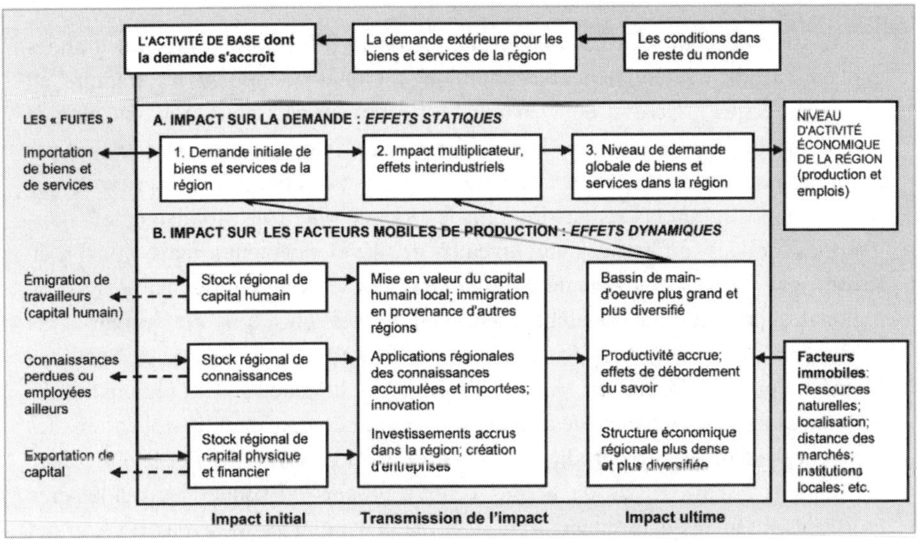

Discussion : limites des modèles explicatifs de développement économique régional

Si les nouveaux modèles explicatifs, dont le développement endogène, ont le mérite de mieux cerner les dynamiques en cause, les relations de causalité proposées sont, dans l'ensemble, d'ordre général. Le lien avec des interventions précises (un investissement dans l'éducation, par exemple) ne s'établit pas facilement, en partie parce que l'impact dépendra du contexte institutionnel local, lui-même très difficile à saisir. À la différence de modèles plus anciens, dont celui de la base économique, ces nouveaux modèles ne fournissent pas d'outils pour mesurer l'impact de tels ou tels investissements. La relation entre le niveau du revenu régional et la demande globale est clairement établie par le modèle de la base économique et par le modèle interindustriel. Mais aucune relation analogue n'est proposée pour la relation entre le revenu régional et le stock régional de connaissances. Tandis que le tableau interindustriel permet de tracer avec précision le cheminement d'un dollar de demande à travers l'économie de la région, aucun modèle connu ne permet de suivre les flux de connaissances. Nous savons que l'accumulation de capital humain (formé sur place ou importé) est un facteur de croissance, mais le calcul précis de ce que sera l'impact des dépenses d'éducation dans trente ans, par exemple, continue à nous échapper. Si le modèle de croissance endogène est utile sur le plan heuristique, il ne nous permet pas pour autant de prévoir la croissance future, ou de prescrire comment y parvenir par des politiques volontaristes. Bien qu'on reconnaisse aujourd'hui que les institutions et les cultures locales jouent un rôle important pour générer les conditions propices à l'innovation et au développement, il est presque impossible de cerner les éléments précis qui auraient un effet stimulant : au contraire, tout porte à croire qu'il existe une multitude de combinaisons institutionnelles, et tout le défi consiste à trouver la bonne combinaison pour la bonne région.

C'est en définitive à ce niveau que réside la principale limite des grandes explications du développement économique régional : comment les traduire en politiques utiles ? Certes, nous avons beaucoup appris : nous n'avons plus la prétention de pouvoir résoudre les problèmes de développement uniquement par des investissements massifs. À l'échelle des pays et des peuples, nous savons que les facteurs culturels et institutionnels jouent un rôle fondamental dans l'explication des différences de niveaux de développement ; mais nous n'en savons pas plus sur la manière de « fabriquer » des cultures nationales ou régionales propices au développement ; en termes plus crus (le lecteur nous pardonnera), comment transformer l'Éthiopie ou Haïti, en Canada ou en Suède, la Gaspésie ou la Lozère en Silicon Valley ? À l'échelle des régions, nous reconnaissons l'importance des facteurs d'agglomération dans l'explication des différences de niveaux de productivité ; mais comment alors stimuler la croissance des régions qui n'ont pas de grands centres urbains ? Évoquer les rendements croissants, associés à la concentration du capital humain, n'est pas d'un grand secours pour les régions éloignées des grands centres. Le modèle de croissance endogène de Romer semble se confirmer à l'échelle des pays ; mais quelle est sa validité quand on l'applique aux espaces régionaux ?

CHAPITRE 6

DÉVELOPPEMENT RÉGIONAL INÉGAL : DIVERGENCE ET CONVERGENCE

Les fruits du développement économique ne se répartissent pas de façon égale sur le territoire. On observe dans tous les pays des inégalités économiques d'une région à l'autre[1]. Le développement se concentre, en règle générale, sur quelques points du territoire. Les inégalités régionales de bien-être sont-elles inévitables ? Comment surgissent-elles ? Existe-t-il des mécanismes qui jouent dans le sens inverse ? C'est à ces questions que nous tâcherons de répondre dans ce chapitre.

Pour y parvenir, nous examinerons le fonctionnement des marchés régionaux du travail. Dans toute région, c'est l'arbitrage entre l'offre et la demande de travail qui détermine, dans une large mesure, le niveau relatif des salaires par rapport à d'autres régions. Mais comment les marchés du travail s'ajustent-ils aux chocs venus de l'extérieur provoqués par le processus de développement économique ?

Encadré 6.1
« INÉGALITÉS » DU DÉVELOPPEMENT ET « INÉGALITÉS » DE NIVEAU DE VIE : UNE DISTINCTION MAL COMPRISE

La distinction entre *la polarisation spatiale de l'activité économique* et *les inégalités spatiales de revenu par habitant* mérite qu'on s'y attarde un peu. Il n'y a pas forcément de corrélation entre les deux. Les inégalités régionales de revenu ne sont pas plus prononcées en France, pays fortement polarisé par sa capitale économique, culturelle et politique, qu'au Canada, un pays où plusieurs centres urbains exercent une polarisation de ces fonctions-là. L'analyse économique ne nous permet pas d'affirmer que le niveau de développement d'un pays est lié à un modèle particulier de polarisation spatiale de l'activité. Dans un pays comme l'Allemagne, où le polycentrisme s'est imposé (Munich, Hambourg, Berlin, Francfort...) et où peine à émerger un pôle dominant, le modèle spatial fort différent de celui de la France n'empêche pourtant pas les deux pays d'afficher des niveaux de PIB par habitant comparables. L'État devrait-il intervenir pour défendre un modèle de développement moins polarisé ? La réponse n'est pas toujours évidente. La situation française, et la concentration parisienne qui la caractérise tant, est un bel exemple des débats qui animent cette question. S'agissant des politiques de lutte contre les inégalités territoriales, on invitera le lecteur à toujours se poser la question du type d'inégalités dont il est question. La précision à ce sujet n'est pas seulement une question de vocabulaire.

À propos de la définition des inégalités (ou disparités) régionales

Les deux termes s'emploient pour désigner les inégalités de bien-être ou de développement entre régions. Elles sont toujours évaluées, explicitement ou implicitement, par rapport à une situation de référence : elles indiquent l'écart par rapport à une norme. L'utilisation d'un tel vocabulaire implique presque toujours un jugement normatif sur ce qui est acceptable ou inacceptable. Parler des disparités régionales qui existent dans un pays signifie en général qu'on les juge inacceptables. Traditionnellement, les politiques régionales ont pour motivation principale la lutte contre les inégalités territoriales ; le sujet du chapitre 7.

Quels indices qualitatifs ou quantitatifs doit-on retenir ? Le concept d'inégalité peut recouvrir un nombre quasi infini d'indicateurs de bien-être ou de performance économique : taux de scolarisation, nombre de lits d'hôpital par tranche de population, taux de mortalité infantile, taux de chômage, degré de pollution, coût de la vie, etc. Le choix de l'indicateur dépend du contexte. Nous nous limiterons ici aux inégalités à caractère économique, et c'est principalement le revenu (ou la production) par habitant qui nous servira de repère, comme dans le premier chapitre.

D'entrée en jeu, il faut se garder de confondre deux types d'inégalités comme l'encadré 6.1 s'est employé à le montrer :

1) les inégalités dans la répartition spatiale du niveau de bien-être ou dans le niveau du revenu réel des particuliers ou des familles ;

2) les inégalités dans la répartition spatiale des activités économiques et des populations. C'est ce que nous entendons par « développement polarisé ».

C'est le premier qui retiendra surtout notre attention. L'évolution dans le temps des inégalités régionales de revenu par habitant n'a rien de prédéterminé. Viser l'égalisation ou du moins la réduction des disparités de revenu par habitant est un objectif politique légitime (voir le chapitre 7). Par contre, « l'égalisation » de la répartition spatiale des activités économiques et des populations est tout à fait irréalisable (revoir les chapitres 1 à 3). En France, le Cantal au sud du Massif Central n'aura jamais le même poids économique que Paris, et il serait vain d'espérer que la Gaspésie (au Québec) ait un jour la même population que la région montréalaise. Parler de structures économiques « égales » serait tout aussi irréaliste.

C'est l'interrelation entre les deux types d'inégalité spatiale qui est au cœur du débat. Est-ce que le développement polarisé (en bonne partie inévitable) signifie nécessairement des disparités régionales de revenu ? L'évaluation des liens de causalité et de rétroaction entre les deux reste l'un des grands défis de l'analyse économique régionale. Les politiques de redistribution des activités économiques trouvent, au fond, leur justification dans le désir de corriger (ou de prévenir) les disparités de bien-être ou de revenu par habitant.

Dynamique des marchés régionaux de travail : modèle schématique

Imaginons deux régions A et B de taille comparable. À tout moment, le niveau de salaire et d'emploi dépend de la demande de travail. La demande de travail est une demande dérivée, c'est-à-dire qu'elle découle de la demande de biens et de services. La relation entre l'offre et la demande de travail dans les régions A et B est illustrée à la figure 6.1. Ce modèle simple, où l'on voit des courbes d'offre et de demande de travail, fournit le point de départ essentiel de toute réflexion sur l'impact des migrations interrégionales.

Figure 6.1 - Marchés régionaux du travail en situation d'équilibre

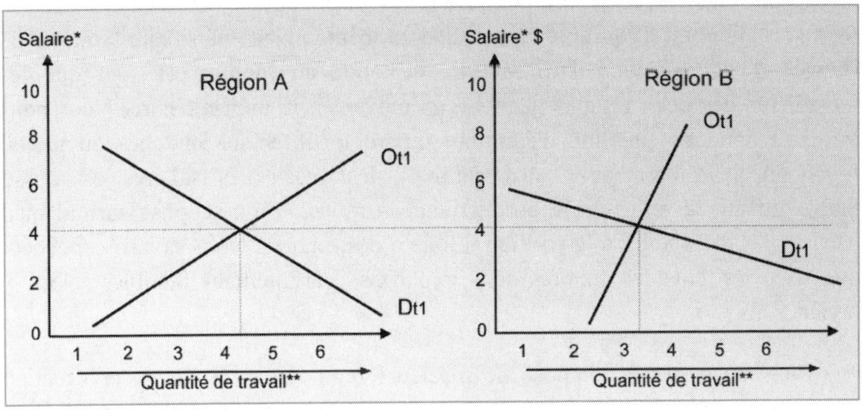

* Taux horaire de rémunération par travailleur (Dollars ou Euros)
** En nombre d'unités (années-personnes) ; 1 unité = environ 1800 heures de travail.

Offre et demande régionales de travail

Examinons les éléments du modèle. Tout se passe, au départ, dans un univers statique[2]. L'axe vertical donne le niveau de salaire par travailleur, par exemple le taux horaire en dollars US. Le modèle suppose l'existence de facteurs de production homogènes ; dans le cas présent, cela signifie que les travailleurs peuvent au besoin être substitués les uns aux autres. Dans chaque région, l'offre de travail (c'est-à-dire le nombre d'unités de travail, exprimées ici en heures) augmente en réaction aux salaires offerts par les entreprises ; c'est pourquoi la courbe d'offre (O) monte à mesure que l'on va de gauche à droite sur l'axe horizontal, qui représente le nombre d'unités de travail offertes. L'augmentation de l'offre de travail peut être due à une hausse du nombre d'heures travaillées par travailleur, mais aussi surtout à l'arrivée sur le marché du travail d'autres personnes disposées à offrir leurs services aux salaires offerts. En l'absence de mouvements migratoires, l'arrivée de nouveaux travailleurs sur le marché signifie toujours une hausse du taux d'activité de la région, c'est-à-dire du pourcentage de la population en âge de travailler qui se présente effectivement sur le marché du travail[3]. Quant à la demande de travail (D) des employeurs, elle augmente à mesure que le salaire accepté par les travailleurs diminue ; c'est pourquoi la courbe de demande descend à mesure que l'on va de gauche à droite.

Pour des raisons de simplicité, nous supposons que l'économie de chaque région forme un seul marché du travail et qu'il n'y a pas d'obstacles majeurs aux transferts intersectoriels à l'intérieur de la région ; la courbe d'offre se rapporte donc à l'ensemble des travailleurs réels ou potentiels de la région. Sans cette restriction, si le modèle portait sur un seul secteur d'activité économique, l'offre de travail pourrait également augmenter par des transferts en provenance d'autres secteurs.

Le point où se croisent les deux courbes, soit le point d'équilibre, fixe le niveau des salaires et de l'emploi. Dans les deux régions représentées dans la figure 6.1, le point d'équilibre correspond au même niveau de salaire (soit 4 $ de l'heure). Les conditions d'offre et de demande au moment t1 font que les travailleurs des deux régions gagnent, en moyenne, le même salaire. Nous nous trouvons donc en situation d'équilibre interrégional. Si les marchés du travail fonctionnent « librement », sans entraves, le niveau des salaires est aussi, indirectement, le reflet de la productivité du travail. Cela suppose surtout qu'il n'existe pas d'obstacles à la fixation « libre » des salaires. Nous savons cependant que dans les faits les salaires sont loin d'être parfaitement flexibles. Nous y reviendrons.

Dans un système composé de plusieurs régions (A, B, C...), la situation d'équilibre représentée par la figure 6.1 signifie que des facteurs de production comparables (des travailleurs, en l'occurrence) reçoivent partout la même rémunération. Supposons que le capital reçoit également la même rémunération partout. On a alors un système interrégional en parfait équilibre, au sens que rien ne bougera. Ce résultat est aussi un optimum social pour l'ensemble du système, car il n'est pas possible d'accroître la production en déplaçant des facteurs de production d'une région à l'autre. Pour le travailleur individuel, il n'existe pas de motivation à se déplacer d'une région à l'autre. Le travailleur de la région A a toutes les raisons de rester où il est, car un déplacement vers la région B s'y traduirait par une hausse de l'offre (la courbe se déplacerait vers la droite) qui aurait pour conséquence d'y faire baisser le niveau des salaires. Il n'y aura pas de migrations interrégionales, du moins pas pour des raisons économiques. Ajoutons que la situation illustrée à la figure 6.1 signifie en principe l'absence de disparités régionales.

Inégalités régionales en situation d'équilibre

Nous avons dit que la figure 6.1 représente une situation d'équilibre interrégional, sans disparités du point de vue du salaire par travailleur. Cela ne veut nullement dire que les deux régions sont semblables sur le plan de la structure économique, de la taille ou d'autres caractéristiques. La région B est moins peuplée (et peut-être moins grande) que la région A, car dans son cas le point d'équilibre (où les deux courbes se croisent) correspond à un plus faible nombre d'unités de travail. Si les taux d'activité des deux régions sont comparables, on peut conclure que la population totale de A doit être supérieure à celle de B. Le revenu par habitant des deux régions sera comparable dans la mesure où le revenu du travail constitue la plus grande part du revenu total des ménages. Dans les pays industrialisés, le revenu du travail – les salaires, en somme – compte en général pour 70 % à 80 % du revenu des ménages. C'est l'élément clé dans la détermination du revenu total.

Le revenu par habitant peut varier entre deux régions, même en situation d'équilibre. Il est possible que la part de la population qui n'est pas en âge de travailler, c'est-à-dire de jeunes et de vieux, diffère d'une région à l'autre. Le rapport entre la population qui n'est pas en âge de travailler et la population en âge de travailler (celle de 15 ans à 65 ans, en général) est le taux de dépendance. Les taux d'activité peuvent aussi différer parce que les préférences et les valeurs sociales face au travail ne sont pas les mêmes.

Ainsi, il est possible que les habitants d'une région soient plus conservateurs en ce qui concerne la présence des femmes sur le marché du travail. Dans la mesure où cette attitude se traduit par un taux global d'activité plus faible (une proportion moins forte de femmes au travail), la région aura des revenus par habitant plus faibles que les régions plus libérales, même si les taux de salaire sont comparables. Il est possible par ailleurs que les autres revenus, surtout la rémunération du capital, soient distribués de façon « inégale » entre les régions. Les détenteurs de capital peuvent se concentrer dans une région, ce qui n'est pas incompatible avec la condition selon laquelle, en situation d'équilibre, la rémunération du capital est égale partout. Le travailleur gagne normalement son revenu dans la région où il habite, la distance entre le lieu de travail et le lieu de résidence ne pouvant dépasser certaines limites. Sauf pour les frontaliers ou pour les navetteurs de longue distance, il n'y a donc pas de dissonance entre le revenu recensé selon la région de résidence et le revenu comptabilisé selon la région de travail. Dans notre modèle, les régions A et B sont des marchés distincts du travail, sans déplacements journaliers entre les deux régions. Pour les revenus d'investissement, cette condition ne tient pas. Il est possible que le détenteur d'actions ou d'obligations (investissements de portefeuille) ou le propriétaire-dirigeant d'une usine (investissement direct) habite une région autre que celle dont proviennent les revenus. Dans la plupart des pays, ce facteur ne joue qu'un rôle mineur dans l'explication des disparités régionales de revenu par habitant. Il favorise les régions qui, pour des raisons de climat, de prestige, de goût, attirent les gens qui reçoivent des rentes ou d'autres revenus d'investissement (pensionnaires et retraités, par exemple). En ce qui concerne la France, la région parisienne et la Côte d'Azur viennent tout de suite à l'esprit.

Le revenu de travail nominal (par opposition à réel) peut différer d'une région à l'autre en situation d'équilibre : le coût de la vie n'est pas forcément le même partout. La valeur nominale est le montant « visible » pris tel quel : 40 $ = 40 $.

La valeur réelle est ajustée aux différences de prix ou à l'inflation. Si, à titre d'illustration, le coût de la vie est 20 % plus élevé à Paris que dans le Midi de la France, et les biens et services que l'on pourra acheter à Paris pour 40 $ coûteront 33,33 $ dans le Midi : en somme, 40 $ à Paris = 33,33 $ dans le Midi[4]. Les coûts de logement et de nourriture sont souvent plus faibles dans les régions méridionales ; on y dépense moins à niveau de vie égal, de sorte qu'un revenu nominal plus faible y équivaut peut-être, en termes de bien-être réel, à un revenu plus élevé gagné en région parisienne. De plus, tous les gens n'ont pas les mêmes goûts. Une personne pourrait, par exemple, être disposée à accepter un salaire un peu plus faible pour avoir le plaisir de résider en bord de mer plutôt qu'en banlieue d'une grande métropole, si ce facteur est primordial pour elle. Au plan de la satisfaction personnelle (l'économiste parle plutôt d'utilité), un salaire horaire de 18 $ avec accès à la mer est peut être équivalent à 22 $ sans accès à la mer.

Bref, même en situation d'équilibre, on doit admettre comme normales des différences de revenu par habitant d'une région à l'autre. D'autres facteurs, comme la distance (nous y reviendrons) et les différences de structure industrielle, peuvent également expliquer la persistance de disparités de revenu en situation d'équilibre.

Mais ces facteurs « normaux » n'expliquent en général qu'une petite partie, variable selon les pays ou régions, des disparités observées. Ce sont les disparités « anormales », qui sont le reflet d'un déséquilibre dans le système et qui retiendront notre attention dans les sections qui suivent.

Événement déclencheur des inégalités régionales

Avant l'ère industrielle, les différences de niveau de vie et de développement entre régions ou pays étaient, dans l'ensemble, peu importantes, si l'on excepte les sociétés dites primitives. Selon Bairoch (1992 : 14), entre les sociétés aussi bien qu'à l'intérieur des sociétés, les écarts par rapport à la moyenne ne devaient pas dépasser 30 % dans un sens ou dans l'autre.

Quel choc a donc pu susciter des écarts de revenu par habitant persistants et dépassant les différences normales ? Il faut chercher la réponse dans le processus de développement économique.

Supposons que notre système formé de deux régions (figure 6.1) connaisse des hausses soutenues de la productivité par travailleur, pour les raisons exposées au chapitre précédent : progrès des connaissances, évolution technologique, économies d'agglomération. Les revenus par habitant augmentent ainsi dans l'ensemble du système, et la structure de consommation des ménages se transforme, comme nous l'avons vu au chapitre premier.

Supposons que la région A soit au départ plus urbaine que la région B et comprenne des villes plus grandes. Elle a un avantage comparatif dans la production de produits urbains (biens et services) dont l'élasticité-revenu est supérieure à 1. À mesure que le pays se développera et que le revenu par habitant s'accroîtra, la demande relative de biens et services se déplacera de la région B vers la région A et les consommateurs du pays demanderont, en termes proportionnels, toujours plus de produits de la région A.

Le résultat de cette succession de changements se manifeste, dans la figure 6.2, par la hausse de la demande de travail dans la région A (la courbe D se déplace vers la droite) et par une baisse de la demande relative dans la région B (la courbe se déplace vers la gauche). Le déplacement des courbes de demande de travail provoque une disparité dans les niveaux de salaire. Le taux de salaire est maintenant de 5 $ de l'heure dans la région A et de 3 $ de l'heure dans la région B, soit un écart de 65 % au profit de la région A. On remarque dans la figure 6.2 que le déplacement des courbes de demande a provoqué dans la région B, à la fois une baisse des salaires et une diminution du nombre de personnes employées. Pour un salaire plus bas, moins de gens se présenteront sur le marché du travail ; les deux impacts (salaires plus bas et taux d'activité plus faibles) se traduiront par des revenus par habitant plus bas dans la région B.

Figure 6.2 - Marchés régionaux du travail après une modification de la structure de la demande

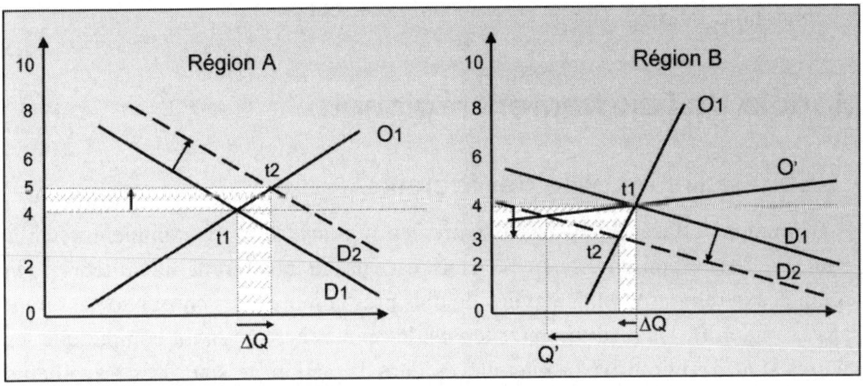

Supposons que, réaction très normale, les travailleurs de la région B ne veuillent pas accepter de baisse de salaire ; la courbe d'offre de travail sera alors quasi horizontale ou inélastique (O'). À ce moment-là, la baisse de la demande dans B se traduira, non pas par une baisse des salaires, mais par une diminution encore plus importante du nombre de personnes qui travaillent : la baisse ira jusqu'au point Q' (figure 6.2, région B).

Cette diminution du nombre de personnes qui travaillent peut prendre la forme d'une hausse du taux de chômage ou d'une baisse du taux d'activité. L'impact ultime sur les revenus par habitant sera le même : ils seront plus bas dans B. Notons que le concept de chômage s'applique aux personnes qui veulent travailler (et ne se sont donc pas retirées du marché du travail) mais ne trouvent pas d'emploi.

Revenons à l'origine de la disparité. Son élément déclencheur est la croissance économique de l'ensemble du système, plus précisément l'impact de la croissance sur la composition de la demande. Dans tout système où les revenus sont en progression, la structure de la demande est en constante mutation au profit de certains produits et au détriment de certains autres. À moins de postuler que toutes les régions du système ont les mêmes avantages pour la production de tous les biens (position franchement irréaliste), on arrive inéluctablement à la conclusion que le développement économique engendrera des disparités régionales.

Les disparités (ou différences de prix du travail) jouent un rôle de tout premier plan dans le processus de développement. Devant la nécessité de réaffecter constamment des ressources, les disparités sont des clignotants qui signalent la direction dans laquelle les facteurs de production devraient se déplacer. La présence d'une disparité des salaires dans la figure 6.2 nous dit qu'il serait souhaitable de transférer des unités de travail vers la région A, où leur revenu sera plus élevé. Le transfert de ressources de B à A se traduira par un gain de productivité pour l'ensemble du système.

Mais ce constat fait abstraction des coûts sociaux. Ceci nous amène à parler des migrations interrégionales.

Modèle de l'ajustement régional

Nécessaire mobilité des facteurs

Comment effacer la disparité entre les régions A et B, comment rétablir l'équilibre ? La réponse qui vient à l'esprit est : par le transfert de travailleurs de la région B à la région A. Mais voyons de plus près comment les choses se passeront dans la région B. Dans un premier temps, la population se rendra compte que les salaires sont d'environ 65 % plus élevés dans la région voisine. Les travailleurs (occupés ou à la recherche d'un emploi) seront fortement tentés de partir. Un mouvement migratoire s'amorcera alors, dont les effets sont illustrés à la figure 6.3. Le départ de travailleurs de la région B aura pour effet d'y faire augmenter les salaires en réduisant l'offre de travail de la quantité Q" ; en contrepartie, l'arrivée dans la région A d'une quantité comparable de travailleurs aura pour conséquence d'y exercer une pression négative sur les salaires. Le déplacement de travailleurs de la région B vers la région A se poursuivra tant que la disparité durera, c'est-à-dire tant que les habitants de la région B verront un avantage à la migration en termes de revenus à gagner[5]. Nous voyons dans la figure 6.3 que le déplacement de travailleurs, s'il touche un nombre de personnes suffisant, finira par effacer la disparité des salaires entre les deux régions.

Le raisonnement que nous venons de présenter forme le cœur de la pensée économique néo-classique en la matière, et que nous appellerons ici le modèle de l'ajustement régional, expression empruntée à l'économiste canadien

T. Courchene. Selon le modèle de l'ajustement régional, la réduction des disparités régionales exige que les régions s'ajustent constamment et rapidement aux conditions extérieures, plus particulièrement à l'évolution des conditions de la demande. Les migrations sont, dans cette perspective, un mécanisme essentiel d'ajustement, de remise en équilibre des économies nationales. Si les ajustements se font rapidement et sans entraves, les disparités ne durent qu'un temps ; elles s'effacent à mesure que les régions s'ajustent aux nouvelles conditions de la demande. En d'autres termes, les disparités régionales ne sont alors que des perturbations plus ou moins temporaires, mais inévitables dans tout contexte de croissance.

Figure 6.3 - Marchés régionaux du travail en situation d'équilibre retrouvé après un déplacement de la main-d'œuvre

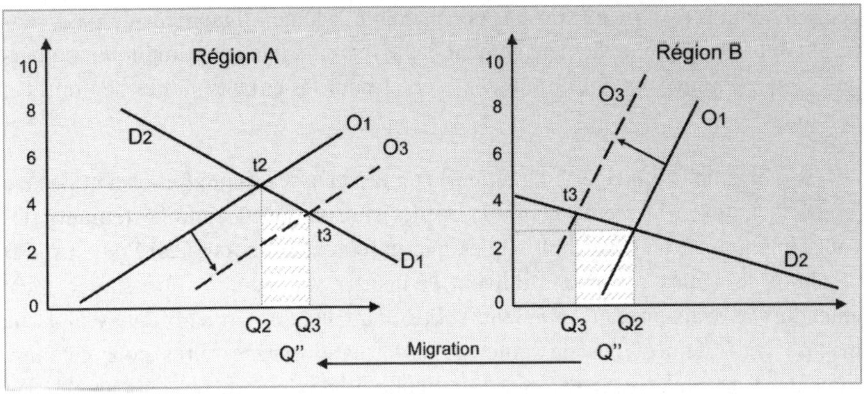

Ce raisonnement ne se limite pas aux mouvements des travailleurs ; il s'applique tout autant aux autres facteurs de production. Supposons aussi que, étant donné l'évolution de la structure de la demande, il existe également à la période t2 des écarts de rendement sur les investissements industriels entre la région A et la région B, à l'avantage de A ; à la période t3, du capital se déplacera de B à A jusqu'à ce qu'il y ait égalisation du rendement entre les deux régions. Le modèle de l'ajustement régional peut servir de complément à la théorie de la base économique. Selon cette théorie, le niveau d'activité d'une région dépend directement de la demande extérieure ; le modèle de l'ajustement régional ajoute que la région doit constamment s'ajuster à celle-ci sous peine de sombrer dans la pauvreté. Dans les deux cas, c'est la demande extérieure qui établit les conditions avec lesquelles la région doit composer.

Le modèle de l'ajustement régional a le grand mérite de présenter un cadre cohérent, facile à saisir, pour analyser la persistance des disparités économiques régionales. Nous reviendrons plus tard sur ses limites, mais restons pour le moment fidèle à la pensée néo-classique.

Entraves à la mobilité des facteurs

L'espace géographique comporte des coûts (chapitre 2). Franchir la distance entre deux points exige des efforts et des ressources. Ce constat signifie que la fluidité parfaite, sans entraves, des facteurs de production (travail, capital, etc.) n'existe pas.

Coûts sociaux de la migration

Déménager d'une région à une autre implique des coûts d'autant plus élevés pour les personnes ou les ménages que la région de destination est éloignée. L'éloignement n'est pas seulement affaire de distance géographique : il est aussi culturel et psychologique. On conçoit que quitter Lausanne (francophone) pour Zurich (germanophone) ou Liège (francophone) pour Anvers (néerlandophone) signifie beaucoup plus que déplacer les meubles de la famille, bien que la distance géographique à couvrir ne soit pas considérable. Même à l'intérieur de pays sans frontière linguistique, le déménagement d'une région à une autre implique toujours une rupture : nouveaux amis, nouvelles écoles pour les enfants, autres coutumes et habitudes, etc.

À moins de déménager à l'intérieur d'un rayon assez limité (en restant dans la même localité ou le même quartier), la décision de partir entraîne toujours des coûts importants, tant psychologiques que purement économiques. Pour justifier ce choix, les gains escomptés doivent l'emporter sur les coûts à assumer. Bien entendu, la décision fait rarement l'objet d'un calcul « scientifique » ; on ne dispose généralement pas de toutes les informations nécessaires pour ce faire. Mais la décision n'en est pas moins rationnelle. Elle comporte toujours un élément de risque qui est implicitement intégré au calcul des coûts. L'arbitrage entre gains et coûts transparaît dans la structure par âge des migrants (figure 6.4). La propension à émigrer vers d'autres régions diminue rapidement après l'âge de trente-cinq ans dans la plupart des cas. Les jeunes en début de carrière ont davantage tendance à partir, car ils peuvent réaliser des gains sur une période plus longue et ne possèdent en général pas d'immobilier ; de plus, les coûts (psychologiques et autres) à assumer sont généralement moindres pour des personnes plus jeunes qui possèdent moins de capital social et relationnel et sont plus aptes à les reconstruire ailleurs. Par contre, pour une personne un peu plus âgée, la migration entraînerait des coûts plus élevés. En plus de quitter tous ses réseaux et de devoir les reconstruire ailleurs (avec l'âge, l'étendue et la qualité de ces réseaux augmentent et la possibilité d'en reconstruire ailleurs diminue), elle essuierait probablement une perte substantielle de son investissement immobilier (les valeurs immobilières dans les régions en déclin étant souvent très basses à cause de la demande défaillante). Cette situation pourrait donc entraîner une baisse considérable du niveau de vie matériel dans la région de destination éventuelle, quel que soit le salaire offert, car celui-ci permettra très rarement de réinvestir rapidement dans un logement semblable à celui vendu à perte dans la région de départ. Au-delà d'un certain âge, les populations sont donc souvent piégées dans leur région, encore plus lorsque celle-ci est en déclin.

Revenons à la situation illustrée à la figure 6.2, à savoir une disparité salariale de 65 % entre les régions A et B. Peut-on penser que des travailleurs se déplaceront en nombre suffisant pour effacer cette disparité, comme le veut la figure 6.3 ? À la lumière de ce que nous venons de dire, la réponse est non. Certaines familles trouveront qu'un écart de 65 % ne justifie pas les coûts d'un déménagement. De plus, à mesure que l'écart s'amenuisera, de moins en moins de ménages de B se laisseront attirer par A. Une fois l'écart descendu à 20 %, par exemple, peu de travailleurs jugeront la décision de partir[6] intéressante. La persistance, dans ce cas, d'un écart salarial de 20 % entre les deux régions ne sera pas incompatible avec le fonctionnement efficace des marchés régionaux du travail.

Figure 6.4 - Propension à émigrer selon l'âge

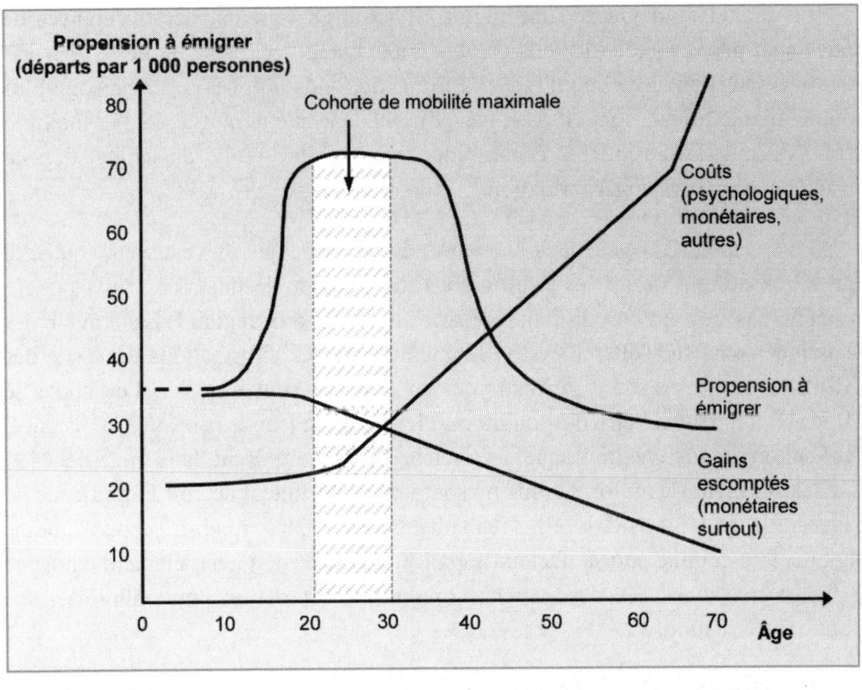

Cette analyse du processus migratoire nous permet de dégager quelques conclusions :

- la persistance de inégalités régionales (revenu ou de salaire) est prévisible, voire « normale », dans la mesure où les travailleurs ne sont pas – et ne seront jamais – parfaitement mobiles, à cause des coûts économiques et psychologiques associés à la décision d'émigrer ;
- les écarts de revenu seront d'autant plus grands que les régions sont éloignées les unes des autres, en termes de distance géographique ou culturelle ;

- les obstacles à la mobilité des personnes ont pour conséquence d'accentuer les inégalités ou de les faire durer. Il est normal que les écarts de revenu entre pays où il existe des barrières à l'immigration soient plus importants qu'entre régions d'un même pays.

Cette troisième conclusion nous aide à comprendre pourquoi la Belgique, malgré sa petite taille, connaît des inégalités territoriales importantes. La Belgique est coupée en deux par une frontière linguistique qui, à bien des égards, se compare à une frontière internationale avec un impact analogue sur la mobilité des travailleurs. Le PIB par habitant dans la région flamande d'Anvers était presque le double de celui de la région wallonne du Hainaut à la fin des années 2000.

Mobilité géographique du capital

Le capital se déplace d'une région à l'autre en fonction des différences de rendement perçues, nous l'avons dit. Les mouvements de capitaux ne se font pas non plus sans coût. Le capital (sous la forme de fonds liquides) est beaucoup plus mobile que le travail, mais il n'est pas non plus parfaitement mobile. À l'intérieur d'un système sans frontières économiques, la mobilité réelle du capital dépend fortement des coûts de l'information.

La décision d'investir dans une autre région exige que l'investisseur (ou celui qui le conseille) possède des informations sur la région destinataire. L'investisseur n'achète pas des actions de l'entreprise x située dans la région B sans avoir des renseignements sur l'une et l'autre. L'obtention de ces informations nécessite des efforts et du temps, dont l'investisseur va peser le coût d'option. Les coûts de l'information peuvent être plus ou moins élevés, selon leur sensibilité à la distance, tant culturelle que géographique. Le facteur de risque présent dans toute décision d'investissement (les informations ne sont jamais parfaites) accroît la prudence de l'investisseur. L'incertitude des rendements escomptés rend le capital moins mobile, tout comme pour le facteur travail. L'investisseur a généralement tendance à favoriser d'abord des destinations connues, plus proches, pour minimiser ses coûts d'information.

L'impact de la distance sur la mobilité du capital se fait surtout sentir pour les investissements directs, qui exigent que l'investisseur exerce en parallèle des fonctions de direction et de gestion. Ainsi, la décision de la société Renault de construire une usine à Marseille (investissement direct) devra tenir compte des coûts de communication avec la nouvelle filiale. Il est normal que la maison mère veuille, dans la mesure du possible, maximiser son contrôle sur sa filiale ; plus la filiale est éloignée, plus elle risque d'échapper au contrôle de la direction parisienne. Les décisions d'investissement direct (prises au siège social) favoriseront d'abord les régions les plus proches, où les coûts de communication sont moins importants. Ce n'est pas un hasard si l'industrie canadienne de l'automobile (composée surtout de filiales de sociétés américaines) a d'abord pris naissance dans le sud de l'Ontario, à proximité de la ville de Détroit. On comprend facilement l'impact des différences culturelles sur la décision d'investir directement dans une autre région. Une société wallonne (francophone) qui ouvre une usine en pays flamand devra se donner la capacité de communiquer en néerlandais avec le personnel de la nouvelle filiale ; il est probable que, pour éviter ce coût, elle commence par prendre de l'expansion dans la partie francophone de la Belgique.

Diffusion spatiale des techniques et des connaissances

Nous pouvons étendre ce raisonnement à d'autres facteurs, dont les facteurs de production dits « intangibles » évoqués au chapitre précédent : techniques, idées, connaissances, mentalités, etc. Il est convenu d'employer le terme diffusion spatiale pour désigner la transmission dans l'espace de facteurs de ce type. Ainsi, on parle de la diffusion des idées ou des techniques. Le terme diffusion s'applique parce qu'il ne s'agit pas d'un déplacement aux dépens de la région d'origine, mais plutôt de la propagation dans l'espace, à partir d'un point d'origine, d'une invention, d'une idée ou d'autres facteurs intangibles du même genre. Au chapitre 5, nous avons vu que les connaissances, incorporées par la suite dans des techniques de production plus efficaces, sont une importante source de productivité.

Les facteurs intangibles de production sont sensibles à la distance (géographique, mais surtout culturelle), tout comme les facteurs de production plus classiques. Puisque les idées, les techniques et les connaissances doivent être assimilées par les populations avant de pouvoir se transformer en production effective de biens et services, les facteurs dynamiques et intangibles de production sont particulièrement sensibles aux barrières culturelles. La propension à adopter une nouvelle idée ou une nouvelle technique est d'autant plus faible que la nouveauté est éloignée, tant au plan géographique (la distance géographique diminue les rencontres inopinées) que culturel (la distance culturelle peut rendre la nouvelle idée incompréhensible ou apparemment inadaptée). Les habitants d'Aix-en-Provence adopteront plus rapidement une idée venue de Marseille, situé à quelques kilomètres, que les habitants de Lille vivant à l'autre extrémité du pays. Cependant, les NTI tendent à diminuer l'impact de la distance géographique dans ces processus de diffusion : par contre, la distance culturelle – surtout si elle est accompagnée de différences linguistiques – reste de toute première importance. D'ailleurs, dans certains contextes il est difficile de départager la distance géographique de la distance culturelle.

Tendance à long terme à la diminution des inégalités régionales

La distance oppose une barrière à l'intégration des marchés, à la fois parce qu'elle entraîne des coûts qui limitent le mouvement des facteurs et parce qu'elle freine la diffusion des techniques et des idées. Pour cette raison, l'ajustement des marchés régionaux (du travail, des capitaux, etc.) aux changements de la demande n'est jamais complet. Des inégalités dureront tant que l'espace géographique, ou toute autre forme de distance, empêchera l'intégration complète des marchés.

Cette dernière phrase exprime, en peu de mots, l'essence de la pensée économique néo-classique en la matière. Ce cadre d'analyse conserve un grand attrait, non pas uniquement pour sa simplicité, mais aussi parce que les réalités empiriques, bien souvent, concordent avec lui et ont tendance à lui donner raison. Les inégalités de revenu par habitant à l'intérieur d'un même pays sont habituellement moins prononcées que les disparités entre pays, première indication que l'intégration favorise l'égalisation des revenus. En Europe, depuis la signature du Traité de Rome (1957) établissant les bases de ce qui est devenu l'UE, les écarts de revenu entre pays membres n'ont cessé de diminuer.

Ce modèle d'analyse nous permet également de faire certaines prédictions sur l'impact du progrès technologique en matière de transports et de communications. Dans la mesure où les coûts associés à la distance sont un frein au fonctionnement optimal des marchés, donc un obstacle à l'égalisation géographique des revenus, on s'attend à ce que les inégalités régionales s'aplanissent à mesure que les coûts de transport et de communication diminuent.

Dans la grande majorité des pays industrialisés, les résultats sont conformes aux prédictions. À long terme, la relation positive entre croissance économique et réduction des inégalités régionales de revenu (ou de PIB) par habitant est clairement établie (pour la France, voir Combes *et al.* 2011). La tendance favorise la convergence des revenus par habitant entre régions. Dans la figure 6.5, nous illustrons les tendances historiques pour le Canada et les États-Unis. Dans la figure 6.6, nous donnons les résultats pour quelques pays européens depuis 1950. Les données pour l'Europe sont exprimées en PIB par habitant[7] ; celles pour le Canada et les États-Unis en revenus par habitant. La tendance à la convergence est, en règle générale, plus prononcée pour les revenus, notamment depuis l'avènement de l'État de providence (après la Deuxième Guerre mondiale), reflet des politiques de redistribution des revenus.

La réduction impressionnante des inégalités régionales aux États-Unis depuis plus de cents ans mérite des explications. Cette longue période (surtout avant 1950) fut marquée par une migration massive de populations (surtout noires) des États du Sud, plus pauvres, vers les États du Nord, alors les plus riches. Les Américains sont, en règle générale, plus mobiles que les Européens ; l'intégration économique y est aussi beaucoup plus avancée qu'en Europe (elle remonte à plus de deux siècles). C'est un pays sans grands clivages culturels ou linguistiques. Enfin, la géographie des États-Unis favorise l'intégration du territoire : malgré sa grande dimension, c'est un pays compact, sans régions véritablement excentrées, comme le nord de la Scandinavie, le sud de l'Italie ou l'est du Canada. Bref, les conditions étaient réunies pour que l'intégration économique favorise l'égalisation interrégionale des revenus[8].

La figure 6.5 révèle aussi l'impact, tant au Canada qu'aux États-Unis, de la grande crise des années 1930, qui a eu pour conséquence de brutalement interrompre la tendance à la convergence des revenus. Au Canada, la remontée des disparités entre 1940 et 1950 s'explique par l'entrée de Terre-Neuve dans la confédération en 1949, à l'époque la province la plus pauvre. Dans la figure 6.6, les disparités plus fortes en Allemagne pour la période post 1990 s'expliquent par l'intégration de l'ancienne Allemagne de l'Est dans la république fédérale.

Figure 6.5 - Évolution des inégalités régionales de revenu par habitant*, États-Unis et Canada

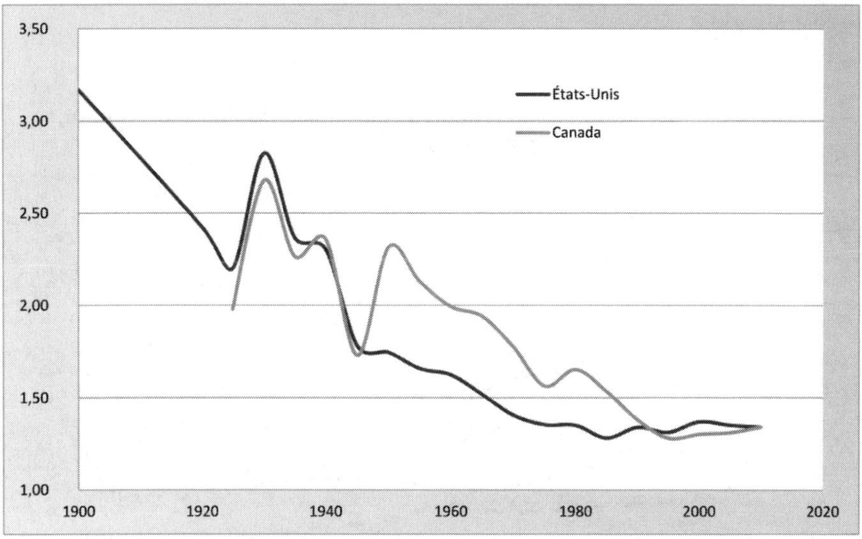

* États-Unis : Rapport entre le revenu par habitant moyen de la région la plus riche et la région la plus pauvre. Canada : Rapport entre les 2 provinces les plus riches et les 2 les plus pauvres.

Dans la plupart des pays industrialisés, la tendance à la convergence régionale semble s'arrêter autour des années 1980, avec même une remontée des inégalités dans certains cas, notamment au Royaume-Uni. Deux explications s'imposent :

1) La grande phase d'ajustement régional tire à sa fin dans les pays industrialisés. L'urbanisation arrive à ses limites et l'effet égalisateur des migrations internes est maintenant marginal. Les disparités qui subsistent sont « normales », en somme, étant donné les coûts de la migration.

2) Les années récentes furent marquées par des changements technologiques et des événements qui favorisent la recrudescence des inégalités entre régions.

Nous ne pouvons pas rejeter la deuxième explication. Nous avons montré au chapitre 2 que des réductions dans les coûts de transport et de communications ont favorisé la centralisation de la production, en particulier dans le tertiaire supérieur. L'essor de Londres comme centre financier international a été en partie propulsé par les nouvelles technologies d'information. En parallèle, dans de vieilles régions industrielles – telles que le Hainaut en Belgique et les Midlands anglais – la reconversion des économies locales vers des secteurs plus modernes tarde à venir.

Si le rythme des changements technologiques est plus rapide que le rythme d'ajustement (des populations), les inégalités tendront à repartir à la hausse. Cependant, les NTI ne privilégient pas seulement les grandes villes : certaines régions autrefois tenues à l'écart, qui pouvait pourtant offrir une bonne qualité de vie, sont devenues des localisations acceptables, voire attrayantes, pour certaines activités. Nous aborderons cet aspect au chapitre 10 avec le développement de ce qu'il est convenu d'appeler les économies résidentielles : la recrudescence des inégalités confirme cependant que la tendance générale dominante est favorable à la centralisation.

Figure 6.6 - Évolution des inégalités régionales de PIB par habitant, pays européens

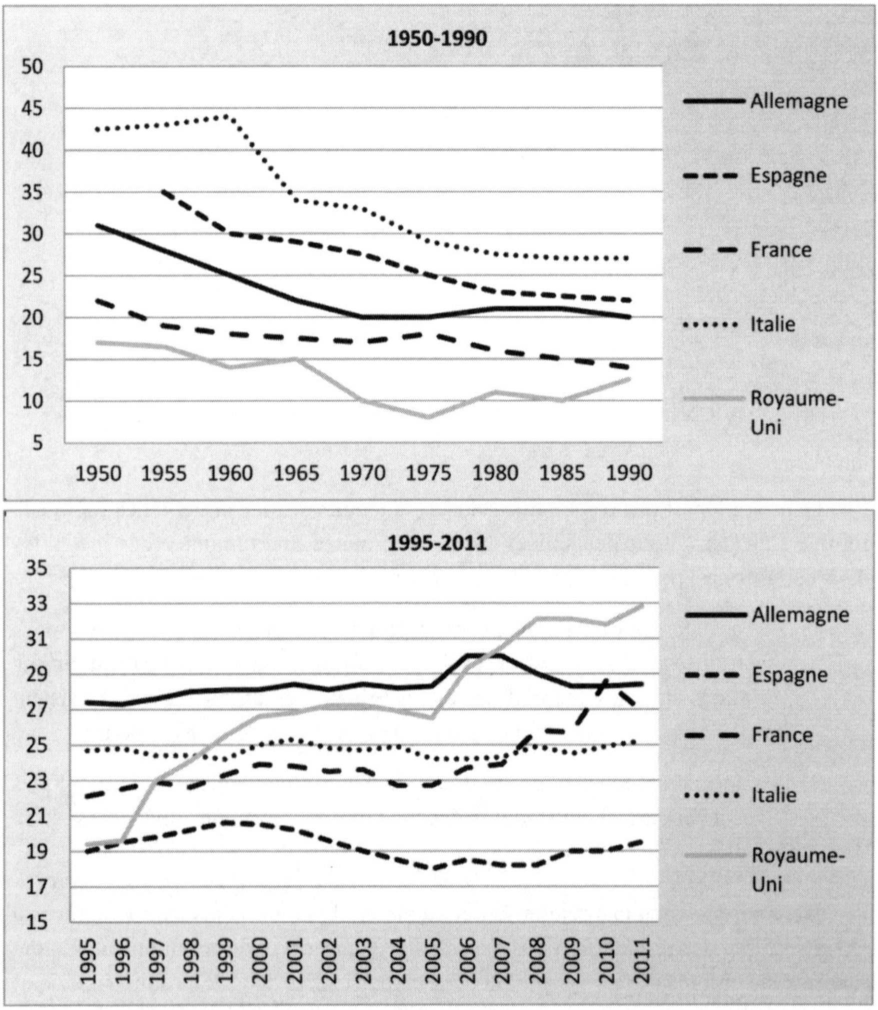

Attention : les deux figures ne portent pas sur le même indicateur d'inégalité régionale : voir *Sources et notes méthodologiques*.

Enfin, on observe, dans presque tous les pays industrialisés, des régions défavorisées dont les revenus par habitant restent nettement en dessous de la moyenne nationale ; pensons aux provinces de Basilicata et de Calabria dans le Mezzogiorno italien, à la Gaspésie dans l'est du Québec, ou encore aux Highlands de l'Écosse. Dans plusieurs PED, des parties entières du pays semblent condamnées à rester en dehors du processus de développement ; pensons au nord-est brésilien ou au sud-est mexicain. Il serait imprudent de se fier aux seules vertus de l'intégration économique pour régler, avec le temps, les problèmes de ces régions. D'autres facteurs agissent dans un sens contraire à celui qui est prédit par le modèle d'ajustement régional. Si ce modèle est utile pour préciser le rôle positif de l'intégration et de la fluidité des marchés, il occulte cependant certaines réalités.

Facteurs dynamiques de convergence et de divergence régionales

Le schéma de raisonnement élaboré dans la section précédente n'est pas totalement dynamique, car il s'agissait toujours de simuler la réaction des acteurs (travailleurs, investisseurs, etc.) à des chocs extérieurs, à des événements exogènes. Le choc extérieur a pris la forme, dans le modèle présenté ci-dessus, d'un changement de la structure de la demande auquel la région devait s'adapter. Le choc initial reste exogène ; c'est une donnée du modèle. La possibilité d'effets de rétroaction sur le choc initial n'est pas envisagée.

Dans les sections suivantes, nous introduisons des éléments plus dynamiques dans le modèle de l'ajustement régional.

Migrations comme facteur d'équilibre et de déséquilibre

Revenons à la figure 6.3, qui illustre l'impact des mouvements de main-d'œuvre sur les disparités interrégionales du revenu du travail. Par son effet sur l'offre de travail, soit une hausse dans la région A et une baisse dans la région B, le déplacement de travailleurs de B vers A a effacé la disparité, qui reflétait elle-même un changement antérieur dans les conditions de la demande. Mais on doit se demander si l'incidence de cette arrivée de main-d'œuvre dans la région A se limite à son impact sur l'offre de travail. La figure 6.3 n'illustre que l'impact sur l'offre. Voyons comment l'arrivée de travailleurs dans la région A pourra influencer aussi la demande de travail.

Transfert spatial de la demande

Selon le modèle de la base économique, l'entrée de fonds dans une région y suscite des effets multiplicateurs grâce aux dépenses touchant les biens et services locaux. L'arrivée de travailleurs dans une région n'a pas forcément pour effet d'accroître la demande globale initiale ; la figure 6.3 postule que la hausse de l'offre de main-d'œuvre sera compensée par une baisse du niveau des salaires, de sorte que le montant global dépensé par les travailleurs restera en principe inchangé. Mais l'arrivée de nouveaux habitants modifiera sans doute la structure de la demande ; cet impact s'exercera surtout sur la construction résidentielle et sur les infrastructures : écoles, hôpitaux, etc. Il est fort probable que la demande de produits proprement locaux augmentera, par opposition à la demande de produits importés.

À cela, nous pouvons ajouter les effets d'un transfert spatial de la demande de B à A grâce aux épargnes apportées par les anciens citoyens de B. En combinant les deux effets, nous arrivons à un effet de rétroaction sur le niveau de la demande de travail dans A. Le mouvement de travailleurs vers A (surtout s'ils viennent avec leur famille) y accroîtra la demande de travail, poussant la courbe de demande vers la droite pour déclencher encore une fois, entre les deux régions, une disparité salariale qui exigera un nouveau mouvement de travailleurs pour que soit rétabli l'équilibre interrégional. Ce résultat n'est pas incompatible avec le cadre de statique comparative postulé par le modèle de l'ajustement régional. Il signifie cependant que le temps d'ajustement nécessaire pour atteindre un nouvel équilibre sera plus long et qu'il faudra un mouvement migratoire plus important que celui qui était prévu au départ par le modèle. On ne peut pas estimer d'avance cet impact sur la demande de travail ; il varie selon les contextes et selon les caractéristiques des immigrants et des régions. L'impact de l'immigration sur la demande interne d'une région est d'autant plus grand que les nouveaux arrivants font ou occasionnent de « nouvelles » dépenses dans la région et que celle-ci a une structure économique complexe.

Transfert spatial des facteurs dynamiques de production

Dans le chapitre précédent, nous avons parlé des facteurs « dynamiques » (ou intangibles) de production. Un transfert de population entraîne un transfert spatial de ces facteurs car :

1. les facteurs dynamiques (innovations, connaissances…) sont en partie incarnés dans les populations ; leur concentration dans un lieu génère, en principe, des rendements croissants (voir chapitre 5) ;

2. les caractéristiques de la nouvelle population (âge, origine, scolarité...) ont un impact sur le rythme d'adoption de nouvelles idées et de nouvelles techniques de production ;

3. des facteurs statiques, à la base des hausses de productivité (économies d'échelle, économies d'agglomération), sont par définition associés à des populations plus importantes.

Les deux premiers éléments ont trait à la « qualité » relative des populations ; cela nous amène à parler de la sélectivité du processus migratoire.

Sélectivité des migrations

Le terme sélectivité, appliqué à une population migrante, signifie que la population qui part n'a pas les mêmes caractéristiques que la population dans son ensemble. La sélection s'opère au moment de la décision de partir pour une autre région. Nous avons vu que la migration a un coût, qu'il faut opposer aux gains qui en sont attendus. De cela, nous avons pu déduire que la structure par âge des migrants n'est pas la même que celle de l'ensemble de la population ; c'est un premier indice de sélectivité. La plus grande jeunesse des migrants a généralement pour effet de réduire le taux de dépendance dans les régions d'immigration et de l'accroître dans les régions d'émigration. S'ensuit une « disparité » au plan des revenus par habitant, dans la mesure où le pourcentage de la population qui travaille devient plus élevé dans la région d'immigration (la région A dans notre exemple).

Si les migrations sélectives se poursuivent, la région B (région d'émigration) finira par avoir un taux de dépendance élevé, car sa population sera surtout composée de jeunes d'âge scolaire, de femmes au foyer et de retraités. C'est effectivement le lot de plusieurs régions « marginalisées » qui, depuis des générations, connaissent de forts taux d'émigration : le sud de l'Italie, l'ouest de l'Irlande, l'est du Québec. Si, en plus, certains services (écoles, hôpitaux, etc.) sont à la charge des collectivités locales (communes, municipalités…), l'impact sur les disparités de bien-être sera encore plus important.

L'effet de la sélectivité ne touche pas seulement les structures d'âge. Puisque la migration comporte un coût (un effort !), les premiers à partir sont ceux qui en ont les moyens. Ce ne seront donc pas les plus démunis qui partiront, ni les moins dynamiques. Le désir « rationnel » de maximiser les gains de la migration est entretenu par des individus qui ont des attributs à rentabiliser dans la région de destination, notamment leur niveau d'éducation. Un diplôme supérieur spécialisé en génie électronique procure plus facilement un emploi dans une grande ville que dans une petite. Les populations migrantes sont, en général, plus jeunes, plus scolarisées, plus dynamiques et plus entreprenantes que les populations sédentaires. Mais il est toujours hasardeux de se prononcer sur les « qualités » des populations.

Retenons surtout l'aspect niveau d'éducation, dont les dimensions sont faciles à saisir. Nous proposons au tableau 6.1 une simulation de l'impact de la migration sélective à cet égard. Nous supposons que la région A est plus peuplée que la région B (ceci était déjà implicite dans la figure 6.1), mais aussi que sa population est au départ plus scolarisée : 80 % des habitants de A ont un diplôme secondaire, contre 50 % de ceux de B (soit un taux de diplômés de 60 % plus élevé dans A que dans B). Supposons que 100 000 personnes quittent la région B. Cette population migrante est proportionnellement plus scolarisée que l'ensemble de la population de la région B (70 % de diplômés contre 50 %), mais moins que celle de la région A (70 % contre 80 %).

Le mouvement migratoire fait donc diminuer le pourcentage de diplômés dans les deux régions (qui passe à 79 % dans A et à 45 % dans B), mais proportionnellement plus dans B, si bien que l'écart entre les deux structures s'élargit. Le taux de diplômés dans la population active est maintenant de 75 % plus élevé dans A. En somme, la migration sélective élargit les écarts entre les régions, même si la population immigrante est moins scolarisée que la population d'accueil ; pour que ce résultat se produise, il suffit que la population migrante soit plus scolarisée que la population de sa région d'origine. On peut appliquer le même calcul à d'autres attributs : âge, statut professionnel, niveau d'épargne.

Tableau 6.1 - Impact des migrations sélectives sur les disparités régionales en matière d'éducation : simulation

	Région A		Région B		Migrants :
	Nombre	%	Nombre	%	B → A
Avant migration					
Population (en 000)	1 000		500		100
Pop. avec diplôme secondaire	800	80 %	250	50 %	70 %
Pop. sans diplôme	200	20 %	250	50 %	30 %
% diplômés A / % diplômés B	**1,60**				
Après migration					
Population (en 000)	1 100		400		
Pop. avec diplôme	870	79 %	180	45 %	
Pop. sans diplôme	230	21 %	220	55 %	
% diplômés A / % diplômés B	**1,75**				

La figure 6.7 donne – pour le Canada et pour la France – la part des diplômés universitaires dans la population de quinze ans et plus, selon la taille des villes. Dans les deux pays, le poids des diplômés est une fonction positive de la taille. Dans les deux pays, les chances de trouver un diplômé d'université sont, toutes proportions gardées, environ deux fois et demie plus élevées dans les grandes villes (population d'un million et plus) que dans des collectivités rurales. Bref, la présence des diplômés dans les grandes villes est plus forte en termes absolus et en termes relatifs.

Causalités cumulatives et circulaires

Le transfert des facteurs dynamiques de production vers la région A aura pour effet, à plus long terme, d'y accroître la productivité du travail par comparaison à la région B. En termes relatifs, le stock de connaissances y sera plus élevé, la population active plus instruite et plus réceptive aux nouvelles idées et le stock de capital plus jeune, sans oublier l'impact cumulatif des économies d'agglomération. Tous ces effets s'entremêlent et sont difficiles à quantifier, mais le résultat global est sans équivoque : la région A sera plus « productive ». Voyons comment ce changement des productivités relatives peut influencer la demande de main-d'œuvre dans la région A.

Figure 6.7 - Part de diplômés universitaires dans la population de 15 ans et plus, selon la taille urbaine : Canada et France*

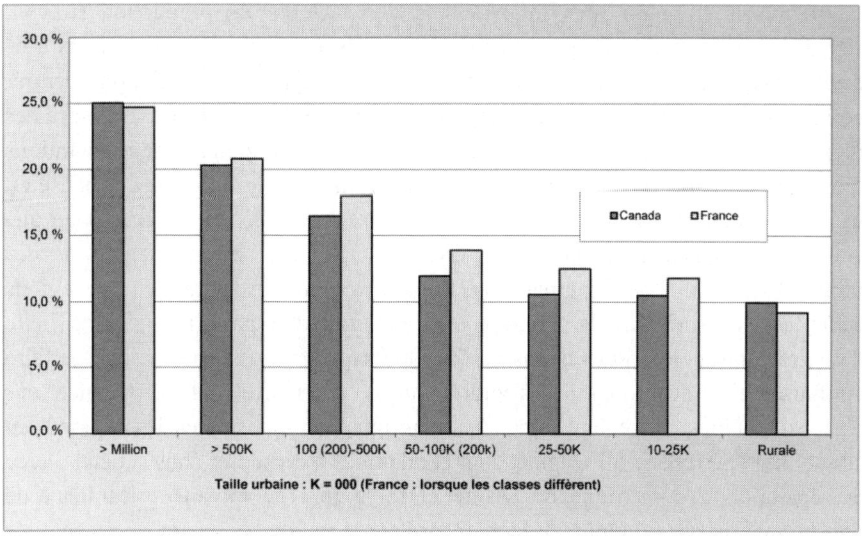

* Les régimes scolaires diffèrent ; une comparaison exacte doit être évitée

Hausse de la productivité signifie capacité de produire à meilleur compte, si bien que la région A accroîtra sa part du marché national. La hausse de la productivité y provoquera un accroissement de la demande extérieure, poussant la courbe de la demande de travail dans A vers la droite (voir la figure 6.2). Si l'impact positif des nouveaux arrivants sur la demande de travail est suffisant, il pourra annuler voire surpasser l'effet négatif de l'accroissement de l'offre sur les salaires (illustré à la figure 6.3). Nous nous trouverons alors devant une conjoncture qui évoque l'image du chat courant vainement après sa queue.

En d'autres mots, nous sommes devant des processus circulaires et cumulatifs. Circulaire parce que l'impact de la rétroaction sur la demande suscitée par le transfert spatial des facteurs intangibles provoque une nouvelle hausse des salaires et que, à chaque fin de cycle, le processus recommence. Cumulatif parce que les additions répétées à l'offre de facteurs de production dans A (et la réduction relative de ces facteurs dans B) creusent, à long terme, un écart toujours plus grand entre les deux régions, sur le plan tant de la taille des populations que du stock de capitaux, de connaissances et d'autres facteurs de production intangibles. Enfin, il n'est pas inutile de rappeler le modèle de croissance endogène, évoqué au chapitre 5, selon lequel plus une région est bien dotée en capital humain, plus l'addition d'une unité de plus de capital humain y sera rentable. Nous voilà à nouveau de retour au processus d'agglomération dont il a été question dans la première partie de ce livre. Le caractère cumulatif des économies d'agglomération – jumeau du modèle de croissance endogène – nous aide à comprendre pourquoi les salaires dans les grandes villes restent élevés malgré l'afflux massif continu de migrants en provenance d'autres régions et pays.

Naissance de centres et de périphéries

L'impact cumulatif des mouvements des facteurs de production (travail, capital, connaissances, etc.) au profit des régions qui ont été les premières à se développer finit par créer ce qu'il est convenu d'appeler des relations centre-périphérie. Dans à peu près tous les pays du monde industrialisé, on rencontre des régions centrales, plus peuplées, concentrant les plus grandes agglomérations urbaines où les revenus sont plus élevés que dans le reste du pays. On pense au bassin parisien en France, à la grande région de Toronto au Canada, à ce que Gottmann (1961) avait appelé la mégalopolis dans le nord-est américain (corridor urbain de Boston à Washington). Une fois que le pouvoir d'attraction des régions centrales est inscrit dans la géographie économique d'un pays, il devient difficile d'y faire contrepoids. Nous avons vu dans le chapitre 4 qu'il serait risqué de faire confiance aux déséconomies d'agglomération pour arrêter la croissance des régions urbaines. Il ne faut cependant pas imaginer que toutes les régions, en situation de périphérie à l'origine, sont condamnés à demeurer dans cet état ; avec la séparation géographique croissante entre le lieu de travail et les lieux de consommation par exemple, ou bien encore par le jeu de la division socio-spatiale du travail (comme nous le verrons en conclusion), certaines « périphéries » peuvent tirer leur épingle du jeu. Il reste néanmoins que ce développement ne peut entièrement se dissocier, spatialement et économiquement, des régions dites centrales.

La marginalisation de certains territoires est la contrepartie du développement polarisé, concept bien établi en économie spatiale. La forme que prendra cette polarisation – l'ampleur des écarts entre le « centre » et les « périphéries » – sera déterminée par l'histoire et la géographie du pays. La dichotomie centre-périphérie sera plus fortement ressentie dans un grand pays à peuplement inégal. La situation du pays sur la mappemonde n'est pas sans importance ; une situation au cœur économique du continent ne donnera pas le même résultat qu'une situation plus excentrée. Les provinces maritimes du Canada ont été progressivement marginalisées à mesure que l'économie nord-américaine s'est consolidée et que son centre de gravité se fixait sur l'axe New York-Chicago. L'est du Canada ressemble au sud-ouest de l'Espagne ou au nord de la Scandinavie, des régions dont la situation géographique est tout aussi excentrée par rapport au centre de gravité de l'économie européenne. Le climat a également son mot à dire : les chances de voir les retraités français attirer vers le nord du pays sont beaucoup plus faibles que celles de les voir se diriger vers le Midi. Les hasards de la géographie pour expliquer l'ampleur plus ou moins grande des écarts de développement ne s'arrêtent pas là. Les ressources naturelles, encore plus quand elles sont mal distribuées dans un pays, ont un rôle à jouer, et en outre celui-ci est susceptible d'évoluer au cours du temps ; une même ressource aura pu aider une région à se développer à une certaine époque, mais l'avoir affaiblie à une autre époque si cette ressource est épuisée ou si elle se négocie moins bien sur les marchés internationaux. Cet exemple nous renvoie aux propos du chapitre précédent au sujet de la fragilité des ressources naturelles comme moteurs de croissance.

Encadré 6.2
EFFET CONTRADICTOIRE DES RESSOURCES NATURELLES – LE SYNDROME DU RENTIER ENCOMBRANT

Des dotations riches en ressources naturelles (le charbon hier, le pétrole aujourd'hui..) donnent lieu à des rentes, qui se traduisent par des profits plus élevés pour les entreprises et aussi, dans certains cas, par des salaires plus élevés pour les travailleurs. Elles sont donc une source de richesse. La capacité des travailleurs à s'accaparer la rente dépendra surtout de la taille des entreprises ; la syndicalisation se développe plus facilement dans les grandes entreprises. Les bons salaires sont, bien entendu, une bonne chose pour les travailleurs qui en profitent. Toutefois, ils auront également pour effet, notamment en région périphérique, de faire fuir d'autres industries pour lesquelles les salaires payés dépassent la productivité « réelle » des travailleurs ; et ils peuvent à moyen terme enfermer l'économie régionale dans la mono-industrie.

À la longue, l'impact d'une économie dominée par quelques grandes entreprises « rentières » sur les mentalités locales peut être tel qu'il devient parfois un obstacle à l'innovation et à l'entrepreneurship ; condition à laquelle nous avons donné le nom de « syndrome du rentier encombrant » (Polèse et Shearmur 2002, 2006). C'est le pendant régional de ce que les économistes appellent « le malaise néerlandais », en souvenir de l'époque où les exportations néerlandaises de pétrole et de gaz naturel exerçaient un tel impact (à la hausse) sur la devise nationale qu'il était difficile aux autres industries d'exporter. Au Québec, le syndrome se manifeste sur la Côte-Nord et le Saguenay : on constate d'une part que les hauts salaires payés par les grandes alumineries rendent difficile le développement d'autres industries, d'autre part que la situation de l'emploi local devient au fil du temps dépendante des grandes entreprises. En Europe, l'équivalent du syndrome du rentier encombrant se rencontre dans les vieillies régions industrielles et minières qui, même après plusieurs générations, ont beaucoup de mal à se départir de mentalités héritées d'une autre époque.

La dichotomie centre-périphérie ne se limite pas à l'opposition entre un cœur économique – national ou continental – et des régions éloignées moins prospères, bien que cela demeure sa manifestation la plus évidente. Toutes les périphéries ne sont pas égales. Pour les périphéries à faible revenu par habitant, leur principal espoir réside dans la possibilité d'attirer des industries à la recherche d'une main-d'œuvre moins chère. D'autres trouveront leur salut grâce à leur dotation en ressources naturelles, avec les risques qu'on connaît : au Canada, la bonne performance économique de l'Alberta, province périphérique à l'échelle du continent américain, est largement redevable à l'exploitation du pétrole extrait des sables bitumineux ; mais en cas d'effondrement durable du prix du baril de pétrole, quelles solutions de relance s'offre à elle ? D'autres périphéries encore joueront sur leur capacité à attirer de nouvelles populations (soit de manière définitive, soit de façon temporaire) en mobilisant des attraits d'un autre type, davantage paysagers, climatiques ou culturels (nous y reviendrons dans le dernier chapitre). Mais dans ce registre également, les risques ne sont pas absents et la compétition est rude.

Redéploiement spatial de l'activité économique

L'enracinement dans le territoire de paysages centre-périphérie s'accompagnera de déplacements continus des activités économiques qui se poursuivront bien au-delà de la grande période d'urbanisation. La polarisation de l'activité économique dans les plus grands centres urbains provoquera, en parallèle, des déplacements vers des localisations plus périphériques, en particulier chez les industries moins en mesure d'assumer les coûts immobiliers et les coûts de main-d'œuvre des régions centrales.

Dans la figure 6.8, nous représentons, de façon schématique, l'évolution de la concentration spatiale de l'emploi manufacturier en France au cours du siècle dernier (adaptée de Lung, 1989). L'évolution prend la forme d'une courbe en forme de cloche. Aux premiers moments de l'industrialisation, la concentration de l'emploi manufacturier va croissante, mais arrivée à un sommet (atteint vers 1960 en France), on assiste à la tendance inversion et l'emploi se répartit de manière plus dispersée sur le territoire national.

La figure comprend une deuxième courbe qui représente l'évolution des indices de concentration en l'absence de la région parisienne. Cette courbe amorce sa descente beaucoup plus tôt, aux alentours de 1925. Bref, entre 1925 et 1960, à l'échelle nationale, l'emploi manufacturier conserve, en termes relatifs, sa tendance à la concentration dans la région parisienne. Mais un mouvement de déconcentration vers les départements de la grande couronne parisienne s'est déjà amorcé. À partir de 1960, il se généralise (les industries commencent à s'éloigner des limites de l'Île-de-France) et on assiste à une amorce de décentralisation industrielle à proprement parler. Cependant, les départements gagnants n'épousent plus un modèle régulier, si l'on excepte des concentrations plus fortes dans la région Rhône-Alpes et la faiblesse continue du centre de la France. Les conditions locales comptent pour beaucoup, bien entendu, dans l'explication des gains ou des pertes d'emploi industriel. Le « syndrome du rentier encombrant » (voir encadré 6.2) demeure un frein pour plusieurs vieilles zones industrielles : le Nord, la Lorraine et l'Auvergne.

Figure 6.8 - Évolution de la concentration spatiale de l'emploi industriel en France

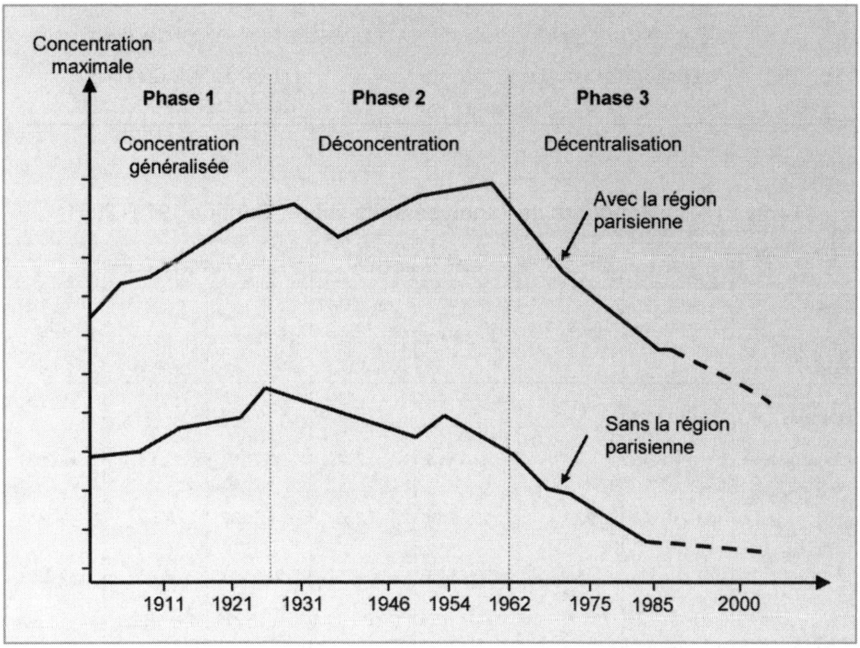

La décentralisation industrielle, comme facteur de convergence régionale, se fait par vagues successives, en fonction du niveau de développement et de la géographie du pays et des pressions exercées sur la partie centrale. Pour illustrer cette dynamique territoriale, nous faisons maintenant appel à des données canadiennes[9], qui nous donne l'occasion de présenter la méthode *shift-share* (encadré 6.3).

Analyse des effets de structure et des effets locaux (analyse shift-share)

L'espace canadien a été réorganisé pour former cinq classes (régions-types) selon un découpage centre-périphérie, en employant des critères de distance et de taille (tableau 6.2). Ainsi, à la classe Cu correspondent les zones urbaines ayant une population de 10 000 à 500 000 habitants, situées à une heure ou moins de voyage (en voiture) d'une agglomération de 500 000 habitants. Toute localisation, rurale ou urbaine, située à l'intérieur de ce rayon est traitée de « centrale », celles plus loin de « périphériques ».

Tableau 6.2 - Découpage du territoire canadien : définitions

Sigle	Attribution	Population
Métro	Grandes régions urbaines	> 500 000 habitants
	Villes et zones centrales : dans un rayon d'une heure d'auto d'une grande région urbaine	
Cu	Villes proches :	10 000 à 500 000 hab.
Cr	Zones rurales proches	moins de 10 000 hab.
	Villes et zones périphériques : à plus d'une heure de voyage	
Pu	Villes périphériques	10 000 à 500 000 hab.
Pr	Zones rurales périphériques	moins de 10 000 hab.

Tableau 6.3 - Résultats de l'analyse shift-share, Canada 1971- 2001

Régions	Emploi total		Effet de structure		Effet régional		
	Croissance réelle	Croissance en %	Emplois	en % de la croissance réelle	Emplois	en % de la croissance réelle	Emplois : secteur manufacturier
Grandes régions urbaines	3 844 543	107,9 %	640 916	16,7 %	(81 107)	-2,1 %	(46 288)
Villes proches (Cu)	1 210 600	92,8 %	(58 640)	- 4,8 %	67 020	5,5 %	(43 365)
Zones rurales proches (Cr)	684 911	98,1 %	(208 348)	-30,4 %	249 580	36,4 %	69 857
Villes périphériques (Pu)	922 532	76,4 %	(51 060)	-5,5 %	(139 158)	-15,1 %	(10 057)
Zones rurales périphériques (Pr)	534 110	52,6 %	(306 239)	-57,3 %	(96 335)	-18,0 %	29 853
Canada	7 196 695	92,4 %	640 916*	8,9 %	316 600*	4,4 %	

* Total : valeurs positive ou négative

L'analyse *shift-share* permet la décomposition de la croissance de l'emploi en trois éléments : l'effet national, l'effet structurel et l'effet régional. L'effet national donne la croissance que la région aurait connue si elle avait crû au même rythme que le pays dans son ensemble. L'effet structurel mesure la croissance que la région aurait connue, compte tenu de sa structure d'emploi initiale, au-delà (ou en-deçà) de l'effet national : en d'autres termes, c'est la croissance au-delà (ou en-deçà) de l'effet national qu'aurait connue la région si chaque secteur pris individuellement y avait crû au rythme de croissance sectoriel national. Si les industries à croissance rapide y sont fortement concentrées, l'effet structurel sera positif. L'effet régional (ou local) capte les autres facteurs qui auraient pu contribuer à une croissance supérieure ou inférieure à la moyenne nationale :

dynamique locale particulière, politiques de développement local à succès, avantages compétitifs particuliers à la région et ainsi de suite. L'effet régional (local) est un terme résiduel, et se définit comme la croissance qui ne peut être expliquée ni par la croissance nationale, ni par la structure d'emploi initiale.

Encadré 6.3
LE MODÈLE *SHIFT-SHARE*

Le modèle *shift-share* fait référence à une méthode descriptive à caractère comptable dont l'utilisation remonte aux années 1950. En utilisant le modèle *shift-share,* on peut décomposer la croissance d'un agrégat (l'emploi régional, par exemple) de manière à obtenir, d'une part, la croissance due à la structure économique de départ et au taux de croissance national (accroissement théorique dû à des facteurs exogènes) et, d'autre part, la croissance due à des facteurs spécifiquement régionaux (effet régional ou local).

Le principe de ce type d'analyse est simple. Au départ, on postule que l'accroissement de l'emploi au sein d'une région *j* (c'est-à-dire le nombre d'emplois qui y sont créés sur une période donnée) peut être décomposé comme suit :

N_j, la composante nationale. C'est l'accroissement d'emploi qui aurait eu lieu dans la région *j* si la région avait crû au même rythme que le pays, c_p ;

S_j, la composante structurelle. C'est l'accroissement d'emploi au-delà (ou en-deçà) de N_j qui aurait eu lieu si chaque secteur *i* dans la région *j* avait crû au rythme de croissance national du secteur ;

R_j, la composante régionale. C'est l'accroissement d'emploi qui ne peut être expliqué ni par N_j ni par S_j. C'est un résidu, et on suppose que ce résidu est attribuable à des caractéristiques régionales propres.

En pratique, pour calculer ces composantes pour une région *j*, il faut posséder les données suivantes :

D_j, l'accroissement réel de l'emploi dans la région *j* sur la période étudiée ;

E_j, l'emploi total dans la région *j* en début de période ;

E_{ji}, l'emploi dans la région *j* pour chaque secteur *i* en début de période ;

c_n, la croissance d'emploi nationale totale (en pourcentage) pour la période étudiée ;

c_{ni}, la croissance d'emploi nationale pour chaque secteur *i* pour la période étudiée. Nous supposons un découpage des emplois en *s* secteurs différents

Par définition,

$N_j = E_j \,.\, c_n$

Cette équation exprime le fait que la composante nationale, N_j, est égale à l'emploi dans la région *j* en début de période que l'on multiplie par le taux de croissance d'emploi national pour la période à l'étude.

$$S_j = \sum_{i=1} E_{ij} \cdot c_{ni} - N_j$$

Cette équation exprime le fait que la composante structurelle, S_j, est égale à l'accroissement d'emploi auquel on aurait pu s'attendre si les *s* secteurs avaient crû au rythme de croissance sectoriel national. On retranche à cet accroissement hypothétique l'effet national, N_j, afin de ne pas faire de double comptage.

$$R_j = D_j - S_j - N_j$$

Cette dernière équation exprime le fait que la composante régionale correspond à la part de l'accroissement de l'emploi observé (D_j) qui n'est explicable ni par la croissance nationale (N_j) ni par la composition sectorielle de l'économie régionale (S_j). Bien évidemment, en réorganisant l'équation (3), on trouve que l'accroissement de l'emploi observé (D_j) est la somme des composantes nationale (N_j), structurelle (S_j) et régionale (R_j).

$$D_j = R_j + S_j + N_j$$

Examinons les résultats pour le Canada (tableau 6.3). Dans les grandes villes (Métro), le rythme de croissance de l'emploi a dépassé la moyenne nationale (108 % contre 93 % sur trente ans) si bien que la concentration spatiale de l'emploi se poursuit. Mais les grandes villes affichent aussi, au titre de l'effet régional, une perte due en bonne partie à l'exode de l'emploi manufacturier (- 81 107 emplois). Toutefois, le centre poursuit sa croissance malgré des déplacements vers la périphérie parce que les branches d'activités à plus forte croissance (dans le secteur tertiaire) y sont concentrées. Dans le cas des grandes villes canadiennes, cela se voit à la valeur élevée de l'effet de structure (+ 640 916 emplois), reflet de la spécialisation des plus grandes villes dans le tertiaire supérieur, dont le poids finit par largement compenser les pertes liées à l'effet régional.

Le Canada, comme la France, se trouve donc en phase de dispersion industrielle, mouvement amorcé depuis une trentaine d'années. D'autres études pour l'Europe et les États-Unis confirment l'exode urbain des activités de fabrication (voir Desmet et Fafchamps, 2005, Gaigné *et al.*, 2005). Les principaux bénéficiaires de ces déplacements de l'emploi manufacturier sont les petites localités, urbaines et rurales, proches des grands centres, contrepartie du processus de métropolisation. La périphérie profite aussi de ce mouvement, mais sa capacité à attirer des industries est sensible aux conditions locales : la taille du pays, les densités de peuplement, les héritages industriels. La périphérie canadienne n'est pas celle de la France, et encore moins celle de la Belgique ou de la Suisse. Vu du Canada, ces deux pays n'ont pas de « véritables » périphéries. Il suffit de consulter une carte géographique pour constater que la « périphérie » belge – la Province du

Luxembourg à titre d'illustration – est bien mieux positionnée pour accueillir des industries que la Gaspésie québécoise. La première se trouve au cœur de l'Europe ; la deuxième aux marges du continent nord-américain. Insistons à nouveau pour dire que toutes les périphéries ne sont pas égales.

Synthèse : évolution des disparités régionales selon le niveau de développement

L'impact net, à tout moment, des effets de convergence et des effets de divergence diffère selon les circonstances. Est-il possible de faire un lien entre le niveau de développement économique d'un pays et le niveau des disparités régionales ? L'impact des transformations spatiales qui accompagnent toujours les hausses de revenus ne se fait pas sentir de la même façon dans un pays riche, urbanisé à 90 %, que dans un pays pauvre, à 90 % rural. Dans un article rédigé en 1965, l'économiste américain J.G. Williamson suppose l'existence d'une relation entre le niveau du revenu national par habitant et le niveau des disparités régionales, relation représentée par une courbe en forme de cloche (figure 6.8). Cette relation constitue une transposition à l'échelle des régions de la relation proposée par Kuznets (1965) pour les inégalités interpersonnelles.

Selon cette thèse, les inégalités augmentent rapidement durant les premières phases du développement et diminuent une fois dépassé un certain niveau de développement. Pourquoi en est-il ainsi ? Revenons à la figure 1.3 (chapitre premier). Nous y constations une relation analogue pour l'urbanisation, du moins pour la partie gauche de la courbe. Lorsque le développement s'amorce, l'urbanisation augmente très vite. Au moment du passage du monde rural au monde urbain, les transformations spatiales sont particulièrement brutales. Les migrations jouent alors un rôle crucial comme mécanisme d'ajustement. Mais elles se font nécessairement avec un certain retard sur le rythme de changement de la demande et ont ainsi un coût privé et social important. Leur coût privé est probablement plus élevé durant les premières phases du développement, où la migration est d'ailleurs plus sélective. Il est donc logique que les disparités restent plus élevées tant que le transfert des populations vers la ville est toujours en cours.

L'intégration économique favorise, dans un deuxième temps, l'égalisation des revenus. L'intégration du territoire est largement fonction du développement et des investissements en infrastructures qui l'accompagnent : téléphone, routes, etc. D'autres facteurs militent en faveur de la thèse de Williamson :

- les pays riches ont davantage de moyens pour mettre en place des politiques de redistribution des revenus entre particuliers et entre régions (voir le chapitre 7) ;
- les inégalités, dans les sociétés des pays riches, ont un faible niveau d'acceptation ; les efforts pour les réduire passent par des investissements, en matière de santé et d'éducation notamment, en faveur d'une très grande majorité ;

- la polarisation spatiale du développement provoque aussi, nous l'avons vu, des mouvements en sens contraire. À partir d'un certain seuil urbain, les forces de décentralisation peuvent l'emporter sur les forces de centralisation, notamment pour des branches d'activité sensibles aux déséconomies d'agglomération (congestion ; coûts immobiliers...) ;
- la phase d'urbanisation rapide provoque souvent une concentration des revenus au profit des propriétaires fonciers urbains (voir le chapitre premier) ; cet effet ne s'exerce plus lorsque la phase d'urbanisation est terminée ; dans la même veine, la fin de la grande épopée de l'urbanisation constitue sans doute une force puissante en faveur de la convergence régionale des indicateurs de bien-être matériel. La transition est terminée. Les grands « ajustements », notamment au titre des mouvements migratoires, ont eu lieu.

Cependant, même si les tendances historiques favorisent la convergence régionale, il serait naïf de croire que ce mouvement s'applique systématiquement et à n'importe quelle situation. On trouve des exemples de pays où les clivages régionaux sont difficiles à combler pour des raisons qui sont à chercher dans l'histoire, le positionnement géographique, etc. Les problèmes régionaux, en apparence irréversibles, du nord de l'Angleterre et du sud de l'Italie montrent que la relation entre inégalités et développement est loin d'être simple.

Figure 6.9 - Évolution des disparités régionales en fonction du niveau de développement économique

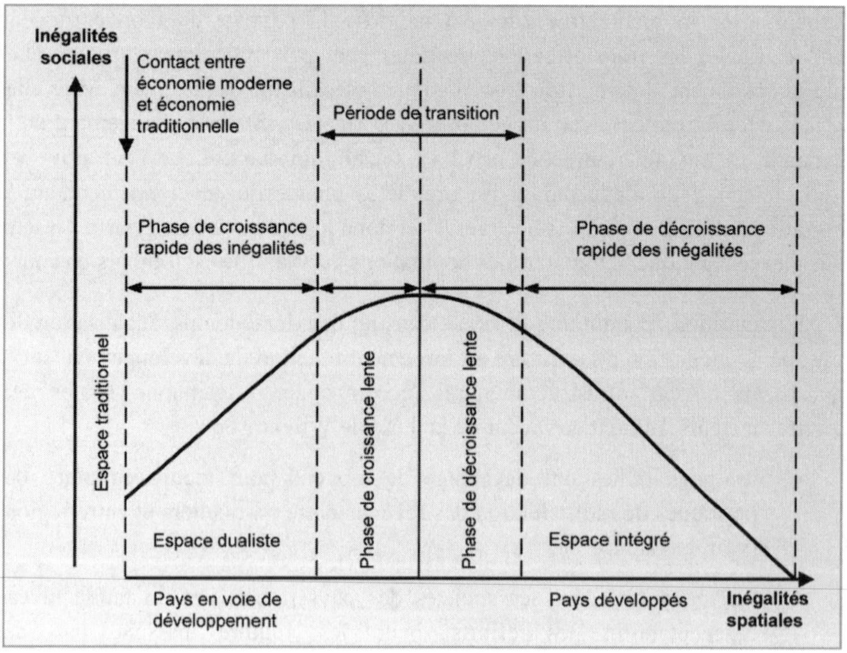

Discussion : développement régional inégal, un mal nécessaire ?

Depuis la fin de la Deuxième Guerre mondiale, de nombreux auteurs ont souligné les effets potentiellement pervers du développement. Certains portent un diagnostic sévère. Pour Myrdal (1957), un des pères de cette perspective analytique, les effets de divergence finissent presque toujours par l'emporter sur les effets de convergence. Selon lui, le libre mouvement des personnes et des capitaux au profit des régions « centrales » finira, à la longue, par assécher les possibilités de développement des régions « périphériques ». Toutefois, Myrdal parlait de nations et non pas de régions ; mais il n'est pas difficile de faire le saut à l'échelle inférieure. Dans tout pays, le développement se polarisera autour de quelques points forts. Une fois inscrits dans la géographie économique du pays, ces points, à moins de bouleversements majeurs, demeurent en place. La position de force de Paris en France, comme celle de Montréal au Québec, constitue des certitudes inébranlables ; chacune de ces villes, pour son espace culturel propre restera sans doute le principal pôle d'attraction pour les jeunes professionnels, les talents, etc. Déjà, au chapitre premier, nous avons vu qu'un développement « polarisé » (au profit des villes) est inévitable. Nous avons vu aussi que le développement ne peut se faire sans que surgissent des disparités (de salaires, de rendement sur le capital…) qui en sont le prix et qui, tels des clignotants, guident l'allocation des ressources.

Confusion entre développement (densité) et développement (niveau de vie)

Doit-on alors accepter le développement « inégal » comme une fatalité ? Nous voici de retour à la question des définitions (revoir l'encadré 6.1). De quelle inégalité parlons-nous : l'égalité entre personnes (leur niveau de revenu, surtout) ou l'égalité entre régions (l'ampleur de l'activité économique sur le territoire) ? Les deux sont souvent confondus. La confusion réside en partie dans l'interrelation complexe, parfois circulaire, entre le développement compris au sens de densité (d'emplois, d'activités…) et le développement compris au sens du niveau de vie. C'est ce dernier qui a surtout retenu notre attention. Cependant, pour les citoyens de régions « perdantes », c'est souvent le déclin, tout court, de leur région qui est leur préoccupation première. Nous savons maintenant que le déclin (au sens de densité) de certains territoires présente une certaine fatalité ; mais aussi que cela n'est pas en contradiction avec une égalisation (des revenus) sur une longue période. La confusion est en partie alimentée par le caractère passionné du débat, qui prend souvent l'allure d'un affrontement idéologique opposant les économistes de tendance néo-classique (« la droite », selon certains) aux penseurs qui se situent plus à gauche sans être toujours d'inspiration marxiste. L'on peut qualifier les premiers d'optimistes, en ce sens qu'ils font davantage confiance aux mécanismes « libres » du marché pour aboutir, avec le temps, à un nivellement des écarts (de revenu) entre les régions. Le clan opposé, plus interventionniste, soutient que le système, laissé à lui-même, favorise l'aggravation des écarts. Ils font aussi valoir les pertes sèches encourues par la société par l'abandon d'infrastructures, du patrimoine immobilier et du capital social des territoires en déclin. Ils soulignent aussi les effets cumulatifs de ces pertes qui, sur le plan individuel, touchent en premier ceux qui se trouvent déjà en bas de l'échelle sociale. Ces pertes sont difficilement quantifiables, si bien qu'elles ne font en général pas partie du calcul dans un cadre néo-classique. Au fond, la question peut se résumer ainsi : les coûts sociaux des ajustements « nécessaires », souvent portés à court terme, valent-ils les gains à long terme pour la société dans son ensemble.

Mais tout cela reste très abstrait pour les populations des régions affectées, qui assistent au départ des populations les plus jeunes et à la perte de vitesse de l'économie locale. Dans des pays comme le Canada et la France où la transition démographique est à peu près terminée (donc : croissance naturelle zéro), l'émigration nette se traduira fatalement par des pertes de population pour les régions touchées. En France, plusieurs départements du nord et de l'est affichent aujourd'hui des soldes migratoires négatifs. Au Québec, la plupart des régions périphériques ont vu leur population diminuer depuis les années 1990, en dépit du regain économique des régions liées aux ressources naturelles au début des années 2000. On comprend facilement que les populations affectées crient à l'injustice du système, et réclament l'intervention de l'État.

Prise en compte des coûts sociaux des ajustements « nécessaires »

Pour employer le vocabulaire des observateurs de tendance marxiste, nous sommes devant une des contradictions du « mode de production capitaliste » et elle peut se résumer ainsi : dans une économie de marché, la création d'inégalités (de salaires notamment) est une condition nécessaire du développement économique ; mais celui-ci est lui-même une condition nécessaire de l'atténuation des inégalités.

En économie de marché, les inégalités qui surgissent en cours de développement sont, du point de vue de leur rôle dans le système économique, des clignotants qui guident l'allocation des ressources. Si la demande d'armes à feu diminue, il est « normal » que diminue aussi la demande de travail dans ce secteur et qu'en conséquence ce dernier enregistre des pertes d'emploi ou des diminutions de salaire. Il est « normal » en économie de marché que les termes de l'échange évoluent aux dépens des régions où la demande de produits locaux est à la baisse. En parallèle, le progrès technologique modifie constamment les relations de productivité entre travailleurs, et donc aussi les salaires relatifs. Si, grâce à de nouvelles machines, il est possible de produire un véhicule automobile à meilleur prix avec un nombre inférieur de travailleurs, il est « normal » – dans l'usine ainsi modernisée – que la rémunération à la fois du capital et du travail augmente ; pour les investisseurs, comme pour les travailleurs, c'est un indice des orientations à prendre. Dans toute économie en mutation, les prix et les rémunérations sont constamment en train de se modifier, au profit de certains agents et aux dépens de certains autres. Aucun processus de libre marché n'exige que l'impact des changements soit réparti de façon équitable sur le territoire national.

C'est l'espoir de trouver un modèle de rechange à ce processus « libre » d'ajustement qui est à l'origine des tentatives de remplacer le marché par d'autres modes d'allocation des ressources. Jusqu'à nouvel ordre, le seul véritable modèle de rechange reste l'économie planifiée[10] (ou socialiste, si l'on préfère). Dans une économie planifiée, où les prix et les quantités sont fixés par un ministère du Plan, il est en principe possible de réduire le coût social des ajustements. De plus, dans une économie planifiée, il est en principe possible de fixer des limites aux écarts de salaires et de revenus. Enfin, dans une économie planifiée, c'est le ministère du Plan qui détermine l'allocation spatiale des ressources, si bien qu'il peut décider de transférer des ressources des régions centrales vers les régions périphériques. Tout cela reste dans le domaine du possible ; il n'est pas nécessaire d'avoir des affinités socialistes ou anticapitalistes pour en convenir.

Cependant, l'expérience des pays dits socialistes, de la révolution russe de 1917 à la chute du mur de Berlin, en 1989, nous a appris que la planification centrale est un mécanisme nettement moins efficace que le marché pour guider l'allocation des ressources, précisément parce que les prix ne sont plus un indice aussi fiable des raretés relatives. Il en résulte, s'il faut se fier à l'expérience historique des pays socialistes, une économie moins performante, moins capable d'assurer un niveau équivalent de bien-être aux citoyens, et une diminution de la richesse que l'État sera en mesure de redistribuer. Enfin, le planificateur central n'échappe pas à la nécessité de veiller à l'utilisation efficace des ressources, ce qui le pousse, dans plusieurs cas, à renforcer les régions centrales et à promouvoir la création d'économies d'agglomération au profit des plus grandes villes. Le planificateur central, comme l'entrepreneur capitaliste, est sensible à la distance et à la nécessité de minimiser les coûts de transport et les dépenses de carburant.

Le dilemme reste donc entier. La croissance économique exige qu'on accepte, du moins pour l'essentiel, le libre mouvement des facteurs de production et la libre fixation des prix. Mais cette liberté s'exerce souvent au prix d'un développement polarisé qui finit par marginaliser certaines régions. Dans la plupart des pays industrialisés, la recherche d'un équilibre plus juste s'est traduite par la mise en place de politiques de redistribution des revenus et par des interventions gouvernementales – incitatifs fiscaux et autres mesures – visant à infléchir la trajectoire spatiale de l'économie au profit des régions moins favorisées ; c'est le sujet du chapitre suivant.

Enfin, il existe peu de pays où la distribution des revenus et la géographie économique soient laissées totalement à la merci des forces du marché. Même dans une optique néolibérale – pourvu qu'elle tienne compte des théories de justice comme celle de Sen (1992) –, il est difficile d'accepter que tous les coûts sociaux des réajustements spatiaux soient assumés par les résidents de régions

« perdantes » : dans l'idéal, une partie des augmentations de productivité dans les régions « gagnantes » (qui profitent des ajustements) devrait servir à aider les régions qui souffrent de devoir supporter les coûts sociaux de la transition. Mais comme nous le verrons dans le prochain chapitre, les politiques régionales posent d'autres défis.

CHAPITRE 7

POLITIQUES RÉGIONALES

Dans ce chapitre, nous mettons l'accent sur l'objectif d'équité interrégionale, c'est-à-dire sur les politiques de redistribution mises en œuvre par les pays (ou un ensemble de pays, dans le cas de l'UE) à l'intérieur de leur territoire. De quels outils dispose l'État en matière d'économie régionale ? Le but de ce chapitre n'est pas de décrire les politiques régionales d'un pays en particulier, ni les législations ou moyens en vigueur à une période donnée. Un tel traitement du sujet n'aurait qu'une valeur conjoncturelle. Nous cherchons à faire ressortir les traits génériques, communs à toutes les politiques régionales, en nous référant parfois à des exemples.

Dans un premier temps, nous traiterons des politiques qui visent la redistribution de l'activité économique à l'intérieur de l'espace national ou espace économique commun. Dans un deuxième temps, nous analyserons les politiques qui visent la redistribution des revenus entre les populations ou les collectivités régionales.

Politiques régionales ou politiques de développement régional ?

Il convient tout d'abord de préciser ce que nous entendons par politiques régionales, en distinguant politiques régionales (à vocation redistributive) et politiques de développement régional. Comme nous le verrons, les objectifs d'équité et de développement peuvent se trouver en conflit.

L'État intervient en économie régionale, comme dans d'autres domaines de la vie humaine, parce que les résultats du marché, laissé à lui-même, sont jugés « inacceptables » ou en deçà de l'optimum social souhaité. On parle alors de défaillance du marché. Ainsi, l'État intervient pour assurer certains services (défense, infrastructures, éducation, justice, etc.) à cause du poids des externalités. Ses interventions peuvent répondre à des objectifs d'équité ou d'efficacité. Dans le domaine régional, les interventions de l'État sont souvent motivées par un souci d'équité, par le désir de réduire l'ampleur des disparités régionales, surtout si elles se manifestent par des écarts socialement inacceptables de bien-être et de niveau de vie. De plus, des régions du pays peuvent être frappées par des problèmes particuliers, à caractère structurel ou conjoncturel, qui justifient l'intervention de l'État.

Nous distinguons deux grandes catégories de politiques économiques en matière régionale :

1) les politiques régionales proprement dites, qui visent à réduire les disparités ou inégalités régionales de revenu, de PIB ou d'emploi (par habitant). Ces politiques cherchent souvent à réorienter la répartition spatiale des activités économiques (les sources de revenu et d'emploi). D'autres politiques peuvent viser la redistribution directe des revenus par des paiements de transfert ;

2) les politiques de développement régional, qui viennent en aide à des régions particulières pour promouvoir leur développement. Il s'agit ici de mettre en œuvre des politiques de développement économique à l'échelle régionale.

Dans les faits, les deux catégories de politiques se recoupent. Il est souvent question de promouvoir le développement des régions défavorisées dans le cadre d'une politique de lutte contre les disparités régionales. Mais il est utile de préciser que les « politiques régionales », qui ont vocation à être des politiques redistributives visant des objectifs d'équité interrégionale, sont nécessairement de compétence nationale ou supranationale et relèvent donc des instances centrales. Quant aux « politiques de développement régional », qui peuvent relever aussi bien du palier central que des autorités locales, elles tendent aujourd'hui, dans plusieurs cas, à se décentraliser vers les niveaux inférieurs de gouvernement, si bien qu'on parle aussi de politiques de développement local. Nous y reviendrons au chapitre 8.

Redistribution de l'activité économique

Presque tous les pays industrialisés (les États-Unis étant une exception notable) ont, à diverses époques, établi des dispositifs pour encourager les industries à se localiser dans des régions défavorisées. Ce type de politique régionale, dont les applications peuvent varier d'un pays à l'autre, comporte toujours certains éléments de base. Dans un premier temps, il s'agit de désigner, à l'intérieur de l'espace national (ou européen, dans le cas de l'UE), les territoires admissibles à une aide spéciale. La désignation des régions obéit souvent à des critères de revenu, de PIB ou d'emploi ; les zones qui se situent en deçà de la norme nationale (où, par exemple, le taux de chômage dépasse la moyenne nationale d'un pourcentage donné) sont classées comme admissibles à des primes régionales, qui peuvent être modulées dans l'espace selon le degré d'intensité des disparités.

Ainsi, Bruxelles fixe de manière périodique les régions admissibles dans le cadre de la politique régionale européenne. Les régions concernées par l'objectif « convergence », admissibles à l'aide la plus généreuse, doivent en principe afficher un PIB par habitant inférieur à 75 % de la moyenne européenne, quoique des exceptions soient possibles. On y retrouve les régions périphériques traditionnelles : le sud de l'Italie et le sud-ouest de l'Espagne, mais aussi le Portugal, la Grèce et la presque totalité des pays de l'Est (figure 7.1 : carte des régions éligibles). L'aide régionale européenne recouvre une gamme diversifiée d'interventions, dont des programmes d'appui au développement local (voir chapitre 8) et des subventions à l'infrastructure.

La carte des régions européennes éligibles à une aide (à divers niveaux) confirme le poids – positif – des économies d'agglomération et le poids négatif d'un héritage industriel fondé sur l'exploitation minière. D'un côté, dans les pays de l'Est, seules les agglomérations de Prague, Varsovie et Budapest échappent au besoin d'une aide maximale. De l'autre côté, des régions d'Europe de l'Ouest comme la Wallonie et le Yorkshire, qualifiées de régions en transition, ont une performance en-deçà de la moyenne européenne.

La politique régionale canadienne, depuis les années 1990, se fait par l'intermédiaire d'agences régionales, financées par le gouvernement fédéral, chargées d'administrer les programmes d'aide dans les régions désignées. Ainsi, il existe une agence pour la région atlantique, traditionnellement la plus pauvre du pays. À l'instar de la politique européenne, les interventions des agences régionales canadiennes comprennent plusieurs types d'aide, dont ce que nous appelons ici, de façon générique, les primes de localisation aux entreprises. Au Québec ce sont, par tradition, les cinq régions périphériques[1], dites aussi « régions ressources » qui font l'objet d'une attention spéciale. Les politiques proprement québécoises, qui relèvent de l'État québécois, couvrent également la gamme complète des interventions, dont l'appui aux initiatives de développement local et les subventions (ou primes) de localisation[2].

Agir sur les décisions de localisation

Primes de localisation

La façon la plus directe d'inciter les entreprises à se localiser ou à prendre de l'expansion dans des régions désignées est de leur accorder une aide financière ou, inversement, de leur imposer une pénalité si elles se localisent dans des régions plus centrales. Il existe des cas où l'État a tenté de freiner, par des mesures punitives, le développement de la région centrale. Londres et Paris ont ainsi fait l'objet de restrictions au développement. Mais ces politiques, dont les motivations sont souvent plus urbanistiques qu'économiques (elles visent à protéger le patrimoine urbain ou la qualité de vie de la grande ville), sont rarement les pièces maîtresses d'une politique régionale.

Les gouvernements préfèrent en général des mesures incitatives, en partie pour des raisons politiques. Accorder de l'aide à des industries en région est un geste plus positif et plus visible que l'imposition de mesures punitives dans les régions centrales. Ce sont habituellement les régions défavorisées qui réclament l'intervention de l'État en matière de développement, si bien que ce sont des mesures « visibles », touchant les régions, qui ont la faveur des décideurs politiques. De plus, les politiques d'aide à l'industrie sont en principe plus volontaristes, en ce sens qu'elles permettent à l'État de cibler, s'il y a lieu, des industries dont il veut encourager l'implantation en région[3]. L'aide accordée à l'entreprise pour l'inciter à se localiser ou à prendre de l'expansion dans des régions désignées peut reposer sur diverses mesures :

a) subventions directes à l'entreprise sous forme de subsides établis, par exemple, en fonction du nombre d'emplois créés dans la région visée par l'aide ;

b) subventions directes à l'entreprise liées à des objectifs précis : formation, recherche, achats d'équipement, etc. ;

c) allégements fiscaux : déductions d'impôts sur les gains des sociétés, réductions de taxes (TVA, taxes foncières, etc.), subventions indirectes de toute sorte réduisant le fardeau fiscal de l'entreprise. Comme les subventions, les allégements fiscaux peuvent viser des objectifs précis ;

d) mesures de réduction du coût du capital : conditions préférentielles de crédit (garanties de prêts, taux d'intérêt privilégiés, etc.) ;

e) rabais sur certains coûts, tels que tarifs d'électricité, tarifs postaux, infrastructures.

Les formes de l'aide financière directe et indirecte à l'entreprise sont presque illimitées et diffèrent selon les circonstances et les besoins. Mais il s'agit toujours de subventions au sens économique du terme dans la mesure où l'entreprise de la région désignée reçoit un traitement privilégié qui suppose un transfert d'argent en sa faveur aux dépens des contribuables ou payeurs de comptes des autres régions. Cependant, il est souvent difficile de calculer la vraie valeur de ce transfert, dans la mesure où la subvention est plus ou moins indirecte ou cachée. Les subventions directes sont aujourd'hui une pratique moins courante ; d'abord, parce que leur efficacité est remise en cause (voir plus loin), mais aussi parce qu'elles sont parfois incompatibles avec les traités et ententes qui régissent le commerce international, dont les règlements de l'UE et de l'ALÉNA.

Les entreprises préfèrent en général les allégements fiscaux aux subventions directes, précisément parce qu'ils sont moins visibles, mais aussi parce qu'ils sont plus durables et moins sensibles aux aléas de la politique. La subvention directe prend parfois la forme d'un « don » ponctuel (qui ne se répétera pas forcément), tandis que les allégements fiscaux portent normalement sur plusieurs années. Par contre, les responsables politiques préfèrent souvent les subventions directes à l'industrie parce qu'elles sont plus visibles et affermissent leur pouvoir. Les régimes d'aide directe laissent souvent aux fonctionnaires et aux politiciens une marge de pouvoir discrétionnaire utile à des fins politiques.

Efficacité des primes régionales

Examinons l'efficacité des politiques de primes régionales à l'industrie. Dans la majorité des pays industrialisés, les primes de localisation constituaient la pièce maîtresse des politiques régionales jusqu'à, grosso modo, la fin des années 1980.

Si leur objectif était de modifier de façon significative la répartition géographique des industries à l'intérieur de l'espace national par leur impact sur les décisions de localisation, il faut reconnaître qu'elles sont loin d'avoir fait leurs preuves comme instrument d'intervention. Plusieurs études montraient que les primes de localisation n'ont eu, au plus, qu'un impact marginal sur la localisation des entreprises. À propos des primes régionales en vigueur en France à l'époque, Deves et Gouttebel (1988) citent le passage suivant du *Rapport de la Cour des comptes* de 1987 : « La réforme de 1982 ne faisait que transposer à l'échelon des régions un système d'aides aux entreprises expérimenté par l'État depuis 1955, sans qu'aient été, durant cette période, ni vraiment résolus ses problèmes de fonctionnement, ni clairement démontré son efficacité ». Anderson (1988 : 251-257) aboutit à des conclusions similaires pour le Canada.

Figure 7.1 - La politique régionale européenne : régions

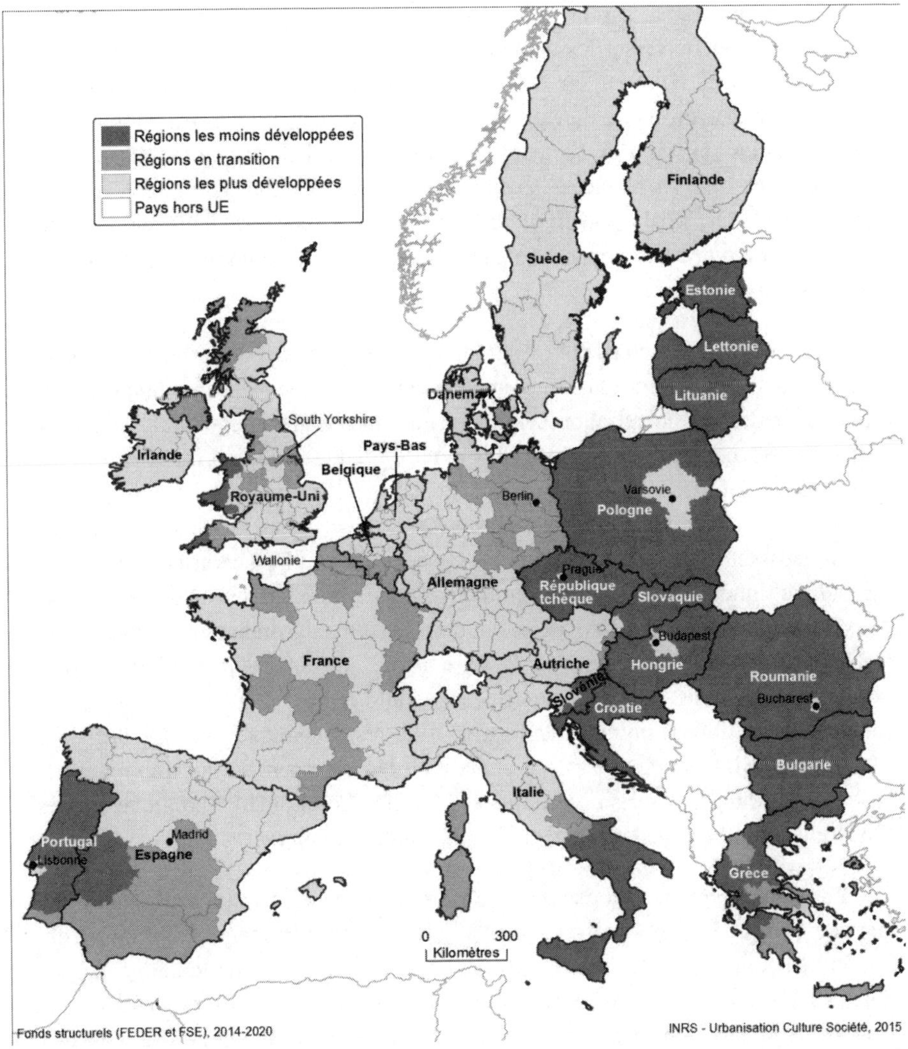

La plupart des pays industrialisés ont, ou bien largement abandonné cette forme d'intervention, ou bien cessé de lui accorder plus qu'une place secondaire dans les stratégies nationales de développement régional. Toutefois, malgré la performance plutôt décevante des primes aux entreprises par le passé, plusieurs États continuent, de façon ponctuelle, à en accorder sous des formes diverses, pour inciter les entreprises à s'installer (ou à s'étendre) dans des régions désignées : par exemple en 2014, au Québec, une nouvelle cimenterie dans une région désignée pourra recevoir jusqu'à un demi-milliard de dollars. Il convient donc d'examiner les limites de ce mode d'intervention.

Pourquoi ces mesures ne sont-elles pas plus efficaces ? La réponse nous renvoie au concept d'espace géographique, plus précisément aux coûts économiques imposés par la distance. Le peu de succès des primes de localisation, qui cherchent à compenser les inconvénients d'une « mauvaise » localisation pour l'entreprise, montre à quel point on peut sous-estimer les coûts associés à la distance et les gains associés à l'agglomération. S'il suffisait de quelques subventions pour renverser les tendances lourdes de localisation, cela signifierait que ces tendances reposent sur des facteurs faciles à modifier. Dans le chapitre précédent, nous avons parlé du caractère cumulatif des économies d'agglomération et du transfert spatial des facteurs de production. Les inégalités (disparités) régionales et les différences spatiales qui les accompagnent en sont la manifestation. Or, si l'impact limité des primes de localisation nous apprend une chose, c'est bien que l'on ne modifie pas la géographie économique d'un pays avec quelques subventions.

En termes plus concrets, pour l'entreprise, le peu d'impact des primes régionales signifie qu'il lui faudra plus que la subvention consentie pour compenser la différence entre une localisation centrale et une localisation périphérique (entre la région parisienne et le département du Cantal, ou entre la région de Toronto et le Cap Breton). Pour l'État, donc pour la société dans son ensemble, cela signifie que la subvention à verser pour convaincre l'entreprise de choisir le Cantal ou le Cap Breton dépassera souvent la volonté et la capacité de payer du contribuable, surtout s'il faut multiplier l'exemple par des milliers de cas[4]. Du point de vue de l'entreprise, il est risqué de prendre une décision d'investissement importante, devant être amortie sur plusieurs années, sur la base d'une subvention ponctuelle ou d'un avantage que l'État pourrait retirer. Ne serait-ce que pour cette raison, les subventions ne jouent normalement qu'un rôle très secondaire dans les décisions d'investissement des entreprises. Le choix d'un emplacement se fait d'abord sur la base des avantages « réels » et durables du site. Les hommes politiques et les fonctionnaires surestiment en général l'impact des subventions.

Les primes régionales jouent un rôle marginal dans les décisions de localisation des entreprises[5], ce qui s'exprime de deux façons. Premièrement, les primes n'ont une influence que dans les secteurs d'activité économique qui, de toute façon, sont déjà plus ou moins attirés par la région désignée. Par exemple, il sera plus facile de convaincre une usine de textile ou d'assemblage de pièces électroniques de s'installer dans une région périphérique (activités standardisées sensibles aux coûts de production) que le siège social d'une banque ou d'une usine de conception d'ordinateurs (activités complexes sensibles aux économies d'agglomération et à l'accès à l'information). Il est rare que les primes régionales provoquent un changement radical dans la base économique d'une région désignée, mais elles peuvent accentuer des tendances déjà engagées. Deuxièmement, l'impact des primes est habituellement d'autant plus limité que la région est pénalisée par le facteur distance ; c'est pourquoi cette forme d'aide à l'entreprise est parfois modulée (majorée en somme) en fonction de l'éloignement de la région par rapport aux régions centrales plus favorisées. Leurs chances de réussite sont inversement proportionnelles à la taille du pays, ce qui explique en partie leur peu de succès au Canada et au Québec. Ce n'est pas une bonne nouvelle pour les pays en développement (PED), dont les dimensions et la densité du peuplement les font ressembler plus au Canada qu'aux pays de l'Europe.

Les primes de localisation ont plus de succès dans de petits espaces ou de petits pays comme la Belgique ou la Suisse, quoique l'exemple du Hainaut nous apprenne que des conditions particulières peuvent parfois déjouer les avantages de la proximité. Les subventions aux entreprises peuvent influencer les choix de sites à l'intérieur d'une même région ou ville, surtout au sein d'un même bassin de main-d'œuvre. Toutefois il ne s'agit plus, dans ce cas, de correction des inégalités interrégionales, mais plutôt de réaffectation intrarégionale des ressources.

Les primes ont aussi parfois des effets pervers. En vertu de ce que nous appelons « l'effet de frontière », elles peuvent favoriser la région périphérique (désignée) la plus proche et défavoriser la région centrale (non désignée) la plus éloignée. En examinant les localisations possibles à l'intérieur d'un même niveau de subventions (par exemple, une déduction fiscale de 25 % sur la valeur du capital investi dans la région), l'entreprise choisira normalement la plus « favorisée » des régions admissibles. Les régions les plus défavorisées, les plus éloignées, ne verront pas forcément leur position relative s'améliorer. L'effet inverse existe aussi : « la région favorisée la plus éloignée » (sans droit de subvention) limitrophe d'une région désignée (avec droit de subvention) se trouve tout à coup dans une position désavantageuse par rapport à sa voisine. Autrement dit, ce sont les régions les moins favorisées parmi les régions non désignées qui sont les plus pénalisées, et non les régions les plus centrales. Cet effet de frontière est l'un des principaux problèmes d'application des primes régionales.

Les primes régionales soulèvent d'autres questions pratiques qui rendent problématique leur application sur le terrain. L'évaluation rigoureuse de leur impact réel est quasi impossible. Aucune méthode scientifique ne permet de dire ce que l'entreprise aurait fait en l'absence de subvention ; serait-elle venue quand même ? La flexibilité comptable étant ce qu'elle est (et comment pourrait-il en être autrement ?), comment le vérifier ? Ce problème ne concerne pas seulement les subsides de localisation, mais toutes les formes de subventions. Une fois le régime de subventions en place, les pressions politiques « normales » du système contribuent à rendre son évaluation difficile. L'entreprise a intérêt à convaincre les fonctionnaires ou les élus qu'elle ne serait pas venue s'établir dans une région (ou n'y aurait pas pris de l'expansion) sans la générosité de l'État. C'est de bonne guerre. Inversement, les élus locaux ont tout intérêt à vanter l'efficacité des subventions, donc à exagérer leur importance pour la région.

Bien que nous nous soyons concentrés sur les primes de localisation consenties aux entreprises, certaines politiques appliquent une logique similaire aux individus : au Québec, par exemple, des exemptions d'impôts sur le revenu sont consenties aux jeunes diplômés qui s'installent en dehors des grandes villes. Les problèmes que suscite ce genre de prime (effets de frontière, faible impact) sont très semblables à ceux décrits pour les primes consenties aux entreprises.

Il faut en somme utiliser les primes de localisation avec prudence, en étant conscient de leurs pièges et de leurs limites comme outil de développement régional.

Orienter l'industrie par d'autres moyens

Investissements dans les infrastructures publiques

D'autres stratégies mettent davantage l'accent sur des investissements en infrastructures et en équipements publics dans les régions défavorisées. Les fonds européens de développement régional sont en bonne partie axés sur le financement d'investissements de ce type. Au Canada, les interventions du gouvernement fédéral dans le développement régional leur accordent également une place importante. Ces interventions se font par l'intermédiaire d'ententes auxiliaires entre Ottawa et les provinces, qui fixent la contribution financière des parties, à l'instar des ententes entre Bruxelles et les régions et pays de l'UE. Le gouvernement central (ou provincial au Canada) peut aussi prendre directement en main le financement et la mise en œuvre d'investissements publics en région. Les infrastructures touchées peuvent varier d'un contexte à l'autre : routes, aéroports, systèmes d'assainissement et d'épuration des eaux, télécommunications, etc.

Dans ce cas, plutôt que de subventionner des industries pour qu'elles s'installent dans une région, on essaie de doter les régions d'un stock de capital public telles que des entreprises puissent s'y installer ou s'y développer. Cependant, il est tout aussi difficile d'évaluer l'impact ultime des investissements en infrastructures sur les décisions de localisation des entreprises. Comment savoir si celles-ci seraient venues en l'absence d'investissement public ? Les problèmes d'évaluation sont analogues à ceux que nous avons soulevés pour les primes de localisation versées aux industries. De plus, la difficulté de tenir compte des externalités associées aux infrastructures complique souvent l'analyse. Les coûts sont connus mais les gains sont, en général, trop diffus pour faire l'objet d'un calcul rigoureux. Les investissements en infrastructures publiques n'en sont pas moins l'un des leviers les plus importants dont dispose l'État pour infléchir les tendances de localisation. De plus, ils sont politiquement avantageux non seulement parce qu'ils semblent répondre à un problème des régions – leur manque de capacité et d'accessibilité – mais surtout parce qu'à court terme ils génèrent des emplois bien payés dans le secteur de la construction : du point de vue de la politique locale, cet avantage temporaire peut être déterminant dans la décision d'investir.

Efficacité des investissements en infrastructures

Les investissements publics, pour être efficaces comme moyen de lutte contre les disparités régionales, doivent compenser au moins en partie le handicap de localisation (et donc de productivité relative) dont souffrent les régions défavorisées. Cela signifie que les investissements doivent épouser une trajectoire spatiale sensiblement différente de celle du marché. Ils doivent devancer la demande pour que les régions périphériques aient, en termes relatifs, un stock de capital public supérieur à celui des régions centrales. Or, quelle est la marge de manœuvre de l'État à cet égard ? Des considérations politiques et économiques finissent souvent par favoriser les régions centrales, malgré les meilleures intentions de l'État à l'égard des régions périphériques.

Les décisions d'investissement se prennent souvent pour des raisons politiques (ce qui est tout à fait légitime), obéissant aux pressions les plus criantes et les plus visibles en termes de demande d'infrastructures. Ces pressions se font d'abord sentir dans les premières villes touchées par la croissance ou dans les régions à développement accéléré, que nous avons appelées régions centrales. Les premiers goulots d'étranglement apparaissent dans les plus grandes villes et dans les régions centrales. La seule façon pour l'État de ralentir la concentration est de faire fi de ces pressions sur la demande et d'investir d'abord dans des zones où les pressions sont moins fortes. Mais il est peu probable qu'il puisse poursuivre très longtemps ce genre de stratégie d'investissement, ne serait-ce que pour des raisons politiques : l'avantage politique local (là où aura lieu l'investissement) fera rarement le poids par rapport à la politique nationale. De plus, les pressions en faveur des régions centrales sont d'autant plus fortes que les ressources sont rares (cas surtout des PED).

Mais supposons que l'État possède la marge de manœuvre financière nécessaire. Dans la mesure où les pressions sur la demande sont, de fait, des clignotants allumés par le marché, tout investissement fait ailleurs serait en principe moins « rentable » pour la société, car il provoquerait une hausse moins importante (voire une baisse) du produit national sur la période de planification. Cela se manifesterait par la sous-utilisation des équipements et par l'aggravation des goulots d'étranglement dans les plus grandes villes. Pour des raisons à la fois économiques et politiques, il serait très difficile pour l'État de maintenir longtemps des investissements qui ne semblent pas donner de résultats. Rien n'est plus gênant qu'une route qui ne mène nulle part, qu'un aéroport sous-utilisé ou qu'un parc industriel vide, surtout si, entre-temps, les citoyens de la capitale manifestent leur mécontentement devant des embouteillages interminables et la mauvaise qualité des services publics. Finalement, la ponction des régions centrales sur les ressources de l'État est d'autant plus sensible que le coût unitaire des infrastructures publiques est de façon générale plus élevé dans les plus grandes villes.

Cela n'empêche pas les investissements publics dans les infrastructures d'avoir un effet structurant sur le paysage économique national (voir ci-dessous). Mais la marge de manœuvre dont dispose l'État pour infléchir les tendances diminue rapidement à mesure que le pays se développe. Il n'est possible de modeler la forme finale du réseau interrégional qu'au début du processus de développement (et donc d'urbanisation). C'est à ce moment que les disparités régionales commencent à prendre forme. Mais précisément, c'est surtout au début du processus que les ressources sont rares, et forte la tentation de les investir là où elles semblent devoir être le plus rentables, c'est-à-dire dans la plus grande ville du pays, qui est souvent aussi la capitale.

La politique régionale européenne, parce que supranationale, est en principe moins assujettie aux considérations politiques (d'ordre électoral) ; si bien que l'aide aux régions désignées est plus assurée et plus stable, du moins sur la période de désignation, ce qui constitue un avantage. Toutefois, là encore, les projets d'infrastructure, même si leur impact peut être considérable à l'échelle de la région (par exemple, le sud du Portugal), arrivent à un moment dans l'histoire du pays (le Portugal) où sa géographie économique est déjà bien établie.

Effets centralisateurs des moyens de transport et de communication

C'est le propre des investissements publics de provoquer des effets externes ; les incidences de l'investissement ne se limitent pas à la région où il est fait. Ce n'est nulle part plus vrai que pour les infrastructures de transport et de communications. Pour cette raison, les investissements routiers, par exemple, ont souvent des effets très différents de ceux qui sont visés par les promoteurs. Comme nous allons le voir, les infrastructures de transport accélèrent souvent la centralisation de l'activité économique.

L'amélioration des liaisons (routières ou autres) avec la capitale et les grandes villes du pays est souvent la première chose que les élus et les habitants des régions éloignées réclament. Ils y voient, à juste titre, une manière de rompre l'isolement de leur région. En France, quel préfet ne réclame pas une liaison TGV avec Paris (si elle n'existe pas déjà) ? Au Québec, les habitants de la région du Saguenay-Lac-Saint-Jean réclament depuis des années une autoroute vers Québec faisant la jonction avec l'autoroute de Montréal. Cependant, multipliée quelques dizaines de fois (selon le nombre de régions), cette revendication régionale finit par donner un réseau de transport et de communications en forme de toile d'araignée, centré sur la capitale ou sur la plus grande ville. Aucun pays ne semble échapper à cette logique. Il suffit de consulter une carte routière. Résultat : la centralité des régions centrales s'en trouve renforcée.

Nous avons vu que l'intégration économique (les moyens de communications sont des outils d'intégration) entraîne à la fois des effets de convergence et des effets de divergence au niveau des disparités régionales de revenu ; l'effet net est difficile à prévoir (chapitre 6). À cet égard, il convient de rappeler la distinction entre inégalités régionales de revenu par habitant et distribution « inégale » de l'activité économique dans l'espace national. Il est probable que la mise en place d'un réseau de communications en forme de toile d'araignée (axé sur la principale ville) aura pour effet, surtout dans les premières phases du développement, d'accélérer la polarisation géographique de l'activité économique[6].

Le dilemme auquel nous nous heurtons de nouveau est celui des incidences parfois contradictoires de l'intégration économique. Accélérer l'intégration des régions défavorisées à l'économie nationale ou continentale sera toujours un objectif important des politiques régionales. Personne ne voudra prôner l'isolement. Mais l'intégration peut aussi provoquer de nouvelles inégalités.

Décentralisation des administrations publiques

Le pouvoir politique et économique possède aussi une dimension spatiale. Comme les autres flux, les réseaux de pouvoir et d'influence sont sensibles à la distance. Mieux vaut être proche que loin. Le fait d'être une ville capitale n'est pas sans importance. Regardons de plus près le rôle de l'État comme employeur.

L'administration publique est une source majeure d'emploi. En général, la part concentrée dans la capitale sera plus élevée dans les pays unitaires que dans les fédérations. Paris concentre sans doute une proportion plus forte de fonctionnaires que des capitales comme Berne (Suisse) ou Ottawa (Canada). La décentralisation de l'emploi du secteur public au profit de régions défavorisées peut constituer un élément de politique régionale dont la version extrême sera le transfert de la capitale. Citons les exemples de Brasilia au Brésil, d'Abuja au Nigeria et de Yamoussoukro en Côte d'Ivoire. À une échelle plus modeste, la France a transféré des éléments de sa fonction publique centrale vers d'autres régions à diverses époques. Au Canada, le traitement central des impôts se fait en partie depuis la ville régionale de Shawinigan ; au Mexique, le bureau central de la statistique se trouve à Aguascalientes, à plusieurs centaines de kilomètres de la capitale.

Examinons le potentiel de ce type d'intervention comme moyen de lutter contre les disparités régionales. L'État est une entreprise (publique) de services à la population qui tire ses revenus des impôts et taxes prélevés sur l'ensemble des citoyens et agents économiques. La plupart de ses activités se distribuent conformément au modèle des lieux centraux et au principe de centralité énoncé au chapitre 3. Agir autrement imposerait des coûts supplémentaires (en termes de temps de parcours et d'effort) à la population à desservir. La figure 7.2 illustre de façon schématique la structure spatiale d'une administration publique, empruntée au cas canadien. Les trois quarts des emplois se trouvent dans des fonctions dispersées, destinées à desservir les populations : bureaux de poste, palais de justice, postes de police, etc. La proportion sera encore plus élevée dans des pays à régime unitaire ; au Canada plusieurs fonctions dispersées relèvent des gouvernements provinciaux : écoles, hôpitaux, immatriculation des véhicules.

Figure 7.2 - Répartition spatiale de l'emploi dans l'administration publique nationale : représentation schématique*

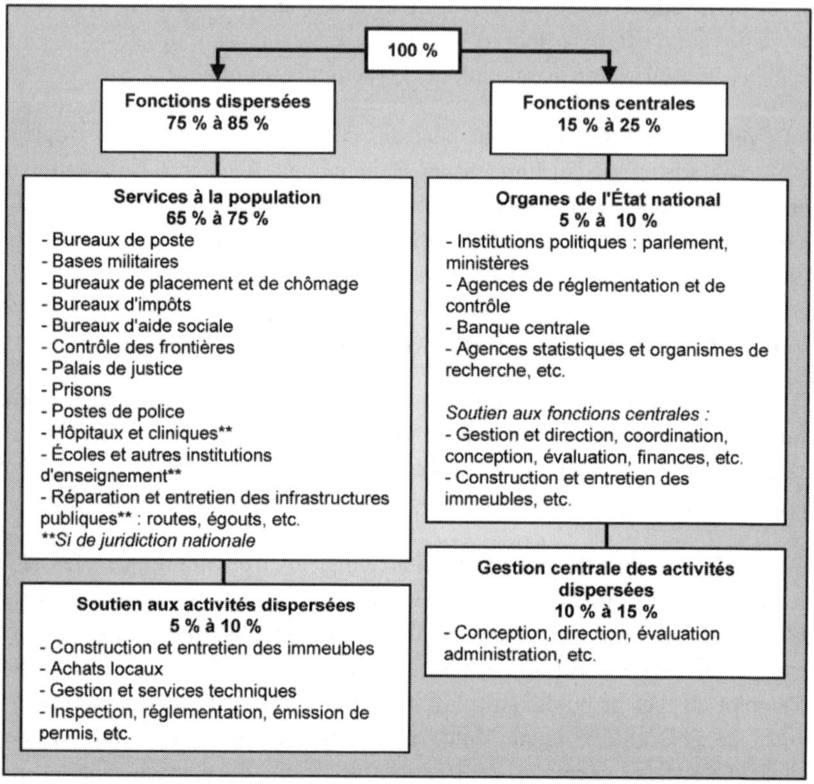

* Les pourcentages sont donnés à titre indicatif. La part des fonctions dispersées sera normalement plus faible dans un pays fédéral, où des fonctions dispersées relèvent des régions (cantons, provinces...). Les pourcentages sont estimés à partir de données pour l'État fédéral canadien.

La part de l'emploi public qui peut faire l'objet d'une politique volontariste est limitée. Le transfert des fonctions centrales est soumis à une contrainte majeure : la nécessité de rester proche du lieu du pouvoir politique. Ministres et hauts fonctionnaires doivent être en communication constante. Il est difficile d'imaginer que les ministères qui relèvent directement des élus du peuple puissent se localiser très loin du parlement ou du bureau du Président (ou Premier ministre) sans que cela entraîne des coûts importants de communication et d'information. À moins que l'on transfère carrément la capitale, les possibilités de décentralisation se limitent à des activités routinières ou celles qui n'exigent pas un contact direct avec le milieu politique : traitement informatique de dossiers, gestion des postes. La plupart des tentatives de décentralisation de fonctions centrales se sont limitées à des activités de ce genre.

L'État est soumis à des contraintes qui ne sont pas très différentes de celles d'une grande entreprise de services qui doit décider où localiser ses bureaux et son siège social. Dans le chapitre 9, nous traitons de la localisation des services supérieurs et activités privées de bureau ; l'analyse s'applique tout autant au secteur public.

À un autre niveau, il n'est pas démontré que le transfert des fonctions publiques, ou encore des capitales, a un effet entraînant suffisant pour infléchir les grandes tendances du développement régional. Comme d'autres politiques visant à modifier la géographie économique d'un pays, cette intervention a d'autant moins de chances de réussir qu'elle survient tard dans le processus de développement, c'est-à-dire au moment où le réseau urbain du pays est déjà bien défini. L'expérience du Brésil est révélatrice. Malgré le transfert de la capitale à l'intérieur du pays, ce qui a incontestablement provoqué un certain déplacement de l'activité économique, les grandes données de l'économie régionale du Brésil ne se sont pas modifiées : São Paulo et Rio de Janeiro restent les métropoles économiques du pays, la population demeure largement accrochée au littoral, et les problèmes de sous-développement du Nord-Est n'ont rien perdu de leur acuité. Les expériences américaine et canadienne confirment que les fonctions de capitale politique et de capitale économique ne vont pas nécessairement de pair. Les capitales politiques, Washington, D. C., et Ottawa, ne sont pas des capitales économiques, pas plus que Québec (capitale du Québec), Albany (état de New York), Sacramento (Californie) ou Baton Rouge (Louisiane) ne le sont pour leur État respectif.

Les politiques que nous venons d'examiner ont pour objectif la redistribution régionale de l'emploi (c'est-à-dire de l'activité économique). Les moyens dont dispose l'État à cet égard ne sont pas illimités. Ils peuvent être complétés par des politiques de redistribution interrégionale des revenus.

À propos des pôles de développement : un concept qui a mal vieilli

Le concept de pôle de développement (ou de croissance), en vogue chez les théoriciens du développement régional il y a peu encore, a beaucoup perdu de son attrait depuis quelques années. L'histoire de ce concept nous apprend beaucoup sur la capacité de l'État à influencer la trajectoire spatiale de l'activé économique[7] ; mais aussi sur la difficulté à passer de la théorie à son application politique.

En termes simples, le concept de pôle de développement repose sur l'idée que la présence d'une ville, par les économies d'agglomération qu'elle suscite, suffira – du moins si l'État continue à y investir – pour déclencher un processus soutenu de développement. Les origines du concept remontent aux écrits de l'économiste français François Perroux dans les années 1950. D'autres auteurs, comme Jacques Boudeville (1972) et les Américains John Friedmann (1966) et Walter Isard *et al.* (1959), ont repris le concept pour en faire l'une des idées maîtresses en matière de développement régional. Des concepts tels que complexe industriel et industrie motrice y sont étroitement associés. Mais pourquoi ces concepts sont-ils aujourd'hui moins à la mode ? Examinons-en les raisons à la lumière de ce que nous avons appris dans les chapitres 3 et 5.

Le concept de pôle de développement tire ses origines de l'analyse des relations interindustrielles ou intersectorielles, dont il a été question au chapitre 5. Dans n'importe quelle économie, comme le révèle l'examen du tableau intersectoriel (revoir le tableau 5.1), il existe des relations d'échange et des relations techniques plus ou moins étroites selon les branches d'activité économique. L'industrie de l'automobile achète de l'acier à l'industrie sidérurgique ; l'industrie de la confection a des liens privilégiés avec l'industrie du textile, et ainsi de suite. Les dépenses faites dans un secteur déclenchent des dépenses dans d'autres secteurs, en vertu des effets multiplicateurs, d'autant plus importants que l'économie est bien intégrée. La proximité géographique est un puissant facteur d'intégration intersectorielle. Or, certaines industries ont un potentiel moteur plus important que d'autres, susceptibles d'entraîner des dépenses dans d'autres branches d'activité, selon la diversité des relations interindustrielles qu'elles entretiennent en aval et en amont, On parle également de grappes industrielles pour désigner des groupements d'industries qui entretiennent entre elles de multiples relations d'échange (telle la grappe pétrochimique). La parenté avec le concept d'économie de localisation (ou encore, de *cluster* ou filière localisée), évoqué au chapitre 3, se devine facilement.

Pourquoi alors ne pas encourager de tels regroupements par des politiques volontaristes afin de maximiser les effets multiplicateurs et autres externalités positives ? Par des investissements bien ciblés sur quelques pôles stratégiques centrés sur des complexes industriels en devenir et sur des industries motrices, ne serait-il pas possible de provoquer un processus soutenu de développement ? Voici le pari ! La dynamique ainsi déclenchée par des investissements concentrés, combinée à la vitalité propre au milieu urbain, pourrait susciter un véritable « pôle de développement », dont les effets se répandraient dans toute la région environnante. On parle également de *trickle-down effects* pour désigner les effets d'entraînement d'un pôle de développement sur d'autres villes et régions. En termes clairs, pour stimuler la croissance d'une région, il faut, suivant cette logique, y favoriser la consolidation de pôles de développement par des investissements bien ciblés sur quelques villes principales.

Or, en France, au Canada et dans d'autres pays, les efforts consentis pour susciter ainsi la croissance des régions défavorisées n'ont pas, en règle générale, donné les résultats espérés. Pourquoi ? Avant de répondre à cette question, il importe de souligner que le concept de pôle de développement n'est pas dépourvu de valeur. Pour guider les projets d'investissement public et en maximiser les retombées locales, l'ampleur des relations intersectorielles reste un repère utile. Mieux vaut concentrer les efforts sur des secteurs d'activité dont les effets multiplicateurs maximisent la création de revenus et d'emplois. Mais il s'agit là d'effets « statiques », nous le savons (revoir le chapitre 5), sans garantie d'effets récurrents dans le temps. Par ailleurs, identifier et soutenir des grappes existantes et des industries qui y sont connexes – approche qui peut s'avérer prometteuse car se situant dans la continuité de la trajectoire économique régionale – doit être distingué des tentatives de création *ex nihilo* de grappes. Si une industrie est absente d'une région (ou si elle ne se situe pas dans la continuité d'activités qui y sont déjà), c'est souvent pour des raisons structurelles que les politiques auront du mal à surmonter.

Espérer déclencher un processus *soutenu* de développement régional par une politique de concentration spatiale des investissements publics nous renvoie au débat sur l'existence (ou non) d'économies d'agglomération *dynamiques* (revoir la discussion à la fin du chapitre 3). Nous avons vu que la concentration spatiale (l'agglomération) n'est pas, en soi, un gage de développement. Les gains à tirer des investissements (au moment x) resteront limités dans le temps et dans l'espace ; c'est-à-dire, si d'*autres* facteurs favorables au développement ne sont pas présents en parallèle. Il y a des limites aux avantages que l'on peut tirer de la concentration spatiale des investissements.

Redistribution interrégionale des revenus

Pour atteindre des objectifs d'équité interrégionale ou interpersonnelle, l'État peut décider de redistribuer les revenus entre les particuliers et les collectivités locales dans le but de réduire les écarts. Il y a redistribution lorsque la personne (morale ou physique) reçoit plus (ou moins) de revenus ou de services de l'État qu'elle ne lui en donne en taxes, impôts, redevances et autres paiements au Trésor public. Dans ce sens, le concept de redistribution s'apparente à celui de subvention. Presque tous les États pratiquent des politiques redistributives, souvent de façon implicite. Ces politiques ne sont pas toujours identifiées comme régionales, même si leur impact redistributif est souvent important dans les régions.

Dans l'analyse qui suit, nous nous inspirons de l'expérience du Canada ; ce pays a, depuis déjà plusieurs décennies, un régime plutôt généreux de paiements de transfert aux personnes et aux gouvernements régionaux. Au tableau 7.1, on trouvera des données sur le revenu et le PIB par habitant, ainsi que sur les transferts par habitant, pour quatre provinces canadiennes. Le revenu par habitant est exprimé de trois façons :

- le revenu disponible, le montant qui reste dans les poches des particuliers une fois enlevés tous les taxes et les impôts prélevés par l'État ;
- le revenu total, qui comprend tous les revenus reçus par des particuliers, peu importe leur provenance ;
- le revenu de marché, qui comprend les revenus gagnés, composés surtout de salaires et de revenus de placements (dividendes, intérêts, profits...) mais non les transferts reçus de l'État.

Les indices par habitant (Canada = 100) ne sont pas les mêmes selon les trois définitions. Lorsqu'on parle de disparités régionales, on pense habituellement au revenu total. Pour l'année indiquée, on constate un écart important entre la province la plus pauvre, le Nouveau-Brunswick (indice : 89) et la province la plus riche, l'Alberta (126). L'écart s'élargit si l'on retient le revenu de marché, avec maintenant des indices respectifs de 79 contre 135. La différence entre les deux capte l'impact des transferts aux personnes. Ces transferts comprennent, au Canada, les prestations d'assurance-chômage (versées aux chômeurs), les allocations familiales (versées aux ménages qui ont des enfants), les pensions (versées aux retraités et aux personnes âgées) et d'autres prestations d'aide sociale et de supplément de revenu (pour les personnes à faible revenu). Les transferts aux personnes jouent donc un rôle majeur dans l'égalisation des revenus. Là encore, on n'a pas affaire à des politiques régionales proprement dites. Mais leur impact est en partie le reflet des paiements de péréquation, dont nous parlerons dans la section suivante.

Tableau 7.1 - Revenu et transferts par habitant : quatre provinces canadiennes

	Nouveau Brunswick	Québec	Ontario	Alberta
Revenus : montant par habitant (la moyenne canadienne = 100)				
Revenu disponible (2010)	93	91	102	130
Revenu total (2010)	89	92	101	126
Revenu de marché (2011)	79	84	106	136
PIB (2012)	80	85	96	154
Taux d'emploi (Canada = 100)				
	92	98	101	110
Transferts du gouvernement fédéral : montant par habitant en dollars canadiens				
Aux provinces (2010)	$3 301	$2 162	$1 309	$924
Aux particuliers (2011-12)	$2 711	$2 067	$3 056	$816

Régimes de paiements de péréquation interrégionale

L'objectif d'équité interrégionale est inscrit dans la constitution canadienne. Il se traduit surtout par des paiements de péréquation versés aux provinces défavorisées par le gouvernement central. Les paiements de péréquation ont pour but d'assurer à tous les résidents le même niveau de services publics, peu importe leur région de résidence. Puisque la capacité autonome des provinces de lever des taxes et impôts varie selon leur niveau de richesse, il faut corriger l'écart si l'on veut que chaque province accorde à ses citoyens un niveau de services équivalent, par exemple dans le domaine de la santé et de l'éducation. La plupart des pays industrialisés ont un régime de péréquation en vertu duquel l'État central verse des fonds aux collectivités locales. Les paiements de péréquation sont largement inconditionnels au Canada, c'est-à-dire que les provinces peuvent les utiliser à leur guise pour payer des services, promouvoir le développement économique, ou encore augmenter les revenus personnels par des transferts de la province à ses citoyens.

Retournons au tableau 7.1 et au PIB par habitant qui mesure en principe la capacité réelle des régions à produire de la richesse. L'indice du PIB par habitant au Nouveau-Brunswick est de 80 contre 154 pour l'Alberta, un écart considérable. En d'autres mots, une partie des revenus reçus par des habitants du Nouveau-Brunswick tient à la volonté des Albertains à partager leur richesse avec d'autres. Pour le Québec, la différence entre les deux indices nous apprend que les Québécois aussi profitaient de la manne albertaine. L'objectif d'équité – de redistribution de la richesse – est donc en bonne partie atteint grâce aux paiements de transfert, mais que dire de l'objectif de développement ?

Pour l'Alberta, l'indice du PIB par habitant – plus de 50 % au-dessus de la moyenne canadienne – est le reflet d'une rente de ressources particulièrement élevée. À qui profitait cette rente ? Une partie est passée dans les transferts publics. Le tableau nous informe aussi que les revenus de marché étaient plus élevés en Alberta, ce qui signifie que les Albertains en profitaient largement, notamment sous forme de salaires plus élevés. Mais la différence entre l'indice du revenu de marché (par habitant) et l'indice de PIB – plus élevé – nous apprend qu'une partie a été versée à des résidents de l'extérieur de l'Alberta, sous forme de dividendes, de profits et sans doute aussi de salaires (à des consultants et des travailleurs temporaires). Ce résultat nous rappelle les limites de l'utilisation du PIB comme indicateur de la production locale, et encore plus comme indicateur de bien-être (revoir l'Encadré 1.2).

En analyse économique spatiale, la différence entre les lieux où la valeur ajoutée – la richesse, en somme – est générée et les lieux qui en récoltent les fruits doit toujours rester présente à l'esprit. Les écarts pour l'Ontario et le Québec entre les indices de PIB et les indices (plus élevés) de revenu de marché laissent entendre qu'une partie de la « rente » albertaine est allée dans ces deux provinces, en particulier aux actionnaires et aux consultants de Toronto et de Montréal. Cette situation soulève un problème fondamental de la notion de développement. À qui – à quel territoire – attribuer ce qualificatif ? Quel territoire est à l'origine du « développement » si, à titre d'illustration, l'usine ou la mine (à partir de laquelle se fait le calcul de la valeur ajoutée) est l'œuvre d'entrepreneurs, d'ingénieurs et d'investisseurs qui résident ailleurs, qui ont eu l'idée de la fonder, qui l'ont conçue et qui ont risqué leur argent ? La réponse n'est pas évidente, preuve supplémentaire de la complexité de la relation entre développement et territoire, mais aussi de la difficulté à traduire, souvent, des concepts par des données statistiques.

Le tableau 7.1 nous permet aussi de voir les effets parfois contradictoires des régimes locaux d'imposition et de transferts. Pour le Québec et l'Alberta, le passage de l'indice de revenu total au revenu disponible a pour effet d'accroitre l'écart entre les deux provinces, ce qui peut étonner étant donné le caractère progressif de l'impôt fédéral sur le revenu. Mais les deux provinces ont également leurs propres régimes fiscaux. L'Alberta, assise sur sa richesse pétrolière, n'a pas d'impôt propre sur le revenu, ce qui fait monter le revenu disponible de ses résidents. Par comparaison, le Québec a des taux d'imposition élevés avec l'effet contraire ; mais qui se traduit par des politiques sociales plus généreuses (crèches, frais de scolarité plus bas...). Ce sont des choix politiques, qui invitent à nouveau à la prudence dans l'interprétation des données.

Tous les pays industrialisés possèdent, à des degrés divers, des régimes de transferts publics vers des particuliers et vers des collectivités locales, parfois encore plus généreux que le régime canadien. Est-ce possible que les régimes de redistribution du revenu agissent parfois comme des freins au développement ? C'est une possibilité que nous allons maintenant explorer. Nous abordons, par le même biais, un dilemme de fond en politiques de développement : le conflit entre l'objectif d'équité et l'objectif de développement.

Critique néo-classique des politiques de redistribution

Rappelons brièvement les principaux éléments du modèle de l'ajustement régional (chapitre 5) : les écarts de salaires ou d'emploi entre les régions sont des messages (des clignotants) qu'envoie le marché pour signaler la nécessité d'un changement. Dans un marché « efficace », les régions défavorisées s'ajustent par des mouvements des facteurs de production ou d'autres changements qui rétablissent l'équilibre. Or, pour être efficace, le marché doit envoyer les « bons » messages, et les prix ne doivent pas être faussés. Les agents économiques doivent être « correctement » informés du comportement à adopter pour maximiser leurs gains et ceux de la société. Il faut qu'ils reçoivent les « bons » messages, ceux qui reflètent la réalité, c'est-à-dire la rareté relative réelle des ressources.

L'argument néo-classique à l'encontre des politiques de redistribution trop généreuses est que la redistribution des revenus peut fausser les messages et instaurer ainsi un équilibre sous-optimal qui aggravera, au bout du compte, les disparités que ces politiques cherchaient à atténuer. Revenons au modèle de l'ajustement régional pour voir comment cela peut se produire.

Transferts : un frein à l'ajustement régional

Revenons à la région B, qui, à la suite de changements externes dans le niveau de la demande, s'est retrouvée avec un niveau de salaires et d'emploi plus bas que celui de sa voisine, la région A (figure 6.2). Pour corriger la situation, certaines voies d'ajustement s'offrent aux habitants de la région B :

a) des travailleurs peuvent quitter la région B pour la région A afin de rétablir l'équilibre entre l'offre et la demande de main-d'œuvre ;

b) les entreprises de B peuvent augmenter leur productivité (face à A) pour que la courbe de la demande de main-d'œuvre remonte à nouveau dans B ;

c) les travailleurs peuvent accepter des emplois à des coûts unitaires plus bas, ce qui, dans un premier temps, maintiendrait le niveau d'emploi dans B et, dans un deuxième temps, ferait peut-être augmenter la demande extérieure ;

d) la région peut recevoir des fonds d'investissement qui feront remonter la courbe de la demande ;

e) la région peut recevoir des paiements de péréquation ou d'autres transferts qui maintiendront le niveau de la demande.

Les voies a et c sont d'ordre statique et n'impliquent pas de changements de technologie. L'option c a en principe pour effet, dans un deuxième temps, d'attirer des investissements dans la région B et d'accroître la demande externe de produits de B, de sorte que la région aura, en bout de ligne, un niveau de salaire et d'emploi plus élevé. L'option c équivaut, pour un pays, à une dévaluation de sa devise visant à faire baisser le prix externe de ses produits. Mais cette voie d'ajustement ne s'offre pas aux régions. Pour que l'option c puisse jouer pour une région, il faut que les salaires y soient « parfaitement » flexibles (vers le bas).

L'option b est manifestement l'option souhaitée, dans la mesure où elle n'implique pas de sacrifices. Mais nous avons vu que les facteurs qui sont à la base des hausses de productivité sont fort complexes. De façon plus réaliste, il faudrait que la région puisse s'ajuster en recourant à une combinaison des options a à d, à un mélange d'éléments statiques et dynamiques : migrations, hausses de productivité, salaires flexibles et investissements. Les options sont interreliées.

Faisons maintenant entrer en ligne de compte les paiements de transfert aux personnes et aux collectivités locales. Leur impact le plus direct sera d'accroître le niveau interne de la demande par le transfert de revenus, ce qui provoquera une hausse du niveau de l'emploi et des salaires dans la région. Cependant, il est probable que l'impact final de cet apport sur la demande interne sera relativement faible, dans la mesure où l'économie des régions défavorisées se caractérise souvent par des structures économiques peu complexes, et donc par des fuites importantes au niveau des effets multiplicateurs. Toujours est-il que les transferts auront pour effet de pousser les salaires vers le haut et de réduire la mobilité des travailleurs.

L'effet se manifestera dans la forme de la courbe de l'offre de travail. Le tableau 7.1 présente aussi les taux d'emploi par rapport à la moyenne canadienne (Canada = 100) ; à savoir, le nombre de personnes au travail dans la population de quinze ans et plus, les chômeurs et personnes étant sortis du marché de travail n'étant donc pas comptabilisés. Les taux varient d'une province à l'autre.

Autrement dit, les écarts de revenu s'expliquent autant, sinon plus, par le chômage et les retraits du marché du travail que par des différences de salaire. Cela signifie que la courbe d'offre de travail serait plutôt horizontale, reflet de salaires peu flexibles et de travailleurs peu mobiles. Les travailleurs, s'ils ne trouvent pas d'emploi à un niveau de salaire donné, « choisissent » souvent de rester au chômage ou de se retirer du marché du travail, plutôt que de chercher un emploi ailleurs ou d'accepter un emploi moins bien rémunéré.

La figure 7.3 illustre deux cas extrêmes d'ajustement (ou de non-ajustement, si l'on préfère). Dans les deux cas, la ligne Q_1 représente la quantité de main-d'œuvre correspondant au plein emploi : toutes les personnes qui veulent travailler sont occupées. La partie supérieure représente un marché du travail où les salaires, parfaitement élastiques, s'ajustent automatiquement à tout changement de la demande. Toute baisse de la demande de travail (de D_1 à D_2) provoque aussitôt une baisse des salaires (de S_1 à S_2), si bien que nous restons en situation de plein emploi, la baisse des salaires annulant l'effet de la baisse de la demande. Les salaires flexibles sont, en somme, un gage de plein emploi. La partie inférieure illustre le cas inverse. Ici, les salaires ne bougent pas. Ils restent figés au niveau S_1, si bien que toute baisse de la demande se répercute sur la quantité de travail demandée. Dans ce cas, la baisse de la demande crée du chômage (différence entre Q_1 et Q_2).

Si le chômage persiste dans certaines régions, cela signifie en principe que les salaires ne s'ajustent pas (du moins pas assez rapidement) aux conditions réelles : ils sont toujours trop élevés pour assurer le plein emploi. Les salaires ne sont pas le reflet fidèle des différences de productivité. Mais si les prix sont faussés, c'est que les agents économiques (les travailleurs, en l'occurrence) ne reçoivent pas les bons messages.

Effets pervers (possibles) des transferts publics

Voyons comment les choses pourraient se passer dans certaines collectivités. Le scénario est semblable à celui du syndrome du rentier encombrant, évoqué dans le chapitre précédent ; à la différence près que le coupable n'est pas la ressource naturelle mais la politique.

Grâce aux transferts aux régions ou collectivités défavorisées, celles-ci peuvent payer leurs fonctionnaires des salaires proches de la moyenne nationale. À nouveau, les syndicats le savent. En parallèle, l'État central paie partout le même salaire à ses employés. Les niveaux élevés de salaire dans le secteur public accroîtront d'autant les attentes salariales de la population. Si, en plus, certaines industries sont subventionnées par l'État (voir plus haut), l'effet à la hausse sur les attentes salariales s'en trouve renforcé. Comme le rentier encombrant, le niveau de salaire ainsi établi sera trop élevé pour certaines industries, qui, soit ne viendront ou ne surgiront pas dans la région, soit n'y prendront pas d'expansion.

Figure 7.3 - Variation de l'emploi régional, salaires parfaitement flexibles et salaires totalement inflexibles

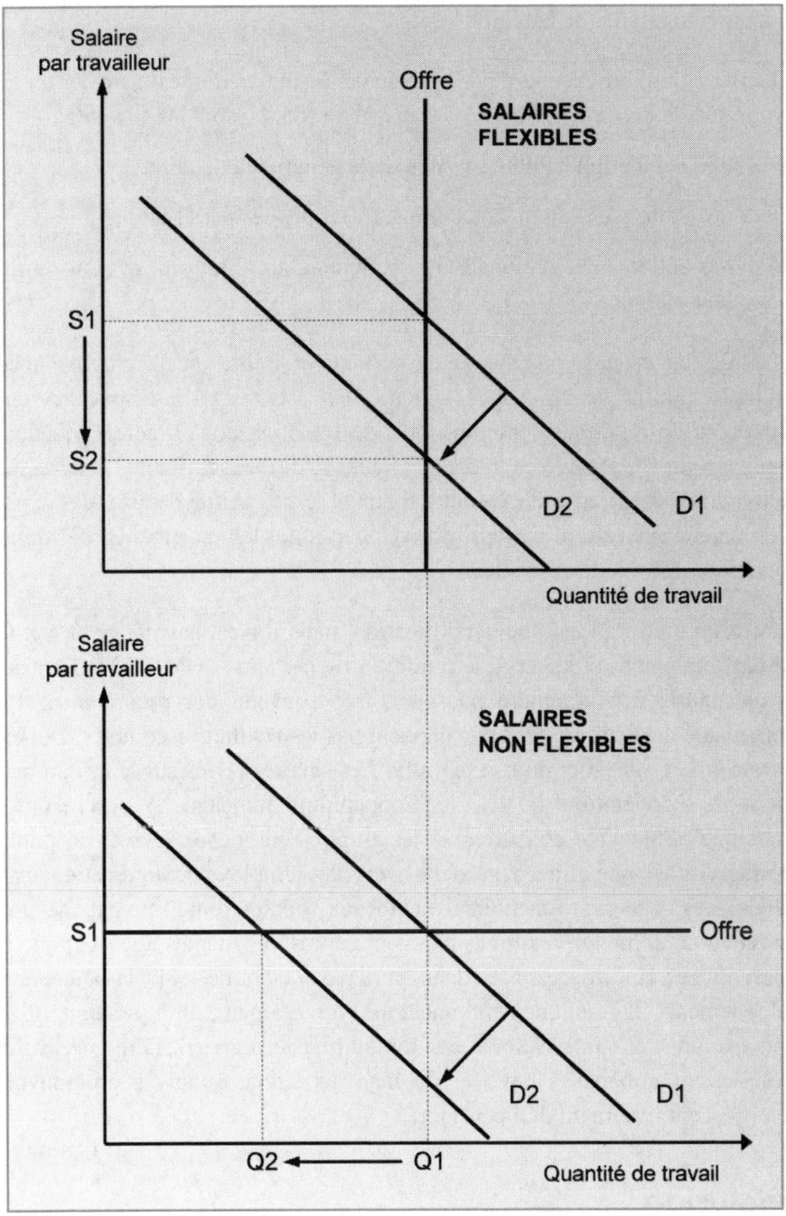

À l'impact à la hausse sur les salaires s'en ajoute parfois un autre : à cause des paiements de transfert aux particuliers (assurance-chômage, aide sociale, etc.), les sans-emploi acceptent plus facilement leur situation ; ils se retirent plus volontiers du marché du travail pour des périodes plus ou moins longues, d'où la forme quasi horizontale de la courbe d'offre de travail. Ils sont moins portés à partir ou à accepter un salaire inférieur. Ce « choix » est tout à fait rationnel, étant donné les possibilités qui s'offrent au travailleur. Mais il élargit l'écart qui sépare les salaires effectivement payés des salaires « efficaces » qui seraient le reflet fidèle des avantages comparatifs de la région.

L'effet cumulatif engendré par les paiements de transfert est de créer un genre de syndrome de dépendance dont les traits, cette fois-ci, sont les suivants :

- une population habituée à vivre de la générosité de l'État ;
- des industries s'attendant à être subventionnées par l'État ;
- des collectivités régionales qui comptent sur l'État central pour renflouer leur budget.

Le résultat est une population et, surtout, une élite locale plus occupées à revendiquer auprès de l'État qu'à se lancer en affaires ou à innover. À terme, comme pour le rentier encombrant, cela se transformera en cercle vicieux : la dépendance de l'État (avec son effet, à la fois, de hausse sur les salaires et de démotivation entrepreneuriale) réduira d'autant la possibilité d'attirer des capitaux et l'émergence locale d'entreprises, si bien que les paiements de transfert continueront d'être indispensables.

Certes, ce portrait est une simplification, mais il n'est pas dénué de vérité. Il n'est pas totalement étranger à la condition de certains DOM-TOM[8] français. Il nous aide aussi à comprendre pourquoi, trop souvent, des programmes d'aide internationale destinés aux PED ne donnent pas les résultats escomptés. Les effets « pervers » de l'aide sont du même ordre. Les salaires payés sur le terrain par les agences de coopération (ONU, la Coopération française…) susciteront des attentes que ne peuvent concurrencer les employeurs locaux (privés ou publics), provoquant ainsi une fuite des talents vers des employeurs internationaux. En parallèle, les élus et fonctionnaires locaux déploieront souvent davantage d'énergie pour solliciter des fonds (souvent auprès des mêmes agences) que pour imposer les réformes nécessaires dans leurs pays. Comme le dit la boutade, si le développement était uniquement une question d'argent, il n'y aurait plus de régions pauvres. À l'international comme au niveau régional, faire que les fonds versés servent non pas à envoyer de mauvais signaux mais à promouvoir le développement restera un défi constant.

Conclusion

Presque tous les États ont, à un moment ou un autre, instauré des mesures pour lutter contre les disparités régionales de revenu ou d'emploi : subventions à l'industrie dans le but d'influencer les choix de site ; investissements dans les infrastructures ; paiements de transfert aux régions défavorisées ; transferts aux personnes. Ces interventions sont habituellement motivées par un souci d'équité territoriale et sociale. Il est normal que les États cherchent à réduire les coûts sociaux associés aux ruptures et aux ajustements que commande le développement économique.

Cependant, l'efficacité des politiques régionales n'est pas toujours évidente. La capacité de l'État (ou de l'UE en Europe) d'infléchir les tendances lourdes est d'autant plus faible que la configuration des espaces économiques est fermement établie après plusieurs décennies (voire siècles) d'investissements publics et privés. L'on ne peut pas défaire Paris ou Montréal, nous l'avons dit. En contrepartie – aux débuts du processus de développement – les États n'ont généralement pas les ressources nécessaires pour pratiquer des politiques régionales généreuses.

La mise en œuvre des politiques régionales ne se fait pas sans difficultés. Ces mesures ont parfois des effets imprévus et indésirables : elles ralentissent le rythme d'ajustement des régions bénéficiaires par leur impact sur les prix locaux et sur les signaux reçus par les agents économiques. Tout régime qui repose sur des subventions à l'industrie ou sur des transferts aux particuliers (ou à d'autres agents locaux) se heurte au même dilemme : comment éviter que l'aide financière versée fausse les perceptions (donc le comportement) des agents économiques au point d'entraîner des résultats qui sont en conflit avec les objectifs visés ? De plus, l'évaluation de l'impact réel des subventions continue, le plus souvent, à poser des problèmes d'analyse et d'interprétation.

Il s'agit aussi de faire la distinction entre, d'un côté, les transferts temporaires, destinés à accompagner les changements structurels que subissent les régions et les gens qui y vivent ou à pallier les coûts de déménagement et de relocalisation (coûts qui font en sorte qu'une population sans emploi et désirant migrer reste néanmoins bloquée dans des régions en déclin) et, d'un autre côté, les transferts pérennes qui biaisent à long terme les « clignotants » du marché. Autrement dit, si tant est qu'un État ressente le besoin de mettre en œuvre des politiques de développement régional, celles-ci doivent avoir des objectifs de développement ou d'équité précis, clairement limités (ou dégressifs) dans le temps. L'inefficacité à long terme de ce genre d'intervention ne doit pas occulter le rôle qu'elle peut jouer pour assurer la distribution plus équitable des coûts engendrés par le développement économique national ou global – coûts qui sont concentrés dans certaines régions plus que d'autres – et pour assouplir les transitions parfois abruptes qu'il génère.

CHAPITRE 8

POLITIQUES DE DÉVELOPPEMENT LOCAL

Les politiques de développement économique régional examinées au chapitre précédent relèvent généralement de l'État central. Mais une autre voie est possible en laissant aux collectivités locales et aux organisations du milieu la maîtrise des politiques de développement régional. Pourquoi ne pas s'appuyer sur les dynamismes locaux pour assurer le développement des régions ? Les collectivités et les organisations locales peuvent-elles intervenir efficacement dans le développement économique ?

Dans ce chapitre, après un examen du concept de développement local, nous aborderons diverses avenues d'intervention dans ce contexte, notamment la promotion de l'entrepreneurship local et la mise en place d'organismes locaux de développement. Nous analyserons de façon plus générale les problèmes de financement et d'autonomie des collectivités locales.

Développement local : modèle d'analyse ou modèle de développement ?

Les origines du développement local comme cadre d'analyse et comme stratégie d'intervention sont assez récentes. Les premiers écrits datent des années 1970. L'idée s'est forgée en réaction aux modèles d'analyse traditionnels (modèle de la base économique, pôles de développement...) et aux politiques régionales axées sur les subventions pour l'implantation d'entreprises. Ne fallait-il pas miser plutôt sur les entreprises locales, sur l'esprit d'entreprise et sur la capacité d'innovation du milieu afin de créer ou de renforcer les avantages compétitifs d'une localité et d'en assurer le développement ? Le développement local semble aussi faire écho aux théories de la croissance endogène : si un système économique peut se développer par le biais de progrès en technologie et en savoir-faire, une région ou une localité ne peut-elle pas en faire autant ?

Idéal

Plus qu'un simple concept, le développement local est un idéal. Il porte la promesse d'un modèle alternatif de développement, d'une solution de rechange au développement inégal, à la croissance tributaire de forces extérieures. Dans cet esprit, le terme est autant un appel à l'action qu'une invitation à l'analyse.

Pourquoi le développement régional ne pourrait-il pas épouser des formes plus respectueuses des besoins et des désirs des populations locales ? Cette revendication est compréhensible. Nous avons vu au chapitre 6 que le développement économique national entraîne obligatoirement des disparités régionales, du moins durant les premières phases du processus. Le problème n'est pas propre aux économies de marché. L'échec de l'expérience soviétique a montré que les économies planifiées n'ont pas mieux réussi à éliminer les disparités régionales. Dans ces conditions, il n'est pas surprenant que les réflexions se soient tournées vers d'autres modèles.

Pour désigner ce « modèle alternatif » de développement, on trouve aussi dans la littérature des termes comme développement endogène ou développement par le bas. Certains auteurs parlent de développement communautaire, en mettant l'accent sur les initiatives populaires. Implicitement du moins, tous ces termes expriment l'espoir qu'un processus de développement puisse être amorcé par le milieu et débouche sur une économie régionale prospère reposant sur les initiatives et le savoir-faire des habitants et des entreprises locales. Le développement local s'accompagne, idéalement, d'une réduction de la dépendance de la région à l'égard des gouvernements et des agents économiques de l'extérieur. Cela ne signifie pas que le développement local tourne le dos aux acteurs extérieurs et à la possibilité d'en attirer : mais cette attraction devrait s'exercer à partir de caractéristiques fondamentales et durables propres à la localité (institutions qui encouragent le développement, main-d'œuvre qualifiée et flexible, réseaux d'entreprises locales dynamiques, capacité d'innovation...), de telle sorte que les acteurs extérieurs, une fois sur place, s'imbriquent dans le milieu local. Il s'agit donc d'un développement autonome, où les localités peuvent agir elles-mêmes afin de générer du développement, sans dépendre d'une manne extérieure, et affranchies (en partie) des aléas du système économique.

Ce développement passe souvent par la création ou le renforcement d'avantages compétitifs, qui peuvent servir soit au développement d'entreprises locales capables d'exporter, soit à attirer des entreprises de l'extérieur. Cette approche renvoie d'ailleurs à un deuxième idéal, différent du précédent, admettant la compétition entre les territoires et visant le désengagement progressif de l'État central. Cet idéal, au diapason de ce que certains appellent une approche néo-libérale, reflète les choix politiques et idéologiques des années 1980, dont les fers de lance ont été Margaret Thatcher (premier ministre de la Grande-Bretagne) et Ronald Reagan (président des États-Unis), qui empreignent, encore aujourd'hui, l'action de nos gouvernements. Il est guidé par l'obsession de réduire le poids de l'État et par une volonté de faire confiance aux mécanismes de marché pour coordonner les activités et promouvoir la liberté. Le paradoxe a de quoi être souligné : deux visions presque opposées de la société – la vision communautaire d'une part, et la vision néo-libérale de l'autre – se rejoignent toutes les deux pour défendre le développement local comme une approche possible de la gestion des économies locales et régionales.

Les avantages compétitifs, analogues aux avantages comparatifs décrits au chapitre 2, ne sont pas identiques à ces derniers. Les avantages comparatifs sont des avantages absolus liés à des caractéristiques locales en principe immuables (climat, présence de sols fertiles, ou de matière première). Les avantages compétitifs sont des avantages qui peuvent évoluer avec le temps, mais aussi (et surtout) en fonction de politiques publiques et de facteurs locaux. La présence d'un bassin de main-d'œuvre spécialisé, la circulation facile de l'information, la formation d'une masse critique d'entreprises dans un secteur particulier (on parle souvent de « clusters »), ou la présence d'institutions et de manières de faire bien adaptées aux activités économiques sont tous des facteurs locaux qui peuvent encourager le développement, et sur lesquels on peut agir. La création d'avantages compétitifs sous-entend non seulement le renforcement de certains facteurs, mais aussi (et surtout) la différenciation entre localités. Un ensemble de caractéristiques locales devient un avantage si et seulement si cet ensemble est nécessaire pour un certain type d'activité économique et ne peut pas être trouvé facilement ailleurs. Les politiques de développement local peuvent agir soit sur le ou les caractéristiques susceptibles d'engendrer des avantages compétitifs, soit sur les coûts d'implantation et de fonctionnement des entreprises, soit sur les deux facteurs de manière simultanée.

Bien entendu, aucun concept ne peut combler toutes les attentes. Le développement local comme objectif épouse souvent des contours différents d'un auteur et d'une situation à l'autre : les partisans du développement communautaire, en particulier, porteraient moins l'emphase sur les aspects compétitifs du développement local, et plus sur le maintien des communautés au sens large, communautés qui fixent alors leurs objectifs. Aucune définition ne fait l'unanimité. Mais certains thèmes et arguments reviennent souvent :

- l'échec des politiques nationales et l'insatisfaction provoquée par les politiques traditionnelles de développement régional ;

- la crise de la grande entreprise et des grands espaces et l'importance nouvelle des petites entreprises et des régionalismes ;

- la nécessité d'un plus grand respect de l'espace vécu et des besoins du milieu pour réduire les coûts sociaux du développement ;

- la redécouverte de variables non économiques ; l'importance nouvelle des relations hors-marché, de la solidarité sociale et des cadres institutionnel et culturel dans lesquels s'insère l'activité économique ;

- la nécessité de promouvoir l'innovation – et donc les institutions, cultures et pratiques locales qui l'encouragent – pour maintenir ou augmenter la compétitivité (et donc le développement) régionale.

- la nécessité de nouveaux mécanismes locaux d'intervention et d'ajustement face à la mondialisation croissante du capital et d'autres facteurs de production.

Cadre d'analyse

Le développement local est également un cadre d'analyse. L'adjectif local attire l'attention sur les facteurs de développement économique spécifiques à la communauté ou à la région, sur les caractéristiques locales et régionales qui peuvent mener à la création et au maintien d'avantages compétitifs, et sur le rôle du milieu comme facteur d'innovation et de dynamisme. Par exemple, quelle place faut-il accorder aux mécanismes locaux de coopération et d'entraide dans le processus de développement régional ? Des concepts comme concertation, partenariat, réseaux d'interaction, maillage et synergie font partie de la grille d'analyse.

Le développement local comme cadre d'analyse ne permet pas toujours d'identifier des relations quantifiables, et il n'est donc pas possible d'établir une formulation rigoureuse du modèle. C'est une approche plus qualitative que quantitative. Le concept de facteurs locaux peut recouvrir la gamme complète des actions et caractéristiques locales. Comme l'approche *supply-side*, dont il partage maints éléments, le développement local ne propose pas de relations de cause à effet testables et mesurables. Mais les facteurs qualitatifs ne sauraient être écartés. Dans ce sens, on peut parler d'analyse portant sur la partie difficilement explicable du développement, sur ce que nous avons appelé les facteurs intangibles de production.

Presque par définition, le développement local n'identifie pas des facteurs de développement généralisables. La notion de développement – entendue comme croissance du PIB ou des revenus dans la plupart des analyses économiques – est souvent réévaluée par chaque communauté : un aspect important du développement local réside donc dans la fixation de ses objectifs. Il y a certes des impératifs économiques de base – il s'agit tout de même d'assurer la survie économique d'une communauté – mais ces derniers ne passent pas nécessairement par une compétition soutenue avec l'extérieur. En théorie, une communauté – comme Marinaleda au sud de l'Espagne – peut survivre en adoptant un modèle plus coopératif, en instaurant davantage de redistribution, ou en tentant l'autosuffisance : en pratique, cette voie-là s'avère difficile, surtout sur le long terme, car la communauté évolue, comme le monde autour d'elle, et les modèles alternatifs en pâtissent souvent (Gibson-Graham, 1996). Notre attention ne se portera pas sur ces alternatives, mais plutôt sur les politiques de développement local dont le but est la compétitivité de l'économie locale.

Pari sur le potentiel du milieu

Les politiques de développement local visant le développement au sens « classique » – PIB, revenus et emplois liés à une base économique – reposent sur un pari : la création ou l'exploitation d'un potentiel réel, mais demeuré caché, entravé. L'objectif premier des interventions est la mise en valeur des ressources locales ou la création de celles-ci au moyen d'institutions, de manières de faire, ou d'action sur des facteurs modifiables (comme sur la main-d'œuvre, par exemple).

Implicitement, on pose l'un des deux postulats suivants. Soit que la situation actuelle est sous-optimale et que la mise en valeur des ressources locales se traduira par un apport net au produit national ; soit que la création d'un avantage compétitif entraînera la redistribution spatiale de certaines activités au bénéfice de la localité. De manière idéale, c'est le premier postulat qui est sous-jacent au développement local ; mais en réalité, c'est souvent une combinaison de ces deux objectifs (un apport net au PIB *et* une redistribution spatiale des activités) qui est visée.

La question se pose alors : pourquoi le marché n'assure-t-il pas la mise en valeur des ressources locales ? Si l'on préconise des politiques de développement local, c'est que l'on suppose que le marché ne suffit pas à assurer localement l'éclosion de talents d'affaires ou d'innovation et la mise en valeur des ressources locales. On postule, en somme, l'existence d'une défaillance du marché. Le défi consiste donc à identifier les obstacles qui empêchent la région de se développer normalement. Mais on ne peut pas invoquer l'existence de défaillances du marché si les obstacles sont des facteurs économiques comme le coût de la distance ou la faible densité pourrait l'être.

D'après la théorie économique, les agents économiques (ménages, entreprises, etc.) réagissent partout de la même façon aux occasions qui s'offrent à eux, en fonction des signaux que leur envoie le marché. S'il existe dans une région des occasions d'affaires inexploitées, ou des avantages qui rendraient les entreprises plus compétitives, pourquoi des entreprises n'y investissent-elles pas ? Si la région ne « décolle » pas, de deux choses l'une : ou elle n'a pas de possibilités inexploitées, du moins pas plus, proportionnellement, que d'autres régions, ou alors elle souffre de problèmes et d'obstacles particuliers qui font que le développement y est plus difficile qu'ailleurs. Il revient aux politiques de développement local, une fois décelés les blocages propres aux milieux, de mettre en œuvre les interventions appropriées.

Dans les sections suivantes, nous allons souvent confronter les politiques proposées aux réalités du marché.

Promotion de l'entrepreneurship local

L'entreprise, comme unité d'organisation sociale, est à la base des économies de marché ; il ne saurait être question de développement local ou endogène sans création locale d'entreprises ou expansion d'entreprises locales. L'idée que l'entrepreneur, comme acteur, est au cœur du processus de développement économique n'est pas récente. On attribue à l'économiste allemand J. Schumpeter (1926) la paternité de cette approche du processus de développement.

La promotion de l'entrepreneurship local est souvent l'élément clé des stratégies de développement local, car les PME, une fois qu'elles s'installent dans une région, y sont souvent beaucoup plus attachées que des succursales de grande entreprise. Par ailleurs, l'entrepreneurship (ou l'esprit d'entreprise) est un attribut personnel correspondant à un goût ou à un flair particulier pour les affaires. Le terme, d'origine anglaise, désigne également la propension des membres d'un groupe (ou des habitants d'une région) à fonder des entreprises et à réussir en affaires. On dit d'une région dépourvue d'entreprises locales qu'elle manque d'entrepreneurship ; a contrario, si la population d'une localité possède ce goût, c'est un signe positif pour son avenir économique.

Obstacles à l'entrepreneurship

Pour une région, le manque d'entrepreneurship peut s'expliquer par les raisons suivantes.

a) Les individus ne possèdent pas le goût des affaires. Fonder une entreprise n'est pas, dans ce milieu, une valeur sociale positive, et réussir en affaires n'est pas forcément bien vu. On parle dans ce cas de blocage socioculturel.

b) La proportion d'habitants aptes à se lancer en affaires est plutôt faible. Le pourcentage de la population en âge de travailler est inférieur à la moyenne nationale, le niveau d'instruction également. On parle alors de blocage socio-démographique. Rappelons que les migrations interrégionales, par leur sélectivité, augmentent le taux de dépendance des régions périphériques et diminuent leur taux de scolarisation (chapitre 6).

c) À cause de carences institutionnelles, il est plus difficile (plus coûteux) de lancer une entreprise dans la région. Celle-ci manque d'institutions financières, de bureaux-conseils et d'autres intermédiaires indispensables au bon fonctionnement d'une entreprise moderne. On parle alors de blocage institutionnel.

d) La présence d'un gros employeur qui domine l'économie locale peut empêcher l'éclosion de PME. La main-d'œuvre locale, habituée aux avantages sociaux et aux salaires de la grande entreprise peut avoir des attentes trop élevées par rapport à ce que peut offrir une PME. Ce phénomène, que l'on retrouve souvent dans les régions liées à l'exploitations des ressources et dans des régions manufacturières traditionnelles, contribue aux points a, b et c énumérés ci-dessus.

e) Les avantages comparatifs de la région sont faibles et les occasions d'affaires y sont donc plus rares. Étant donné sa petite taille, son éloignement des marchés principaux et ses autres caractéristiques géographiques, la région n'offre pas beaucoup de possibilités de lancer des projets rentables. L'accès aux marchés (clients et fournisseurs), aux conseils et à l'information tacite (nous reviendrons à cette notion) y est difficile.

f) Les changements technologiques et sociaux ne sont pas pleinement pris en compte par les acteurs économiques. Nous avons déjà évoqué le fait que les acteurs économiques choisissent rarement leur localisation sur la base d'informations parfaites : ils restreignent souvent leur choix à un petit nombre de régions connues, ce qui est logique en période de stabilité. Malgré les changements importants qui peuvent les affecter, les avantages et les inconvénients des localités ne font pas toujours l'objet d'une analyse nouvelle : par déficit d'informations, certaines localisations échappent ainsi au radar des entrepreneurs, alors qu'elles pourraient devenir des choix « acceptables », une fois considérée leur position nouvelle à l'issue des changements qui les ont transformées. L'inverse peut aussi se produire.

La plupart des interventions visent à remédier aux blocages institutionnels (facteur c), et dans certains cas aux blocages socioculturels (a), par des activités d'animation. La mauvaise structure démographique (b), à la fois conséquence et cause du sous-développement, devrait se modifier si les politiques de développement local ont du succès. Il est en principe difficile de modifier le facteur (e) par des politiques volontaristes, nous l'avons dit. Le facteur (d) est paradoxal : la grande entreprise qui fait vivre l'économie locale est aussi parfois celle qui en étouffe le développement. Difficile de remédier à une telle situation pendant que la grande entreprise continue de fonctionner, et après son départ ou bien sa fermeture, il est souvent trop tard pour régler les problèmes majeurs de restructuration. Finalement, c'est le rôle des stratégies de marketing territorial d'agir sur le facteur (f), et de convaincre les entrepreneurs qu'ils disposent bien de toutes les informations nécessaires avant de faire un choix d'investissement. Chaque localité est en mesure de mettre en avant ses qualités, mais encore faut-il que les qualités mises en avant soient de nature à convaincre certains entrepreneurs de s'y localiser compte tenu du contexte économique et technologique plus large.

Les cinq premiers éléments sont interreliés. Si les occasions sont rares à cause de facteurs difficiles à modifier (e), peu d'individus se lancent en affaires, et ceux qui le font échouent souvent, ce qui reviendra à dire que le climat local est peu propice à l'entrepreneurship (a) et ce qui entraînera des mouvements migratoires et des mouvements de capitaux défavorables à la région. La grande entreprise dominante (d) – cas récurrent et paradoxal – ne fait qu'exacerber le climat peu propice (a), tout en masquant les problèmes. Ce cercle vicieux du sous-développement rappelle les facteurs de divergence régionale évoqués au chapitre 6.

À quel niveau peut-on intervenir ? La réponse est d'autant moins évidente à trouver que les liens de causalité vont dans les deux sens. Un climat socioculturel peu propice à l'entreprise (a) peut résulter de la rareté des occasions (e), mais aussi causer cette rareté, ce qui revient à dire qu'un effort soutenu de développement local serait en mesure d'affecter les facteurs les plus difficiles à modifier. Pour *certains* territoires (qui souvent étaient à la marge avant que les changements technologiques ne se produisent), le marketing (f) peut entamer le cercle vicieux en informant les acteurs économiques que des éléments structurels (e) ont changé en leur faveur. Cette action peut être le fruit d'interventions locales, mais aussi la conséquence de changements externes : il est possible qu'au moment d'écrire ces lignes (en 2014) la banalisation des NTI, la réduction du coût d'opportunité des déplacements (grâce aux téléphones mobiles), et l'accélération des déplacements (TGV, baisse du coût des transports aériens) aient augmenté le potentiel de développement de certaines localités qui précédemment étaient marginalisées : ce sont celles qui saisiront ces nouvelles opportunités assez rapidement – et qui cibleront bien les activités susceptibles de s'y développer (comme nous l'avons vu, ces mêmes facteurs peuvent aussi mener à la centralisation accrue de certaines activités) – qui en profiteront. Nous y reviendrons dans le prochain chapitre.

Politiques d'aide aux PME

La plupart des politiques d'aide aux PME visent à réduire les coûts associés à la création d'entreprises locales. Presque tous les pays ont des politiques touchant les petites et moyennes entreprises (PME) susceptibles d'aider le petit entrepreneur à se lancer en affaires. Il ne s'agit pas de politiques régionales, dans la mesure où elles s'appliquent sur l'ensemble du territoire national. Mais les interventions de ce genre peuvent également relever de gouvernements régionaux ou locaux.

L'aide à la PME prend souvent la forme d'aides à l'accès à l'information ou aux services financiers ; elles seront analysées au chapitre suivant. Dans ce chapitre, nous nous contentons de traiter des aides fournies par le palier gouvernemental, et de décrire les autres types d'interventions en dehors de celles reposant sur l'information et l'accès au financement.

Décentralisation des programmes d'aide aux PME

Les régimes d'aide aux PME n'ont pas forcément un caractère régional. Il s'agit souvent de politiques nationales de promotion de l'entrepreneurship dont les régions éloignées tirent profit. Mais il est possible de faire varier le niveau d'aide financière aux PME selon les régions de la même façon que les primes régionales à l'installation (voir le chapitre précédent), avec les mêmes avantages et les mêmes inconvénients.

L'État peut aussi décentraliser l'administration des programmes. En ce qui concerne la fonction d'aide-conseil, les bureaux locaux font alors face aux problèmes déjà décrits. L'administration locale des politiques d'aide financière soulève surtout la question de la décentralisation décisionnelle. Les employés du bureau local seront-ils habilités à approuver un prêt de quelques millions de dollars sans consulter leurs supérieurs de la grande ville ? L'efficacité des politiques d'aide à l'entreprise repose en partie sur la capacité des instances locales de réagir rapidement (donc de façon autonome) aux demandes du milieu. À moins que le bureau local jouisse d'une très large autonomie (notamment pour l'approbation des prêts), l'entrepreneur local risque de se trouver face à un processus administratif assez lent. Si le coût d'option du temps de l'entrepreneur est élevé (si son projet doit démarrer vite), il se tournera vers le secteur privé, bien que celui-ci lui impose un coût de capital plus élevé.

La décentralisation des pouvoirs de décision financière implique un arbitrage entre deux coûts : le coût implicite lié à la possibilité d'accepter des prêts comportant un plus haut niveau de risque et le coût à absorber pour doter les bureaux locaux d'un personnel capable d'analyser les dossiers locaux. Si l'État central veut assurer partout un accès égal aux programmes d'aide financière, il a deux solutions :

a) implanter sur tout le territoire national des bureaux locaux dotés d'un personnel adéquat et jouissant d'une grande autonomie de décision ;

b) implanter sur tout le territoire national des bureaux locaux dotés d'un personnel réduit et jouissant également d'une grande autonomie de décision.

La première solution, idéale du point de vue des régions, dépasse souvent les moyens financiers de l'État. Par contre, la deuxième comporte un niveau élevé de risque financier car il se peut que l'aide soit accordée avec des garanties insuffisantes. Devant ce dilemme, l'État central limitera probablement la décentralisation décisionnelle. L'administration des politiques d'aide financière aux PME sera alors assumée par un organisme national (parfois un ministère) dont le siège social sera dans la capitale, mais qui aura des bureaux régionaux aux pouvoirs décisionnels plus ou moins étendus. Il est également possible que les élus (ministres, députés) souhaitent exercer un contrôle sur les fonds employés ; cela nous renvoie à la question de l'impact du système politique sur le mode de fonctionnement des appareils administratifs.

Aide à l'entreprise : les collectivités locales

Les collectivités locales ont le plus souvent une marge de manœuvre très limitée pour venir en aide aux entreprises locales. Évidemment, les situations varient selon les pays. Les structures politiques du Canada et de la Suisse sont plus décentralisées que celles de la France. Par collectivités locales, nous entendons ici le niveau de gouvernement qui correspond au palier le plus bas de la hiérarchie politico-administrative nationale : les communes (ou groupements de communes) en Europe et les municipalités en Amérique du Nord. La question des pouvoirs et des modes de financement des collectivités locales est abordée plus loin.

Dans la plupart des pays, les budgets autonomes des collectivités locales (municipalités ou communes) sont rarement suffisants pour que le palier local devienne un acteur majeur dans le processus de développement économique. Mais les collectivités locales peuvent jouer un rôle. L'aide à l'entreprise prend généralement les formes suivantes :

a) exonérations fiscales sur des taxes ou impôts locaux ;

b) tarifs préférentiels sur des charges locales : eau, électricité, etc. ;

c) avantages sur l'immobilier industriel ; terrains ou bâtiments cédés à l'entreprise à des conditions particulières (location-vente, faible loyer, mise à disposition gratuite) ;

d) construction d'infrastructures publiques adaptées aux besoins de l'entreprise : routes, parcs industriels, etc. ;

e) encouragement au développement de milieux propices et à la naissance (ou la croissance) de « clusters » basés sur les avantages compétitifs de la localité.

Les trois dernières catégories de mesures sont souvent les plus importantes. En ce qui concerne c et d, il s'agit à nouveau de subventions puisque la prise en charge d'une partie des immobilisations (en capital physique) diminue les besoins des entreprises en fonds propres. La dernière approche, bien qu'elle se prévale très souvent d'outils tirés des autres catégories d'intervention, se focalise plutôt sur la manière de cibler les politiques afin de générer des dynamiques qui mèneront à un développement économique durable et cumulatif. Nous y revenons dans la section suivante.

Efficacité de l'aide locale

L'impact des mesures d'aide dépend de l'importance de l'épargne réelle qu'elles procurent aux entreprises. Les immobilisations et les taxes et impôts locaux ne sont généralement pas des éléments de coût importants dans la fonction globale de production des entreprises, exception faîte de celles qui ont besoin de beaucoup d'espace. Les variations du prix des terrains et des infrastructures influencent surtout les choix de localisation intrarégionaux, question que nous aborderons en parlant de la théorie de la rente foncière (chapitre 10).

L'efficacité économique de l'aide apportée aux entreprises par les collectivités locales n'est pas toujours évidente. Les élus locaux ne réagissent pas strictement en fonction d'une rationalité économique ; ils doivent gérer des tensions sociales et politiques. Pensons aux agitations consécutives à la fermeture d'une usine. Le maintien d'emplois menacés est un objectif politique légitime. Toutefois, les interventions des collectivités locales peuvent avoir pour effet de maintenir des structures industrielles désuètes, au détriment de reconversions douloureuses mais économiquement rationnelles. On ne peut jamais écarter la possibilité que les mesures d'aide financière freinent la mutation des structures économiques. La même critique s'applique aux primes régionales examinées au chapitre précédent.

Le principal obstacle à l'efficacité des subventions locales à l'entreprise est toutefois lié à la concurrence entre les collectivités locales. Il suffit que les autres collectivités locales du pays accordent des avantages analogues aux entreprises de leur territoire pour que l'effet réel de la subvention accordée dans la région B soit nul. Pour procurer un avantage véritable à ses entreprises par rapport aux autres entreprises du pays, B devra être plus généreuse que les autres régions. Mais il en résultera une surenchère inutile : les gouvernements locaux rivaliseront de générosité envers les entreprises, et leurs efforts respectifs s'annuleront. Au bout du compte, leur impact réel sur la répartition spatiale des activités économiques sera minimal. De plus, ce manège désavantage les collectivités locales les plus pauvres, qui ont moins de ressources à consacrer à la surenchère.

Un régime qui laisse aux collectivités locales pleine liberté en matière d'aide à l'entreprise risque de provoquer un gaspillage des ressources. C'est en partie pour cette raison que la plupart des États nationaux limitent la marge de manœuvre des collectivités locales dans ce domaine. Des fonds provinciaux ou nationaux d'aide aux PME sont instaurés, sous la forme de sociétés de capital risque (tel Innovatech, au Québec), de fonds de développement des entreprises (loi du 4 février 1995, en France), ou de programmes généralisés d'aide aux PME (tel le programme IDÉE-PME de Développement économique Canada). Ces programmes, parfois ciblés sur des territoires sous-développés, financent les PME en fonction de la qualité de leurs projets, et ne dépendent donc pas de la capacité financière de la localité d'accueil : ils ont donc un effet territorial redistributif. La marge de manœuvre fiscale des collectivités locales est également limitée, comme nous le verrons plus loin.

Le principe économique qui préside à cette limitation de l'autonomie locale est analogue à celui qui prévaut à l'intérieur d'un marché intégré comme l'Union européenne, où le droit des États membres d'accorder des subventions est étroitement balisé. Afin de limiter la concurrence territoriale entre pays, l'Union européenne, par le biais du budget communautaire (qui accapare près du tiers du budget de l'Union), joue un rôle important d'équilibrage financier : l'aide économique aux régions est déterminée par leur classification en termes des objectifs visés par la Commission Européenne. Cette aide passe le plus souvent par l'aide au développement local et aux PME (programme LEADER pour les régions rurales, URBAN pour les quartiers urbains). Ce principe (de limitation de l'autonomie locale en matière de soutien aux entreprises) s'étend même à l'échelle globale où des organismes telle l'Organisation Mondiale du Commerce surveillent et encadrent les interventions des pays membres en termes de soutien aux entreprises, y compris jusque dans les politiques de développement local mises en œuvre par des niveaux locaux ou régionaux de gouvernement. En laissant aux États les plus puissants le droit d'accorder des subventions à leur gré, on finirait par accentuer les inégalités, au détriment de l'efficacité de l'ensemble du système. Cependant, des exceptions notables aux réglementations internationales (comme le droit de subventionner la recherche et développement ou les industries liées à la défense) permettent encore aux États qui ont des filières importantes dans certains secteurs de mettre en place des politiques de subvention, lesquelles ont souvent des conséquences territoriales à long terme (Markusen *et al.* 1991).

Réduire le coût du capital

Presque tous les pays industrialisés ont des régimes d'aide financière aux PME. Cette aide prend souvent la forme de banques ou de quasi-banques financées en partie par les fonds publics et disposées à prêter aux petites entreprises à des conditions avantageuses (garanties d'emprunt, taux d'intérêt préférentiels...). Ces institutions, comme la Banque fédérale de développement (Canada) et la Société de développement industriel (Québec), peuvent aussi participer directement à l'entreprise, par l'achat d'actions ou d'autres placements directs.

La plupart des pays ont mis en place des régimes fiscaux qui favorisent les petites entreprises par des déductions d'impôt et d'autres avantages. Ainsi, pour réduire le coût du capital boursier des PME, l'État québécois a implanté un régime d'épargne-actions (RÉA) accordant des déductions d'impôt à tout citoyen qui achète des actions de petites entreprises de propriété québécoise. Ce genre de régime, qui permet de subventionner les PME, établit un partage des risques entre l'entrepreneur, l'investisseur et les autres contribuables. Si les projets réussissent, les investisseurs (y compris la collectivité, lorsqu'elle est au nombre des partenaires) et les entrepreneurs en tirent profit ; s'ils échouent, les pertes sont assumées par les parties dans des proportions qui varient selon l'importance de la subvention.

L'aide financière ainsi accordée n'est pas sans dangers, comme le surinvestissement en capital fixe et l'expansion trop rapide peuvent parfois en témoigner. L'investissement initial (subventionné) en capital fixe peut occasionner ultérieurement, pour des fins de modernisation et d'entretien du stock, des besoins en capital que l'entrepreneur sera incapable d'assumer. L'accessibilité du capital à un coût inférieur à celui du marché accentue donc le risque que l'entrepreneur prenne des décisions qui le surendettent et le conduisent à la faillite. Plus les avantages accordés aux PME abaissent le coût du capital en deçà de son niveau réel, plus les risques de surinvestissement augmentent. C'est pourquoi, dans la plupart des pays, les régimes publics de prêts quasi bancaires aux PME tendent de plus en plus à se rapprocher des taux réels du marché et mettent davantage l'accent sur l'aide-conseil. Comme prêteurs, les institutions publiques représentent en général un dernier recours pour les entreprises que le système bancaire privé a refusées.

Le régime québécois d'épargne-actions (RÉA) a d'abord connu un franc succès. En rendant le capital-actions moins cher, il a suscité une floraison de PME au début des années 1980. Il a de plus eu le mérite d'inciter les petits entrepreneurs à se prévaloir davantage du financement boursier public et à se détourner d'un mode de gestion trop exclusivement familial. Mais la période initiale de croissance des PME a été suivie d'une période de stagnation, de déclin relatif, et la valeur moyenne des actions a chuté, car plusieurs PME avaient vu trop grand en se lançant dans des projets d'expansion peu rentables.

Sociétés locales d'investissements

Dans certaines régions, il existe des sociétés locales d'investissements ou des caisses ou fonds de développement régional, des réseaux d'épargne locale ou des sociétés locales de capital risque. À la différence des programmes mentionnés dans la section précédente, ces sociétés sont spécifiques à un territoire donné. Même si, dans un contexte financier de plus en plus globalisé, ce type de société devient moins courant, l'idée refait périodiquement surface lorsque des acteurs locaux constatent que l'épargne générée localement est souvent investie à l'extérieur de la région. Si les désignations varient, l'espoir est toujours le même : ces institutions financières locales ont pour mandat d'investir dans leur région. Le capital peut provenir de sources diverses : épargnants locaux (dans le cas des caisses ou banques), fonds de pension ou de retraite, souscriptions populaires, etc. Dans certains pays, les syndicats gèrent des fonds d'investissement (comme le Fonds de solidarité, au Québec). Il n'est pas essentiel que la source du capital soit purement locale. En général, on n'empêche pas les gens de l'extérieur de déposer leur argent dans une caisse locale ou de souscrire à un emprunt local. C'est la destination des investissements qui distingue les sociétés d'investissement local.

Les investissements doivent en principe être faits dans la région. La société locale ne peut généralement pas placer d'argent à l'extérieur. Souvent, leur nom révèle l'étendue de leur territoire d'intervention : Fonds d'investissement de proximité (ces fonds ont pour vocation, en France, d'« améliorer la capitalisation des entreprises… proches géographiquement [des investisseurs] », loi Dutreil, 2003), Fonds local d'investissement (gérés par les Centres locaux de développement au Québec). La société locale fait des investissements de portefeuille sous forme d'achat d'actions et d'autres participations à l'entreprise, parfois aussi des prêts ou des achats d'obligations. Comme les autres programmes d'aide financière aux PME (voir plus haut), elle cherche à réduire le coût du capital pour les entreprises locales et à promouvoir l'entrepreneurship local.

Le mandat des organismes de ce genre comporte souvent un volet plus volontariste, soit l'obligation de rechercher activement voire de promouvoir des occasions locales d'investissement. Cette stratégie repose sur la prémisse implicite que la région recèle des occasions d'affaires que d'autres agents ne voient pas ou ne se donnent pas la peine de rechercher ou d'exploiter ; l'information ne circule pas comme elle le devrait. Il s'agit en somme de remédier à une défaillance du marché (revoir, plus haut, nos commentaires sur le pari du développement local), qui s'exprime par une lacune institutionnelle, soit l'absence, dans la région, d'institutions ou de personnes capables d'apprécier à leur juste valeur les occasions locales d'investissement. Les « fuites » de capitaux hors de la région résulteraient de perceptions erronées (voire de préjugés) de la part de personnes ou institutions dont les intérêts sont ailleurs.

L'information est toujours imparfaite, et il se peut fort bien que les perceptions et les goûts la faussent. Nous avons maintes fois répété qu'elle est sensible à la distance et aux barrières culturelles ou sociales. La présence d'institutions d'investissement (et non pas seulement de financement passif) peut être un facteur de développement. Si le pari du développement local se confirme, la présence de sociétés locales d'investissement « libèrera » des occasions d'affaires qui seraient restées inexploitées. Obligée d'investir dans la région, la société (fonds ou caisse) doit trouver des occasions d'affaires et donc promouvoir activement l'entrepreneurship local.

L'obligation d'investir sur place est à la fois la qualité première et le talon d'Achille de telles institutions. Pour survivre, elles doivent avoir des taux de rendement équivalents à ceux du marché, sinon il leur est impossible de trouver des fonds, à moins de faire appel à des subventions de l'État[1]. Pourquoi les épargnants locaux ou les gestionnaires locaux de fonds de retraite ou de portefeuilles placeraient-ils leur avoir dans une société locale d'investissement s'ils peuvent trouver un meilleur rendement ailleurs ? En bout de ligne, le succès des sociétés locales d'investissement dépend du potentiel économique des régions qu'elles desservent. Ce constat appelle deux conclusions :

- Les chances de succès des sociétés locales d'investissement sont d'autant plus grandes que la région qu'elles desservent (où elles doivent investir) est étendue. Plus leur vocation est « locale », restreinte à un territoire réduit, plus il leur est difficile de constituer un portefeuille diversifié d'investissements. C'est ce qui explique la fragilité des petites banques locales que l'on retrouve, par exemple, aux États-Unis. Il y a en somme un arbitrage à faire entre l'objectif de rentabilité financière et la vocation locale des sociétés d'investissement.
- Les régions les plus défavorisées ne sont pas nécessairement les premières à bénéficier d'un régime de sociétés locales d'investissement. Il est probable que ces dernières y trouveront plus difficilement des investissements rentables et auront donc plus de mal à y attirer des fonds, à moins que le régime soit assorti d'un système de subventions et de transferts interrégionaux à la charge du gouvernement central. La difficulté de trouver des fonds sur le marché se manifestera par exemple par l'obligation de payer des taux d'intérêt plus élevés pour attirer des prêteurs. Une société ou entreprise plus fragile, ou du moins perçue comme telle par le marché, devra en principe offrir une « prime de risque » pour attirer des investisseurs. Ainsi, au Canada, les obligations de la province de Terre-Neuve commandent des taux d'intérêt plus élevés sur le marché que celles de l'Ontario, jugées plus sûres.

Organismes locaux de développement : difficultés d'évaluation des interventions

Dans plusieurs régions et territoires, il existe des organismes locaux de développement économique (OLD). L'organisation et le profil de ces organismes (généralement sans but lucratif) varient selon les pays et les régions.

Traditionnellement, ils ne font pas partie de l'appareil de l'État, même si, financièrement, ils dépendent parfois de celui-ci. Il s'agit souvent d'organisations populaires ou communautaires, nées plus ou moins spontanément en réaction à des situations de crise. Cette dernière formule est surtout répandue en Amérique du Nord, où les structures de l'État, moins omniprésentes, laissent plus de place à des organisations intermédiaires, en dehors des structures établies. Dans les pays en voie de développement, il s'agit en général d'ONG (organismes non gouvernementaux) ayant un mandat de développement local, qui sont financés par des organisations charitables ou des gouvernements étrangers.

Sous des formes diverses, les OLD ont pour mission d'appuyer des groupes ou des particuliers du milieu qui veulent promouvoir le développement économique. Leur mandat précis varie beaucoup d'un cas à l'autre. Ils peuvent servir de parapluie pour les objets les plus divers : formation, concertation, information, innovation, financement de PME… (la plupart des OLD ont été abordés dans ce chapitre). En fin de compte, les OLD couvrent la gamme complète des politiques qui entrent dans le champ du développement local. Parfois, leur mandat comporte un aspect plus social, plus engagé (actions, animation et organisation). Ces interventions plus « sociales » posent cependant des difficultés d'analyse, en particulier lorsqu'il faut en évaluer la justification et l'efficacité.

La figure 8.1 présente, en les regroupant et en les schématisant, la totalité des interventions qui relèvent du développement local, situées sur deux axes, selon l'objectif visé (animation ou rentabilité) et selon la clientèle visée (groupes sociaux ou entreprises). À un extrême, on trouve l'animation socio-économique, en amont des projets d'expansion ou de création d'entreprises. À l'autre pôle apparaissent les politiques visant à aider directement les entreprises locales. Dans ce cas, c'est la rentabilité des entreprises qui sert finalement de critère d'évaluation.

L'évaluation des expériences se complique à mesure que l'on s'éloigne des critères de rentabilité. Comment quantifier et justifier (devant le ministère des Finances, par exemple) des activités d'animation et d'information ? À la limite, les OLD peuvent se transformer en organismes d'action et d'aide sociale, sans vocation économique explicite. L'organisation de groupes sociaux ou populaires doit-elle faire partie d'une politique de développement régional ? Si oui, sur quels critères basera-t-on leur financement ?

Dans les régions les plus démunies ou les plus isolées, ce sont souvent les fonctions d'animation et d'organisation qui se révèlent les plus utiles, surtout si les structures politiques (établies par l'État central) sont mal adaptées aux réalités locales. C'est notamment le cas des régions où vivent des minorités ethniques ou culturelles dont les traditions socio-politiques diffèrent de celles de la majorité. Nous pensons par exemple aux localités autochtones (inuits ou amérindiennes) du Nord canadien. Dans ce contexte, les OLD peuvent être un instrument de développement efficace, ne serait-ce qu'en affermissant les sentiments de confiance et de solidarité des populations. Ils sont parfois le seul outil qui reste pour combattre le sentiment d'impuissance et de frustration face aux grands centres de décision. Mais ce genre de résultat est difficile à mesurer.

Figure 8.1 - Évaluation des interventions en matière de développement économique local

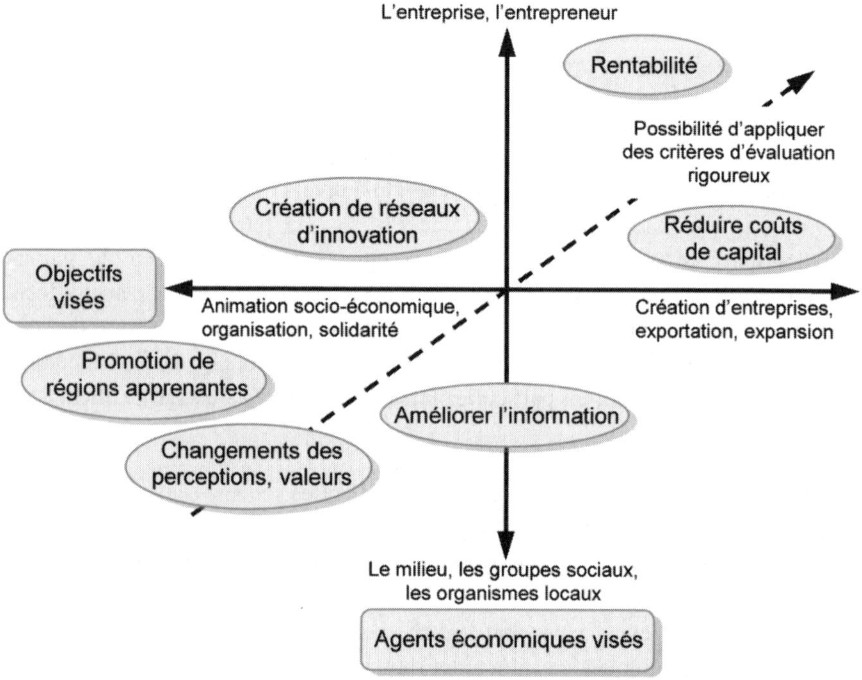

Pour ce qui est de la réduction du coût de l'information et du capital des entreprises locales, les OLD ont les mêmes problèmes que les organismes de promotion des PME (voir plus haut). Leur justification première réside dans les fonctions d'organisation et d'animation qu'ils assument dans des localités aux structures déficientes. Mais cela ne règle pas la question de savoir qui doit les financer et à qui ils doivent rendre des comptes.

Parmi les éléments qui contribuent souvent au succès des OLD, du moins du point de vue des régions, mentionnons :

a) le fait que des gens de la région visée par cette aide sont souvent embauchés pour administrer les politiques ;

b) la souplesse des OLD, qui doivent pouvoir s'ajuster aux circonstances et traditions locales ;

c) l'autonomie des intervenants, qui doivent être en mesure de réagir rapidement aux demandes locales.

Cependant, la décentralisation décisionnelle des organismes qui dépendent de l'État central pour leur financement ne va pas de soi (voir plus haut). De plus, comment leur allouer des fonds sans leur fixer des objectifs de performance quantifiables ? Enfin, les OLD risquent toujours d'être perçus, à tort ou à raison, comme des structures concurrentes et parallèles de pouvoir.

Autonomie locale

Dans cette section, il sera question des pouvoirs politiques et fiscaux des collectivités locales. L'objet de l'analyse demeure le palier local, c'est-à-dire la commune ou la municipalité. À la fin des années 2000, la France comptait plus 36 000 communes, le Québec environ 1 150 municipalités.

Enjeu : autonomie ou égalité

Pour rendre les localités capables de se développer de façon autonome, pourquoi ne pas leur transférer plus de pouvoirs et de ressources ? Pourquoi, surtout, ne pas leur laisser la pleine maîtrise de leur base fiscale ? En fait, comme nous le verrons, plus les collectivités locales sont autonomes sur le plan de la fiscalité et de la prestation de services, plus les risques d'inégalités s'accroissent. Il faut choisir entre l'autonomie locale et l'égalité des chances pour tous. Le dilemme est résolu de façon différente d'un pays à l'autre. Certaines sociétés accordent plus d'importance à l'autonomie et acceptent une plus grande diversité à l'intérieur du territoire national, tandis que d'autres préfèrent l'équité et l'intégration du territoire national. Aux États-Unis, par exemple, l'autonomie locale (au niveau du *county*, unité administrative semblable aux municipalités) est très importante : en principe c'est l'autonomie fiscale et politique qui prime même si en pratique l'autonomie des *counties* est circonscrite par l'autorité des États. En France, un certain équilibre est atteint entre la dépendance fiscale (redistribution fiscale centralisée) et l'autonomie politique municipale : on y encourage l'inter-municipalité (loi Chevènement 1999), c'est-à-dire la coopération formelle entre municipalités dans des domaines aussi divers que le transport et le développement économique. Au Canada, l'autonomie politique municipale n'est pas reconnue : la constitution ne prévoit l'existence des municipalités qu'en tant que « créatures provinciales », et plusieurs provinces, dont le Québec (loi Harel, 2001), ont forcé des municipalités à fusionner contre leur gré afin d'améliorer les services municipaux et de promouvoir l'égalité inter-municipale. L'autorité politique et l'existence des municipalités au Canada relèvent directement des provinces.

L'enjeu est donc de taille, et dans un contexte de métropolisation, l'organisation municipale et son financement se prêtent à maints débats. Des solutions différentes sont adoptées de pays en pays. Pour mieux analyser l'arbitrage entre les deux objectifs, nous allons distinguer entre services redistributifs et services territoriaux. Les services redistributifs sont les services publics destinés aux particuliers qui influencent leurs chances de trouver un emploi et de gagner un revenu. Les plus importants sont l'éducation et la santé, ainsi que certains services sociaux. Par services territoriaux, nous entendons les fonctions liées à la gestion et à l'aménagement du territoire : égouts, voirie locale, eau, pompiers, collecte des déchets, parcs, auxquels on peut ajouter les transports publics locaux et la sécurité publique locale, ainsi que certaines fonctions culturelles : bibliothèques, stades, musées, etc. Il est utile aussi, pour la suite, de distinguer entre prestation des services et financement des services. Ainsi, il se peut que le palier local soit chargé de la prestation d'un service dont le financement est assumé par l'État central.

Autonomie fiscale

Les principales sources de revenu public sont l'impôt sur le revenu des particuliers et des sociétés, les taxes et redevances, y compris les taxes sur la valeur ajoutée (TVA) des transactions commerciales, les impôts fonciers, la tarification des services locaux (eau, électricité, stationnement, etc.). Dans la plupart des pays, la TVA et l'impôt sur le revenu sont réservés à l'État central. Généralement, les collectivités locales tirent surtout leurs revenus des deux dernières sources ; mais il existe des différences importantes entre les pays. Les transferts des gouvernements supérieurs peuvent également compter pour une proportion non négligeable des revenus locaux (nous y reviendrons).

La pleine autonomie locale sur le plan fiscal signifie que la collectivité locale a la maîtrise absolue de sa base fiscale, qu'elle peut gérer selon ses priorités. Mais il y a des inconvénients à laisser aux collectivités locales toute liberté de fixer les taux d'imposition et de taxation. Si l'impôt sur le revenu des particuliers est de ressort local, les localités les plus riches (dont la population comprend une proportion élevée de particuliers à revenu élevé) peuvent fixer des taux d'imposition plus faibles tout en assurant le même niveau de service. Cela aura pour conséquence non seulement d'accentuer les écarts de revenu disponible, mais aussi, probablement, de provoquer des mouvements migratoires pervers aux dépens des régions plus pauvres. Par mouvements migratoires pervers, nous entendons ici les mouvements dus à des raisons purement fiscales. De fait, on observe des migrations provoquées par des différences fiscales interrégionales à l'intérieur de la fédération américaine et de la fédération canadienne. Provinces canadiennes et États américains ont une grande autonomie fiscale ; ainsi, le niveau de l'impôt sur le revenu des particuliers n'est pas le même au Québec qu'en Ontario.

L'impact des différences spatiales dans les niveaux de taxation et d'imposition ne se limite pas aux personnes. Des écarts excessifs entre les territoires provoquent un détournement du commerce, tant au plan des échanges commerciaux qu'à celui des mouvements de capitaux. Si la localité A, plus riche, peut proposer aux entreprises des taux de taxation et d'imposition plus faibles que la localité B, on observera un mouvement de l'activité économique de B vers A qui aura pour effet de creuser encore plus la différence entre les deux. La base fiscale de B s'en trouvera affaiblie et celle de A renforcée.

L'impact de la fiscalité sur le mouvement des personnes et des autres facteurs de production et donc les risques de concurrence fiscale entre les municipalités sont d'autant plus grands que les territoires touchés sont rapprochés. Comme nous l'avons vu pour les aides à l'entreprise, les collectivités locales peuvent, en maniant la taxation, se livrer à une surenchère inefficace et onéreuse. Presque tous les États nationaux limitent la marge de manœuvre fiscale des collectivités locales en ce qui concerne tant les sources auxquelles elles ont accès que les possibilités de faire varier les taux de taxation.

Autonomie locale en matière de prestation de services

Si le service est à la charge du palier local, sa qualité dépend évidemment de la richesse relative des collectivités locales. Supposons que celles-ci jouissent d'une certaine autonomie fiscale pour le financer, par exemple qu'elles ont la pleine maîtrise de l'impôt foncier. Leur base fiscale par habitant est alors fonction de la valeur (taxable) des terrains, qui dépend elle-même en partie du revenu des industries et des particuliers. La localité A, grâce à une base fiscale par habitant plus élevée que la moyenne nationale, peut décider, soit d'offrir des services de meilleure qualité que les autres localités en s'en tenant au même niveau moyen de taxation (par exemple une taxe annuelle de 2 % sur la valeur foncière des propriétés), soit de donner des services de même niveau que ceux des autres localités en réduisant son niveau de taxation. Dans les deux cas, les citoyens de la localité A sont favorisés par rapport à ceux d'ailleurs.

Si l'instruction publique, par exemple, est financée par les taxes foncières locales, les écoles primaires sont de meilleure qualité dans les localités les plus favorisées ; cela accentue et perpétue les écarts sociaux entre habitants de différentes régions. Dans la plupart des États de la fédération américaine, les écoles primaires et secondaires tirent la plus grande partie de leur financement de sources locales. Ainsi, d'une municipalité à l'autre, la qualité de l'instruction primaire varie fortement[2]. La rémunération des professeurs et les programmes d'enseignement diffèrent aussi.

Ce système n'est pas dépourvu d'avantages. En laissant aux collectivités locales une grande autonomie, le système américain favorise l'expérimentation et la diversité, sources d'innovation et de dynamisme, mais il le fait au prix d'inégalités plus grandes.

Tensions locales-nationales

Dans la plupart des pays, la prestation des services territoriaux est du ressort du palier local. Cependant, leur financement est assuré tantôt par les recettes locales, tantôt par les paiements de transfert des gouvernements supérieurs. Les formules varient beaucoup d'un pays à l'autre, de même que la ligne de partage entre ce qui est local et ce qui ne l'est pas. Le débat sur ce partage nous renvoie à des concepts comme bien public et externalité : à qui profite le service ? Qui doit en assumer le financement ? Pour des biens publics purs (à l'échelle du pays) comme la défense, la réponse est claire. Mais pour beaucoup de fonctions, la ligne de démarcation continue d'alimenter des débats.

Plus la définition des services territoriaux à vocation locale est étroite, moins la localité a besoin d'avoir sa propre assiette fiscale et moins elle risque d'entrer en conflit avec d'autres niveaux de gouvernement. Dans plusieurs pays, l'impôt foncier est la principale sinon la seule source autonome de financement des collectivités locales. Souvent, il suffit à couvrir les dépenses locales liées à la gestion et à l'aménagement du territoire au sens strict. C'est la formule qui prévaut dans un grand nombre de municipalités nord-américaines. De plus, si ses recettes propres financent entièrement les fonctions qu'elle assume, la collectivité locale jouit d'une grande liberté dans la prestation des services locaux. Autonomie politique et autonomie fiscale sont étroitement liées.

Mais à mesure que les fonctions des collectivités locales s'étendent, leurs besoins financiers augmentent et leurs possibilités de conflit avec d'autres paliers de gouvernement se multiplient. Dans presque tous les pays, des tensions surgissent au moment de savoir à qui revient la responsabilité d'assumer le service (le transport public, par exemple) et à qui revient l'accès à telle portion de l'assiette fiscale : l'État central ou la localité ? La tentation est forte, surtout pour les gouvernements supérieurs, de transférer des fonctions aux niveaux inférieurs sans leur donner accès à des ressources fiscales supplémentaires. À l'inverse, une localité peut décider de négliger un service (par exemple la sécurité publique) en comptant sur l'État central pour combler le manque.

La formule adoptée par bon nombre de pays, notamment en Europe, est le financement des services locaux au moyen de paiements de transfert versés aux collectivités locales par l'État central. Dans la plupart des pays européens, les transferts du gouvernement national (ou régional) fournissent la plus grande part (plus de 80 %) des recettes des collectivités locales. Les montants sont souvent alloués par habitant. Le financement des services par des paiements de transfert aux collectivités locales comporte des avantages certains du point de vue de l'équité. Il assure en principe l'égalisation de la qualité des services sur tout le territoire national.

Mais les paiements de transfert sont souvent assortis de conditions et de mesures de contrôle et limitent donc l'autonomie des collectivités locales. S'ils sont inconditionnels, versés de façon automatique, sans qu'il soit nécessaire d'en justifier l'utilisation, l'incitation à les employer de façon efficace est faible et l'État central n'exerce aucun contrôle sur l'utilisation finale des fonds, avec les risques que nous connaissons[3]. En général, ils font donc l'objet d'un contrôle administratif. En France, l'inspection centrale des finances du gouvernement national assure un contrôle comptable des finances locales. De plus, le souci d'assurer des standards nationaux de qualité sur tout le territoire pousse souvent les gouvernements centraux à fixer les conditions d'utilisation des fonds versés, surtout s'ils doivent servir à la prestation de services redistributifs. Au Québec, les écoles primaires sont en principe du ressort local, gérées par des commissions scolaires locales, mais elles sont *de facto* soumises au respect strict des programmes établis par le ministère de l'éducation, qui assure la plus grande part de leur financement.

Il est peu probable que les États nationaux consentent à abandonner le droit de fixer les conditions auxquelles ils versent de l'argent à d'autres paliers de gouvernement. Inversement, les collectivités locales chercheront toujours à se libérer de la tutelle des gouvernements supérieurs pour la gestion des politiques.

L'autonomie politique des collectivités locales restera, en bout de ligne, largement tributaire de leur accès à des sources propres de revenu. Autonomie politique et autonomie fiscale sont liées, nous l'avons dit. Mais comment éviter qu'une plus grande autonomie locale favorise les plus nantis ? La question demeure.

Conclusion

La caractéristique du développement local comme mode d'intervention politique est de mettre l'accent sur le milieu comme source de développement économique. L'impulsion du développement par le bas peut venir, nous l'avons vu, des entreprises et des institutions locales, des réseaux locaux d'interaction et de solidarité ou encore d'organismes locaux constitués à cette fin. En simplifiant, on peut parler de développement régional axé sur les ressources et les capacités locales d'intervention. Ainsi formulé, le développement local comme moyen d'intervention ne manque pas d'attrait. Cette approche a au moins le mérite d'ajouter aux politiques régionales traditionnelles une dimension sociale et a le souci des particularismes locaux.

Mais une politique axée sur les milieux locaux n'apporte pas nécessairement des solutions plus faciles et plus équitables aux problèmes de développement économique régional. Même si on peut comprendre le principe de fonctionnement de ces milieux et de ces systèmes, on ne saisit pas toujours les processus de causalité qui mènent à leur succès, ni les éléments nécessaires à assurer leur démarrage ou leur pérennité. Lorsque l'on invoque des objectifs comme l'éclosion de l'entrepreneurship, l'éveil des talents endogènes ou encore la naissance de réseaux de coopération, on parle de changements sociaux qui ne se prêtent pas facilement à des stratégies volontaristes. Les agents économiques locaux réagissent en fonction de leurs valeurs et de leurs perceptions, mais aussi des occasions réelles qui s'offrent à eux. D'où parfois l'intérêt de politiques de promotion ou d'animation et d'organisation. Mais le succès de ces initiatives n'est pas facile à évaluer.

La vertu principale d'une stratégie de développement local, à savoir l'effort mis sur le milieu local, peut également être sa plus grande faiblesse. Lorsqu'on est confronté au défi que pose le vocable « développement », la tentation est grande de se réfugier dans l'adjectif « local », au risque de cautionner toute initiative pour peu qu'elle se réclame du milieu et au risque de mettre en veilleuse l'idée que les régions font partie de systèmes politiques et économiques nationaux et globaux. Les milieux ne sont pas tous égaux : certains sont mieux nantis et plus dynamiques que d'autres. Certains sont mieux intégrés dans les réseaux plus larges. Certains ont en leur sein des individus ou des institutions moteurs, ou possèdent des traditions locales plus ou moins bien adaptées à la création et au maintien de réseaux. Laisser aux localités une plus grande autonomie comporte le risque d'accroître les inégalités entre elles, car l'autonomie fiscale et politique n'entraîne pas l'autonomie vis-à-vis du système économique : laissé à lui-même, ce système entraîne des inégalités entre territoires. Les effets stabilisateurs et redistributeurs de l'État ne peuvent se faire sentir que si l'autonomie politique et fiscale des régions et localités est limitée. Comment libérer les énergies du milieu, comment laisser à chaque collectivité locale la possibilité de s'organiser selon ses priorités et ses moyens propres sans, en même temps, diminuer les moyens d'intervention et de redistribution de l'État national ? L'arbitrage entre égalité et autonomie sera toujours difficile à réaliser.

CHAPITRE 9

DÉVELOPPEMENT TERRITORIAL, INFORMATION ET INNOVATION

Nous venons de passer en revue le développement local comme approche au développement des régions, en nous focalisant sur l'aide à l'entrepreneurship et sur les diverses structures institutionnelles qu'elle peut épouser. Or, nous vivons actuellement dans une économie du savoir, où l'information et les connaissances font partie intégrante de tout développement, y compris de l'éclosion de l'entrepreneurship. Par ailleurs, même un développement basé sur un avantage comparatif (comme l'accès à une mine locale) nécessite un apport en connaissances techniques et en informations sur les marchés. L'importance du savoir et des informations est soulignée par les théories les plus actuelles. En économie, les théories de croissance endogène mettent l'accent sur l'innovation et les savoirs. En management, il est admis que l'innovation ne se passe pas en vase clos, mais repose sur les interactions entre entrepreneur et sources d'informations externes.

La compétitivité économique repose donc de plus en plus sur l'obtention et l'analyse d'informations et de savoirs ainsi que sur les institutions et cultures qui les facilitent. Ce cheminement aura un effet différentiel sur le développement des régions si au moins un des trois cas de figure suivants se présente :

1- L'information et les savoirs sont plus facilement accessibles dans certaines régions que dans d'autres.

2- Dans certaines régions, les entreprises mettent mieux à profit l'information et les savoirs que dans d'autres.

3- Certaines informations et savoirs sont pertinents dans certains contextes régionaux et sans objet dans d'autres.

Ne perdons pas de vue ces trois cas de figure, car ils fournissent des pistes pour comprendre pourquoi les grandes métropoles, dans lesquelles ont lieux de multiples rencontres et échanges d'informations, ne sont pas les seuls endroits capables de tirer avantage du rôle croissant joué par l'information et les savoirs. Dans ce chapitre nous nous focalisons sur l'information et nous explorons comment elle interagit avec la question du développement local, tout particulièrement avec l'entrepreneurship qui en est souvent la pierre angulaire. Nous distinguerons le développement territorial du développement local dans la mesure où le premier adopte une vision plus globale de la région, plaçant les connaissances, les réseaux et les institutions locales au premier plan : cependant, à l'ère de la mondialisation, nous nous demanderons dans quelle mesure le concept de territoire reste pertinent.

Transmission de l'information

Pour fonctionner, une entreprise a besoin d'informations et de savoirs : des informations sur le marché, sur les clients potentiels, sur les dernières innovations dans le domaine des savoirs, ainsi que sur les techniques de production, les montages financiers et les méthodes de gestion. La distinction entre informations et savoirs est floue : en général, une information sera moins structurée qu'un savoir et plus facile à obtenir de manière informelle ; l'obtention d'un savoir nécessitera des connaissances préalables et un certain apprentissage. Par la suite, nous utiliserons seulement le terme « information » – mais nous distinguerons différents types d'informations en fonction de critères spécifiques, de telle sorte que certains types seront assimilables à des savoirs.

Encadré 9.1
INFORMATIONS ET SAVOIRS

Dans le cadre du message que ce chapitre cherche à faire passer, la distinction entre savoirs et informations est d'importance marginale car la question de leur accessibilité géographique et de leur pertinence contextuelle se pose de manière semblable. Néanmoins, si les deux peuvent se confondre, il faut avoir à l'esprit des éléments qui les distinguent. Le mot « information » a un sens générique, indiquant un contraste entre deux choses qui permettent de les distinguer. L'information la plus simple – binaire – est à la base de l'ensemble des systèmes d'analyse et de communication qui caractérisent ce début de XXIe siècle. Dans un contexte économique, l'information est certes plus complexe qu'un simple contraste entre deux états, mais elle reste désorganisée et diffuse. Le savoir, quant à lui, est composé d'informations structurées de telle manière qu'elles vont être utiles aux personnes ou à l'organisation qui les détiennent : le savoir suppose donc des acteurs qui le possèdent, une finalité, et une capacité de synthèse.

Cependant, cette distinction entre informations et savoirs ne fait pas le tour du sujet : car une information peut devenir un savoir si on est capable de s'en servir. Par exemple, pour la très grande majorité des personnes, la couleur des vêtements que les populations branchées vont porter cet automne ne veut pas dire grand-chose : ce sont des informations sans intérêt. Pour des spécialistes de la mode en revanche, c'est un savoir qui leur sert à préparer la prochaine collection. Ceci renvoie à la notion de capacités internes : pour absorber des informations et en faire du savoir, une entreprise (ou un spécialiste de mode) doit avoir les capacités internes nécessaires à leur synthèse et à leur utilisation.

En pratique, les informations économiques sont souvent des rumeurs, des données brutes, des analyses, des rapports ou des articles publiés par le gouvernement, par des banques ou par des chercheurs. Le savoir est une synthèse structurée de toutes ces informations. Le savoir-faire – un type particulier de savoir – est une synthèse d'informations et de pratiques permettant d'en faire quelque chose.

On peut classer les informations selon plusieurs dimensions. Ces dimensions ne sont pas mutuellement exclusives, et chaque type d'information peut être classé selon chaque dimension.

1. Informations tacites / informations codifiées : cette distinction renvoie à la manière dont sont structurées les informations et à la manière dont elles peuvent être transmises. Les informations codifiées sont soit écrites (rapports, manuels…), soit dans des bases de données : leur transmission peut s'effectuer sans rencontrer ceux qui les produisent. Les informations tacites, elles, ne sont pas codifiées et ne peuvent être transmises qu'en étant au sein d'un milieu (si, par exemple, ce sont des bribes d'information sur des marchés ou sur des concurrents) ou en rencontrant ceux qui détiennent les informations (si, par exemple, c'est un savoir-faire). Il est important de noter que les informations tacites sont parfois codifiables : par exemple la production de verre reposait, au Moyen-Âge, sur des savoir-faire tacites transmis entre maître verrier et apprenti. Aujourd'hui, sauf exception, c'est un processus industriel codifié (Gertler, 2003).

2. Informations incorporées / information non incorporées : une information incorporée est détenue par une, ou des, personne(s). Une information incorporée est par définition tacite, mais elle peut être facilement codifiable : le fait de ne pas la codifier donne un pouvoir d'exclusivité, de monopole, à ceux qui la détiennent. Bien que cette distinction ressemble à la distinction tacite/codifiée, elle met l'accent sur des informations détenues par des personnes identifiables. Les informations tacites, de leur côté, ne sont pas nécessairement détenues par des individus mais peuvent émaner d'un milieu diffus : des informations qui caractérisent un milieu et non une personne serait donc tacites mais non incorporées (Asheim et Isaksen, 2002).

3. Information liées à un endroit / informations d'utilité générale : cette distinction met l'accent sur l'utilisation éventuelle de l'information. Certaines informations ne sont utiles que dans certains contextes précis. Par exemple, les informations très détaillées qu'un vigneron bordelais possède sur son exploitation ne seront peut-être d'aucune utilité pour un vigneron chilien. De manière identique, les avocats et les comptables qui maîtrisent le système juridique ou fiscal d'un pays en particulier possèdent des connaissances sans grande utilité dans un autre pays, et les connaissances que détiennent les exploitants forestiers ne seront pas très utiles en pleine ville. D'autres informations sont d'utilité générale. Le vigneron possède peut-être des informations sur la vinification et sur le marketing du vin : ce sont des informations d'utilité générale, dont l'utilité dépasse le contexte précis de ses vignes. Les avocats spécialistes du droit romain et les comptables au courant des normes internationales de comptabilité possèdent des connaissances qui ne sont pas liées à un contexte particulier. L'exploitant forestier qui sait conduire un poids lourd possède un savoir-faire utile partout où il y a des routes (Asheim et Isaksen, 2002 ; Shearmur, 2015).

4. Informations de durée de vie limitée / information à longue durée de vie : certaines informations, souvent celles liées à la finance, à la mode et à d'autres marchés, qui évoluent rapidement ne sont utiles que si on en a la primeur. Un retard de quelques secondes sur une transaction boursière, ou de quelques semaines sur une collection de mode, peut faire s'effondrer bien des espoirs. D'autres informations sont utiles sur de très longues périodes : par exemple, même si la science des matériaux avance à grands pas, un retard de deux ou trois semaines sur l'obtention des détails d'une nouvelle technique d'extrusion de l'aluminium n'est pas handicapant, pour au moins deux raisons. D'une part, ce genre de nouvelle technique ne se découvre pas chaque jour ou chaque semaine. D'autre part, pour pouvoir s'en servir utilement, ce type d'information nécessite de solides connaissances préalables (Shearmur, 2015).

Chaque entrepreneur a besoin d'informations, et on admet désormais que l'accès à l'information est bien meilleur dans les grandes agglomérations que dans les petites villes ou en zone rurale : l'avantage des grandes villes est de donner un meilleur accès à une quantité importante d'individus (soit dans la ville même, soit via les réseaux qui y convergent), de rencontrer plus facilement les individus pour des échanges en face à face ; les rumeurs et les informations sur les marchés y naissent, et, grâce à leur taille, les informations liées à l'endroit se réfèrent à un marché déjà assez large. Un entrepreneur localisé à l'extérieur d'une grande ville fait donc souvent face à des obstacles informationnels courants : sur les procédures à suivre (par exemple, pour obtenir un crédit d'impôt pour la R&D), sur la façon de s'y prendre (par exemple, pour exporter), sur les possibilités d'aide et de conseil, tout comme sur l'obtention d'informations (souvent tacites) sur les marchés et les opportunités. L'information n'est pas gratuite. L'acquisition de l'information se compare à un investissement. Son coût comprend à la fois des déboursés réels et du temps (sous forme de coût d'option). L'information est sensible à la distance et aux barrières culturelles. Elle coûte souvent plus cher à l'habitant d'une petite région isolée (région B) qu'à celui de la grande ville (région A). L'habitant de la région B doit dépenser plus d'énergie pour s'informer sur les politiques d'aide à la petite entreprise : les fonctionnaires et les banquiers sont plus loin…

Une approche souvent préconisée pour promouvoir l'entrepreneurship en dehors des grands centres, est de mettre en place des politiques pour réduire le coût d'accès à l'information dans les régions de type B. La mesure la plus courante est l'établissement d'agences locales d'aide-conseil aux PME, ou encore la création d'organismes locaux de développement ayant un mandat d'aide-conseil (nous avons évoqué ce type d'organisme au chapitre précédent). Ces agences peuvent relever de l'État ou des collectivités locales ou résulter d'initiatives mixtes auxquelles participe le secteur privé (chambres de commerce, conseils du patronat, etc.).

Or ces approches se sont souvent avérées peu efficaces pour plusieurs raisons. La raison principale est sans doute que les besoins d'informations des entrepreneurs ne sont pas standardisés ni figés dans le temps : un organisme central est tout simplement incapable d'envisager tous leurs besoins. Une autre raison aussi importante pour expliquer le faible succès de ces mesures réside dans le fait qu'elles ne reposent pas sur une analyse détaillée des différents types d'informations et de la manière d'y accéder. Il est, par exemple, assez illusoire de mettre en œuvre une agence capable de relayer à l'entrepreneur les rumeurs financières ou les préférences les plus récentes pour la palette de couleurs hivernales. Par contre, il est sans doute possible de mettre en œuvre une politique qui permettrait à l'entrepreneur d'aller chercher les informations scientifiques, techniques ou procédurales dont il (ou elle) a besoin pour augmenter la productivité de son entreprise. Ce type de politique ne serait donc pas une politique de *transmission* de l'information, mais une politique *facilitant l'obtention*, par l'entrepreneur, d'informations techniques, scientifiques ou procédurales (donc à longue durée de vie), souvent tacites et incorporées, dont il (ou elle) a besoin. Cela supposerait donc un moyen d'évaluer le bien-fondé des besoins exprimés par l'entrepreneur, puis des ressources pour faciliter ses premiers contacts – souvent en face à face – avec les pourvoyeurs d'informations que l'entrepreneur aura identifiés. Ce type de politique pour l'instant est rare, mais il devient de plus en plus plausible sous l'impulsion des NTI qui permettent aux entrepreneurs de mieux identifier leurs besoins d'informations, et les endroits où aller les chercher.

Rôle des Nouvelles Technologies d'Information

Internet a été inventé au début des années 1990. Une dizaine d'années plus tard, il s'était diffusé dans la plupart des ménages de classes moyennes et dans la plupart des entreprises urbaines : mais il a fallu une autre décennie pour qu'Internet devienne un banal outil du quotidien, accessible avec de larges bandes passantes dans la majorité des territoires. Il a aussi fallu attendre le milieu des années 2000 pour que cet outil dépasse le statut de « boîte à lettres de luxe » pour devenir un outil que chaque entreprise et entrepreneur incorpore de manière quasi inconsciente à sa façon de s'organiser.

Or cette extension spatiale de la haute vitesse et cette banalisation modifient la nature du déficit d'informations observé dans les régions plus isolées. En effet, l'information codifiée est maintenant accessible en tous lieux, et en quantités tellement grandes que le défi – même lorsqu'on vit dans une région isolée – est de la trier et de l'absorber. Son obtention n'est plus un problème. Les entrepreneurs sont donc désormais capables par eux-mêmes d'identifier les informations tacites, les savoir-faire et les contacts personnels qu'ils désirent obtenir, en analysant leurs besoins internes et en se servant d'Internet. Il n'y a plus vraiment de place – en termes de politique publique – pour une agence généraliste qui servirait de relai d'informations ; l'information codifiée est désormais disponible et les entrepreneurs, qui connaissent mieux que quiconque leurs besoins en informations tacites, peuvent aller la chercher auprès de la source potentielle.

Peut-on pour autant dire que le gouvernement n'a plus de rôle à jouer pour aider les entrepreneurs en région isolée à obtenir de l'information ? Pas nécessairement. Un des problèmes liés à la quête d'information est qu'elle a un coût, parfois très élevé : même si ce coût a beaucoup diminué grâce aux NTI, la rencontre demeure une étape cruciale ; par conséquent, elle implique un déplacement. Les rencontres *de visu* sont nécessaires lorsqu'il est question de transmettre des informations incorporées (par exemple détenues par un chercheur universitaire), ou d'obtenir des informations tacites non incorporées (par exemple générées dans une foire ou une conférence). Le face à face est également important lorsque les informations requises sont codifiées mais détenues par des intérêts privés : en effet, l'échange d'informations se négocie souvent, soit simplement pour l'acheter, soit pour développer des collaborations. En somme, il est important de se déplacer pour rencontrer ses interlocuteurs, pour s'assurer qu'une bonne entente soit possible, et que le langage utilisé soit bien le même, etc. Les chercheurs vont employer les termes de proximités sociales et cognitives pour parler de ces éléments construits qui facilitent la transmission d'informations. Le gouvernement peut donc jouer un rôle en facilitant des déplacements ciblés afin de permettre aux entrepreneurs de construire des réseaux et d'obtenir les informations dont ils ont besoin.

Ce genre d'action ne revient-il pas à subventionner les coûts liés à la distance ? Oui, dans des cas où le projet entrepreneurial serait décalé par rapport aux avantages compétitifs de la région : prenons l'exemple d'un entrepreneur dont le plan d'affaires reposerait sur l'obtention en continue d'informations sur certains marchés – il serait alors souhaitable qu'il se déplace vers ces marchés. Non, si le projet entrepreneurial est au diapason de la région : si le projet repose principalement sur des informations à longue durée de vie, s'il exploite certaines connaissances liées à l'endroit, et s'il tire bénéfice des coûts locaux plus bas et des ressources locales, et si – une fois les premiers contacts créés avec des interlocuteurs éloignés – une bonne partie des échanges peut se faire via les NTI, alors la politique gouvernementale jouera le rôle de facilitateur, de correcteur d'une imperfection du marché.

Bien entendu, le manque d'informations fonctionne dans les deux sens : certes l'entrepreneur a besoin d'informations pour son projet, mais les bailleurs de fonds et collaborateurs potentiels ont aussi besoin de connaître la région, l'entreprise et le plan d'affaires. Il est certain qu'un plan d'affaires bien ficelé est le *sine qua non* d'un projet entrepreneurial. L'entrepreneur devra en outre convaincre ses bailleurs de fonds que sa localisation n'est pas en soi un désavantage : bien y analyser les besoins en informations et expliquer pourquoi l'isolement géographique n'est pas – compte tenu du projet – un désavantage est un premier pas important. Mais un site Internet décrivant la région, ses possibilités ainsi que des projets qui y ont lieu est une façon pour la région de se vendre (voir le point (f) dans la section « Obstacles à l'entrepreneurship », Chapitre 8) permettant à l'entrepreneur de fournir rapidement des informations bien structurées.

Pourvu que les besoins en information des entrepreneurs soient convergents avec ce qu'il est possible d'obtenir en région, et que leur projet repose sur des avantages comparatifs ou compétitifs de la région, alors les NTI sont un moyen puissant d'obtention, de partage et de diffusion des informations. Par contre, ces technologies n'apportent pas de réponses à la question des économies d'agglomération et des autres avantages urbains : elles ne font qu'amoindrir l'avantage que les agglomérations urbaines possèdent sur le plan des économies dynamiques associées à l'échange d'informations.

Entrepreneurship et coût de l'information

Malgré l'importance de l'accès aux informations et aux réseaux, l'entrepreneurship demeure une décision et un choix personnel. Même dans un contexte d'accessibilité maximum à l'information, il est nécessaire d'avoir des entrepreneurs. Pour mieux comprendre la propension à l'entrepreneurship et juger de l'efficacité des mesures visant à le promouvoir, il est utile de se référer, de nouveau, au concept de coût d'option. Revenons à la région (B) où les occasions d'affaires et donc les possibilités d'emploi sont proportionnellement plus faibles que dans la région voisine (A) ; les coûts d'information y sont aussi plus élevés. Pouvons-nous en déduire que la propension à l'entrepreneurship y est plus faible ? Y aura-t-il pénurie d'entreprises locales ? En d'autres termes, les problèmes de la région tiennent-ils à l'absence relative d'entrepreneurs locaux ?

La réponse réside en partie dans le coût d'option de l'entrepreneurship par rapport à d'autres possibilités (options) de gagner un revenu. Si les coûts d'émigration sont élevés et les possibilités locales d'emploi limitées, les affaires peuvent apparaître comme le choix le moins coûteux. Si la personne est peu mobile, pour des raisons affectives par exemple, ou par choix de mode de vie, elle aura en principe davantage tendance à chercher sur place d'autres sources de revenu. Dans les mêmes conditions, l'entrepreneur local sera également plus disposé à assumer des coûts d'information élevés qu'un entrepreneur de la région A.

Dès que l'on tient compte des coûts d'option, on comprend plus facilement pourquoi l'entrepreneurship est si vivant dans la plupart des villes des PED, où pullulent, au sein du secteur dit informel, les petits artisans, vendeurs et autres PME : le secteur « formel » (souvent constitué d'emplois protégés par l'État, des syndicats ou d'autres groupes) leur est fermé, et la migration n'est pas à leur portée. Le même raisonnement explique l'apparition et la réussite de certaines entreprises locales dans des régions dépourvues de grandes entreprises à contrôle extérieur (donc de sources « alternatives » d'emploi). Il explique aussi l'effet négatif que la grande entreprise peut avoir sur le tissu entrepreneurial d'une région qui en dépend. Le succès de la promotion de l'entrepreneurship local dépend en partie des choix qui s'offrent aux habitants d'une région, y compris l'émigration, et ne repose pas seulement sur la facilité à obtenir des informations.

Tandem capital-information

Le petit entrepreneur dont l'affaire démarre a besoin de capital. S'il ne le trouve pas par des voies informelles (les premiers fonds proviennent souvent de l'épargne personnelle, de parents ou d'amis), il doit aller sur le marché. Il s'adressera aux banques, mais aussi à des institutions d'investissement ou de prêt commercial. Les formules varient selon les pays.

À l'intérieur d'un espace économique intégré (d'un pays), l'accès au capital est en principe égal partout : il n'y a pas de différences de taux d'intérêt d'une région à l'autre. Si les marchés financiers fonctionnent comme il se doit, sans entraves, le coût du capital est le même dans la région B que dans la région A. Mais le capital n'est pas parfaitement mobile, nous l'avons vu au chapitre 6. La distinction entre l'accès à l'information et l'accès au capital est assez artificielle. La ressource rare est l'information dans presque tous les cas : pour l'entrepreneur, les informations sur « le guichet » où trouver des fonds et sur la manière de les obtenir, pour le banquier les informations sur la région et sur les possibilités qu'elle offre.

Cela dit, l'entrepreneur bien informé, connecté à internet, et dont le projet est rentable, n'aura normalement pas de mal à trouver un banquier pour obtenir un prêt, et il saura présenter son dossier. Nous avons vu qu'il est désormais assez aisé pour l'entrepreneur de se tenir informé sur les sources de financement. Le défi sera souvent de faire comprendre aux bailleurs de fonds qu'une situation excentrée (région B) n'est pas un désavantage pour le projet en question. Les perceptions comptent pour beaucoup dans l'importance accordée au capital. La réaction « normale » de l'entrepreneur qui échoue est d'invoquer une insuffisance de capital (si seulement la banque n'avait pas « coupé sa ligne de crédit » !) plutôt qu'un défaut d'organisation ou de savoir-faire. Il admet difficilement son manque éventuel de compétence ou de connaissances. Le banquier a la perception contraire.

Mais les bailleurs de fonds se heurtent également à des problèmes d'information : la gestion des portefeuilles n'est pas à l'abri des failles de planification ou de savoir-faire. Très souvent, les informations codifiées (états financiers, rapports comptables) ne sont pas disponibles pour des PME, et les informations tacites (sur les qualités personnelles de l'entrepreneur, sur la perception locale de la PME) ne sont connues que par les autres acteurs avec lesquels la PME négocie. Information et capital sont indissociables. Si l'information était parfaite, il n'y aurait pas d'échecs ou de faillites : le concept de risque n'existerait pas. Tout investissement, tout projet d'entreprise, comporte un élément de risque. Mais comment ce risque doit-il être partagé entre l'entreprise et d'autres acteurs ?

Réseaux d'interaction et d'échanges d'informations locaux

La promotion de l'entrepreneurship local (traitée dans le chapitre précédent) vise d'abord des acteurs individuels : l'entreprise, l'entrepreneur ou l'entrepreneur en puissance. Mais à plusieurs reprises nous avons fait appel aux notions de réseaux et d'informations tacites afin de comprendre certains obstacles auxquels peuvent faire face les entrepreneurs. En effet, le développement économique se définit aussi comme un processus collectif, un processus social, qui ne saurait se limiter à l'addition de contributions particulières. La mise en valeur des dynamiques et des connaissances collectives est, dans bien des cas, le principal défi des stratégies volontaristes de développement local. Ici, nous débordons du domaine traditionnel du développement économique pour entrer dans celui de l'animation et de la promotion du progrès social, et de la création et du développement d'institutions. L'économie institutionnelle est une branche de la discipline économique qui se penche sur ces questions, et qui inspire de plus en plus les recherches sur l'innovation et les dynamiques de développement territorial. On y postule que les marchés fonctionnent dans un cadre institutionnel, et que ces institutions peuvent avoir un effet central sur ce fonctionnement, en particulier sur la velléité à échanger des informations et à collaborer. Ce ne sont donc pas, en priorité, des variables classiques (coûts, investissements, profits) qui sont analysées, mais plutôt le cadre institutionnel (que ce soit des institutions formelles comme les gouvernements, ou informelles comme les réseaux, les *a priori* culturels) dans lequel les marchés évoluent.

Dans cette perspective, un premier groupe d'interventions vise le renforcement des réseaux locaux d'interaction par la promotion d'actions concertées ou de projets de partenariat réunissant les gouvernements locaux et les entreprises privées (ou d'autres acteurs). Les initiatives de ce genre prennent des formes diverses, suivant le contexte et les institutions du pays. On parle aussi de solidarité, de synergie ou de réseaux d'innovation, selon les circonstances. Solidarité, concertation, interaction, communauté, milieu, tous ces termes nous renvoient à la même réalité : travailler en groupe et partager les informations, dans un esprit de coopération, constitue un actif. Les chances de réaliser une telle concertation entre agents économiques sont en principe favorisées par la proximité spatiale.

Comment doit-on comprendre le rôle du milieu et des réseaux d'interaction dans l'explication des dynamismes régionaux ? Dans ce qui suit, nous nous inspirons des travaux de l'économiste suisse D. Maillat et des autres chercheurs du GREMI (Groupe de recherche européen sur les milieux innovateurs), dont les travaux sont cités dans la bibliographie.

Milieu comme actif économique intangible

Comment qualifier la valeur économique du « milieu » et des réseaux et complicités qu'il incarne ? Le milieu, pour reprendre la formulation de D. Maillat, peut se définir comme un « actif intangible » pour l'entreprise : « Dans la mesure où les territoires leur apportent l'appui logistique essentiel à leur développement (externalités, effets de proximité, etc.), les entreprises ont tout intérêt à miser sur l'intégration et l'enrichissement de leur milieu » (Maillat, 1992 : 3).

En participant à des réseaux d'interaction, l'entreprise contribue à renforcer la synergie du milieu. Ces réseaux ne se limitent pas aux échanges marchands, mais s'étendent à d'autres domaines : accords avec des laboratoires, collaborations avec le système de formation et d'éducation, avec les administrations publiques, associations avec des institutions financières locales, ententes de sous-traitance ou de coproduction, collaboration avec des organisations syndicales, etc. Dans un milieu riche en réseaux de ce genre, les chances de succès de l'entreprise sont plus grandes. Il s'agit de créer un milieu maximisant les occasions d'interaction et d'innovation des agents économiques (voir la figure 9.1).

L'idée des milieux innovateurs incorpore à celle des pôles de développement des éléments plus intangibles qui débordent les relations interindustrielles. On parle de milieux d'innovation, de technopoles (ou « technopôles »), ou de systèmes d'innovation régionaux. On passe ainsi d'une vision limitée d'un milieu comme territoire dans lequel les entreprises interagissent entre elles créant des dynamiques et bénéfices intangibles, à une vision qui intègre aussi les politiques gouvernementales, les interactions diverses entre entreprises, institutions et pouvoirs publics à des échelles géographiques différentes, ainsi que les spécificités de la population et de la culture locale. Cependant, l'élargissement du concept ne modifie pas le constat fondamental qu'il y a une correspondance entre les capacités d'innovation et de développement des entreprises et les externalités positives – surtout informationnelles et de collaboration – que leur offre leur environnement.

De manière plus générale encore, on parle souvent de « capital social ». Ce capital – qui irait au-delà d'un capital dans le sens économique du terme – correspond à la valeur de l'ensemble des réseaux personnels, économiques et sociaux. Ce capital est souvent fortement lié au territoire, et de ce point de vue, certains sont mieux dotés que d'autres. Il est cependant difficile de le cerner précisément, et, en termes de politique de développement, la manière de le stimuler n'cst pas bien comprise. Mais le capital social, plus ou moins fort selon les individus, les communautés, les entreprises et les territoires, serait à la base des milieux au sens plus économique du terme.

Figure 9.1 - Réseaux d'interaction et d'innovation d'une PME locale

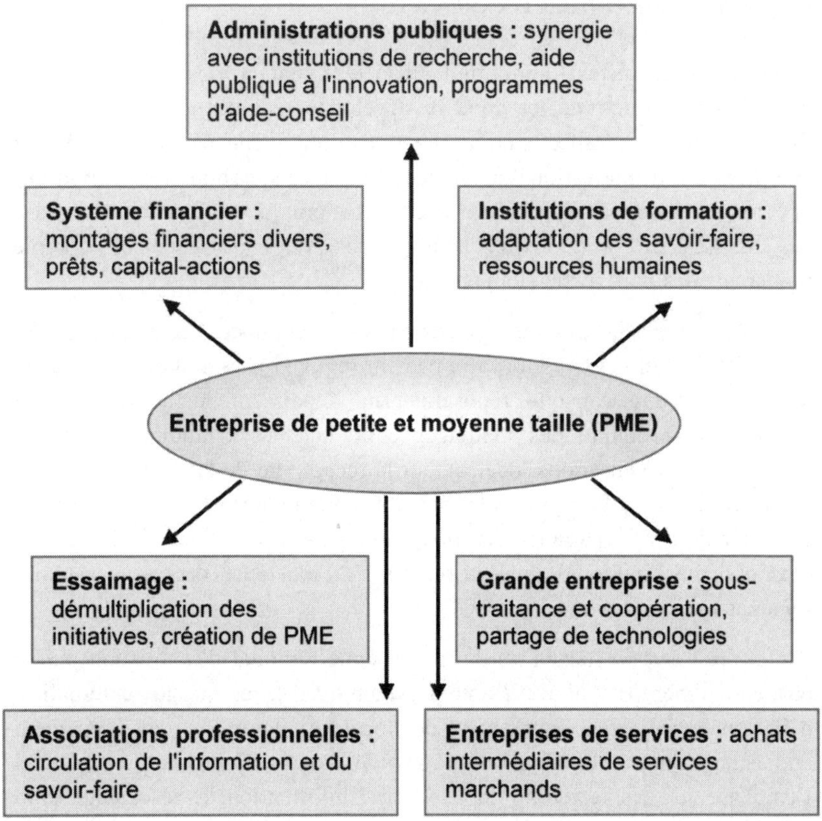

Dans un milieu dynamique, les coûts d'informations et de transactions de l'entreprise sont moindres. L'apport du milieu se manifeste également de façon plus intangible : facilité des relations interpersonnelles, confiance entre les acteurs, sentiment d'appartenance et de solidarité, paix sociale. Un tel milieu (idéal) procure aux entreprises et aux populations une plus grande sécurité, plutôt qu'un environnement désordonné, hostile et imprévisible. Défini de cette manière, le concept de milieu va de pair avec des notions comme tissu social, communauté et société : c'est l'ensemble des valeurs et des relations qui donnent à un territoire une culture locale, une identité, une culture d'entreprise et une culture technique qui lui sont propres. Mais cet environnement peut-il faire l'objet d'une démarche volontariste ?

Encadré 9.2
SYSTÈMES RÉGIONAUX D'INNOVATION

Plusieurs économistes, dont Lundvall (1992), ont proposé l'idée que les hausses de productivité, et donc le développement économique, seraient fortement liées à la capacité culturelle et institutionnelle d'un pays à générer et à tirer parti d'innovations. Selon ces auteurs, ce sont donc les institutions, la culture et les dynamiques entre acteurs économiques qui seraient à la base des hausses de productivité, hausses identifiées par Denison comme fondamentales pour le développement.

Ces idées ont par la suite été reprises par les économistes régionaux (Cooke *et al.*, 2004). Selon eux, le développement régional passerait par la capacité à innover. Cette capacité reposerait sur l'épaisseur institutionnelle (la quantité et la qualité des maillages entre acteurs économiques, acteurs politiques et organisations locales), sur la réceptivité de la culture locale au changement, et sur la capacité des acteurs économiques locaux à obtenir et à exploiter de l'information à des fins d'innovation. Il s'ensuit l'idée que le développement régional serait tributaire de l'existence de ces « systèmes régionaux d'innovation ».

Il n'est pas certain que la notion de système régional d'innovation puisse être entièrement distinguée d'autres dynamiques telles que les externalités d'agglomération, les économies de localisation ou le développement endogène reposant sur la qualité du capital humain. Cependant, en mettant l'emphase sur des facteurs « mous » tels l'information, le réseautage et la culture locale, et en soulignant l'importance primordiale pour les entreprises (et pour les régions) d'innover, cette approche du développement régional a modifié la manière de comprendre et d'interpréter les dynamiques de développement. Elle permet aussi d'identifier des blocages culturels et institutionnels au développement, et permet de mieux comprendre pourquoi le simple fait d'investir dans une région n'entraîne très souvent aucune conséquence à long terme sur sa trajectoire de développement. Toutefois, si l'émergence de systèmes régionaux d'innovation dépend au moins en partie de la concentration du capital humain (qui se tourne souvent vers le haut de la hiérarchie urbaine), on peut se poser la question de l'utilité de cette perspective analytique pour les régions éloignées et les petits centres urbains. Il est aussi pertinent de se demander si la région est une échelle pertinente pour observer les processus d'innovation étant donné leur ouverture sur l'extérieur, la mobilité des agents économiques et la multitude de réseaux qui se déploient à des échelles autres que régionales.

Promotion de l'innovation

Le milieu, comme nous venons de le voir, peut jouer un rôle de développement important, sinon primordial. Un des buts visés par les politiques de soutien ou de renforcement « du milieu » est celui de l'innovation. En effet, il est désormais acquis dans la plupart des pays occidentaux que la compétition avec les pays où la main-d'œuvre est moins onéreuse doit se faire par le biais de la qualité et de la nouveauté : les politiques de développement locaux ont souvent épousé la même finalité. L'idée de système d'innovation, d'abord évoquée pour décrire l'enchevêtrement d'institutions de recherche et de formation, de politiques gouvernementales, de culture et de milieu d'affaires au niveau de pays (Lundvall, 1992) – enchevêtrement qui, dans certains pays, semble être plus apte à produire des innovations que dans d'autres – a été transférée à l'échelle locale et régionale. À cette échelle, on suppose que plus les entreprises sont innovantes localement, plus la localité sera compétitive et plus il y aura de développement.

Or, comme pour beaucoup de phénomènes, ce changement d'échelle remet fondamentalement en cause la nature des processus et, surtout, la géographie des retombées. Au niveau d'un pays, on peut supposer que le système d'innovation est relativement fermé – que les principales retombées de l'innovation se feront sentir au sein du pays. Or, pour une localité, rien n'est moins sûr.

En effet, on peut avancer deux cas de figure régionaux extrêmes. Le premier serait une métropole dans laquelle on promeut des politiques visant à augmenter l'innovation au sein des entreprises et à renforcer le milieu d'affaires et les institutions locales. Si une filière innove grâce à sa coopération avec une université locale, elle pourrait, par exemple, devenir plus productive et faire appel à des sous-traitants très spécialisés. Les hausses de productivité (grâce à des innovations dans le processus de fabrication, par exemple) entraîneront peut-être des pertes d'emplois, qui seront rapidement résorbées par d'autres entreprises dans la métropole dynamique, notamment par les sous-traitants spécialisés. Avec ces pertes, il y a donc, dans cette métropole, un processus de destruction créatrice où la mobilité des travailleurs et l'innovation des entreprises engendrent de la croissance. Des politiques locales qui encouragent une culture de prise de risque, qui mettent en contact les entreprises au sein d'une même filière (et entre filières différentes), qui créent des forums pour encourager des liens entre les universités et les entrepreneurs, et qui encouragent une formation continue des travailleurs, pourront mener à la croissance de la métropole. Il faut cependant remarquer que ces politiques sont vastes et peu ciblées, difficiles à mettre en place et à évaluer.

Le deuxième cas de figure serait une ville plus petite, à 200 km d'une grande métropole, qui dépend d'une industrie principale composée de plusieurs entreprises moyennes. Cette ville possède peut-être une petite université et un collège. Malgré les efforts de la collectivité pour promouvoir un milieu innovant, il se peut fort bien que les entreprises – qui doivent innover pour rester compétitives – collaborent avec les universités de la métropole voisine (en se servant des NTI et de déplacements temporaires) car c'est à cet endroit que se trouve le ou la spécialiste dans le domaine précis où l'innovation est développée. Il n'est pas exclu que la petite université locale héberge ce spécialiste, mais la probabilité que celui-ci se trouve parmi le bassin de chercheurs de la métropole est plus forte. Il est raisonnable de penser qu'un certain nombre d'entreprises iront à l'extérieur de la ville puiser l'expertise, les réseaux et les sous-traitants nécessaires à l'innovation. S'il y a une hausse de productivité dans l'industrie (qui touchera donc plusieurs des entreprises locales), deux conséquences sont possibles : soit elle peut se traduire par moins d'emplois, soit les entreprises augmenteront leur part de marché et vont chercher à recruter. Dans le premier cas, il est possible que la ville ne soit pas assez grande pour générer des emplois alternatifs. Les sous-traitants éventuels, ou les autres secteurs qui créent de l'emploi, ne sont pas nécessairement dans la région. Dans le deuxième cas, les entreprises auront peut-être de la difficulté à recruter la main-d'œuvre spécialisée nécessaire et ouvriront peut-être une succursale dans une banlieue métropolitaine. Très souvent, les entrepreneurs dans ce type de situation limitent délibérément la croissance de leur entreprise afin de préserver leur mode de vie. Bien sûr, il n'est pas impossible que l'innovation dans une filière ait des conséquences positives pour l'emploi et le développement dans la ville, mais plus cette ville sera petite plus les cas de figure pessimistes pour la localité sont probables.

Bref, même s'il n'y a aucun doute que l'innovation est un but stratégique important au niveau de pays, et même s'il est concevable que ce but soit approprié lorsqu'on pense au développement régional d'une métropole (système assez vaste pour bénéficier des retombées de l'innovation), les conséquences de l'innovation dans des petites villes ou dans des régions éloignées sont souvent mitigées. Certes, cela permet aux entreprises locales de survivre. Mais cela entraîne souvent des diminutions d'emplois locaux et la génération de retombées positives dans d'autres régions. Des régions trop petites et trop ouvertes ne peuvent pas internaliser l'ensemble des dynamiques nécessaires à un système d'innovation. Dans ces régions, bien que l'innovation reste importante pour les entreprises – et que la quête et l'assimilation d'informations soient importantes pour qu'elles innovent –, il est risqué d'en faire un objectif de développement régional, surtout si celui-ci n'est pas accompagné de politiques visant plus spécifiquement l'emploi, la diversification et l'aide à la gestion des entreprises locales.

Réseaux privés et réseaux mixtes d'interaction

Les réseaux d'interaction et d'innovation les plus aptes à réussir portent sur des objets précis reliés au fonctionnement des entreprises (voir aussi la figure 9.1) ; les possibilités sont diverses :

a) montages financiers, pour partager et « diversifier » les risques ;

b) institutions communes de formation professionnelle et technique ;

c) organisations et associations professionnelles, pour réduire les coûts de diffusion de l'information ;

d) projets conjoints de recherche-développement assortis d'ententes de protection relatives aux droits d'exploitation (de privatisation) des résultats ;

e) réseaux d'achat, de distribution et de mise sur le marché ;

f) infrastructures communes : pipelines, quais, parcs industriels, etc. ;

g) négociations en groupe (patronat-syndicats) de conventions collectives et autres ententes.

On peut parler, à propos de la plupart de ces exemples, d'institutionnalisation des économies d'échelle propres à une industrie ; c'est ce que nous avons appelé des économies de localisation (au chapitre 3). Ce sont ces économies que les pouvoirs locaux tentent d'encourager lorsqu'ils mettent en œuvre des politiques visant à promouvoir des « clusters ». Si des économies de localisation sont créées, et si elles sont spécifiques à une industrie ou à une fonction économique particulière, elles deviennent des avantages compétitifs locaux permettant à la localité de se démarquer, et aux entreprises d'y prospérer. L'idée est également à la base des technopoles et des complexes industriels. Dans certains cas, l'impulsion provient d'une ou de plusieurs grandes entreprises de la région, et non des pouvoirs publics. Celles-ci ont en principe intérêt à avoir, à proximité, un réseau stable et diversifié de sous-traitants bien au fait des dernières innovations et capables de leur fournir des intrants (produits et services) de bonne qualité. On appelle souvent essaimage le processus par lequel la grande entreprise fait naître autour d'elle des réseaux de PME, par des contrats de sous-traitance ou autres ententes plus ou moins formelles.

Le succès des réseaux mixtes (publics et privés) d'interaction repose sur un ensemble de facteurs parfois difficiles à quantifier. L'apport direct de la collectivité locale peut se limiter à l'aménagement d'un parc technologique et à quelques activités de promotion, ou peut aller jusqu'à l'installation de centres de recherche, voire d'universités, dans l'espoir que des interactions et échanges d'informations auront lieu entre chercheurs et entreprises locales. L'impulsion principale est presque toujours donnée par quelques personnes décidées, qui peuvent appartenir aussi bien à l'industrie privée qu'au secteur public : un maire visionnaire, une femme d'affaires dynamique, un chercheur à vocation entrepreneuriale. Chaque ville a ses héros. Mais les conditions du succès doivent être présentes au départ. La France ne sera jamais complètement recouverte de technopoles, pas plus que le Canada de systèmes régionaux d'innovation. Les conditions de développement d'un village de pêcheurs de la Côte-Nord, aussi éloigné que possible du cœur économique du Québec, ou d'un village africain situé à l'intérieur des terres, à des centaines de kilomètres d'une métropole moderne, sont très différentes de celles d'une ville du sud de la France ou de l'est de la Suisse.

Malgré la tentation – bien compréhensible dans un contexte de développement local – de privilégier les interactions et les réseaux locaux, l'importance des interactions à plus grande échelle ne doit pas être négligée. Chaque entreprise s'insère dans un milieu local, certes, mais aussi dans un milieu d'affaires et un milieu industriel qui peut être national ou global. Quelle que soit la qualité des réseaux locaux, si une entreprise est divorcée des progrès et des évolutions au sein de son secteur d'activité, au sein de son marché, elle ne demeurera pas compétitive longtemps. De manière peut-être paradoxale, les milieux locaux les plus pérennes sont ceux ouverts sur l'extérieur, capables d'aller chercher et d'assimiler les informations, les fournisseurs et les marchés les plus divers. Les territoires qui parviennent à mettre en place des institutions, des réseaux économiques formels et informels, ainsi que des coopérations locales, tout en ayant la capacité d'identifier et d'intégrer les réseaux globaux, sont parfois appelés régions apprenantes ou *learning regions* en anglais. Ce concept, utile pour souligner l'importance pour le développement local de la circulation et de l'appropriation des informations et des savoirs à toutes les échelles, ne doit pas faire perdre de vue que ce sont les acteurs – privés, gouvernementaux et institutionnels – et leurs interactions qui créent la région. Une région en soi ne peut pas être « apprenante » : ce sont les acteurs locaux, et leur manière d'interagir entre eux ainsi qu'avec le monde extérieur, qui facilitent (ou non) l'appropriation et l'utilisation de connaissances à des fins de développement.

Développement territorial

Le développement territorial est un proche parent du développement local : c'est une approche qui avance, comme son cousin, l'idée qu'une région – ou plutôt un territoire – doit son développement à la force et à la spécificité de relations d'acteurs localisées. Comme nous l'avons vu dans le chapitre précédent, la région reste un concept essentiellement administratif, elle est délimitée par des frontières précises à la différence du territoire. Ce sont des pouvoirs locaux qui y mettent en place des politiques destinées à y promouvoir le développement. La notion de territoire, quant à elle, repose plus sur les concepts de milieu et de réseaux évoqués dans ce chapitre. Un territoire est un espace géographique vécu, auquel les habitants s'identifient et au sein duquel il existe certaines valeurs communes, une identité partagée, et des réseaux d'interactions sociaux et économiques.

Ainsi, les territoires ne sont pas donnés mais se construisent – parfois spontanément, lorsqu'une culture forte unit les acteurs, parfois par l'entremise de leaders ou de projets qui construisent une identité et une dynamique locale. Le dynamisme économique – non seulement du territoire même mais de l'économie au sens plus large – reposerait sur des dynamiques territoriales favorisant l'identification et la valorisation de ressources territoriales (Cooke *et al.*, 2004 ; Campagne et Pecqueur, 2014). Ces ressources peuvent être tangibles (une exploitation minière) mais reposent le plus souvent sur le partage de connaissances et de savoir-faire entre acteurs locaux : ces derniers, lorsqu'ils sont mobilisés pour répondre à une demande ou à une opportunité marchande, innovent et entraînent le développement du territoire.

Certains territoires sont mieux structurés et plus à-même de mobiliser leurs ressources que d'autres : nous retombons donc sur des idées que nous avons vues dans le chapitre précédent lorsque nous y décrivions le développement local et l'entrepreneurship. C'est d'ailleurs là une des limites du concept de développement territorial : il se différencie mal des concepts qui l'ont précédé, et y ajoute des niveaux de complexité qui le rendent très difficile à opérationnaliser. Si la ressource peut-être localisée, les interactions qui vont la transformer en une source de développement ont une dimension spatiale, sociale et intellectuelle difficile à identifier, notamment par les politiques.

En posant comme définition que le territoire est un construit social inscrit dans un milieu au sein duquel les acteurs se reconnaissent et interagissent, comment identifier les acteurs qui construisent ce territoire ? Les acteurs qui ne s'y reconnaissent pas – car il y en aura toujours – font-ils partie de ce territoire ? Par ailleurs, si un espace donné fait cohabiter deux activités sans relation particulière, avec des géographies d'interaction et des réseaux différents, est-ce à dire que deux territoires peuvent occuper un même espace géographique ? Bref, dès que l'on s'éloigne d'une approche simple, certes, mais claire de ce qu'est une localité ou une région, il devient plus compliqué de saisir ce que l'on cherche.

La géographe britannique, Doreen Massey, qui a beaucoup exploré la conceptualisation d'entités géographiques, rajoute un autre niveau de complexité à l'idée de territoire en nous rappelant que tous les acteurs d'un territoire sont mobiles, et font partie de réseaux qui dépassent très largement les limites de toute région donnée. Cette dernière remarque soulève donc deux questions :

- D'une part, comment fait-on pour déterminer les acteurs faisant partie d'un territoire ? Ceux qui y sont à un moment donné (en incluant les gens de passage, et en excluant les résidents absents temporairement) ? Ceux qui y résident (mais depuis combien de temps faut-il y avoir résidé ? Comment considérer les personnes bi-résidentielles ?) ? Ceux qui s'y identifient (mais alors il y aura des résidents qui ne font pas partie du territoire) ?
- D'autre part, en admettant que cette première question puisse être résolue, comment fait-on pour définir un territoire à partir de réseaux qui se déploient non seulement à des échelles multiples, mais parfois de façon a-spatiale (soit discontinue dans l'espace, soit dans l'espace virtuel) ?

Comme on peut s'en rendre compte, le territoire – et toutes les vertus qu'on lui prête en matière de développement – n'est pas sans ambiguïté et pose quantité de défis quant à ses nombreuses déclinaisons possibles, son caractère élastique et quelquefois attrape-tout : aussi utile pour décrire une communauté d'acteurs reconnaissables partageant une ressource locale donnée, que pour parler d'une activité (bien sûr territorialisée) mettant en contact une variété d'acteurs, de stratégies, de cultures.

Le territoire est aussi un idéal, peut-être même un idéal romantique : dans un monde où les activités économiques et les réseaux se déploient à une échelle globale et souvent virtuelle, où le changement est rapide, la quête d'identité passe souvent par le territoire, par la reconnaissance d'un milieu social solide et identifiable auquel on peut se rattacher. De tels milieux ont toujours existé, et il en existe encore beaucoup aujourd'hui ; il ne faut pas sous-estimer les atouts que constituent les ancrages locaux et leur pouvoir mobilisateur pour mener à bien un projet de développement économique. Ce que nous souhaitons simplement souligner est le fait que le développement territorial, en soi, renvoie à des concepts difficiles à prendre en main par les politiques, étant donné leur contenu de plus en plus multiscalaire. Il donne de l'importance à des processus qui ne tiennent pas suffisamment compte de la multi-appartenance des groupes d'acteurs à des lieux et des réseaux loin de se superposer.

Alors que le développement local adopte une vision utilitariste de la localité – c'est une entité administrative dans laquelle se trouvent des acteurs et dans laquelle on peut exercer un certain pouvoir politique – le développement territorial, en assimilant la localité à une entité socialement construite, reposant sur les interactions et les réseaux, devient difficile à cerner tant les interactions et les réseaux ne sont pas géographiquement circonscrits et tant aussi ils diffèrent d'un individu (ou d'une entreprise) à un autre.

Conclusion

L'information, les connaissances et les réseaux ne sont pas la panacée. Ce n'est pas parce que le développement de régions repose de plus en plus sur ces actifs intangibles et transmissibles à distance que les régions isolées vont soudainement sortir de leur torpeur économique. En effet, plus un intrant devient accessible (disponible à peu près partout), et plus les intrants (et processus) qui le sont moins (disponible dans quelques endroits seulement) vont devenir importants.

Ceci étant, il ne s'agit pas non plus de minimiser l'impact des NTI, de l'innovation et de l'accessibilité accrue aux informations dans les régions plus excentrées. En effet, cette nouvelle accessibilité – ainsi que la possibilité d'interagir et de collaborer à distance une fois les proximités sociales et cognitives établies – rend plausible, pour certaines activités, une localisation excentrée qui ne leur aurait pas été possible voici une quinzaine d'années. Les NTI viennent réduire un des avantages de l'agglomération – celui de l'accès à certains types d'information et de connaissances – permettant par la même occasion aux entrepreneurs pour lesquels d'autres facteurs (comme l'espace, les coûts, un mode de vie particulier) sont prioritaires de s'affranchir des localisations intra-métropolitaines.

À qui profite cette situation nouvelle ? D'abord aux régions qui ont des attraits particuliers (des avantages compétitifs ou comparatifs), ou bien à celles faiblement éloignées des grandes agglomérations et qui, auparavant, pouvaient souffrir de la distance qui les séparait. Cependant, ce remaniement ne concerne que certains types d'informations, et ne remet pas en cause bien d'autres aspects des économies d'agglomération évoqués dans les chapitres précédents.

Le développement territorial tente de reconstruire une approche au développement local sur la base d'actifs intangibles que sont les interactions, les réseaux locaux et les connaissances. En avançant l'idée que régions et localités sont essentiellement des entités socialement construites, cette approche ouvre la porte à la disparition pure et simple de la géographie car bien des réseaux et entités ne sont plus rattachés (du moins de façon directe et aisément intelligible) au monde matériel. Du coup, en tentant de s'éloigner d'une conceptualisation assez utilitariste – c'est-à-dire essentiellement administrative – de ce qu'est une localité, on soulève certes des questions fondamentales mais on ne parvient pas pour autant à mieux appréhender le rapport entre activités économiques et espace géographique.

Pour conclure sur une note plus terre-à-terre, attardons-nous à la question du financement : chaque entrepreneur, qu'il (ou elle) soit en métropole ou en zone éloignée est convaincu que son plan d'affaires est excellent, et chaque entrepreneur à qui on refuse un financement aimerait blâmer l'institution financière en question. Il subsiste encore une certaine asymétrie d'information entre régions plus isolées et régions proches des métropoles qui joue en faveur des PME plus centrales. Mais à la différence de ce qui se passait il y a encore une quinzaine d'années, cette asymétrie s'est considérablement réduite aujourd'hui : il est aisé pour un banquier d'obtenir des informations sur chaque entreprise, chaque marché et sur chaque région (en se servant des NTI notamment), et inversement, il est aisé pour les entrepreneurs d'identifier les sources potentielles de financement. La pénurie actuelle de financement de PME est un problème structurel lié au fonctionnement du système financier. Autrement dit, le financement s'explique de moins en moins à partir des différences de développement entre régions – autres que celles qui, de façon intrinsèque, rendent la réussite de certaines activités plus probable dans certaines régions que dans d'autres. En somme, la crainte que les marchés financiers agissent avec une certaine discrimination à l'égard des entreprises de régions éloignées est moins élevée aujourd'hui: que les entrepreneurs de ces régions ressentent que c'est le cas lorsqu'on leur refuse un financement est, par contre, bien compréhensible.

LECTURES SUGGÉRÉES EN MARGE DES THÈMES TRAITÉS DANS LA DEUXIÈME PARTIE

Modèles et théories de croissance économique régionale

Boschma et Fritsch, 2009 ; Cooke *et al.*, 2004 ; Krugman, 1995 ; Lucas, 1990 ; Malecki et Oinas, 1999 ; Romer, 1994.

Développement polarisé et inégalités régionales

Combes *et al.*, 2011 ; Coulombe, 2000 ; Cuadrado-Roura, 2001 ; Felsenstein et Portnov, 2005 ; Ghio et Van Huffel, 2001 ; Polèse et Shearmur, 2002.

Politiques de développement économique régional

Alvergne et Taulelle, 2002 ; Edquist, 1997 ; Funck et Pizzati, 2003 ; Lajugie, 1989 ; Merlin, 2002 ; Proulx, 2002.

Développent local/ territorial –innovation

Cooke *et al.*, 2004 et 2001 ; Carleur, 2006 ; Crevoisier, 2001 ; Currid, 2007 ; Doloreux et Bitard, 2005 ; Joyal, 2002 ; Maillat, 1992 ; Malecki et Moriset, 2008 ; Polèse, 2012 ; Shearmur, 2015.

Lectures méthodologiques : modèle de la base économique ; tableau intersectoriel ; estimation des flux interrégionaux

Isard, 1975 ; Isserman, 1980 ; Lemelin, 1991 ; Poffet, 1989.

Note : on trouvera les références complètes dans la bibliographie générale, à la fin du volume.

TROISIÈME PARTIE

LOCALISATION DE L'ACTIVITÉ ÉCONOMIQUE

Comprendre la façon dont les entreprises, et par conséquent les populations, se distribuent dans l'espace, voilà ce que nous voulons tenter de faire dans les deux prochains chapitres. Existe-t-il des « lois » économiques pour expliquer les choix de localisation des entreprises ? Dans quelle mesure les pressions de la concurrence poussent-elles les entreprises à adopter des modèles précis de localisation ? Le paysage économique qui résulte de ces choix présente-t-il une certaine symétrie, un certain ordre ?

La recherche des « lois » qui président à la localisation de l'activité économique est à l'origine de l'économie urbaine et régionale comme champ d'étude. Les premiers écrits sur ce thème datent du XIXe siècle. Depuis ce temps, une littérature abondante s'est développée sur les théories de la localisation et les modèles de localisation. Notre présentation sera fidèle à la littérature « classique », à laquelle nous ajouterons cependant quelques éléments nouveaux, notamment à propos de la localisation des activités de bureau.

Nous rangeons les modèles de localisation et les théories de la localisation dans deux catégories, selon le type d'espace à l'intérieur duquel sont situés les choix de localisation que nous voulons expliquer : l'espace national (cadre du chapitre 9) et l'espace urbain (cadre du chapitre 10). Nous tâcherons, dans la mesure du possible, de distinguer les théories qui s'appliquent aux industries manufacturières de celles qui concernent les entreprises du secteur tertiaire et du haut savoir. L'analyse de l'espace urbain nous amènera à examiner également le processus de localisation résidentielle des ménages et la dynamique des espaces métropolitains.

Nous renouons ici avec la première partie du livre. Les coûts de la distance (sous forme de coûts de transport et de communication), les conditions techniques de production et les structures de la demande sont, de nouveau, les paramètres définissant les conditions des choix de localisation et de la concurrence au sein de l'espace géographique.

CHAPITRE 10

LOCALISATION DES ACTIVITÉS ÉCONOMIQUES DANS L'ESPACE NATIONAL

Dans ce chapitre, nous proposons un tour d'horizon de ce qu'il est convenu d'appeler les théories de la localisation. Que savons-nous du processus de choix de localisation des entreprises ? Est-il possible de proposer des « lois » générales pour expliquer la distribution des activités économiques dans un espace national ? Les questions de localisation sont à l'origine de l'économie urbaine et régionale comme champ d'étude. Les premiers auteurs à se pencher sur la question de la localisation (Lösch, Von Thünen, Weber), dont les écrits remontent parfois au XIXe siècle, sont les véritables pères de l'analyse économique spatiale. Les fondements qu'ils ont posés restent largement intacts aujourd'hui. Ceux-ci continuent à servir de base à la compréhension des modèles de localisation. L'objet de ce chapitre est de présenter des modèles et des théories. Nous nous en tiendrons à des formulations générales des modèles, dans le but d'en faire comprendre les principes de base. Nous examinerons successivement la localisation des industries manufacturières, la division des marchés entre les entreprises et la hiérarchie des fonctions et des villes, puis la localisation des activités de bureau et du tertiaire supérieur. L'accent sera mis sur les théories de la localisation de l'entreprise.

Localisation et dimension spatiale

Les théories de la localisation de l'entreprise sont généralement formulées en fonction d'un espace théorique abstrait (souvent appelé plaine homogène) dont les dimensions ne sont pas précisées. Il en est ainsi pour la plupart des modèles que nous présenterons ici. Une bonne théorie générale devrait s'appliquer à tous les espaces, petits et grands. Cependant, les modèles traités dans ce chapitre s'appliquent surtout, quoique de façon souvent implicite, à de vastes territoires. C'est pourquoi le titre fait référence à l'espace « national ». C'est une façon de signaler que la question de la localisation intra-urbaine, objet du chapitre 10, et celle de la localisation interurbaine ou interrégionale, objet de ce chapitre, seront traitées séparément.

Dès qu'un modèle de localisation postule un espace (ou un territoire) où peuvent exister des variations dans les dotations en ressources naturelles, dans les prix de la main-d'œuvre ou dans d'autres facteurs de production, cet espace doit, par définition, dépasser la dimension d'une seule agglomération urbaine. De telles variations n'existent pas en principe à l'intérieur d'une région urbaine. Une ville, au sens économique du terme, forme un seul bassin intégré de main-d'œuvre. Il n'y a pas de raison que, pour le même travail, les salaires varient d'un quartier à l'autre. Il n'y a donc pas de raison que le prix de la main-d'œuvre figure comme facteur important dans le choix intra-urbain de localisation de l'entreprise. Le prix de la main-d'œuvre peut cependant jouer un rôle important dès qu'il s'agit d'opposer une ville ou une région à une autre. Le même raisonnement s'applique à des intrants (capital, information, matières premières, etc.) dont les coûts peuvent varier d'une région ou d'une ville à l'autre d'un pays, mais non dans une même région urbaine, si ce n'est de façon mineure ou négligeable.

La frontière entre les deux niveaux d'analyse spatiale n'est pas étanche. Il reviendra souvent au lecteur de juger si un modèle s'applique « réellement » à un espace, en fonction des postulats du modèle et de sa propre connaissance de cet espace. Les modèles qui mettent l'accent sur les variations spatiales de la demande (ou sur l'accès relatif au marché, si l'on préfère) sont plus faciles à transposer à l'espace intra-urbain. C'est le cas notamment de la théorie des lieux centraux et des modèles de concurrence spatiale, qui s'appliquent autant à l'analyse de l'espace urbain qu'à celle de l'espace national. Les théories de la localisation industrielle, dont il sera question ci-après, portent au contraire presque exclusivement sur des choix de lieux à l'intérieur d'espaces économiques plus étendus, de dimension multirégionale ou nationale.

Localisation industrielle

Le père des théories économiques de la localisation industrielle est sans contredit l'économiste allemand Alfred Weber, dont l'ouvrage *Über den Standort der Industrie,* publié en 1909, est un classique. L'exposé qui suit s'inspire largement du modèle de Weber, mais aussi des écrits de Beckmann (1968), Isard (1956) et Hoover (1948), également devenus classiques. Les travaux de ces auteurs débordent le champ de la localisation industrielle pour recouvrir l'ensemble des activités économiques, si bien qu'ils nous serviront également de référence dans d'autres sections de ce chapitre. Les théories de la localisation dite « industrielle » se rapportent, par tradition, aux activités de fabrication. On peut aussi parler de théories de la localisation des usines ou des activités manufacturières, par opposition aux services ou commerces.

Puisqu'il s'agit de comprendre la géographie d'unités (établissements) engagées dans la production d'objets matériels, des facteurs comme le transport du produit final, le poids des intrants matériels et les relations physiques de production deviennent des variables importantes. À quel endroit les coûts de production seront-ils le plus bas ? Comment les calculer ? Dans une économie de marché, l'entreprise cherche normalement à s'installer à l'endroit où ses coûts sont au plus bas. Autrement dit, seules demeureront dans le paysage économique les entreprises qui ont eu la chance de choisir les meilleures localisations, où les coûts sont les plus faibles. Que ce soit par les choix rationnels des acteurs ou par le jeu de la concurrence, le marché finit par imposer son modèle de localisation.

Expliquer la localisation des entreprises industrielles revient alors à calculer pourquoi un emplacement est jugé plus économique qu'un autre. Dans les chapitres 2 et 3, nous avons vu que la centralisation de la production dans une usine et l'agglomération spatiale des unités de production peuvent occasionner des économies importantes. Cela nous aide à comprendre l'existence des villes mais ne nous dit pas pourquoi une ville est préférée à d'autres par une entreprise. Pourquoi certains endroits comportent-ils des avantages de localisation sur d'autres ?

Nous posons ici la question du point de vue de l'entreprise. Pour fabriquer un objet, qu'il s'agisse d'une tonne d'acier ou d'un ordinateur, il faut rassembler dans un lieu les intrants nécessaires, les assembler ou les transformer, puis expédier le produit final au marché.

Modèle simple d'inspiration wébérienne

Comme Weber, supposons une entreprise hypothétique. Fixons d'abord les postulats qui définissent l'univers à l'intérieur duquel se prennent les décisions de localisation (il est possible de relâcher ces postulats pour rendre le modèle plus complexe ; il s'agit ici des conditions initiales du modèle de Weber) :

- une plaine homogène sans accidents géographiques ;
- l'emplacement des intrants matériels est connu ;
- le lieu du marché est connu ;
- la demande est parfaitement élastique ;
- les coûts de transport sont une fonction linéaire de la distance ;
- les coûts de main-d'œuvre sont donnés ; ils ne varient pas d'un endroit à l'autre ;
- les technologies (donc les fonctions de production) sont connues et fixes.

Supposons une entreprise qui fabrique un produit final avec deux intrants principaux ; les autres intrants sont peu importants dans les coûts de production, en ce sens que leurs coûts ne varient pas dans l'espace. Un intrant présent partout, dont le coût est le même d'un endroit à l'autre, n'a pas d'impact sur les choix de localisation. Imaginons, à titre d'illustration, une sidérurgie dont les deux intrants sont le minerai de fer (F) et le charbon (C). Supposons, pour chaque intrant, un gisement unique, soit les points F et C, respectivement, pour le fer et le charbon. Nous sommes devant un paysage économique où apparaissent trois points : le marché (M) et deux gisements de ressources naturelles (F et C). Nous pouvons représenter ce paysage par un triangle de localisation (figure 10.1). Où ira s'installer la sidérurgie[1] ? Près du marché, à côté des ressources naturelles, ou quelque part entre les trois points ? Pour trouver des éléments de réponse, considérons la fonction de production de l'entreprise :

A = f (F, C...) (1)

où A = une quantité donnée d'acier,

F = la quantité de F (fer) nécessaire à la production de A,

C = la quantité de C (charbon) nécessaire à la production de A.

Figure 10.1 - Triangle de Weber

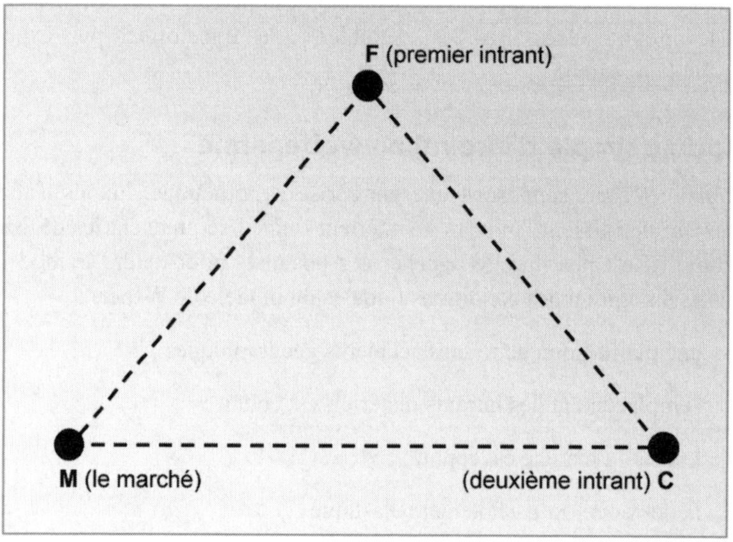

Fixons maintenant les conditions techniques de production. Supposons une fonction de production linéaire, sans possibilités d'économies d'échelle ou de substitution entre les intrants : A est une fonction fixe de la quantité de F et de C. Les coûts et revenus sont également des fonctions linéaires de A. Supposons aussi que, pour produire une tonne d'acier étant donné la technologie utilisée, il faille 1,5 tonne de fer (F) et 1,2 tonne de charbon (C). La fonction de production s'écrit maintenant comme suit :

A (a) = F (1,5) + C (1,2) (2)

où a = 1.

Les quantités se rapportent à des unités physiques (tonnes métriques par exemple). Introduisons maintenant les coûts de transport. L'entreprise doit rassembler F et C pour produire A, et l'expédier à M (marché) afin d'encaisser des revenus. À ce titre, le transport nécessaire à la fabrication de A est un coût de production au même titre que celui des deux autres intrants. Rappelons que la demande de A est parfaitement élastique, sans possibilité de variation spatiale.

Ce postulat est moins contraignant qu'il n'y paraît *a priori*. Pourquoi le prix offert pour une tonne d'acier serait-il différent à Paris de ce qu'il est à Lyon ? Pour des produits standardisés qui font l'objet d'un commerce interrégional, il est tout à fait réaliste de supposer que les prix offerts ne varient pas beaucoup d'une région à l'autre. Les profits de l'entreprise sont alors maximisés au point de coût minimum.

C'est donc l'incidence des transports sur les coûts de l'entreprise qui doit retenir notre attention.

On peut maintenant écrire la fonction de coût de l'entreprise comme suit, en distinguant les coûts de transport propres à chaque intrant et à chaque extrant :

$$T = (u_f + c_f)\, w_f + (u_c + c_c)\, w_c + (c_a)\, w_a \qquad (3)$$

où T = le coût total de production de A (une tonne d'acier, en l'occurrence),

u_i = le prix unitaire de l'intrant *i*.

c_i = le coût de transport par unité de *i* transportée,

w_i = le poids de l'intrant ou extrant *i*, par unité d'extrant ($w_a = 1$, par définition)

En se rappelant que les taux de transport sont une fonction linéaire de la distance, on écrit alors la relation ainsi :

$$T = (u_f + t_f\, d_f)\, w_f + (u_c + t_c\, d_c)\, w_c + (t_a\, d_a)\, w_a \qquad (4)$$

$$= (t_f\, d_f)\, w_f + (t_c\, d_c)\, w_c + (t_a\, d_a)\, w_a + K \qquad (5)$$

où t_i = le taux unitaire de transport de *i* (par tonne au kilomètre par exemple). Dans cet exemple on suppose que t n'est fonction que du poids, de sorte que $t_f = t_c = t_a$.

d_i = la distance (en kilomètres ou autre unité) sur laquelle l'intrant ou l'extrant *i* doit être transporté.

K = le coût fixe des intrants pour une tonne d'acier, soit $u_f\, w_f + u_c\, w_c$.

Fixons *t*, le coût de transport d'une tonne sur un kilomètre, à 0,05 \$, et introduisons dans l'équation (5) les informations sur les relations techniques de production :

$$T = (0{,}05\ \$)\,(d_f)\ 1{,}5 + (0{,}05\ \$)\,(d_c)\ 1{,}2 + (0{,}05\ \$)\,(d_a)\ 1{,}0 + K \qquad (6)$$

La seule inconnue, dans la formule (6), reste la distance, soit la distance des points F, C et M. Où l'entreprise ira-t-elle se localiser pour minimiser T ? Pour produire une tonne d'acier, nous pouvons déduire de l'équation (6) qu'il en coûtera à l'entreprise 0,075 $ du kilomètre pour transporter le fer, contre 0,06 $ pour le charbon et 0,05 $ pour le produit final. L'entreprise a intérêt à supprimer en priorité le coût le plus élevé : celui du transport du fer dans le cas présent. C'est donc en se rapprochant des gisements de minerai de fer – en minimisant d_f – qu'elle minimisera ses coûts. À moins qu'interviennent d'autres facteurs, l'entreprise ira normalement se localiser au point F, à côté de la mine de fer.

Orientation géographique des industries

Il découle de ce que nous venons de dire que la direction que prendra l'entreprise dépend de l'intrant ou de l'extrant qui pèse le plus lourd dans sa fonction de production, à la fois par son importance relative et par son coût de transport. Les coûts unitaires de transport de plusieurs produits sont largement fonction de leur poids. Les relations techniques de production définissent donc l'orientation géographique de l'industrie. Pour exprimer cette réalité, Weber propose ce qu'il appelle l'indice matériel :

$$I_M = P_i / P_e \qquad (7)$$

où I_M = l'indice matériel de l'entreprise (pour un niveau donné de production),

P_i = le poids total des intrants matériels localisés,

P_e = le poids total des extrants.

Les intrants localisés sont des matières premières ou des produits associés à des emplacements fixes.

Si I_M a une valeur supérieure à 1 ($I_M > 1$), on dit que l'industrie se caractérise par une perte de poids. Si sa valeur est inférieure à 1 ($I_M < 1$) on parle de gain de poids. Dans l'exemple ci-dessus (équation 2), la fonction de production de l'entreprise se caractérise par un processus de perte de poids : il faut 2,7 tonnes d'intrants (F + C) pour produire une tonne d'extrant (A). L'entreprise est donc attirée vers le lieu où se trouvent les intrants, puisqu'ils sont plus lourds que le produit final. Lorsque les intrants (les ressources) influencent de la sorte le choix du lieu d'implantation d'une industrie, celle-ci est dite « *resource-oriented* » (terme anglais), tandis que les industries dont les relations de production impliquent un gain de poids, et qui inclinent donc plutôt à s'installer près du marché, sont dites « *market-oriented* ».

Les industries « orientées » vers les ressources naturelles ($I_M > 1$) sont souvent des industries de première transformation, dont le produit final n'utilise qu'une partie de la ressource brute. Presque toutes les activités de fonte et d'affinage de minerai appartiennent à cette catégorie. Dans le cas de la sidérurgie, l'acier affiné pèse nécessairement moins lourd que le fer brut dont il provient. Qui plus est, l'autre intrant matériel, le charbon, n'entre pas dans le produit final, mais fait plutôt partie du processus de production (sous forme de coke métallurgique utilisé comme combustible dans les fours sidérurgiques) ; la valeur de I_M est donc élevée.

Parmi d'autres exemples d'industries orientées vers les intrants matériels, mentionnons :

- les usines de pâtes et papiers. Il coûte habituellement moins cher de transporter le papier (moins lourd) que le bois nécessaire à sa fabrication ;
- les activités de transformation de la viande, du poisson, des fruits ou des légumes. Pour le poisson en conserve, par exemple, on n'utilise qu'une partie du poisson.

Généralisation du concept de poids

Abaissons la contrainte du postulat que les coûts de transport sont purement fonction du poids physique. Il est possible d'étendre le concept de poids pour y inclure des éléments comme la fragilité, la périssabilité, le volume, et tout attribut influençant les taux unitaires de transport. Supposons, à titre d'illustration, que la valeur du taux unitaire de transport *t* soit différente pour F, C et A dans l'équation (5). Si *t* était trois fois plus élevé pour le produit final (A) que pour F ou C, le résultat serait différent. Reformulons donc notre conclusion : l'attraction géographique exercée par un élément (extrant ou intrant) est fonction à la fois du poids de cet élément dans la fonction de production de l'entreprise et de ses coûts de transport. Si les coûts de transport sont suffisamment élevés, ils exercent une influence déterminante sur la décision de localisation. Dire que les coûts de transport d'un bien sont élevés est l'équivalent de dire qu'il s'agit d'un bien peu mobile géographiquement. Lorsque les coûts de transport sont infinis, on a affaire à un facteur immobile ou fixe : pour le consommer, il faut s'en approcher, s'y installer même, dans le cas du sol, qui est le meilleur exemple de facteur fixe (d'où la notion de « rente foncière », que nous verrons au chapitre 11).

Tenons-nous en aux industries dont le I_M est >1. L'inclusion d'autres dimensions dans le concept de poids nous permet de trouver d'autres industries attirées vers les intrants : les industries consommatrices d'énergie électrique par exemple. L'électricité elle-même n'a pas de poids, et, comme le charbon, elle n'entre pas physiquement dans le produit final. Mais elle coûte cher à transporter (les pylônes et les lignes à haute tension représentent des coûts fixes élevés, et les pertes de puissance augmentent avec les distances couvertes). Il s'agit donc d'un intrant « lourd », au sens où nous l'entendons maintenant. C'est pourquoi l'industrie de l'aluminium (dont la bauxite est la matière première de base) se localise généralement près des installations hydroélectriques, car le processus de transformation de l'alumine en lingots d'aluminium consomme des quantités importantes d'énergie électrique. Dans ce cas, l'industrie ayant un I_M >1 se localisera, non pas à proximité de la matière première la plus lourde au sens strict (la bauxite), mais à proximité de l'intrant qui est le plus « lourd » parce que le plus difficile à transporter.

Les exemples évidents de gain de poids ($I_M < 1$) sont plus rares. Le cas le plus patent serait celui où l'intrant est, à toutes fins utiles, omniprésent (donc exempt de coûts de transport) et entre physiquement dans le produit final. Les boissons gazeuses (Coca-Cola, etc.) et la bière en sont des exemples, leur principal intrant matériel étant l'eau. Les cimenteries en sont un autre : leurs principaux intrants sont la pierre et la terre, que l'on retrouve un peu partout. Les brasseries et les cimenteries sont situées, normalement, à proximité du marché (point M).

L'élargissement du concept de poids a souvent, dans les faits, pour conséquence d'augmenter le poids du produit final, dans la mesure où « poids » devient synonyme de coût de transport. Le produit final coûte souvent proportionnellement plus cher à transporter (pour le même poids physique) que les intrants, parce qu'il est plus fragile et plus périssable ou encore parce qu'il doit arriver rapidement chez le consommateur. Parmi les industries « orientées vers le marché » pour ces raisons, mentionnons :

- les imprimeries, surtout de journaux et de quotidiens. Le produit final (le journal) doit arriver vite chez le lecteur ;
- les boulangeries et les pâtisseries. Le produit final est beaucoup plus périssable que les intrants (farine, sucre, etc.) ;
- l'industrie de la mode, dans certains cas. Le produit final est souvent fait sur mesure, à la demande de l'acheteur.

Moins le produit final est standardisé, plus il est personnalisé et plus il suppose des contacts fréquents avec le consommateur (le coût de ces contacts fait partie des coûts de transport), plus, en conséquence, l'attraction du marché est forte. En contrepartie, plus un processus de production est éloigné de l'étape de la consommation finale, plus il est sensible à l'attraction d'autres localisations. Ainsi, l'industrie du textile est en principe moins sensible à l'attraction du marché que l'industrie du vêtement.

Impact des changements technologiques

Le modèle wébérien est utile pour expliquer l'orientation géographique des industries dont les procédés de production sont dominés par quelques intrants matériels. Or, les fonctions de production des industries modernes sont de plus en plus complexes. Il est rare qu'un facteur l'emporte carrément sur les autres, et plus rare encore que l'intrant déterminant soit matériel ou tangible. De plus en plus, les facteurs intangibles (savoir-faire, information, paix sociale, externalités de toute sorte, etc.) s'imposent.

Étant donné l'attention qu'il accorde aux relations physiques de production, le modèle wébérien fournit cependant un cadre utile pour comprendre l'impact du progrès technologique sur les tendances de la localisation industrielle. Voici quelques exemples :

a) le progrès technologique fait diminuer la valeur de l'indice matériel (I_M), donc l'attraction des ressources naturelles. Il nous faut moins d'arbres qu'autrefois pour produire la même quantité de papier, et moins de minerai de fer pour produire la même quantité d'acier ;

b) le progrès technologique multiplie les possibilités de substitution. Il est souvent possible de substituer un intrant moins onéreux à un intrant plus lourd ou plus encombrant. Le gaz naturel (ou l'hydroélectricité) remplace le charbon ou le pétrole, l'aluminium se substitue à l'acier. La force d'attraction relative des sources d'intrants matériels diminue progressivement ;

c) l'évolution des technologies de transport peut modifier les relations de prix entre les intrants, si bien que certains lieux perdent leurs avantages « naturels » tandis que d'autres en acquièrent. Ajouté aux possibilités nouvelles de substitution (b), l'effet cumulatif de l'innovation technologique sera de modifier constamment la définition des intrants[2].

Voyons de plus près, à l'aide d'un exemple, comment l'évolution des technologies de transport peut modifier des avantages de localisation. Revenons au cas des alumineries et du transport de l'électricité. Le Québec, avec ses nombreux lacs, rivières et barrages, détient une puissance hydroélectrique qui le place au premier rang des producteurs du monde ; ses prix au kilowattheure sont parmi les plus faibles. Il n'est donc pas étonnant qu'on y trouve une forte concentration d'alumineries. Celles-ci sont l'une des bases principales de son économie.

L'avantage du Québec repose sur la technologie de production de l'aluminium, très énergivore, et sur les coûts de transport de l'électricité. Imaginons un instant qu'une nouvelle technologie réduise de 80 % les coûts unitaires de transport de l'électricité : supposons qu'il soit désormais possible d'envoyer le courant par rayon laser. Du coup, en important l'électricité, New York ou la Pennsylvanie pourraient produire l'aluminium au même prix que le Québec, qui perdrait ainsi son avantage comparatif de localisation ; la géographie de l'industrie de l'aluminium subirait des changements majeurs. En contrepartie, le Québec accroîtrait ses exportations d'électricité vers les États-Unis aux dépens des producteurs américains d'électricité. Les flux commerciaux et les décisions de localisation industrielle sont, à tout moment, en partie définis par les technologies de transport.

Concept de rente de localisation

L'analyse de l'incidence des coûts de transport sur les avantages d'une localisation nous amène à reparler du concept de rente. Relâchons un autre postulat du modèle de base de Weber, en admettant qu'il puisse exister plusieurs sources par intrant. Supposons toujours un seul point de marché (M), mais deux sources possibles, X et Y, pour le même intrant F. Supposons aussi que le prix unitaire de F à la source (sans transport) soit de 6 $ au point X et de 5 $ au point Y. Mais pour livrer une unité de F au marché, il en coûte 2 $ aux producteurs situés à X et 5 $ aux producteurs situés à Y, si bien que le prix à l'unité du produit livré au marché sera de 8 $ pour F en provenance de X et de 10 $ pour F en provenance de Y. Ce sont donc les producteurs situés à X qui s'empareront du marché de F, car ils peuvent livrer le produit à 2 $ de moins l'unité.

Examinons les choses de plus près. Supposons que Y soit la seule autre source que X, ou du moins qu'aucune autre source ne permette de livrer F au marché à un prix inférieur à 10 $ l'unité. Les dépôts de F sont connus et fixes. Dans ce cas, pourquoi les producteurs situés à X se borneraient-ils à vendre F à seulement 8 $? Leur produit restera concurrentiel à tout prix inférieur à 10 $. Ils mettront alors F sur le marché à un prix légèrement inférieur à 10 $, par exemple à 9,95 $ l'unité. La différence entre 8 $ (le coût « réel » de production) et 9,95 $, soit 1,95 $, s'appelle une rente, une rente de localisation en l'occurrence.

Pourquoi parle-t-on de rente ? Encore une fois, c'est parce que les revenus supplémentaires touchés par les producteurs situés à X sont une aubaine, et non le résultat d'un effort supplémentaire de leur part. Le 1,95 $ de plus encaissé par unité de F n'est pas le fruit d'une productivité supérieure. Bien au contraire, dans l'exemple donné, l'autre source est plus efficace, au sens que son prix au lieu de production est inférieur au prix à X. On parle de rente de localisation parce qu'ici les gains supplémentaires des producteurs situés à X sont strictement attribuables à leur localisation, au fait qu'ils ont des coûts de transport inférieurs à ceux de leurs concurrents.

L'inélasticité de l'offre est fondamentale dans le concept de rente : les sources possibles de F sont fixes. Si l'offre n'était pas fixe, si elle dépendait de l'état de la technologie ou de l'efficacité des entreprises et non de contraintes naturelles, d'autres producteurs pourraient arriver sur les marchés en offrant le produit au même prix de base (soit 8 $ dans notre exemple) que le producteur le plus efficace. Dans un marché concurrentiel, caractérisé par l'élasticité de l'offre et l'absence de barrières à l'entrée, aucun producteur ne peut en principe empocher de rentes. La notion de rente s'applique surtout à des avantages « naturels » difficiles à modifier à court terme, ce que nous avons appelé des avantages comparatifs (chapitre 8). Toutefois, les avantages dits naturels sont rarement immuables, nous l'avons vu, et dans la mesure où ils sont susceptibles d'être influencés par des politiques publiques, ils sont souvent appelés avantages compétitifs.

Le terme rente désigne également les revenus supplémentaires que touchent des entreprises (à savoir, les actionnaires et les managers) grâce à certains privilèges, comme des mesures protectionnistes ou des droits de monopole. Le terme rente s'applique dès qu'un agent économique profite d'une situation qui n'est pas forcément en relation avec sa capacité productive.

Le concept de rente de localisation signifie que chaque localisation a des avantages qui lui sont propres. Dans l'exemple donné, les avantages sont entièrement attribuables à l'existence de coûts de transport. Cela revient à dire qu'il y a toujours des rentes de localisation, même en l'absence de différences géographiques de climat, de fertilité, de dotation en ressources, de milieu local (de réseautage, etc.), dans la mesure où la distance comporte des coûts économiques. Les fruits de la rente sont, selon des modalités particulières à chaque cas, partagés entre divers agents économiques : gouvernements (par voie de taxation), entreprises, travailleurs. On peut imaginer que les travailleurs (organisés en syndicat), sachant que l'entreprise située au point X profite d'une rente, lui demandent des salaires plus élevés, ou encore que la collectivité locale impose à l'entreprise des redevances sur ses revenus supplémentaires ; une bonne chose pour les travailleurs et pour la collectivité. Toutefois, la rente devient « encombrante » lorsqu'elle prend une ampleur telle qu'elle fausse le jeu normal des prix, réduisant d'autant les avantages compétitifs de la collectivité.

Impact des ruptures de charge

Abaissons la contrainte d'un autre postulat, celui du caractère linéaire des coûts de transport. Et faisons la même chose avec le postulat de la plaine homogène sans accidents géographiques. Nous avons vu au chapitre 2 que les coûts de transport sont sensibles aux économies d'échelle. Nous allons maintenant examiner l'impact des points de rupture de charge sur leur évolution. Des ruptures sont souvent imposées par la géographie : rivières, bord de mer, montagnes, etc. ; elles impliquent des coûts de transbordement et de manutention qu'il faut intégrer aux coûts de transport.

Revenons au triangle de localisation (figure 10.1). Quels choix s'offrent à l'entreprise ? En jouant avec les valeurs de t et de d (équation 5), il est possible de faire en sorte que le lieu du coût minimum se situe à des points différents à l'intérieur du triangle (même entre le marché et les intrants). Les simulations et solutions possibles sont quasi infinies. En réalité, les choix de l'entreprise sont limités. Pour comprendre pourquoi, il faut tenir compte de l'impact des points de rupture de charge.

À la figure 10.2, nous avons tracé une courbe de transport, avec coûts de transbordement et de manutention[3]. On voit que la courbe T accuse une hausse subite au point h, qui représente un point obligatoire de rupture de charge, par exemple une rivière sans pont. Le transbordement des marchandises d'un mode de transport à un autre entraîne des coûts, notamment les coûts d'option du temps perdu. Les coûts directs peuvent être des coûts de manutention, de stockage et de ré-emballage, ou encore des coûts supplémentaires d'assurance. Comme les autres coûts de transport, ils sont sensibles aux économies d'échelle, notamment à cause du poids des frais fixes (grues, quais, entrepôts, etc.).

Figure 10.2 - Coûts de transport avec frais de transbordement et de manutention

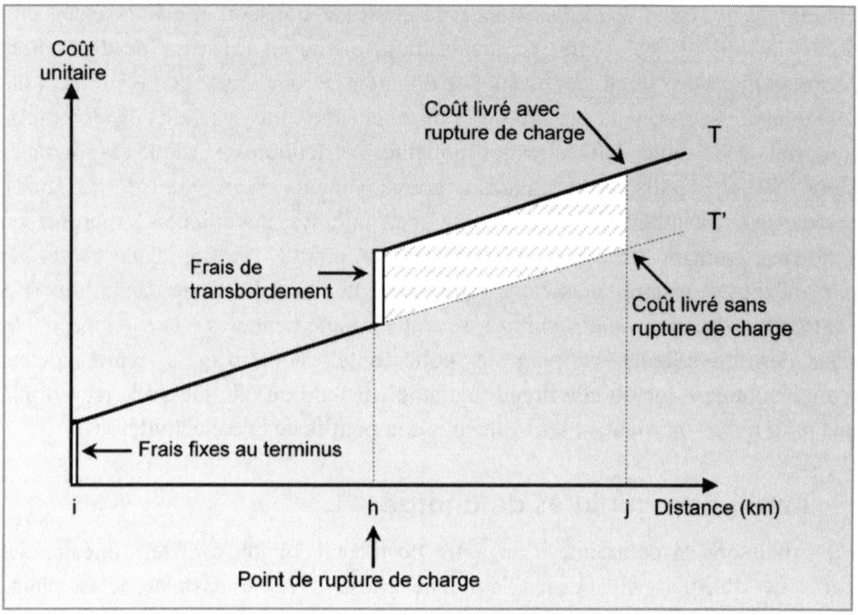

L'entreprise assume ces coûts additionnels parce qu'elle y est contrainte par des obstacles naturels ou autres (une frontière politique par exemple). Si elle n'était pas obligée d'interrompre son voyage (courbe T'), elle pourrait livrer le produit au marché (point *j*) à un prix plus bas. Autrement dit, elle évite normalement de se localiser entre deux points. Ses choix se limitent à des points où, de toute manière, elle doit assumer des frais de transbordement ou de manutention. En général, ils portent sur trois types de localisations : le marché, le point d'origine d'un intrant, un point de rupture de charge obligatoire. La dernière contrainte explique partiellement que les villes soient souvent situées sur des voies d'eau ou au bord de la mer.

Impact du mode de transport

L'importance des voies d'eau pour la localisation industrielle s'explique par les coûts relatifs des différents moyens de transport. La figure 10.3 illustre de façon schématique les courbes de transport de quatre modes : avion, rail, camion, bateau. Le positionnement relatif des points d'origine sur l'axe vertical montre que les frais fixes sont différents d'un mode à l'autre. C'est l'avion qui a les frais fixes les plus élevés et le camion les plus faibles : le coût d'achat d'un avion est normalement beaucoup plus considérable que celui d'un camion ; de même, les frais d'exploitation et d'entretien sont plus élevés pour l'avion (installations aéroportuaires, hangars, pistes…) que pour le camion[4]. Bref, à cause du poids des frais fixes, il est rarement rentable d'utiliser l'avion pour des voyages de courte distance.

Figure 10.3 - Courbes de coûts pour divers modes de transport

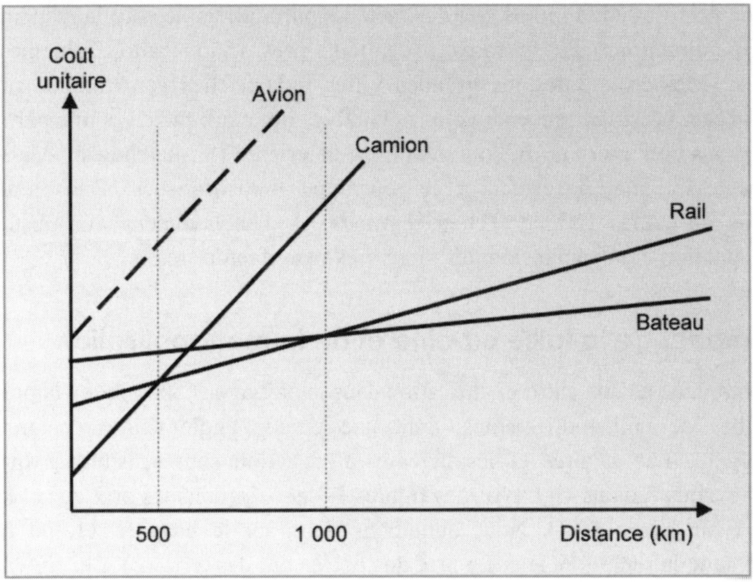

La pente des courbes montre aussi que les coûts au kilomètre n'augmentent pas au même rythme pour les différents modes. Ils grimpent rapidement pour le camion, plus lentement pour le bateau. La dénivellation de la pente est largement fonction de l'efficacité énergétique des divers modes. Pour transporter le même tonnage, le camion consomme normalement plus de carburant au kilomètre que le bateau. Le jeu des courbes fait qu'il est habituellement plus efficace d'utiliser le camion pour les trajets courts (inférieurs à 500 kilomètres), le train pour les trajets intermédiaires (jusqu'à 1 000 kilomètres) et le bateau pour tout trajet plus long. L'avion est rarement rentable, sauf pour les produits à forte valeur ajoutée transportés sur de grandes distances et très sensibles au temps de livraison.

Pour ce qui est du bateau, la figure 10.3 montre deux choses : d'abord, l'entreprise a intérêt à l'utiliser pour les expéditions sur les distances les plus grandes ; ensuite, une fois la marchandise chargée sur le bateau, l'expéditeur a intérêt à faire le plus de kilomètres possibles avant de passer à un autre mode de transport. Ainsi, l'Américain qui expédie des marchandises à Berlin a normalement intérêt à les débarquer dans le port le plus proche de leur destination finale (par exemple Hambourg ou Rostock), plutôt qu'à Anvers ou au Havre, afin de réduire au minimum le trajet en camion ou en train (plus cher). Bien entendu, le choix se fait aussi en fonction de considérations comme l'efficacité relative des ports, la fréquence du service et la possibilité d'utiliser des voies d'eau internes, mais le principe reste valable. On comprend aussi, alors, l'importance des canaux pour le commerce interrégional.

L'entreprise industrielle engagée dans le commerce international ou interrégional a normalement tendance à rechercher la proximité d'un port de mer ou d'un port fluvial, à moins que des facteurs particuliers de coût la mènent dans d'autres directions. À de rares exceptions près (São Paulo, Johannesburg, Madrid, Mexico), toutes les grandes villes industrielles sont situées sur des voies d'eau. C'est l'absence de voies navigables qui explique en bonne partie que les régions de l'intérieur du continent nord-américain (Saskatchewan, Manitoba, Dakota, Montana…) restent, à ce jour, peu industrialisées. Dans plusieurs régions africaines (Niger, Tchad, Rwanda…), l'enclavement fait obstacle à l'implantation et à l'expansion des industries manufacturières.

Impact de la taille urbaine et de la métropolisation

Introduisons une autre modification dans le paysage économique : la présence de villes de tailles différentes, dont une grande agglomération centrale (la métropole). Les salaires et les niveaux d'éducation sont sensibles à la taille urbaine, nous l'avons vu (revoir les figures 3.3 et 6.7), mais les prix du sol le sont aussi (voir figure 10.4). Nous anticipons donc sur le chapitre 11, où il sera question de la rente foncière. Le prix du sol (le coût des terrains) n'intervient pas, en principe, dans les décisions de localisation à l'échelle nationale ou continentale. Cela est moins vrai dès qu'il s'agit d'espaces économiques directement polarisés par une grande métropole. On parle parfois de « métropolisation » pour désigner le processus de formation d'espaces étendus (en gros, dans un rayon de 100 à 200 km) étroitement intégrés à une grande agglomération centrale. On parle aussi de villes-région ou des aires d'influence métropolitaines. Il s'agit, en d'autres termes, de l'espace économique directement desservi par la métropole comme centre de services supérieurs. Cet espace correspond aussi, souvent, au bassin métropolitain de cultures maraîchères (fruits et légumes frais, produis laitiers frais…), de tourisme hebdomadaire et de villégiature.

Les ressources consacrées aux services intermédiaires (conseils, appuis techniques…) et le temps consacré à des réunions avec des fournisseurs, clients, consultants, etc., figurent également dans la fonction de production des entreprises, quoiqu'ils soient souvent moins visibles. L'entreprise industrielle cherchera alors à se rapprocher d'un grand centre de services afin de réduire ces coûts ; notamment les coûts associés aux déplacements fréquents. Mais en se rapprochant de la métropole, l'entreprise doit accepter de payer des salaires et des prix fonciers plus élevés. L'entreprise aura alors à effectuer un arbitrage entre, d'une part, des coûts salariaux et immobiliers plus élevés et, d'autre part, les avantages d'une localisation proche de la grande ville. Plusieurs entreprises industrielles seront disposées à payer les coûts associés à une localisation dans la métropole. C'est bel et bien pour cela que les grandes villes existent. Cependant, pour d'autres entreprises, l'arbitrage des coûts favoriserait une localisation dans des villes plus petites, où les coûts des terrains et de main-d'œuvre sont plus bas. Ce sera surtout le fait d'industries grandes consommatrices d'espace (occupant de grandes surfaces au sol), œuvrant dans des secteurs relativement standardisés, n'ayant donc pas besoin d'une main-d'œuvre hautement qualifiée ; pensons à l'assemblage de véhicules automobiles ou à la fabrication de machinerie lourde.

Les entreprises de ce type (en règle générale, des industries de moyenne valeur ajoutée) chercheront des localisations où les prix des terrains et les salaires sont plus bas que dans la grande ville, mais sans trop s'en éloigner. Leur choix portera souvent sur des villes moyennes (ou petites) dans un rayon d'interaction facile avec la grande ville. C'est l'un des éléments du processus de métropolisation des espaces économiques ; c'est le corollaire interurbain du processus *intra-urbain* d'expulsion industrielle dont il sera question au chapitre 11.

La figure 10.4 illustre la distribution spatiale de l'emploi manufacturier au Canada et aux États-Unis selon la taille des villes et selon des localisations à proximité, ou non, d'une grande ville. L'indice employé est le quotient de localisation, expliqué au chapitre 5. Les industries manufacturières ont tendance, toutes proportions gardées, à se concentrer dans des villes moyennes et petites (dont des villages ruraux), à proximité d'une grande ville. Elles sont beaucoup moins présentes au-delà de l'aire d'influence immédiate de la grande ville. C'est une bonne nouvelle pour des villes moyennes qui sont dans l'aire d'influence d'une grande ville comme Orléans (à proximité de Paris) ou Sainte-Hyacinthe (à proximité de Montréal). C'est une moins bonne nouvelle pour des petites villes éloignées, notamment celles dont la base industrielle repose sur des activités dont l'indice matériel est supérieur à 1, tributaires des ressources naturelles. Comme nous l'avons vu au chapitre 6, de telles industries sont souvent à l'origine de ce que nous avons nommé le syndrome du rentier encombrant. Par contre, la figure 10.4 révèle une présence manufacturière au-dessus de la moyenne pour des villes de 10 000 à 100 000 habitants au-delà du périmètre de métropolisation ; ceci laisse entendre que le processus de dispersion industrielle est en train de gagner certaines zones plus éloignées. Nous reviendrons sur les dynamiques spatiales dans le chapitre 11.

Figure 10.4 - Concentration relative de l'emploi dans l'industrie manufacturière selon la taille et la localisation des villes. États Unis et Canada 2001

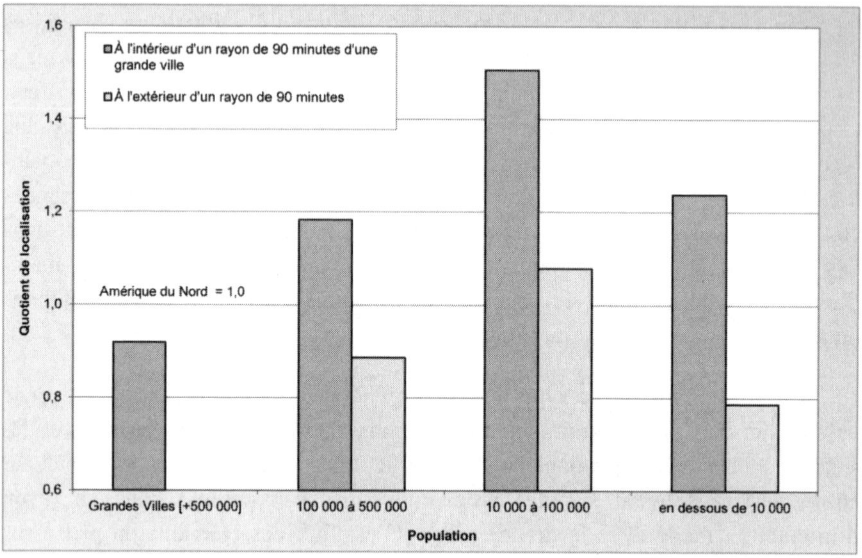

Autres modifications au modèle de base

Nous pouvons introduire d'autres considérations, en partie des extensions de la rubrique précédente, dans le modèle de base (équation 5), en relâchant d'autres postulats :

- l'existence d'économies d'échelle et d'externalités. La sensibilité de l'entreprise aux économies externes (si elle réussit à les comptabiliser) a pour effet de la pousser à se localiser dans un endroit où ces économies sont maximisées. Plus sa fonction de production est complexe, comprenant des intrants divers et changeants, plus l'entreprise risque d'être sensible aux économies d'agglomération, et donc de se localiser dans la plus grande ville ;

- l'existence de différences spatiales dans le coût de la main-d'œuvre. Implicitement, le modèle de base postule l'absence de distorsions dans le marché du travail : les différences de salaires sont en principe le reflet de différences de productivité, dont celles attribuables à la distance et à la taille urbaine. Dans un tel univers, l'idée de main-d'œuvre à bon marché n'a pas de sens. En d'autres mots, les différences de salaires (par exemple, des salaires plus bas) interviennent dans les décisions de localisation uniquement si elles font plus que compenser les inconvénients d'une localisation moins productive. Ou inversement, les salaires interviennent dans les choix de localisation dans la mesure où ils varient dans l'espace *à productivité égale*. L'impact des salaires sur le choix de localisation de l'entreprise dépendra alors du poids du facteur travail dans sa fonction de production ;

- la présence, dans la fonction de production de l'entreprise, d'intrants non matériels (services, information, conseils). Pour les activités de technologie avancée, les intrants non matériels occupent souvent une place importante. Ces activités sont donc sensibles aux coûts de communication[5] ; d'où l'attraction de la grande ville. Celles qui n'ont pas besoin d'une localisation urbaine seront néanmoins sensibles à la qualité du réseau de communication (bande passante, réseau mobile…). Les coûts de communication avec la maison mère peuvent également influencer les choix de localisation des succursales et filiales de sociétés à établissements multiples.

On peut faire entrer d'autres variables dans le processus de choix de localisation, selon les circonstances et les conditions locales. Souvent, les décisions de localisation reposent sur des raisons affectives ou subjectives : lieu de naissance du propriétaire, préférences culturelles ou linguistiques, préférences quant au cadre de vie, etc. Rappelons cependant que le résultat final de la somme des milliers de décisions individuelles de localisation doit autant à la discipline du marché qu'à la rationalité des acteurs. En principe ne survivront que les entreprises qui ont fait le bon choix de localisation. Cela nous amène à la question de la concurrence spatiale.

Concurrence spatiale

La figure 10.5 représente, en plan et en coupe, un paysage économique où l'on distingue trois entreprises (A, B, C) ayant chacune une courbe de transport (T_A, T_B, T_C). On a là une extension de la figure 2.4, à l'aide de laquelle nous avions défini l'aire de marché de l'entreprise. L'entreprise B se trouve coincée entre les deux autres, situées de chaque côté de son aire de marché. Nous supposons que toutes trois produisent le même bien ou service : elles sont donc en concurrence. À noter, nous quittons l'univers purement industriel (manufacturier) ; le schéma présenté s'applique à la production des biens et des services.

C'est l'économiste allemand August Lösch (dans son livre *Die Räumliche Ordnung der Wirtschaft,* paru en 1944) qui a jeté les bases de la conceptualisation d'un paysage économique idéal. C'est à lui que revient le mérite d'avoir démontré, à partir d'un schéma déductif, qu'un paysage économique régulier (comprenant des points de production et des aires de marchés) se développe selon des formes prévisibles, même en l'absence d'accidents géographiques ou de frontières politiques. Partout, on observe certaines régularités dans la distribution des activités économiques.

Figure 10.5 - Division des marchés : coupe et plan

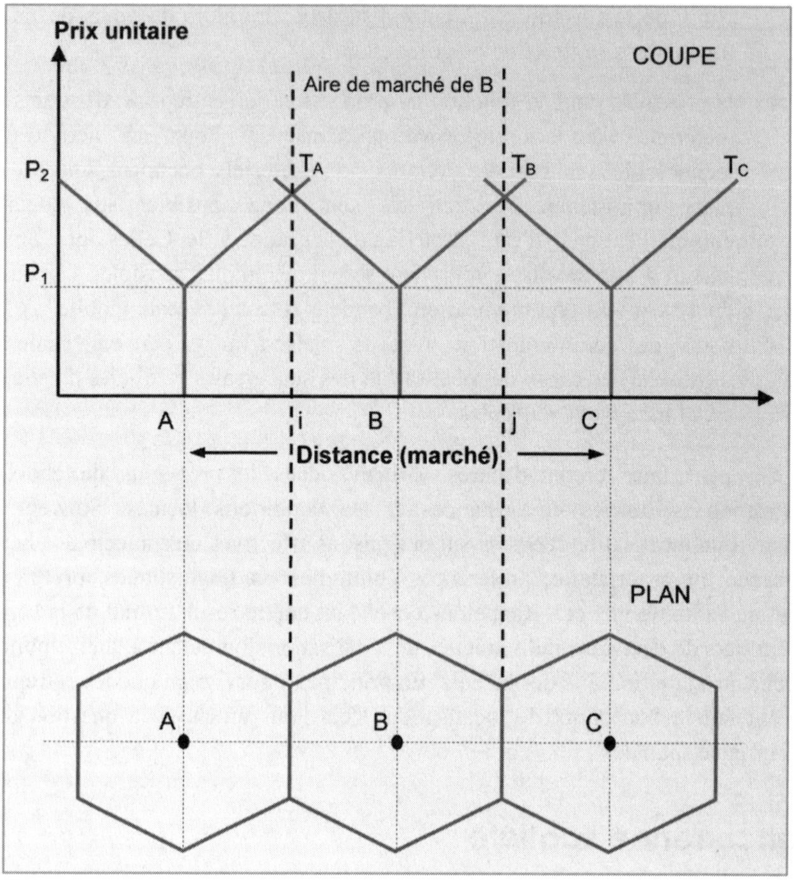

La figure 10.5 illustre une situation d'équilibre idéale. Parmi les postulats qui y sont implicites, notons :

a) l'absence d'externalités ;

b) la distribution uniforme de la demande ;

c) des coûts de production comparables pour toutes les entreprises (indiqués par la ligne P_1), ce qui signifie aussi que les technologies sont les mêmes d'une localisation à l'autre ;

d) coûts de transport qui sont une fonction linéaire de la distance sur tout le territoire.

Dans ces conditions, toutes les entreprises se retrouveront avec des aires de marché identiques. Par tradition, les aires de marché sont représentées par des hexagones ; cette forme géométrique permet la projection d'un paysage économique où tout le territoire est desservi, sans espace vide entre les aires. Les frontières entre les aires de marché sont données par les points de rencontre des courbes de transport (*i* et *j*).

Il s'agit en principe d'un optimum social, sans profits exorbitants pour les entreprises. Si de tels profits existaient, un nouveau producteur viendrait s'établir pour en accaparer une part en offrant le produit à un prix inférieur à P_1, ce qui obligerait les autres à s'ajuster au nouveau prix. La libre entrée est essentielle à l'efficacité des marchés.

D'autre part, les entreprises ne produiraient pas si les aires de marché tracées au bas de la figure ne leur procuraient pas des revenus suffisants pour couvrir leurs coûts de production. En principe, toutes les entreprises finissent par produire des quantités qui répondent aux conditions d'optimisation : coût marginal = coût moyen = prix (voir le chapitre 2).

Effet protecteur de l'espace

La taille des marchés est fonction de deux variables : les coûts de production de l'entreprise et les coûts de transport. La division géographique des marchés est le résultat de la friction de l'espace, c'est-à-dire des coûts de transport. En l'absence de coûts de transport, la concurrence serait parfaite, car aucune entreprise ne jouirait d'une aire protégée où ses coûts totaux seraient inférieurs à ceux des autres entreprises. L'espace protège l'entreprise. Moins les coûts de transport (et autres coûts d'interaction spatiale) sont importants, plus la concurrence est intense. L'impact des coûts de transport sur les prix est analogue à celui d'un tarif douanier : il ajoute un coût aux échanges.

Introduisons maintenant les accidents géographiques. Deux points de production, C et D, sont séparés par une chaîne de montagnes ; C se trouve aussi sur une voie d'eau (figure 10.6). Les frontières des aires de marché n'épousent plus la forme hexagonale ; ce sont les accidents géographiques qui en fixent en partie les limites. Les frontières des aires de marché sont délimitées par des isolignes (de livraison d'un produit). Le tracé des isolignes donne les points où les prix du produit (coûts de production + coûts de transport) sont identiques. De telles lignes peuvent être tracées autour de tout point de production. Sur la figure, les isolignes suivent en partie le tracé des montagnes. De plus, la présence d'une voie d'eau permet à C d'étendre son marché vers l'ouest et vers le sud.

Si nous comparons les deux lieux de production, nous constatons que les entreprises situées au point C peuvent fabriquer le produit à un coût moindre que celles de D, car elles ont la possibilité d'exploiter les économies d'échelle que procure l'accès à une voie d'eau. Si les montagnes n'étaient pas là, la division des marchés se ferait à *z*, où se croisent les courbes (hypothétiques) de transport $T_{C'}$ et $T_{D'}$. Les entreprises localisées à D auraient alors un marché plutôt restreint.

Mais les montagnes, avec leur impact sur les coûts de transport (courbes T_D et T_C), font en sorte que la division se fait en réalité à *w*, donnant aux producteurs situés à D un marché « protégé » plus grand. L'effet de protection des montagnes se mesure par la distance entre *z* et *w* ; les recettes qui proviennent de ce marché constituent, en somme, une rente de localisation pour les producteurs situés à D.

Figure 10.6 - Division des marchés avec obstacles géographiques

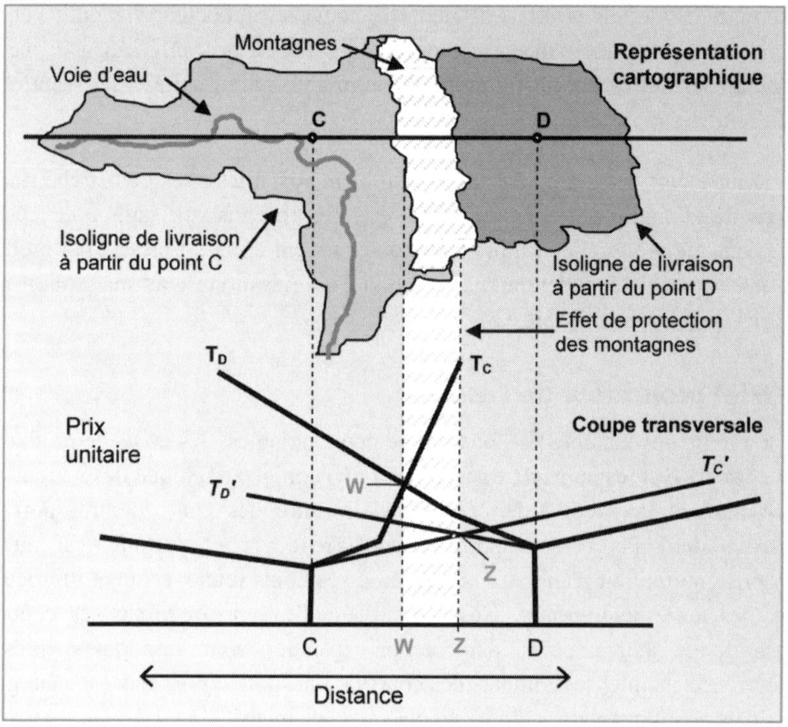

En jouant avec les courbes de transport et les coûts de production, il est possible de simuler l'impact de différents événements. Supposons par exemple une baisse généralisée des coûts de transport (figure 10.7) se traduisant par une baisse généralisée du coût des marchandises (P_1 à P_2). L'analogie avec l'impact d'une réduction des tarifs douaniers vient à l'esprit. La baisse généralisée des coûts de transport ne modifiera pas la division des marchés, dans la mesure où la productivité des entreprises est partout comparable. Les points *m* et *n* continuent à marquer la ligne de partage des marchés. Si toutes les entreprises sont également efficaces, comme le veut l'optimum social, il n'y aura pas de perdants, au sens qu'aucun producteur n'est menacé par ce changement des prix de transport. Le grand gagnant est le consommateur, qui paiera désormais moins cher pour obtenir le produit.

Supposons maintenant que certaines entreprises soient plus efficaces que d'autres. Dans ce cas, une baisse des coûts de transport peut amener la disparition des entreprises les moins efficaces, possibilité illustrée dans la figure 10.8. On voit que les coûts de production au point C (P_C), sont inférieurs à ceux de la localisation D. Le producteur situé à D garde cependant un marché, dont la frontière se situe à *m,* dans la mesure où les coûts de transport restent élevés (courbe T). Introduisons maintenant une baisse des coûts de transport (courbe T'), due à la construction d'une autoroute ou d'un canal entre les deux points. Les entreprises de C sont maintenant en mesure de livrer le produit partout sur l'ancien marché de D, à des prix moindres que ceux de D, même sur le lieu de production D. Les entreprises de D sont chassées du marché. Si, en plus, la production du bien est sensible aux économies d'échelle, inexploitées à cause des coûts de transport élevés, l'impact à la baisse sur les prix sera encore plus prononcé. De nouveau, le consommateur y gagnera, mais cette fois au « prix » de la disparition des entreprises à D.

Figure 10.7 - Impact d'une baisse généralisée des coûts de transport

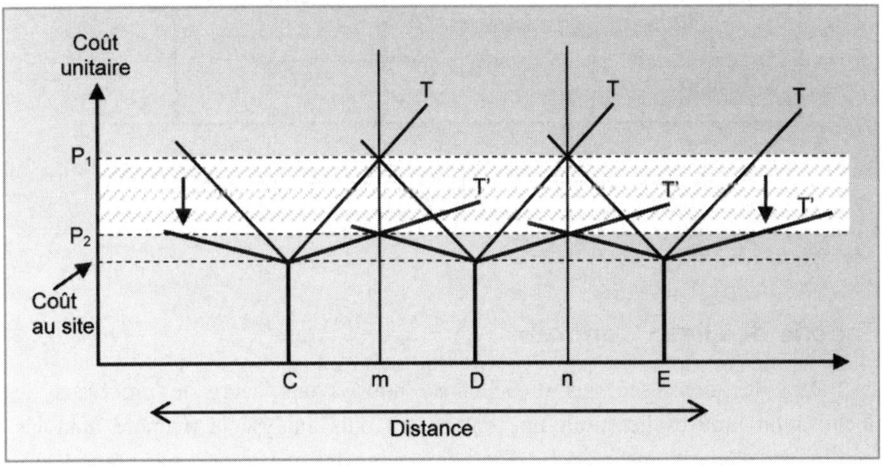

De ce jeu de simulation, nous pouvons tirer quelques conclusions sur l'impact probable de l'amélioration des moyens de transport et de communication :

a) dans un premier temps, elle favorisera la concentration de la production au profit des entreprises les plus efficaces. À la limite, en l'absence de coûts de transport, toute la production d'un produit donné se concentrera au point le plus efficace, à condition que des rendements décroissants et des déséconomies d'agglomération n'y fassent pas obstacle ;

b) elle modifiera constamment l'étendue des marchés et les conditions de la concurrence spatiale. Aucun marché n'est totalement à l'abri du progrès des communications ;

c) elle aura des effets contradictoires, selon que l'on prend le point de vue des entreprises et des travailleurs menacés, ou celui des consommateurs et des entreprises en expansion. Pour l'ensemble de la société, elle se traduira par une plus grande efficacité et par une plus grande spécialisation de la production. Mais les gains d'efficacité peuvent occasionner des coûts sociaux (fermetures d'usines, mouvements de main-d'œuvre : voir le chapitre 6).

Figure 10.8 - Impact d'une baisse des coûts de transport, avec productivité différentielle

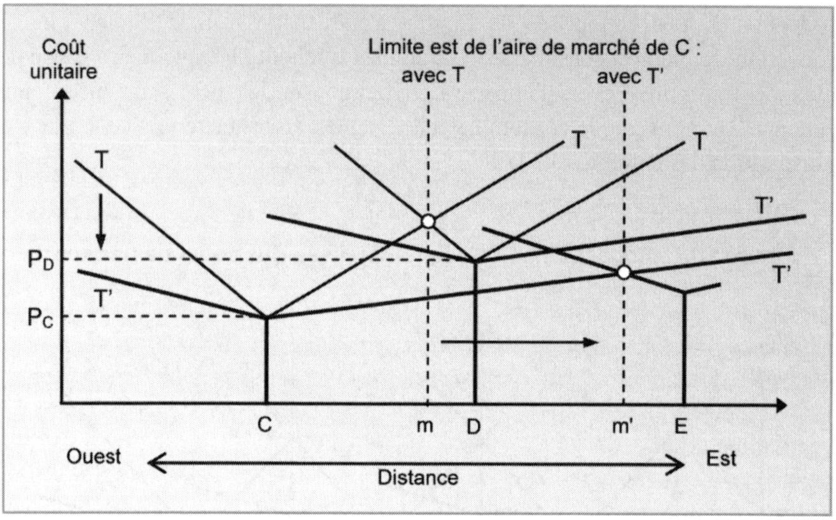

Théorie des lieux centraux

Dans les deux sections précédentes, nous avons décrit le processus de localisation industrielle (pour une entreprise) puis analysé la manière dont les entreprises d'une même branche d'activité se localisent les unes par rapport aux autres pour aboutir à une division des marchés. Nous allons maintenant examiner une économie basée sur une gamme diversifiée de produits (biens et services) dont chacun a sa fonction de production propre. La taille optimale du marché sera différente d'un produit à l'autre. Devant une gamme diversifiée d'unités de production, quelle forme prendra l'organisation spatiale de l'économie ? Chaque branche d'activité aura-t-elle son organisation spatiale propre ? Verra-t-on plutôt surgir un système spatial cohérent et interdépendant ?

La réponse à ces questions est formulée dans la *théorie des lieux centraux* (ou théorie des places centrales), qui remonte à l'ouvrage *Die zentralen Orte in Süddeutschland* (paru en 1933) du géographe allemand Walter Christaller. Il avait cru remarquer que la distribution des villes ne se faisait pas au hasard en Allemagne du Sud. Bien au contraire, elle semblait correspondre à une logique mathématique rigoureuse. C'est à partir de ces premières observations empiriques que prend forme l'idée que les activités économiques et les populations se distribuent dans l'espace de manière ordonnée, pour donner naissance à des hiérarchies, réseaux ou systèmes urbains.

C'est Lösch qui, plus tard, posa les jalons économiques (ou théoriques) du modèle des lieux centraux. Le paysage économique complet proposé par Lösch s'appliquait, en principe, à l'ensemble des branches d'activité. Ses postulats (plaine homogène, entrée libre, absence de distorsions dans les coûts de production, etc.)

sont ceux du modèle « pur » de concurrence spatiale que nous venons d'examiner (figure 9.5). La théorie des lieux centraux est, dans ce sens, une extension des modèles de concurrence spatiale.

Hiérarchies urbaines

Pourquoi parle-t-on de places centrales ? Nous savons que toute entreprise cherche normalement à se localiser au centre géographique de son marché, en vertu du principe de la centralité géographique (chapitre 2). Nous savons aussi que les entreprises qui veulent desservir les mêmes populations (mais dont les produits peuvent être différents) ont intérêt à se regrouper. Bref, les entreprises dont les aires de marché sont comparables se regroupent dans un même lieu, pour former ce que nous appelons une place centrale. Mais les lieux centraux peuvent être de taille différente. Plus la population à desservir est grande et plus les clients viennent de loin, plus la place centrale sera importante. Le résultat de ce processus est une hiérarchie de lieux centraux de taille différente.

Pourquoi une *hiérarchie*, c'est-à-dire un système ordonné ? La réponse réside dans les conditions de production et de consommation des différents biens et services. Il est possible de construire une hiérarchie de biens et services. Le concept de hiérarchie s'applique surtout au secteur tertiaire (commerces et services), pour des raisons que nous expliquerons plus loin. Ainsi, la théorie des places centrales est parfois présentée comme une théorie de la localisation des activités tertiaires, par opposition aux théories de la localisation industrielle. Cependant, pour Lösch, il s'agissait d'un modèle plus général de localisation des activités économiques. Nous savons que la décision de centraliser ou non la production (d'un bien ou service) en un seul lieu est en grande partie le reflet de l'arbitrage entre économies d'échelle et coûts de transport (chapitre 2). Plus les économies d'échelle sont importantes et les coûts de transport faibles, plus la probabilité que la production soit centralisée dans un seul endroit s'accroît. Dans le cas de biens et services de consommation finale, c'est souvent le consommateur qui assume les coûts de transport sous forme de déplacements. Le coût « réel » des déplacements (y compris le coût d'option) sera influencé par des considérations comme l'importance budgétaire de l'achat et par la fréquence de la consommation. Le consommateur est prêt à aller plus loin pour certains produits que pour d'autres. Tous les biens et services n'ont pas la même importance. Il est donc possible de les hiérarchiser, certains biens et services étant de rang supérieur (donc en haut de la hiérarchie), d'autres de rang inférieur (en bas de la hiérarchie). Ainsi, on parle de services supérieurs et de services banals. Un bien ou service de rang supérieur se caractérise par un ou plusieurs des éléments suivants :

a) des économies d'échelle importantes, seuil élevé de marché (ou de production) ;

b) une consommation peu fréquente ; il s'agit souvent d'un produit dont le coût est important par rapport au revenu du consommateur ;

c) des coûts de transport faibles ; le coût est d'autant plus faible que le bien ou service ne nécessite pas systématiquement le déplacement du consommateur ;

d) la volonté du consommateur de se déplacer, s'il y a lieu, sur de grandes distances pour se le procurer.

Les caractéristiques b et d, faible fréquence de la consommation et volonté du consommateur de se déplacer, sont étroitement liées. S'il veut acheter un bien durable, qu'on n'acquiert pas tous les mois (comme une voiture ou un réfrigérateur), le consommateur est généralement disposé à se déplacer sur une distance plus importante pour l'obtenir à meilleur prix. Le même raisonnement s'applique à des services plus « rares » : médecins spécialistes, avocats, dentistes, etc., dont la qualité a souvent autant d'importance que le prix. Le calcul du coût d'option d'un déplacement comprend, dans la réalité, des dimensions multiples.

Pour un bien ou service de rang inférieur, les relations sont inversées : économies d'échelle faibles, consommation fréquente (ou produit peu cher), coûts de transport élevés, consommateurs peu disposés à se déplacer. Pour se procurer du pain (achat quasi quotidien) ou voir un cordonnier, il est peu probable que le consommateur soit prêt à aller très loin. Dire que la consommation est fréquente revient aussi à dire que les coûts de transport sont élevés, preuve supplémentaire que les éléments b, c et d sont interreliés.

Dans tout territoire habité, on s'attend donc à voir plus souvent des boulangeries et des cordonneries que des cabinets de médecins spécialistes ou des détaillants de réfrigérateurs. Les chances de trouver, à proximité, un hôpital spécialisé (ou un grand magasin) sont plus faibles que celles de trouver un kiosque à journaux ou une épicerie.

Réseaux urbains et aires d'influence

Construisons maintenant un paysage économique. Ici et là, les activités de rang analogue vont se regrouper, à commencer par les produits du bas de la hiérarchie (dont les aires de marché sont les plus petites), pour donner lieu à un réseau de petites places centrales. Ces petits bourgs, relativement proches les uns des autres, n'offriront que les services les plus banals : épicerie, boulangerie, poste d'essence, café, etc. L'échelon suivant de la hiérarchie des places centrales, composé de villes plus grandes, offrira tous les services des petits bourgs, plus des services d'un rang supérieur. Chaque place centrale d'un rang donné (de rang A par exemple) offrira tous les biens et services des places centrales de niveau inférieur (A à D), plus ceux qui sont propres à son rang.

La jonction des diverses aires de marché donne lieu à un paysage économique en forme de réseaux d'hexagones superposés (figure 10.9). Chaque habitant du territoire se trouve à l'intérieur d'un système de zones multiples. L'aire d'influence des centres de rang inférieur s'insère dans celle des centres de niveau supérieur. La zone d'influence de la ville qui occupe le haut de la hiérarchie (rang A dans la figure 10.9) englobe celle de l'ensemble des autres places centrales du système. Cette ville est aussi la seule à offrir les services les plus spécialisés de rang supérieur.

Figure 10.9 - Aires de marché complémentaires dans un système de lieux centraux

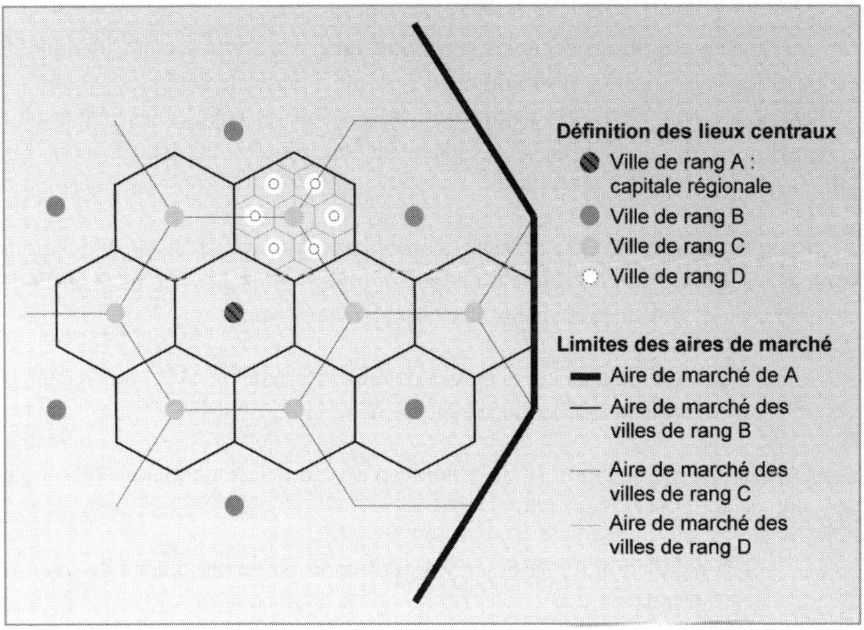

À titre d'illustration, supposons une compagnie d'opéra dont les conditions de production sont telles que, pour être rentable, elle doit attirer au moins mille spectateurs par représentation (nous supposons que le prix minimum du billet d'entrée est donné par le marché). Supposons que le taux de fréquentation de l'opéra est d'environ 1/5 000 habitants. Supposons également que le coût d'option que les citoyens accordent, en moyenne, aux déplacements culturels est dans une fourchette ne dépassant pas les 200 kilomètres. Nous pouvons en déduire que l'opéra cherchera à s'installer au centre géographique d'une zone d'au moins 5 millions d'habitants. L'opéra sera nécessairement en haut de la hiérarchie urbaine.

Supposons, à l'autre extrême, une activité plutôt banale à consommation fréquente, par exemple une boulangerie. Si le consommateur moyen ne consent pas à marcher plus d'un kilomètre pour se procurer du pain (au prix courant du marché), nous pouvons en déduire qu'il y aura généralement des boulangeries au moins tous les deux kilomètres, pour autant que les densités de population le permettent. Il y aura des boulangeries dans tous les lieux centraux de la hiérarchie urbaine, du plus haut au plus bas.

Plus les services offerts par la place centrale sont de rang élevé, plus la distance qui la sépare d'autres places de rang analogue sera importante. Nous voyons à la figure 10.9 qu'il y a plus de distance entre les villes de rang B qu'entre les villes de rang D. Dans un pays comme la France ou le Canada, on trouvera peut-être trois ou quatre compagnies (rentables) d'opéra, centralisées dans les plus grandes villes.

Formulations mathématiques

Le modèle des places centrales peut se résumer sous forme mathématique. Il est possible de reconstituer l'ensemble du système à partir de quelques paramètres de base. La valeur réelle des paramètres varie selon les pays et les régions. La géographie et le niveau de développement du pays sont des facteurs qui influencent la hiérarchie des villes.

Mais restons fidèles au postulat d'une plaine homogène et de populations homogènes. Pour déduire la taille (la population) des villes du système, il suffit de connaître (ou de postuler) la valeur de trois paramètres, soit :

> *s :* le nombre de places centrales de rang inférieur (n – 1) compris dans la zone d'influence de la place centrale de rang n.

Dans le cas de la figure 10.8, le nombre de centres de rang D desservis par des centres de rang C s'élève à 6 :

> *r :* la population rurale desservie par la plus petite place centrale (rang D à la figure 10.9) ;

> *k :* le rapport entre la population de la place centrale et celle de sa zone d'influence.

Si C_d représente les populations des centres de rang D, C_b les populations des villes de rang B et ainsi de suite, nous pouvons exprimer les relations suivantes :

$$C_d = kr/(1 - k) \qquad (8)$$

$$C_c = s/(1 - k)\ (C_d) \qquad (9)$$

$$C_b = s/(1 - k)\ (C_c) \qquad (10)$$

où le terme s/(1 – k) est un multiplicateur qui fixe la proportion entre la population des villes de rang *n* – 1 et les villes de rang *n*.

À titre d'illustration, supposons que *s* = 6, *r* = 1 000 et *k* = 0,5. La population prévue des villes de rang D (C_d) sera alors de 1 000 habitants, celle des villes de rang C de 12 000, celle des villes de rang B de 144 000. Chaque montée d'un échelon dans la hiérarchie correspond à un multiple de 12. La ville de rang A, au sommet de la hiérarchie, aura une population prévue de 1 728 000 habitants. La population de la plus grande ville devient donc fonction de la population des villes les plus petites. Nous avons construit un système interdépendant, où la taille d'une ville dépend de la taille des autres.

Il est également possible de simuler les distances (typiques) qui doivent séparer les villes de même rang. Pour cela, il faut estimer (ou postuler) la valeur d'un autre paramètre, à savoir :

a : la distance entre les places centrales de rang D (les plus petites).

Si d_B représente la distance entre les villes de rang B et d_C la distance entre les centres de rang C, nous pouvons écrire :

$$d_C = a \sqrt{s} \tag{11}$$

$$d_B = d_C \sqrt{s} \tag{12}$$

Si *a* égale 10 kilomètres, la distance sera de 24,5 kilomètres entre les villes de rang C, de 60 kilomètres entre les villes de rang B et ainsi de suite. La connaissance des distances nous permettra de fixer les frontières entre les aires de marché, qui en principe seront à mi-chemin entre les centres de rang analogue.

Parmi d'autres formulations mathématiques qui s'apparentent à celle du modèle des lieux centraux, mentionnons la « règle rang-taille» (*rank-size rule* en anglais) proposée par le géographe américain George Zipf, qui postule une relation statistique entre le nombre et la taille des villes, donc entre leur rang et leur population. Selon la formulation de Zipf, la population de toute ville (P_i) peut être estimée à partir de l'équation simple suivante :

$$P_i = P_g/R_i\,(q) \tag{13}$$

où P_g = la population de la plus grande ville,

R_i = le rang de la ville *i,*

q = une constante à estimer.

Pour tout pays, la relation se traduira par une droite sur un graphique à double axe logarithmique ; les villes (c'est-à-dire le nombre qui se trouve dans chaque classe) sont rangées sur l'axe vertical par ordre décroissant, en fonction de leur population, et situées sur l'axe horizontal d'après leur rang (figure 10.10). Si la droite est régulière, la distribution est conforme à la règle rang-taille. Si l'on observe des paliers distincts, cela signifie que la relation n'est pas parfaitement continue, qu'il existe des catégories identifiables de villes, comme le veut la théorie des places centrales. La règle rang-taille se rapproche de la théorie des places centrales dans la mesure où elle affirme également que la population d'un centre n'est pas indépendante de celle des autres et que le nombre de centres diminue à mesure qu'on s'élève dans la hiérarchie urbaine.

La régularité des distributions observée à la figure 10.10 n'est pas propre à la France ; elle a été maintes fois vérifiée et revérifiée dans plusieurs pays et à des époques différentes. Pour désigner une telle courbe lognormale, on parle de distribution de Pareto, parce qu'elle est conforme à la notion de distribution normale, basée sur une règle exponentielle. Cette régularité observée montre que toute économie, en tout temps, est composée d'un ensemble interdépendant d'activités dont les coûts de production et les coûts de transport sont différents. Les activités de rang $n - 1$, $n - 2$, …, pour lesquelles la taille optimale du marché est limitée, sont toujours plus nombreuses que les activités de rang n, au sommet de la hiérarchie.

Dans un monde parfaitement conforme à la théorie, nous verrions un paysage économique en équilibre ; chaque activité économique serait à la place correspondant à son rang dans la hiérarchie des fonctions ; le découpage des aires de marché et des zones d'influence serait symétrique ; aucune entreprise ne ferait des profits excessifs ; les coûts de transport seraient minimisés pour les consommateurs et les producteurs.

Figure 10.10 - Distribution rang-taille des villes françaises 1831-2006

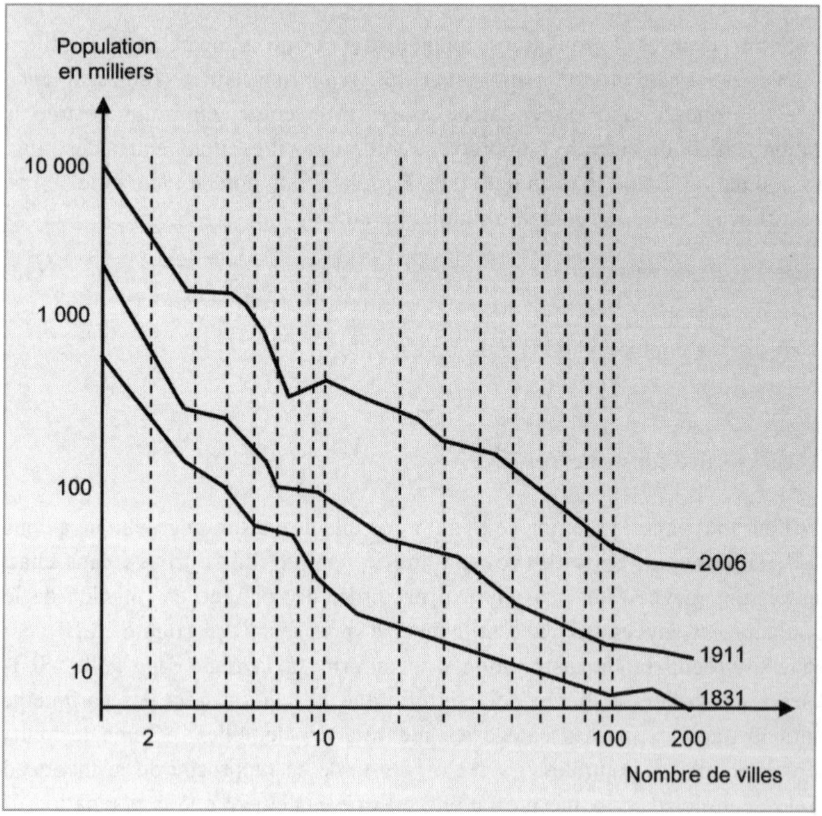

Résumons. Dans un système « parfait » de places centrales :

a) la ville du sommet de la hiérarchie offre la gamme complète des activités économiques possibles, à l'exclusion cependant des activités du secteur primaire ou tributaires du secteur primaire (industries avec un indice matériel > 1) ;

b) la population de toute ville de rang $n + 1$ est un multiple constant de la population des villes de rang *n ;*

c) les villes de même rang :

- ont toutes la même taille (population) ;
- offrent toutes la même gamme de biens et services ;
- sont situées à des intervalles de distance identiques ;
- desservent toutes des zones d'influence de même taille.

Limites de la théorie des lieux centraux

Il y a une hiérarchie urbaine dans tous les pays du monde[6]. Elle n'est jamais parfaitement conforme au modèle. Les hiérarchies urbaines peuvent s'écarter du modèle « idéal » pour plusieurs raisons :

a) la géographie du pays (à cause des rivières, des montagnes, etc.) est très loin du modèle de la plaine homogène ;

b) des obstacles institutionnels (frontières administratives ou culturelles) entravent l'intégration de l'espace économique du pays ;

b) le pouvoir d'achat (revenus par ménage) et les préférences de consommation ne sont pas homogènes sur tout le territoire ;

c) la localisation des activités non commerciales (installations militaires, fonction publique, institutions religieuses, etc.) n'est pas conforme à la logique des places centrales ;

d) l'impact des infrastructures (de transport surtout) sur les décisions de localisation ;

e) l'impact des économies ou déséconomies d'agglomération va à l'encontre du modèle ;

f) l'industrie manufacturière (surtout pour les activités dont l'indice matériel est supérieur à 1) n'épouse pas nécessairement des modèles de localisation conformes à la théorie des places centrales. C'est également vrai pour certaines activités du secteur tertiaire moderne (voir la section suivante).

Devant ces nombreux facteurs de distorsion, il est étonnant que les hiérarchies urbaines ne s'écartent pas davantage du modèle théorique. Dans des territoires relativement homogènes, où l'on trouve peu d'industries manufacturières ou d'accidents géographiques, la distribution régulière des villes est très conforme au modèle. Il suffit de consulter la carte de régions principalement agricoles, comme les prairies nord-américaines (Iowa, Saskatchewan, etc.) ou les steppes de l'Ukraine et de la Russie, pour constater que les villes y sont distribuées de façon régulière. La théorie des places centrales nous propose un modèle des systèmes urbains pré-révolution industrielle. Implicitement, elle pose que la première fonction (la raison d'être) de la ville est celle de centre de marché, de négoce et de services pour un territoire plus vaste. Cela reste largement vrai malgré l'essor des activités proprement industrielles.

La théorie des lieux centraux s'applique aux activités où l'étendue du marché est limitée de façon évidente par les coûts de transport. Dans le secteur du commerce de détail et des services personnels (coiffeurs, cordonniers, etc.), c'est le consommateur qui internalise les coûts de transport, ce qui fixe des limites très nettes aux aires possibles de marché. La nécessité pour le consommateur (ou le producteur) de se déplacer touche également des secteurs d'activités comme la santé, l'éducation, la culture (bibliothèques, théâtres, etc.), les services financiers, la restauration et la distribution (commerce de gros). Une proportion importante (mais difficile à chiffrer *a priori*) de l'activité économique est conforme, en gros, aux postulats de base de la théorie des places centrales. Il n'est donc pas étonnant que les systèmes urbains continuent, en règle générale, à épouser des formes hiérarchiques.

Le modèle des places centrales ne s'applique plus à partir du moment où les coûts de production (d'assemblage ou d'extraction) l'emportent sur les coûts de transport du produit final ; c'est dire qu'il ne s'applique pas, par définition, aux industries dont l'indice matériel dépasse 1,0 ; et il ne s'applique pas facilement aux produits qui sont exportables à l'échelle mondiale ou à une échelle spatiale dépassant le système urbain. L'activité ira s'installer à l'endroit où ses coûts de production sont le plus faibles, ce qui ne sera pas nécessairement au centre de son marché ; c'est notamment le cas de l'industrie manufacturière et de l'industrie minière. Il n'y a pas de raison que la localisation des industries du textile ou de la fabrication d'automobiles, par exemple, suive un modèle hiérarchique. C'est pourquoi l'on dit parfois de la théorie des places centrales qu'elle se limite au secteur tertiaire. Cependant, plus une industrie est sensible au marché (plus les coûts de transport du produit final sont importants), plus son modèle de localisation risque de suivre la théorie des places centrales.

Localisation du tertiaire supérieur et des activités intensives en savoir

Examinons maintenant la localisation des établissements prestataires de services supérieurs et d'autres activités intensives en savoir. Le commerce de ces services modernes n'exige pas forcément le déplacement du consommateur, si bien qu'il est difficile de fixer des limites claires aux aires de marché des activités de bureau, qui diffèrent en cela du secteur tertiaire plus traditionnel, dont la logique de localisation reste largement conforme à la théorie des places centrales. Pour désigner ce secteur de l'économie, on peut parler de services aux entreprises, de services supérieurs, de services intensifs en savoir ou encore de services intermédiaires, puisqu'ils sont en grande partie destinés à d'autres entreprises, ce qui les distingue des services à la consommation. Les désignations tertiaire supérieur et tertiaire moteur sont également utilisées ; la production de ce tertiaire est exportable et peut donc provoquer un effet multiplicateur local au sens du modèle de la base économique. Il s'agit souvent d'activités à fort contenu de matière grise et d'information. D'ailleurs, la logique de localisation des industries manufacturières intensives en R&D peut aussi s'apparenter à celle que nous décrivons ici pour les services.

Il n'existe pas de définition rigoureuse, universellement acceptée, de concepts comme tertiaire moteur ou activité intensive en savoir. Nous emploierons le terme « service supérieur » pour identifier des unités distinctes de production, dont les modèles de localisation peuvent différer de ceux des usines ou des commerces. Nous nous limitons aux activités privées prestataires de services marchands. La rubrique peut recouvrir une gamme diversifiée de services à la production : conseillers en administration, agences de publicité, banques d'investissement, sociétés d'assurances, sociétés de gestion de portefeuilles, cabinets comptables, autres cabinets d'aide-conseil technique ou scientifique, ainsi qu'une diversité croissante de services d'information et de divertissement qui circulent par Internet et divers véhicules numériques. Ce vaste secteur d'activité économique, dont les contours se modifient continuellement, a connu un essor impressionnant depuis les années 1960 dans tous les pays industrialisés.

Cependant, la dichotomie entre secteurs de services et secteurs manufacturiers devient de moins en moins déterminante : une première distinction à faire lorsque l'on se penche sur les activités économiques est entre celles qui sont à haute intensité de savoir et celles qui ne le sont pas. C'est seulement une fois cette distinction faite que l'identification du produit (service ou objet manufacturé) devient importante. Dans cette optique, ce que nous présentons ici comme un modèle de localisation des services supérieurs s'applique en fait à toute activité dont les intrants principaux sont la main-d'œuvre et l'information, que cette activité soit formellement classée comme de service ou manufacturière.

Il n'est pas possible, pour traiter ces activités économiques relativement nouvelles, de recourir à des modèles classiques qui ont été élaborés pour comprendre la localisation industrielle ou la localisation du tertiaire plus traditionnel (théorie des lieux centraux). Mais les principes sous-jacents à ces modèles classiques restent applicables : il s'agit de bien comprendre comment ils s'appliquent aux nouveaux secteurs de « l'économie du savoir ». Les pages qui suivent s'appuient surtout sur les travaux que nous avons réalisés en collaboration avec notre collègue William J. Coffey.

Modèle de localisation des services supérieurs

Les activités dont il est question ici sont marchandes et n'exigent pas toujours de déplacements de la part du client ; le modèle christallérien ne peut donc y être appliqué sans modification. Ces services sont souvent intermédiaires, faisant l'objet d'un commerce entre entreprises ou entre établissements de la même entreprise. Les services de gestion et de supervision fournis par un siège social au réseau d'établissements d'une société illustrent ce dernier cas.

D'inspiration wébérienne, le modèle que nous proposons est axé sur les variations spatiales des coûts de production (y compris le transport) plutôt que de la demande. Il pose qu'un établissement à haute intensité de savoir réunit des intrants et livre des extrants, à l'instar d'une usine. Toutefois, ces facteurs sont en grande partie immatériels. Pour les désigner, on utilise le terme générique « information », qui couvre des éléments intangibles tels que les conseils ou instructions donnés de vive voix et les rapports imprimés ou sur fichier informatique. De même qu'une fabrique achète, transforme et vend des biens, un établissement de services supérieurs recueille, transforme et vend de l'information. Les deux producteurs assument aussi des coûts de transport, qu'il est plus juste d'appeler coûts de communication dans le cas de l'information.

À l'instar du modèle de Weber, qui a trait à la localisation des usines, ce modèle-ci cherche à déterminer, pour les établissements à haute intensité de savoir, le lieu où les coûts seront les plus bas. Une équation simple résume le raisonnement :

$$T = I_{int} + I_{ext} + I_{extrant} \quad (14)$$

L'établissement vise à réduire au minimum son coût unitaire total (T), en limitant le plus possible la somme des coûts à assumer pour acquérir l'information à l'intérieur (I_{int}) et à l'extérieur de l'entreprise (I_{ext}) et pour livrer (transmettre) son produit ($I_{extrant}$).

Dans ce contexte, ce qui différencie les régions métropolitaines aux yeux d'un producteur de services avancés ou d'un manufacturier dont les coûts principaux sont dans la recherche et le développement est le coût des sources d'information qui les particularisent (analogues aux ressources de Weber) et le coût du transport de l'information (coût de communication). Puisque désormais l'information codifiée circule à peu près partout (voir chapitre 2), l'information qui devient déterminante est l'information tacite : c'est celle qui est incorporée dans les personnes et se transmet seulement par leur présence. Dans la suite de l'exposé, nous ne tiendrons donc pas compte des coûts que nous ne jugeons pas essentiels pour déterminer la localisation des établissements, même si nous reconnaissons que la main-d'œuvre non qualifiée, les immobilisations, les taxes, et l'accès aux informations codifiées, entre autres éléments, doivent entrer en ligne de compte dans une analyse complète des coûts. Cela dit, une activité de bureau n'ira pas se localiser dans une petite ville de Normandie sous prétexte que les loyers y sont moins élevés qu'à Paris. Rappelons que dans la formulation de Weber, le prix du sol n'est pas non plus un facteur de localisation industriel important. Comme nous le verrons au chapitre 11, où il sera question de rente foncière, le prix du sol est autant (sinon plus) le résultat des choix de localisation qu'un facteur qui guide ces choix.

Les personnes en qui l'information[7] est incorporée peuvent être des employés (sources d'information internes) ou des consultants recrutés pour un temps (sources d'information externes). On peut donc réécrire ainsi l'équation (14) :

$$T = (s_q + r_q)\,Q + (c_c + s_c)\,C + c_e\,E \qquad (15)$$

où :

Q = les unités de main-d'œuvre qualifiée nécessaires pour produire E,

s_q = le coût unitaire de la main-d'œuvre qualifiée (salaires, commissions, avantages sociaux, etc.),

r_q = le coût unitaire du recrutement de la main-d'œuvre qualifiée,

C = les unités de temps de consultant nécessaires pour produire E,

c_c = le coût de communication unitaire à assumer pour accéder à l'information fournie par des consultants (téléphone, courrier, voyages aériens [y compris les coûts d'option], Internet, etc.),

s_c = le coût d'un consultant (son tarif, comprenant rémunération, commissions, avantages sociaux, etc.),

E = une unité d'extrant,

c_e = le coût de communication unitaire à assumer pour livrer E sur le marché (téléphone, courrier, voyages aériens [y compris les coûts d'option], Internet etc.).

L'établissement va choisir la localisation où *T* est le plus faible. La parenté avec l'équation (3) se devine facilement. Comme dans la formulation wébérienne du problème de localisation industrielle, nous supposons que les éléments de l'équation sont les principaux facteurs qui déterminent les variations spatiales des coûts de production. Au sein d'un univers wébérien simple, on peut isoler chaque type d'intrant et traiter le marché et la source d'intrants comme des concepts distincts. Mais bien que notre modèle s'inspire d'une logique wébérienne, son application est plus complexe, pour trois raisons :

a) Premièrement, les deux intrants (personnel de l'établissement et consultants) sont des substituts presque parfaits. Par exemple, plutôt que d'engager un ingénieur, une entreprise peut choisir d'acheter ses conseils : il s'agit d'un choix entre l'internalisation d'un intrant (embauche d'un employé) et son externalisation (achat de services auprès d'autres entreprises). De ce fait, la localisation la plus avantageuse en termes de coûts de production n'est pas simplement celle où les coûts d'accès aux deux intrants sont les plus bas dans l'ensemble. Le poids respectif des deux intrants dans le produit final étant sujet à variation, l'établissement doit, avant de prendre une décision, déterminer la combinaison à laquelle est associé le coût minimum pour chaque localisation.

b) Deuxièmement, même si notre modèle isole la main-d'œuvre qualifiée, l'information de source externe (les consultants) et les marchés des services supérieurs, dans bien des cas, les trois se trouvent au même endroit. C'est particulièrement vrai lorsqu'il est coûteux de transporter les extrants d'un service supérieur (comme la consultation). Nous reviendrons sur ce point dans la section suivante.

c) Troisièmement, les barrières linguistiques, ou les différences d'origine nationale ou ethnique, jouent le même rôle pour les coûts de communication et de recrutement que les barrières physiques ou géographiques pour les coûts de transport. En contexte de diversité culturelle, le recrutement de la main-d'œuvre qualifiée et la communication coûtent plus cher. C'est pourquoi on peut distinguer deux types de coûts de recrutement :

1. les premiers, plus traditionnels, sont les coûts de recrutement à assumer pour « importer » de la main-d'œuvre, par exemple pour faire venir des spécialistes de Toronto (ville anglophone) à Montréal (francophone). Nous les appelons coûts *explicites* et, dans la suite de l'exposé, à moins de précision contraire, c'est à ces coûts explicites que nous faisons référence ;

2. les seconds sont les coûts de recrutement *implicites*. Il se peut que les cadres et les employés d'un établissement de services supérieurs ne souhaitent pas déménager (surtout si cela les oblige à vivre dans un milieu culturel différent) : ils attribuent implicitement un coût au déménagement, celui de leur propre « recrutement » par l'établissement qui se réinstalle ailleurs. C'est sans doute la raison pour laquelle certains établissements (tels les sièges sociaux d'entreprises montréalaises contrôlées par des Québécois francophones) optent pour la localisation offrant les coûts les plus faibles *au sein de leur sphère culturelle.*

L'équation (15) ne distingue pas entre ces deux types de coûts de recrutement[8]. Pourtant, surtout lorsqu'une décision implique un changement de milieu culturel, ils font l'objet d'un arbitrage où pourrait bien résider l'explication du choix de localisation de certains établissements de services supérieurs, en particulier des sièges sociaux.

En somme, ce modèle postule que la main-d'œuvre spécialisée et l'information, notamment l'information tacite, sont les deux principales ressources rares qui guident les choix de localisation des activités de bureau. Dans ce sens, le modèle s'applique à d'autres activités intensives en matière grise comme les secteurs de haute technologie et de recherche et développement. Il met l'accent sur les intrants, dont les coûts peuvent varier d'un point dans l'espace à un autre, alors que la théorie des places centrales met l'accent sur l'accès aux marchés et sur la distribution spatiale de la demande. Les coûts d'accès aux intrants ne dépendent pas uniquement des caractéristiques des lieux : ils dépendent aussi des coûts de communication et de recrutement. Ces coûts sont sensibles à l'agglomération, à la distance physique, à la qualité de l'environnement, mais aussi aux différences culturelles et linguistiques. Selon les marchés desservis et selon la culture des dirigeants d'entreprise, les aspects culturels et linguistiques peuvent être déterminants dans le choix de localisation d'entreprises de services supérieurs.

Coûts de communication

Nous avons défini la communication comme le transport de l'information. Comme pour les marchandises (figure 10.3), il est possible d'imaginer différents modes de communication ayant chacun une courbe de coûts propre, en fonction de la distance. Il est raisonnable de penser que les coûts diffèrent à mesure qu'on passe du courrier postal au télécopieur, au courrier électronique, au téléphone et finalement à la communication interpersonnelle directe ; celle-ci, à son tour, suppose divers modes de déplacement : la marche, le train, la voiture, l'avion, etc. La pente de la courbe des coûts de communication – c'est-à-dire la rapidité avec laquelle les coûts augmentent en fonction de la distance – est surtout sensible à la fréquence des contacts interpersonnels directs.

Chaque intrant de type C et chaque extrant de type E a une fonction de coûts de communication qui lui est propre. À la différence du coût de transport des marchandises, le coût réel de communication comprend souvent un coût d'option – celui du temps – et d'autres coûts non monétaires, qui en constituent la plus grande part.

Les économistes appellent également coûts de transaction l'ensemble des coûts (psychologiques, affectifs, etc.) que des individus ou groupes doivent assumer pour communiquer dans le but de réaliser des transactions d'affaires.

Les coûts de communication sont sensibles aux barrières culturelles et sociologiques. Les barrières linguistiques, ou les différences d'origine sociale ou nationale, jouent le même rôle pour les coûts de communication que les obstacles physiques ou les accidents géographiques pour les coûts de transport.

Comme l'industrie manufacturière (équation (4)), l'activité du tertiaire supérieur est attirée vers l'intrant (ou l'extrant) qui pèse le plus lourd dans sa fonction de production, soit celui dont les coûts de communication sont les plus élevés ; et donc, dont le poids des informations tacites et des coûts de transaction est le plus élevé.

Supposons, à titre d'illustration, une entreprise de développement de logiciels dont le principal intrant, C, est constitué de connaissances informatiques (conception et programmation) détenues par des ingénieurs et informaticiens localisés dans la ville X. Supposons aussi que le « transport » de C, c_c, entraîne des coûts élevés, sous forme de contacts interpersonnels directs fréquents. Par contre le transport de l'extrant E (de logiciels), c_e, entraîne très peu de coûts. L'entreprise sera tentée de s'installer dans la ville X, afin de supprimer le coût de communication c_c.

Main-d'œuvre spécialisée

L'intrant C peut prendre des formes différentes, à la différence des biens physiques (toujours tangibles). L'information est souvent « incarnée » dans une personne, si bien que l'intrant Q peut aussi être considéré comme une variante de C. La main-d'œuvre est spécialisée (ou qualifiée, si l'on préfère) précisément parce qu'elle incarne des compétences, des connaissances et du savoir-faire qui lui permet d'assimiler, de stocker et de transformer de l'information. L'information existe de manière codifiée dans des messages, des ordinateurs, des rapports, des clés USB, des livres, etc., mais également (et peut-être surtout) de manière tacite dans la tête des travailleurs qualifiés. L'entreprise se trouve devant des choix multiples : elle peut effectuer des substitutions entre C et Q (voir point i dans la section précédente) ; elle peut décider de se rapprocher des intrants (comme dans l'exemple que nous venons de donner) ; finalement, elle peut décider, une fois pour toutes, de « transporter » Q vers le lieu de production, c'est-à-dire de le recruter.

Mais on ne déménage pas des personnes comme on transporte des marchandises. Nous savons que la migration implique des coûts économiques et sociaux importants (chapitre 6).

Dans l'équation (15), la variable r_q exprime le coût que doit assumer l'entreprise pour faire venir d'ailleurs des intrants de main-d'œuvre. Ce coût r_q est en principe égal aux coûts économique et social ressentis par les personnes à déplacer. Comme c_c, il est fonction de la distance, mais il est surtout sensible aux barrières culturelles et sociales. Les perceptions et les préférences des travailleurs (et de leur conjoint et parents) deviennent alors des facteurs de localisation importants. Plus Q est un intrant rare (du personnel hautement qualifié, par exemple), plus l'entreprise est à la merci des perceptions et préférences des personnes qui incarnent Q. La qualité de l'environnement physique et humain devient ainsi, de plus en plus, un facteur de localisation clé.

La mobilité spatiale de l'intrant Q se distingue aussi de celle des intrants physiques sur un autre plan. Elle peut aller dans les deux sens ; il s'agit dans une large mesure d'une mobilité autonome. L'intrant Q peut décider de s'en aller. La dégradation du cadre de vie (ou l'envie d'un milieu résidentiel différent) peut alors menacer les avantages compétitifs d'une ville pour le tertiaire supérieur, de même que le progrès technologique peut menacer la valeur économique d'une ressource « naturelle » (avantage comparatif, voir chapitre 8).

Les coûts r_q à assumer pour attirer des intrants Q dans la région sont d'autant plus élevés que les personnes qui constituent Q sont peu mobiles. La valeur de r_q sera plus élevée dans un pays caractérisé par des différences régionales extrêmes et des solidarités régionales fortes. Dans des pays comme la Suisse ou le Canada, marqués par des divisions linguistiques, le recrutement d'une main-d'œuvre provenant d'une autre zone linguistique entraîne souvent des coûts et des risques supplémentaires, tant au plan des coûts directs d'embauche qu'au plan des risques de perdre l'employé au profit d'entreprises de sa région d'origine. Si la valeur de r_q est suffisamment élevée, l'entreprise n'aura pas d'autre choix que de s'installer dans la ville où habite l'intrant Q.

Ce qui pousse les services supérieurs vers le sommet de la hiérarchie urbaine

Si C et Q sont des substituts possibles, ils ne sont pas identiques. L'intrant C est par définition plus flexible : on change plus facilement de fournisseurs d'information que d'employés. L'information, spécialement du côté de E (extrant), est généralement moins homogène ou standardisée que les extrants matériels. À qualité donnée, une tonne d'acier reste une tonne d'acier. L'équivalence des produits est beaucoup plus difficile à établir dans le cas des services supérieurs. Les entreprises de conseil en gestion, par exemple, livrent un produit E dont les caractéristiques changent d'un client à l'autre. La fonction de production d'un établissement de services avancés n'est pas la copie de celle d'une usine, même si l'expression des relations peut emprunter une forme symbolique similaire. Pour produire des services personnalisés (les conseils les mieux adaptés à chaque cas), il faut être prêt à modifier continuellement la combinaison des intrants.

E désigne donc un panier de services plus ou moins standardisé et prévisible selon les circonstances. Moins E est normalisé, plus l'entreprise tend à substituer C à Q. Pour répondre à une demande peu uniformisée, elle doit pouvoir mobiliser rapidement de l'information (C) et de la main-d'œuvre (Q) en combinaisons et quantités variables. Il est peu probable qu'elle trouve incorporée dans Q toute l'information nécessaire pour satisfaire une demande impliquant un contenu sur mesure et essentiellement variable. Elle a rarement avantage à intégrer à son personnel salarié permanent une ressource qu'elle n'utilise qu'à l'occasion. La solution la moins coûteuse pour elle consiste à s'approvisionner à l'extérieur, c'est-à-dire à acheter des intrants de type C. Aussi lui est-il indispensable d'avoir accès à une localisation qui offre un bassin très diversifié de consultants et de main-d'œuvre compétents. Or, la diversité est étroitement liée à la taille urbaine, et c'est l'un des fondements des économies d'agglomération.

Les établissements producteurs des produits et services les plus intensifs en savoir – des extrants les moins normalisés – tendent ainsi, toutes choses égales par ailleurs, à s'installer dans les villes où le coût de C est le plus bas : celles où un grand nombre de gens aux talents très divers peuvent être mobilisés et mis sous contrat en peu de temps. C'est la principale raison de la concentration des grandes firmes de consultants, agences de publicité et banques d'investissement, et de nombre d'autres services supérieurs, dans les méga-villes qui trônent sur la hiérarchie urbaine. Il en va de même des fonctions de siège social les plus complexes, qui reposent sur un réseau diversifié de contacts et de sources d'information. Les villes mondiales comme Londres et New York, au sommet de la hiérarchie, sont celles qui proposent la plus grande diversité d'intrants C. Souvent, ce sont elles aussi qui offrent l'accès le plus facile aux intrants Q : nous reviendrons sur ce point.

Orientation géographique des services supérieurs

Le triangle de localisation présenté dans la figure 10.11 résume les choix qui s'offrent aux établissements. Les sommets M, C et Q représentent respectivement les points où l'accès au marché (ceE), à l'information ([sc + cc] C) et à la main-d'œuvre qualifiée ([sq + rq] Q) est le moins coûteux. Dans le cas d'un établissement qui doit assumer des coûts de communication élevés pour livrer ses services à sa clientèle (par exemple une entreprise comptable), le facteur décisif est l'accès au marché (ceE). Il en va de même pour la plupart des services qui nécessitent de nombreux contacts et réunions avec les clients. Les établissements qui les offrent vont se localiser au centre de leur marché, conformément à la théorie des places centrales. Les services supérieurs sont probablement encore presque tous dans cette situation. Il convient d'attirer l'attention sur le fait que les coûts locaux des intrants informationnels (sq et sc) ne sont pas les principaux facteurs de localisation, car le marché de la main-d'œuvre qualifiée et celui de l'information de source externe (les consultants) ne sont pas des marchés locaux : les coûts de ces intrants sont comparables d'un endroit à l'autre. Le facteur qui différencie le plus les localisations est le coût de l'accès à l'information (qu'elle provienne d'employés ou de consultants) et celui de sa livraison ; dans le cas des services supérieurs non standardisés, ces deux coûts tendent à varier simultanément dans l'espace.

Les établissements dont l'extrant (E) est moins sensible à la distance mais dont les coûts de production sont liés à la diversité et à la proximité immédiate des fournisseurs d'informations vont tendre vers le point C. C'est le cas de la plupart des produits et des services vendus à distance et nécessitant peu de contacts avec le consommateur, par exemple la conception de logiciels et la production de films et d'émissions de télévision (CD et DVD voyagent facilement : des exemples, par ailleurs, de l'enchevêtrement de biens fabriqués et de services), ou l'investissement et la gestion de portefeuilles (secteurs où les transactions sont souvent électroniques et se passent de rencontres fréquentes). On trouve ici une grande partie de l'industrie moderne du divertissement et du secteur montant du multimédia. Pour ces activités, la centralité géographique cède souvent le pas aux coûts de production.

Certaines fonctions de siège social tendent également vers C, car leurs coûts de livraison c_eE, étant par définition des coûts internes à l'entreprise, sont sujets à des imputations qui ne reflètent pas forcément leur niveau véritable. Du fait que les sièges sociaux ne doivent pas à tout prix s'installer au cœur de leur marché (dans la mesure où il est interne), ils peuvent, pour ces fonctions, réserver leur attention aux coûts C (et accorder un plus grand poids à r_qQ, plus précisément aux coûts de recrutement implicites, afin de tenir compte des sentiments des dirigeants et des employés en poste à l'égard des localisations envisagées). En ce qui concerne les établissements dont l'aire de marché est très étendue, les points représentant les coûts les plus bas pour C et pour M coïncident souvent, car en général les villes qui proposent les intrants C les plus diversifiés (les plus grandes villes) offrent en même temps le meilleur accès aux marchés nationaux et internationaux. À moins que d'autres facteurs de coûts prennent le pas, un établissement de services supérieurs qui vend son produit un peu partout déménagera normalement dans des villes situées de plus en plus haut dans la hiérarchie urbaine à mesure que son marché prendra de l'expansion et que ses coûts de production dépendront plus étroitement de l'accès à un éventail diversifié d'intrants C.

Q exerce un attrait d'autant plus grand que les coûts de production lui sont fortement liés : cela se produit lorsque l'entreprise a besoin d'un bassin de main-d'œuvre spécialisée pour composer son personnel et que les possibilités de substitution (de faire appel à des sources d'information externes) sont limitées. Il en est ainsi par exemple des activités caractérisées par un important contenu technique élaboré en entreprise (recherche et développement, laboratoires) ; souvent ce sont également des activités qui attirent les travailleurs mobiles de l'économie du savoir séduits par certains modes et milieux de vie (chercheurs, professionnels, artistes). Si l'on excepte de très grands centres urbains comme New York, la présence des plus fortes concentrations de laboratoires et de centres de recherche privés dans des régions urbaines réputées pour leur qualité de vie (Boston, San Francisco) n'a rien de fortuit. Q peut aussi être un facteur prédominant pour beaucoup de fonctions de siège social sinon la plupart. Dans le cas de sièges sociaux, ce n'est pas seulement parce que les coûts c_eE comptent en général assez peu (leurs marchés internes sont essentiellement captifs), mais aussi parce que d'autres coûts, y compris c_cC, sont souvent dilués dans la comptabilité générale[9], et que les coûts de recrutement implicites jouent un rôle important, sinon avoué.

Il n'est pas exclu qu'une ville soit la localisation la moins chère eu égard aux trois facteurs de l'équation. Pour un certain nombre de services supérieurs, Paris bénéficie ainsi d'un quasi-monopole au sein du système urbain français. Une grande banque d'investissement française, par exemple, y verra sans doute la localisation :

- où le potentiel de marché est le plus grand (M) ;
- offrant la plus grande diversité d'intrants informationnels et un terrain idéal, à fort potentiel pour des rencontres en face à face (C) ;
- et, assurément, où aspirent à vivre bon nombre de jeunes professionnels en quête d'ascension professionnelle (Q).

La position de Paris au sommet de la hiérarchie urbaine française demeure incontestée, et malgré les évolutions récentes, rien ne permet d'imaginer, au plan national, une quelconque concurrence de son rang. La population du deuxième centre urbain de France, Lyon, équivaut à environ le septième de la capitale française[10], et le ratio ne semble pas sur le point de changer.

Par contre, il n'existait pas de monopole comparable au sein du système urbain canadien : la population du Toronto métropolitain représentait déjà plus de 70 % de celle de Montréal en 1901, 84 % en 1956. Si Toronto a pu connaître, dans les années 1960, une ascension rapide qui lui a permis de se hisser au rang de principal centre d'affaires de niveau supérieur au Canada et de détrôner Montréal, c'est au premier chef parce qu'elle offrait une solution de rechange acceptable à sa rivale. Toutefois, c'est en fin de compte la sensibilité des services supérieurs aux variables culturelles, dans la mesure plus précisément où celles-ci influencent les coûts de communication et de recrutement (c_c et r_q dans le modèle), qui a fait pencher la balance en faveur de Toronto. L'évolution sociale du Québec s'est accélérée à compter des années 1960, et elle a notamment eu pour conséquences d'accorder, à Montréal, une plus grande place à la langue française. Dans un pays et un continent en grande majorité anglophone, cette transformation était incompatible avec le maintien de Montréal comme position de première métropole économique du Canada.

Ce modèle permet aussi de relativiser certains discours actuels qui prétendent que l'activité économique riche en savoir se déplacerait vers des bassins de travailleurs qualifiés, plutôt que le contraire ; c'est-à-dire, la migration de la main-d'œuvre vers des régions où ces activités se développent. La présence de main-d'œuvre qualifiée n'est qu'un facteur de localisation parmi d'autres pour expliquer la localisation des activités intensives en savoir. Miser sur ce seul facteur – qui, par ailleurs, est mobile – pour l'attraction d'activités économiques est une stratégie risquée : en plus de ne pas être le seul facteur attractif, force est de constater qu'il prend un caractère très volatile du fait de sa mobilité. Dès lors que cette main-d'œuvre a rompu ses attaches avec sa région d'origine, la région d'accueil sera confrontée au risque de voir cette main-d'œuvre qualifiée la quitter pour une autre, et ainsi de suite. Sans surestimer la mobilité résidentielle (plus importante en Amérique du Nord qu'en Europe) et sa capacité à redistribuer sans cesse les individus, elle fait néanmoins se poser des questions sur les politiques visant l'attraction de la main-d'œuvre très qualifiée ou bien celle des institutions chargées de la former. En France, le déménagement de l'ENA (Ecole Nationale d'Administration) de Paris à Strasbourg n'a pas pour autant déplacé les sièges sociaux, et encore moins la vie politique, en Alsace. On sait que la main-d'œuvre (Q), les intrants (C) et les marchés (M) convergent souvent dans l'espace, si bien qu'ils se concentrent dans les principales agglomérations. En toute probabilité, une politique d'attraction des « talents » dans le but d'attirer les activités économiques ne fonctionnera (du moins, en apparence) que dans les métropoles – régions qui possèdent déjà d'autres éléments attractifs pour les activités économiques, et qui attirent déjà (voir chapitre 6) la main-d'œuvre la mieux qualifiée. L'identification d'un lien causal entre les mesures destinées à attirer les « talents » et le développement d'activités riches en savoir est difficile à effectuer, voire impossible, étant donné l'imbrication presque inextricable – dans une métropole – de Q, C et M.

Figure 10.11 - Facteurs de localisation des établissements de services supérieurs

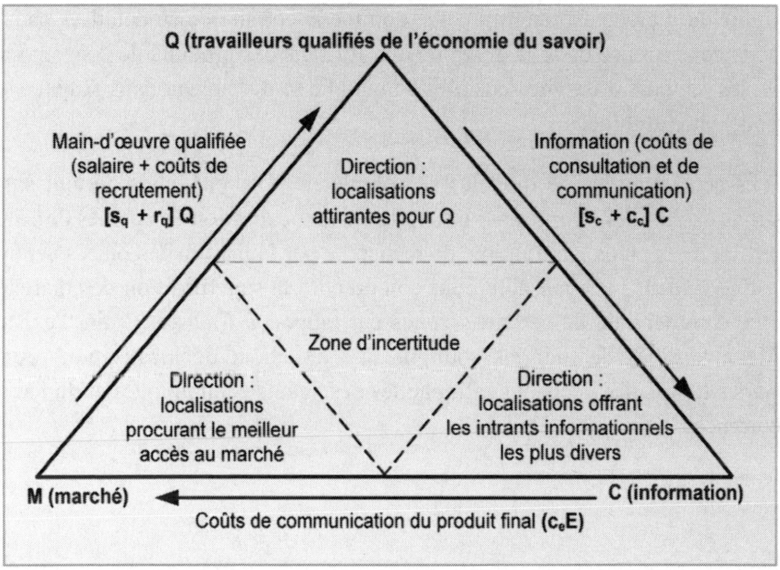

Note : l'établissement est attiré vers le sommet du triangle auquel correspond le facteur le plus important dans sa structure des coûts. Si par exemple les coûts de livraison du service au client sont le facteur qui détermine le plus les coûts totaux, l'établissement sera attiré par le point M, où ceE est le plus bas.

Conclusion

Deux grandes familles de théories expliquent la localisation de l'activité économique dans de grands espaces (nationaux ou régionaux). La première, qui met l'accent sur les relations de production de l'entreprise individuelle, concerne surtout l'industrie manufacturière mais s'applique aussi à des secteurs d'activité dont les produits peuvent être exportés sur de grandes distances. Les théories et modèles que nous avons traités sous les rubriques de la localisation industrielle et de la localisation du tertiaire supérieur appartiennent à cette catégorie. Le problème de la localisation s'y résume largement, pour l'entreprise, à un problème de minimisation des coûts – que ces coûts s'expriment en termes de transport, de communication, de disponibilité des intrants matériels ou humains ou d'accès au marché. L'entreprise sera attirée vers un lieu plutôt qu'un autre selon l'importance relative des éléments qui composent sa fonction de production et selon la difficulté à les transporter.

La deuxième famille de théories relève davantage d'un effort de compréhension de la logique d'ensemble du système. L'accent est mis sur le positionnement des points de production les uns par rapport aux autres. Les modèles que nous avons traités sous les rubriques de la concurrence spatiale et de la théorie des lieux centraux font partie de cette famille. Ils s'appliquent surtout aux secteurs d'activité où il y a une division des marchés et où la concurrence est très sensible aux coûts de la distance. Ces modèles sont particulièrement appropriés pour comprendre la localisation de secteurs d'activité pour lesquels la proximité du marché est déterminante, comme le commerce de détail. À cause du jeu de la concurrence et de la diversité des attributs des produits de consommation finale, les secteurs d'activité sensibles au marché se distribuent dans l'espace selon un modèle hiérarchique.

Les deux familles de modèles se complètent. D'abord, elles portent sur des questions différentes. On ne saurait expliquer la localisation des usines de pâtes et papiers ou des grands laboratoires de recherche par la théorie des places centrales, qui est cependant indispensable pour comprendre la superposition des marchés et la force commerciale de certaines zones par rapport à d'autres. Enfin, l'existence des deux familles de théories souligne que les choix de localisation résultent toujours à la fois des décisions rationnelles des agents économiques et du jeu de la concurrence.

CHAPITRE 11

FORME URBAINE : LOCALISATION DES ACTIVITÉS ET DES POPULATIONS DANS L'ESPACE MÉTROPOLITAIN

La question de la forme urbaine, sujet longtemps réservé aux revues spécialisées ou aux manuels de géographie, profite aujourd'hui d'une exposition médiatique qu'elle a rarement connue avant. Cet intérêt pour la question repose sur l'idée que cette forme – c'est-à-dire la localisation des activités économiques et des résidences dans l'espace métropolitain – aurait une influence sur les déplacements quotidiens, ceux-là même qui génèrent une bonne partie des gaz à effet de serre, sur nos routines et nos modes de vie.

Les interrogations suscitées par la forme urbaine ne datent pas d'hier. Depuis la fin de la Deuxième Guerre mondiale, les banlieues ont connu une croissance rapide ; auparavant organisée le long de lignes de métro, de voies ferrées et de tramways, cette croissance a été davantage structurée par le réseau routier dès lors que la voiture s'est imposée chez la majorité des ménages. Cette expansion physique de la ville s'est manifestée par un étalement urbain : avec la voiture, quasiment tous les endroits deviennent accessibles. À cette vague de déconcentration des populations s'en ajoute une autre. Ce mouvement, dans des dimensions moins impressionnantes, touche aussi les employeurs, qui cherchent en banlieues un moyen de se rapprocher de leur main-d'œuvre (et de leur clientèle parfois), à profiter de localisations meilleur marché, de terrains plus vastes. Par conséquent, les emplois vont avoir tendance à s'éloigner des parties centrales. La relation n'est pas que dans le sens « emploi —› population » ; elle fonctionne également en sens inverse : à moyen terme, ce desserrement de l'emploi peut inviter les employés à quitter les quartiers denses pour aller vivre plus près des emplois localisés en banlieue. On assiste alors un effet de « saute-moutons » caractérisé par la suburbanisation des emplois qui entraîne la suburbanisation de la main-d'œuvre, qui elle-même entraîne à nouveau la suburbanisation de l'emploi. Comme les lieux d'habitation ont toujours tendance à se localiser plus loin du cœur des villes que les emplois (qui recherchent, malgré tout, des localisations accessibles aux grands réseaux routiers et à un marché de travailleurs), la suburbanisation des emplois a un effet amplificateur sur la suburbanisation de la population.

Cet étalement présente un coût en termes de consommation d'espace, d'infrastructures (réseaux routiers, électriques, d'eau et d'égouts…) et d'entretien. En période de forte croissance et à une époque où l'urgence de la question environnementale était moins présente, ces coûts étaient faiblement discutés, d'autant plus que les activités de construction et d'entretien participaient à l'augmentation de la consommation et du PIB. La première crise du pétrole (au début des années 1970) a brièvement remis en question ce modèle, avant qu'une remise en cause plus fondamentale et durable ne s'installe à partir des années 1990. Le rapport Bruntland de 1987 a rendu populaire l'idée de développement durable, et insiste sur l'exploitation outrancière des ressources et sur l'effet désastreux pour l'environnement de cette surconsommation. C'est au même moment aussi que les scientifiques nous alertent sur l'impact des gaz à effets de serre sur les changements climatiques. À cela, s'ajoute aussi une croissance plus modérée des économies des pays occidentaux. Dans l'esprit des acteurs politiques, les coûts de la suburbanisation et de l'étalement ne sont plus marginaux, étant donné les adaptations qu'ils nécessitent à tous les niveaux.

C'est dans ce nouveau contexte qu'urbanistes, géographes et édiles ont commencé à remettre en question le caractère presque irréversible et inévitable de l'expansion géographique des espaces métropolitains. Des efforts – par exemple ceux des nouveaux urbanistes – ont été faits pour proposer des alternatives à l'étalement. Ils visent à promouvoir un développement plus dense des métropoles ainsi qu'une utilisation accrue des transports publics. La question suscite aujourd'hui l'intérêt de tous les spécialistes du transport, mais aussi de la gouvernance urbaine, de l'aménagement, de l'environnement, de l'immobilier et, bien sûr, de la géographie économique. L'allongement des distances domicile-travail, les problèmes croissants de congestion routière touchent au plus près le quotidien de millions d'individus et par conséquent, les préoccupations du grand public pour ces questions de forme et de mobilité déclenchent de vifs débats. Du côté des chercheurs, la réflexion donne lieu à des démarches nouvelles, et produit des expériences originales pour tester les moyens de rendre la ville de demain plus cohérente (Korsu, Massot, Orfeuil, 2012). Si cet idéal est difficile à atteindre, c'est que les embûches sont nombreuses et que la densification – en rapprochant ménages et emplois, par exemple – ne conduit pas toujours aux résultats espérés pour réduire l'usage de la voiture. C'est ce que montre l'expérience réalisée en région parisienne. Tester sur un autre modèle urbain, moins façonné par les transports publics, les résultats probablement seraient autres.

Ce regain d'intérêt pour la densité et les transports publics ne fait pas toujours l'unanimité. L'historien Robert Bruegmann (2005), par exemple, dans un ouvrage publié en 2005, développe des idées allant à contre-courant de ce qu'il identifie comme le biais pro-urbain de beaucoup d'urbanistes et d'universitaires. Il y rappelle non seulement les bienfaits de la suburbanisation, propulsée dans un premier temps par l'insalubrité des conditions de vie au cœur des villes, mais il questionne aussi la relation entre la distance des navettes (synonyme de déplacement domicile-travail) et la suburbanisation. D'autres résultats montrent aussi que la forme urbaine en soi – densité, multipolarisation, dispersion - n'a que très peu d'influence sur les distances de navettage. Les facteurs les plus importants sont la taille de la métropole (sa population) et le comportement des individus. Autrement dit, il n'est pas du tout évident que la résolution des questions de navettage passe par une modification fondamentale des formes urbaines, qui ne pourrait avoir lieu que sur le très long terme étant donné la pérennité des infrastructures et des parcs immobiliers : elle passerait plutôt par des changements comportementaux et par un meilleur appariement spatial, pour chaque personne, entre l'emploi occupé et la résidence.

Dans ce chapitre, nous nous penchons sur la localisation des activités économiques et, à un degré moindre, sur la localisation résidentielle, au cœur de la question plus large de la forme urbaine. En effet, la forme urbaine comprend trois grandes dimensions – la localisation des résidences, la localisation des activités économiques et la mobilité (qui lie les deux fonctions, mais pas seulement), mais ce dernier aspect ne sera pas abordé dans le détail.

Les questions sont nombreuses : comment l'espace urbain se partage-t-il entre diverses utilisations possibles ? Pourquoi trouve-t-on certaines fonctions au centre de la ville et d'autres en banlieue ? Par quels mécanismes se fait l'arbitrage entre les diverses occupations du sol urbain ? Pourquoi la valeur des terrains est-elle souvent plus élevée dans le centre-ville ? Quels facteurs déterminent le prix du sol ? Pourquoi certains ménages choisissent-ils de vivre dans un pavillon de banlieue tandis que d'autres opteront pour les grands immeubles des quartiers centraux ?

Nous allons d'abord explorer certaines théories et certains modèles d'utilisation du sol urbain. Comme nous le verrons, les explications du découpage de l'espace urbain nous renvoient à la question de la rente foncière, le leitmotiv de ce chapitre. Nous commencerons par la localisation des activités agricoles, pour ensuite élargir notre propos à d'autres utilisations du sol. Il sera ensuite question du rôle du centre-ville et du rôle croissant des pôles suburbains, éléments clés dans la structuration de l'espace urbain. Nous terminerons par un rapide tour d'horizon des modèles de localisation résidentielle. Gardons à l'esprit que l'habitat occupe la plus grande partie de l'espace urbain.

Modèles de localisation des activités économiques

Les modèles économiques de l'espace urbain tirent leur origine de la théorie de la localisation des productions agricoles. La raison en est simple. Tant pour la ville que pour la campagne, il s'agit de modèles d'utilisation du sol conçus pour expliquer l'affectation des terrains à diverses fonctions. Les utilisations du sol (agricoles, industrielles et autres) sont en concurrence pour l'espace. Si l'une d'elles en vient à s'installer sur un terrain convoité ou antérieurement occupé par une autre, cela signifie en principe qu'elle y trouve plus d'avantages et qu'elle est donc prête à payer un prix plus élevé pour s'y localiser. Comme nous le verrons, expliquer l'utilisation du sol revient à proposer une théorie de la rente foncière. Le père de la théorie est l'économiste allemand Johann Heinrich Von Thünen, dont l'ouvrage, *Der isolierte Staat in Beziehung auf Landwirtschaft und Nationalökonomie*, est paru en 1826. La théorie a ensuite été reprise et reformulée par Dunn (1954).

Localisation des productions agricoles autour d'un noyau urbain

Posons les postulats du modèle :

- une plaine homogène, sans accidents géographiques ;
- la fertilité est la même sur toute la plaine ;
- la place de marché est au centre de la plaine ;
- les coûts de transport sont une fonction linéaire de la distance.

Réfléchissant sur cette plaine et sur sa place de marché central, von Thünen se posait les deux questions suivantes : qu'est-ce qui sera produit, et où ? Quel sera le prix des terrains ? Pour y répondre, supposons deux produits agricoles, le blé et les petits pois, dont les conditions de production sont différentes. Commençons par le blé.

Les conditions de production du blé se définissent comme suit :

- rendement à l'hectare = 100 $, au prix du marché ;
- coût de production à l'hectare = 50 $ (y compris la rémunération normale du producteur agricole) ;
- coût de transport de la récolte d'un hectare = 5 $ le kilomètre.

Si, par exemple, un hectare cultivé donne un boisseau de blé, il en coûtera 25 $ pour le transporter sur une distance de 5 kilomètres, et il ira chercher 100 $ de recettes sur le marché, laissant au cultivateur une marge « supplémentaire » de profit de 25 $. La relation entre cette marge de profit, que nous appelons rente, et la distance par rapport au marché est illustrée dans la figure 11.1. Nous parlons de rente car les revenus supplémentaires ne sont attribuables à aucun surcroît d'effort de la part du producteur ; ils découlent uniquement du terrain (voir, au chapitre 9, « rente de localisation »).

En regardant la figure 11.1, on constate que le cultivateur a tout intérêt à se rapprocher du marché ; c'est là que ses profits supplémentaires atteignent leur maximum et qu'il touche 50 $ pour la récolte d'un hectare.

Il sera donc prêt à payer d'autant plus cher l'hectare que la terre est plus proche du marché. Au marché même, il sera disposé à débourser jusqu'à 50 $ par hectare, mais il offrira un prix de moins en moins élevé à mesure qu'augmente l'éloignement de la terre par rapport au marché ; son offre tombera à zéro à 10 kilomètres. Puisque le prix offert est le reflet d'une rente que l'acheteur cherche à réaliser, on parle de rente foncière pour le désigner. La figure 11.1 présente une courbe de rente qui illustre le prix à l'hectare offert par les producteurs de blé à différentes localisations. Si les acheteurs (ou utilisateurs) du sol finissent par payer le plein prix indiqué par la courbe, la rente sera, de fait, encaissée par les propriétaires.

Figure 11.1 - Relation profit (rente) - distance pour un producteur agricole

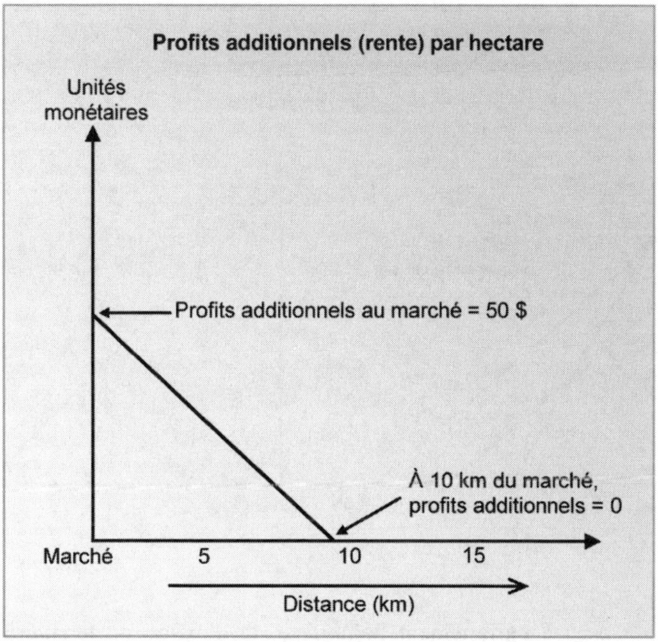

Note : les termes « rente » et « profit additionnel » sont ici des synonymes exprimant l'idée que la rente (foncière, en l'occurrence) constitue un gain au-dessus du profit normal d'exploitation.

Introduisons maintenant un deuxième producteur agricole dans notre modèle (figure 11.2). Les conditions de production des petits pois se résument comme suit :

- le rendement à l'hectare = 150 $, au prix du marché ;
- le coût de production à l'hectare = 75 $;
- le coût de transport (pour la récolte d'un hectare) = 10 $ le kilomètre.

Au marché même, le producteur de petit pois, lui, sera prêt à débourser 75 $ l'hectare, donc plus que le producteur de blé. Cependant, sa récolte est plus sensible à la distance, si bien que le prix qu'il est prêt à payer pour un hectare diminue plus rapidement (sa courbe de rente est donc plus accentuée). Lorsque la distance entre le terrain et le marché atteint 7,5 kilomètres, son offre de prix tombe à zéro. Comment les deux producteurs se diviseront le territoire ? Les deux courbes de rente se croisent à une distance de 5 kilomètres du marché. À 5 kilomètres, le producteur du blé doit débourser 25 $ par hectare pour transporter sa récolte au marché (5 x 5 $), ce qui lui laisse une « rente » possible de 25 $. Le producteur de petits pois doit, quant à lui, payer 50 $ de coûts de transport (5 x 10 $), et peut jouir d'une « rente » de 25 $. À 5 kilomètres du marché, les deux cultivateurs sont donc prêts à offrir jusqu'à 25 $ pour occuper un hectare de terrain. Mais le producteur de petits pois est prêt à offrir plus pour tout terrain plus proche du marché, et l'inverse est vrai pour les terrains situés au-delà de 5 kilomètres du marché.

Figure 11.2 - Détermination de la courbe de rente

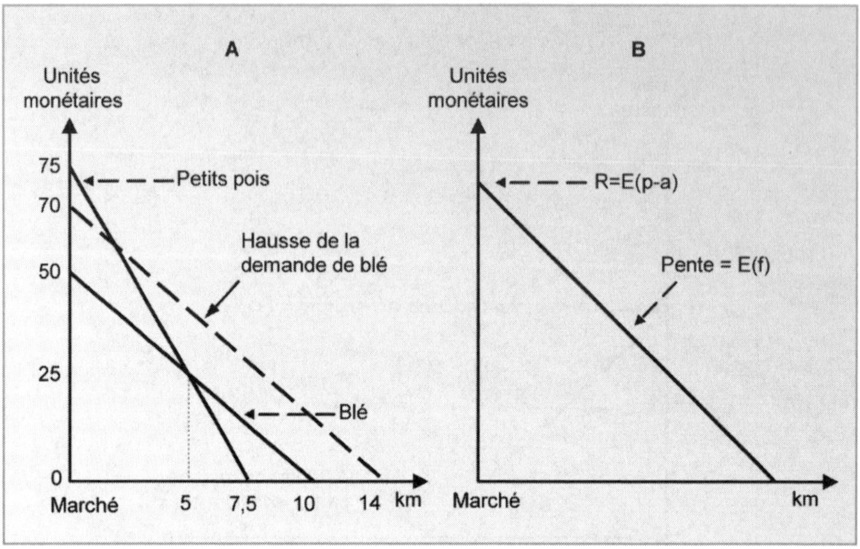

Dans un espace parfaitement homogène, la division du territoire entre les deux affectations possibles prendra la forme de zones concentriques de production autour du point central, comme on le voit dans la figure 11.3. Pour des fins d'illustration, nous y avons ajouté une troisième production, soit le pâturage et l'élevage, dont la courbe de rente est plus plate que celle des deux autres, si bien que cette troisième production finit par occuper les sols les plus éloignés du marché. À la figure 11.2, nous avons également introduit le cas d'une hausse de la demande de blé, qui se traduit sur le marché par une hausse du prix du blé (ligne pointillée). Si le prix d'un boisseau de blé montait à 120 $, le producteur de blé serait prêt à payer jusqu'à 70 $ l'hectare pour un terrain situé au centre. Dans cet exemple, les cultures de blé empiéteront sur les cultures de petits pois en direction du centre, et sur les pâturages dans les zones plus éloignées.

Le prix des terrains est ici le reflet d'une demande dérivée. Il est déterminé par la demande de petits pois et de blé. Les terrains ne sont pas demandés pour eux-mêmes ; on n'a pas affaire dans leur cas à une demande finale. Le sol, dans l'exemple présenté ici, a de la valeur uniquement parce qu'il est un intrant intermédiaire dans la production de produits de consommation finale : petits pois, pain de blé, viande de bœuf, etc.

C'est donc en partie la composition de la demande finale qui fixe, indirectement, les prix fonciers. Nous avons vu dans le premier chapitre que la hausse des valeurs foncières dans la ville résulte en partie du transfert de la demande des produits agricoles vers les produits urbains à mesure qu'augmente le revenu des ménages.

Figure 11.3 - Courbe de rente autour d'un point central

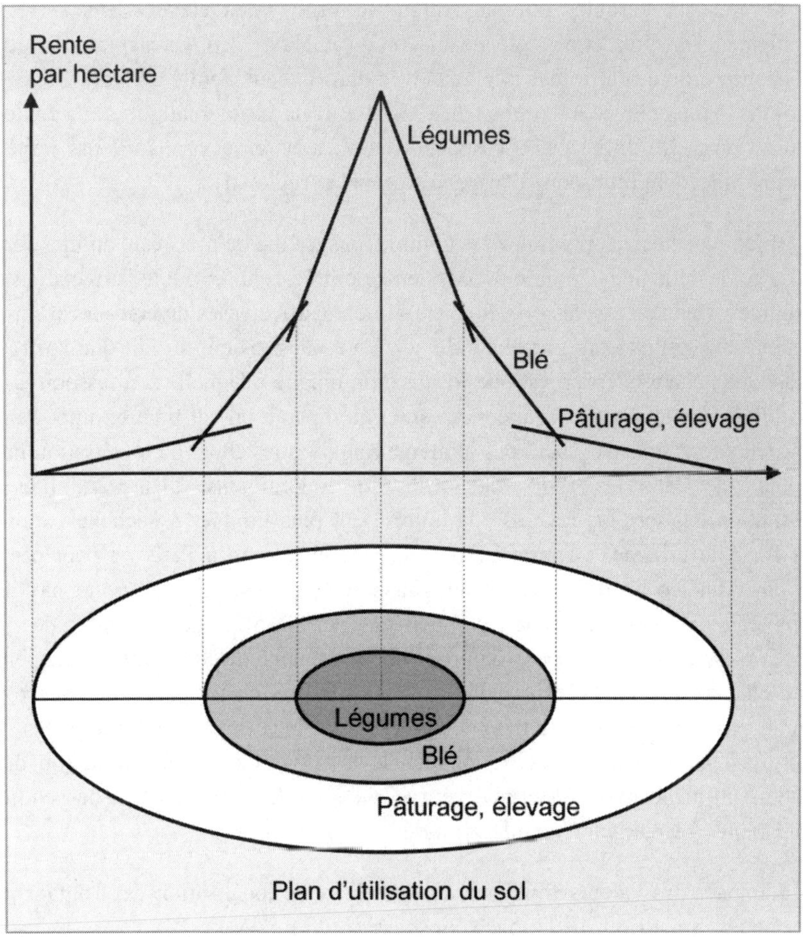

Rente foncière : un système de prix

Dans une économie de marché, un terrain exige un prix unitaire qui est, en principe, le reflet de sa valeur économique, y compris de ses avantages de localisation. La rente qu'il procure se fait l'écho des décisions de localisation des agents économiques. Rente et localisation sont inséparables : ce sont les deux faces de la même réalité. Lorsqu'une entreprise ou un ménage choisit un terrain pour s'y installer, elle ou il « achète » une localisation. Le prix payé par l'agent économique correspond, en principe, aux avantages qu'il tirera de cette localisation. Dans un système en équilibre, chaque parcelle de terre commande un prix unique qui est l'expression « juste » des avantages qu'il procure aux agents économiques. Si un terrain est peu sollicité, son prix est faible.

Pour un pays comme la France, on pourrait tracer une carte des valeurs foncières (figure 11.4) qui illustrerait la demande relative de terrains sur tout le territoire national. Les données de la figure 11.4 sont hypothétiques (il s'agit d'une simulation de la réalité) ; mais nous découvririons sans doute dans les faits que des terrains comparables ont une valeur moyenne plus élevée dans la région parisienne qu'à Lyon, et plus élevée à Lyon qu'au Havre. En Amérique du Nord, la valeur moyenne des terrains est plus élevée dans le centre-ville de New York qu'à Toronto, et plus élevée à Toronto qu'à Montréal. La problématique de la rente de localisation ne se limite pas à l'espace urbain ; nous en avons d'ailleurs traité au chapitre précédent (consacré à l'espace national et régional).

Il faut voir les valeurs foncières comme un système de prix résultant des forces d'offre et de demande. Comme tout système de prix, celui-ci guide l'affectation des ressources. Dans ce cas, les prix fonciers servent à affecter les diverses localisations possibles aux utilisateurs potentiels du sol. La rente provient du fait que l'offre est inélastique : chaque terrain est une localisation unique à laquelle sont associées des possibilités de substitution limitées. C'est ici qu'apparaît une distinction importante : les valeurs foncières ne jouent pas le même rôle dans les choix de localisation intra-urbains que dans les choix de localisation interurbains. Les possibilités de substitution des terrains les uns aux autres sont plus limitées à l'échelle nationale qu'à l'échelle urbaine. L'entreprise qui cherche un terrain à Paris ne peut pas lui substituer un terrain de Lyon ou de Marseille ; le sol ne se transporte pas. Des promoteurs de Marseille ou de Lyon peuvent bien lui offrir des terrains à des prix plus faibles, cela n'aura guère d'impact sur son choix de localisation. Rappelons qu'au chapitre précédent le prix du terrain (ou le prix de location d'un espace) ne figurait pas comme variable dans les modèles de localisation des entreprises. Par contre, à l'intérieur de la région parisienne, les prix relatifs du terrain (ou de la location) influenceront son choix, surtout s'il s'agit de choisir entre des endroits comparables à l'intérieur d'un même quartier.

L'impact des valeurs foncières sur les choix de localisation est d'autant plus fort que les dimensions de l'espace considéré sont limitées.

Généralisation du modèle à d'autres activités économiques

La relation que nous venons de présenter pour deux productions agricoles peut se généraliser à l'ensemble des secteurs d'activité de l'économie, sous la forme de l'équation suivante :

$$R = E(p - a) - Efk \qquad (1)$$

où R = la rente par hectare,

E = le rendement par hectare, pour le produit *i* (le nombre d'unités du produit *i* produites),

p = le prix unitaire au marché, pour *i*,

a = le coût unitaire de production, pour *i*,

f = le coût unitaire de transport par kilomètre, pour *i*,

k = la distance par rapport au marché.

Figure 11.4 - Rente foncière par hectare : la France (simulation) pour des terrains comparables situés au cœur du centre-ville

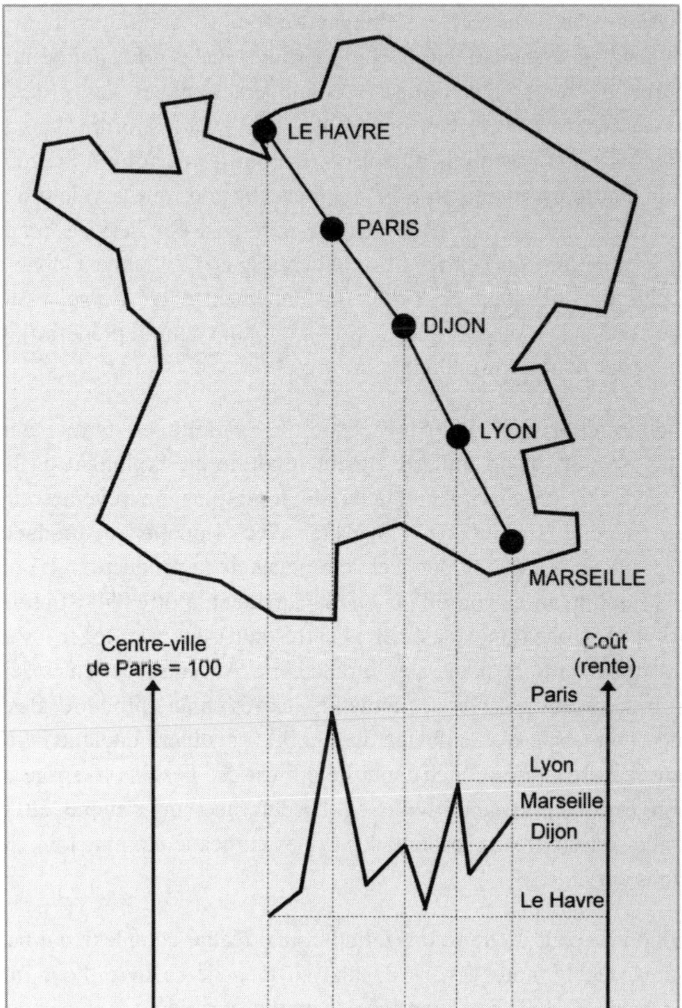

Note : il s'agit d'une représentation schématique à fins heuristiques. Elle n'est pas forcément conforme aux données réelles.

La relation est schématisée dans la figure 11.2. La valeur de E (p – a) nous donne le prix (la rente) maximum que l'entreprise est disposée à payer pour un hectare de terrain ; ce prix dépend du rendement (E) qu'elle peut en tirer et de l'écart entre le prix du produit au marché et son coût de production. En principe, dans une situation de concurrence parfaite, *p* égale *a,* car le coût de production est censé inclure le profit « normal » auquel peut s'attendre l'entreprise ou tout autre producteur ou investisseur, si bien que la rente foncière maximale que l'entreprise est prête à payer pour se localiser au centre devient fonction de E, le nombre d'unités de produit qu'elle peut tirer d'un hectare. L'entreprise dont le rendement par hectare est le plus élevé (qui peut tirer le plus de revenus d'un hectare) sera la première à se localiser au centre.

À mesure que l'entreprise s'éloigne du point central, sa rente possible diminuera par *k* (la distance) dans des proportions égales à Ef, qui définit la pente de la courbe de rente. L'entreprise *i* continuera à payer des prix de terrain supérieurs à d'autres (i + 1) tant que $(E_i)f_i > (E_{i+1})f_{i+1}$. L'ordre dans lequel les différents utilisateurs potentiels du sol occuperont le territoire à mesure que l'on s'éloigne du centre est fonction de Ef. L'utilisateur pour qui la valeur de Ef est la plus faible (la courbe la plus plate) sera le dernier à être servi. C'est lui qui se localisera le plus loin du centre. Les éléments E et *f* détiennent donc la clé du modèle : plus un utilisateur peut tirer un rendement élevé du sol et plus il est sensible aux coûts de transport (par rapport à un point central prédéfini), plus il est prêt à payer cher pour s'y installer.

La notion de rendement par hectare, E, traduite en termes monétaires, exprime les revenus qu'un utilisateur peut produire en exploitant un hectare de terre. La capacité de tirer d'une unité de terre plus de revenus qu'un autre producteur dépend surtout de l'intensité avec laquelle le producteur peut l'exploiter, et donc des conditions technologiques de la production. La production de conseils (un bureau de conseillers en management, à titre d'illustration) n'exige pas beaucoup d'espace. Quelques mètres carrés suffisent pour loger les employés, classer les documents et placer les ordinateurs. À l'autre extrême, l'éleveur de bœufs a besoin de plusieurs kilomètres carrés pour produire des revenus équivalents. Une usine d'assemblage automobile se situera quelque part entre les deux (entre le bureau et le ranch) pour ce qui est des besoins d'espace. Dans une localisation centrale, le centre-ville en l'occurrence, on s'attend en général à trouver d'abord des bureaux, ensuite des usines et, beaucoup plus loin, de grandes exploitations agricoles.

La notion de coût de transport, *f*, traduit une réalité complexe qui ne se limite pas aux frais directs, nous l'avons dit tout au long de ce livre. Pour l'analyse de l'espace urbain, *f* doit être considéré comme un coût d'interaction spatiale comprenant les communications interpersonnelles, les déplacements journaliers, les coûts de transaction et, bien entendu, le coût d'option du temps consacré aux déplacements et aux communications. Plus l'activité est sensible aux coûts d'interaction avec les entreprises ou les populations du centre, plus sa courbe de rente descend rapidement à mesure qu'elle s'en éloigne. Le commerçant qui a des contacts quotidiens avec des clients au centre ne voudra pas trop s'en éloigner ; à plus d'un kilomètre du centre, il risque de les perdre. Par contre, le fabricant d'appareils de radio, dont les contacts avec le centre-ville se limitent à une visite ou deux par mois à son banquier, sera tout à fait disposé à s'installer hors du centre.

Figure 11.5 - Courbes de rente et utilisation du sol urbain

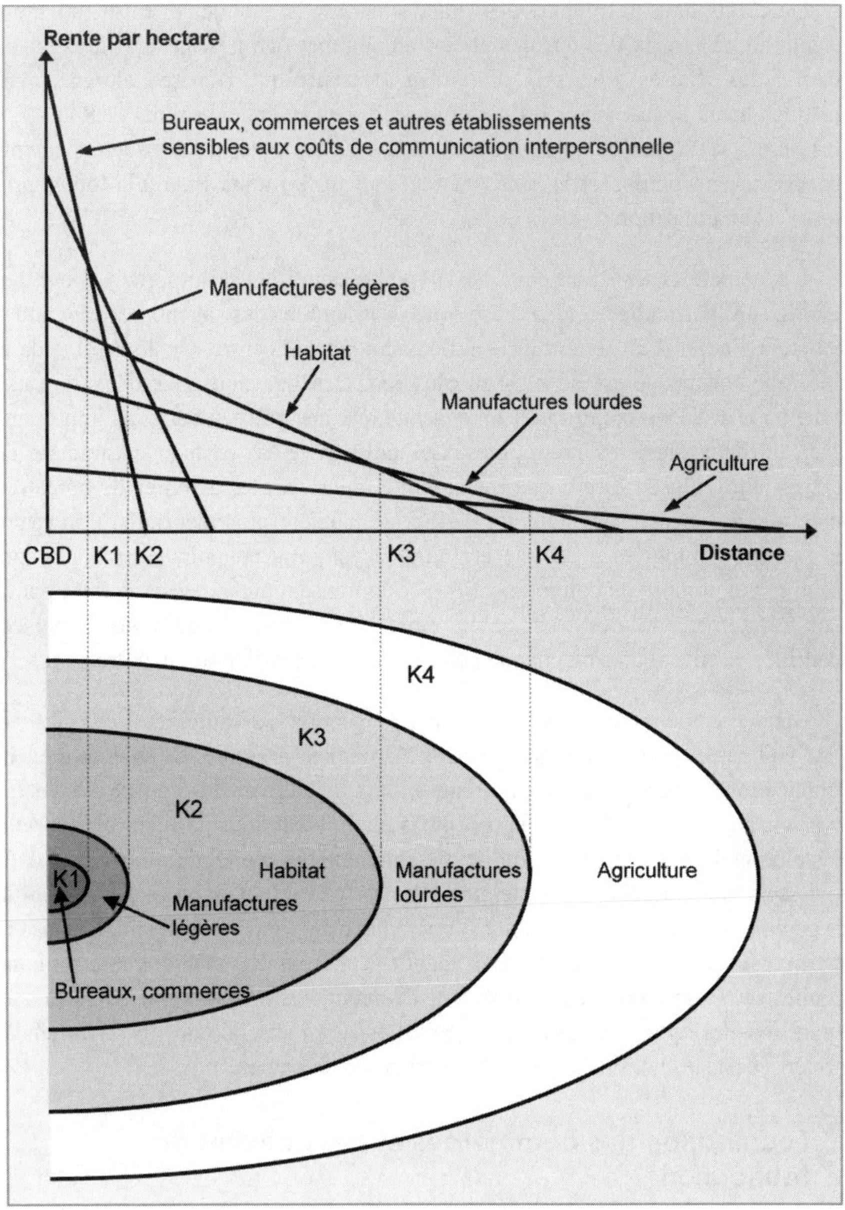

En généralisant les concepts de rendement et de coût de transport, il est possible de projeter un modèle complet d'utilisation du sol pour un espace urbain (figure 11.5). Dans la ville hypothétique que nous y représentons, le centre est d'abord occupé par des activités de bureau et des commerces spécialisés, suivis, à mesure qu'on s'éloigne du centre-ville, des activités manufacturières « légères » (confection, imprimeries) et de certaines fonctions d'entreposage et de distribution, puis des zones résidentielles, des zones industrielles, et finalement des terres consacrées à l'agriculture. Aucune ville ne correspond parfaitement à ce modèle. Mais dans la plupart des grandes villes du monde, il existe un point « central » où le prix des terrains atteint un sommet (c'est en général le cœur du quartier des affaires) ; les prix diminuent à mesure que l'on s'en éloigne, avec quelques hauts et bas selon les conditions locales (voir les figures 11.8 et 11.9, plus loin). C'est le jeu combiné des courbes de rente des différents agents économiques, superposées les unes aux autres, qui finira par fixer à la fois le prix du sol et son utilisation.

Ce modèle repose sur certaines hypothèses qu'il est important d'avoir à l'esprit, en particulier l'hypothèse que l'ensemble des agents économiques recherche l'accès à un seul point – qui devient ainsi le centre. Or, le modèle de la ville mono-centrique est de plus en plus remis en question pour deux raisons : d'une part, de façon empirique l'on constate que des pôles suburbains importants se créent dans plusieurs métropoles. Ces pôles revêtent parfois le caractère de centres-villes, c'est-à-dire qu'ils réunissent en leur sein les activités de bureau et de commerce spécialisées. D'autre part, et de manière plus théorique, l'on remet en question l'importance de l'accessibilité physique à un point central dès lors qu'un grand nombre de communications et de transactions peuvent se faire par le biais d'Internet, ou dès lors qu'on émet l'hypothèse d'une ville dispersée, quadrillée par des routes où chaque point est aussi accessible qu'un autre.

Mais comme nous le verrons dans la section suivante, ces constats ne remettent pas en cause les fondements de l'argument présenté. Ils en compliquent l'application, et rendent l'espace urbain moins lisible, car des courbes de rentes diverses, émanant des divers centres, pôles ou voies de transport, se superposent. L'évolution de la notion accessibilité, lié entre autres à l'intégration des NTI dans la vie courante, à la dispersion (relative) des activités et à la motorisation, modifie les paramètres E et f de l'équation (1) pour chaque activité, mais ne modifie pas le fait que le contact physique entre agents économiques, même s'il est moins régulier ou se fait pour des motifs qui évoluent, reste primordial. Dès lors, la répartition des agents économiques dans l'espace métropolitain reste fortement influencée par les notions d'accessibilité et de rente foncière.

Localisation des commerces et des activités de fabrication

Avant d'examiner la localisation des activités de bureaux et celle des ménages (la demande d'espace résidentiel), nous allons nous intéresser à la courbe de rente des commerces (magasins, boutiques) et à celle d'usines de divers types.

Commerces

Les commerces et les services personnels se localisent en principe de façon conforme à la théorie des lieux centraux. Plus le commerce est spécialisé et plus il a besoin d'une aire de marché importante (plus en somme il est de rang élevé), plus il cherche à se rapprocher du cœur commercial de la ville. Dans la mesure où il constitue le cœur commercial de la ville, le centre-ville est pour un espace urbain l'équivalent du lieu central de rang A dans un système de lieux centraux (revoir la figure 10.9). C'est dans le centre-ville que sont les grands magasins à vocation régionale et les commerces les plus spécialisés (librairies dépositaires de vieilles cartes géographiques, boutiques de haute couture…). On y trouve aussi des commerces et services banals : bistros, restaurants, épiceries. Rappelons que la théorie des places centrales postule que la place la plus haute dans la hiérarchie urbaine offre la gamme complète des fonctions, mais est la seule à avoir les fonctions du rang le plus élevé.

Les activités sont distribuées dans l'espace urbain suivant un modèle hiérarchique (allant des commerces et des services de rang élevé à des fonctions plus banales) et forment des centres commerciaux secondaires de taille différente. Chaque sous-centre commercial (une rue de quartier, une grande surface) donne lieu à une pointe locale dans la courbe globale de rente foncière (figure 11.6). Suivant la théorie des lieux centraux, les grands centres secondaires régionaux (de rang B) sont moins nombreux que les centres de rang C. Aussi la distance moyenne entre ces nouveaux centres de rang B sera plus grande qu'entre les centres commerciaux plus petits.

Comme le veut encore la théorie des places centrales, la distribution spatiale des centres secondaires se fait surtout en fonction de la demande, donc de la distribution de la population et du pouvoir d'achat. Ainsi trouve-t-on habituellement les grandes places commerciales dans la banlieue, à des distances plus ou moins importantes du centre-ville ; les places commerciales de quartier, plus modestes, sont à des distances intermédiaires. Ce sont les commerces dont la valeur des ventes au mètre carré est la plus élevée, seuls capables d'assumer les valeurs foncières du centre-ville, qui ont les courbes de rente présentant les valeurs maximales de E.

À l'inverse, certaines entreprises de services supérieurs quittent le centre-ville pour s'installer à proximité des principaux centres secondaires commerciaux. Ces polarités, qui par définition sont situés dans des zones suburbaines accessibles à la population, sont des lieux qui recréent en partie les effets d'agglomération du centre. Depuis la fin des années 80, on constate que les principaux centres commerciaux secondaires jouent de plus en plus un rôle structurant pour l'économie spatiale qui va au-delà de leur rôle commercial initial. On emploie souvent le terme anglais *edge-cities* pour évoquer ce phénomène.

Mais comme pour le commerce, il y a une hiérarchie au sein des services supérieurs : ce sont soit les activités plus banales (les fonctions administratives ou de traitement), soit les entreprises dont le marché est plus local, qui ont tendance à se localiser dans ces centres de banlieue. Les fonctions stratégiques, qui nécessitent le face à face et une adresse de prestige, continuent pour la plupart de se localiser au centre. Cependant, nous verrons plus loin que ceci n'est pas nécessairement le cas dans toutes les agglomérations.

Figure 11.6 - Courbes de rente et utilisation du sol avec des centres commerciaux secondaires

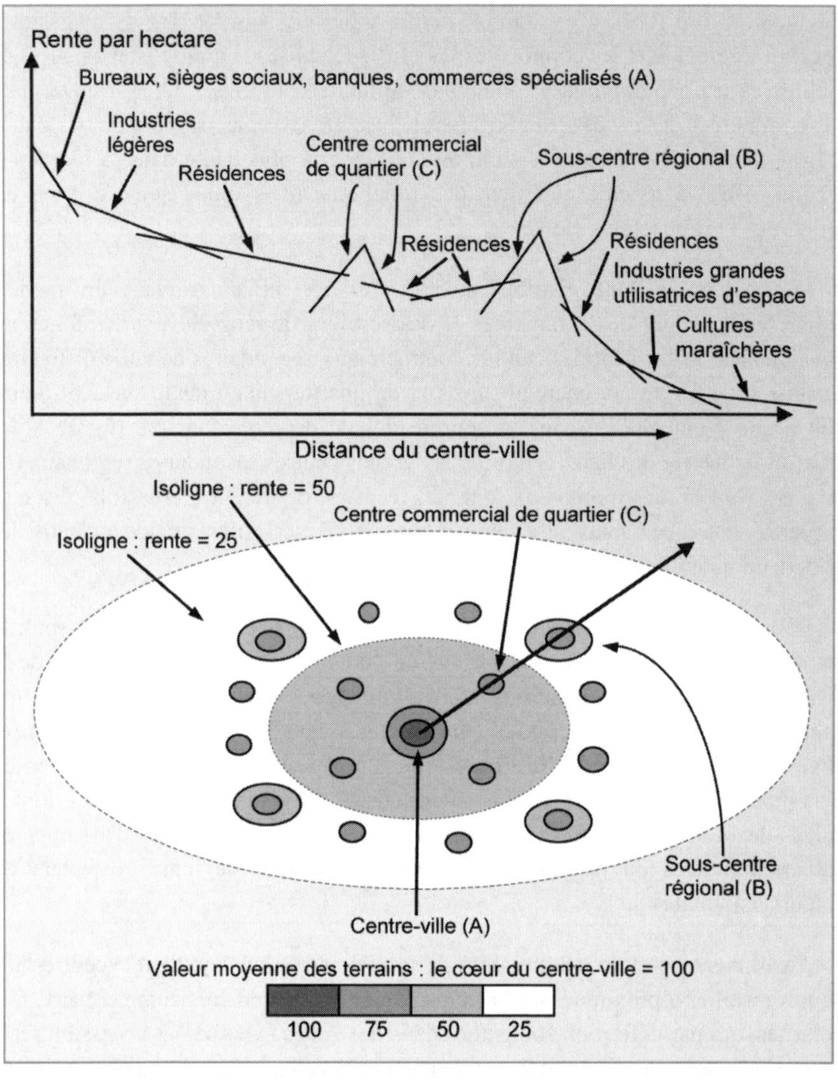

Industrie

Le secteur manufacturier est aussi hétérogène que le commerce. La courbe de rente de l'industrie manufacturière, pour autant qu'il soit possible de tracer une seule courbe pour un ensemble diversifié d'entreprises, a aussi une forme accidentée, avec des hauts et des bas selon les localisations. Mais les industries manufacturières ne recherchent habituellement pas les localisations centrales, pour trois raisons :

- comparativement à d'autres fonctions, elles utilisent beaucoup d'espace, pour l'usine proprement dite, mais aussi pour le stockage, le stationnement et le mouvement des camions et autres véhicules et équipements nécessaires au transport et à la manutention des marchandises. Le prix élevé du sol au centre les refoule vers des localisations plus éloignées ;

- plus que les autres activités, elles sont sensibles aux voies de transport de marchandises ; la congestion routière du centre est donc aussi pour elles un facteur de répulsion, qui leur fait préférer des localisations plus périphériques ;
- elles ont moins besoin d'être proches du centre-ville que les autres activités : une plus grande part de leur production est exportée hors de la région ; de plus, dans la mesure où cette production est plus souvent destinée à une demande intermédiaire, il est moins probable que le centre-ville se trouve au centre géographique de leur marché.

Cette analyse, du moins pour les deux premiers points, vaut également pour la plupart des fonctions d'entreposage et de distribution. De façon générale, elles cherchent à s'installer près des autoroutes, des embranchements de chemins de fer ou des voies navigables, selon leur type de production et la géographie de la ville. L'impact des ruptures de charge se fait aussi sentir dans leurs choix intra-urbains de localisation. Néanmoins, le camion (dont les coûts fixes sont peu élevés) a rendu les entreprises manufacturières plus mobiles à l'intérieur des espaces urbains. Avant le camionnage, les industries étaient souvent rivées aux points d'accès des voies d'eau et des chemins de fer. Dans les vieilles cités industrielles d'Europe ou d'Amérique, on voit des zones industrielles « centrales » (souvent vétustes ou abandonnées) le long des voies de chemin de fer ou à proximité du port.

Seules les industries manufacturières qui peuvent faire une utilisation intensive de l'espace ou dont les coûts d'interaction spatiale sont élevés peuvent payer les prix de location du centre-ville. Mentionnons les ateliers de mode, qui sont très sensibles aux coûts de l'interaction avec leurs clients et leurs fournisseurs, et dont la production peut être installée en hauteur, et les maisons d'édition de périodiques et de quotidiens, tout aussi sensibles aux coûts d'interaction. Mentionnons aussi certaines activités de haute technologie, comme l'électronique de pointe ou la création de logiciels, qui sont à la limite du manufacturier et des services. Cependant, la tendance généralement observée dans toutes les grandes villes du monde est l'expulsion des industries vers des localisations plus éloignées, au profit des activités de bureau et du tertiaire supérieur. Nous en reparlerons au chapitre suivant.

Pour comprendre ce processus d'expulsion-succession, il faut comprendre pourquoi les activités de bureau et du tertiaire supérieur commandent des prix fonciers si élevés au centre. En cherchant la réponse à cette question, nous allons aussi découvrir les facteurs qui sont à la base de la « centralité » du centre-ville.

Tableau 11.1 a - L'activité économique au centre-ville : structure de l'emploi et niveau de concentration, Montréal et Toronto 2006

	Part de l'emploi du centre-ville		Concentration au centre-ville**	
	Montréal	Toronto	Montréal	Toronto
Primaire	0,1 %	0,3 %	0,25	0,62
Services publics	1,5 %	0,9 %	1,60	1,14
Construction	0,9 %	1,0 %	0,32	0,33
Manufacturier	4,8 %	2,5 %	0,32	0,16
Commerce de détail	7,0 %	7,5 %	0,54	0,65
Commerce de gros	2,3 %	1,5 %	0,39	0,22
Transport et entreposage	3,5 %	2,3 %	0,75	0,48
Industries de communication	8,7 %	7,8 %	2,24	1,97
FAI*	12,5 %	22,0 %	1,75	2,04
Services aux entreprises	14,8 %	16,6 %	1,66	1,58
Complexe médical	12,5 %	10,9 %	1,04	1,23
Arts et loisirs	3,0 %	2,5 %	1,50	1,31
Hébergement et restauration	7,6 %	7,1 %	1,23	1,23
Administration publique	7,5 %	6,8 %	1,53	1,71
Autres services	4,4 %	4,3 %	0,90	0,89
Enseignement	9,1 %	6,1 %	1,20	0,92
Emplois et % du total	470 835	508 345	28,1 %	21,2 %

* Finances, assurances et immobilier. ** Quotient de localisation

Tableau 11.1 b - L'activité économique au centre-ville : structure de l'emploi et niveau de concentration, Montréal et Toronto 1996

	Part de l'emploi du centre-ville		Concentration au centre-ville**	
	Montréal	Toronto	Montréal	Toronto
Primaire	0,1 %	0,4 %	0,20	0,51
Services publics	1,6 %	1,3 %	1,51	1,25
Construction	0,9 %	1,1 %	0,35	0,42
Manufacturier	8,9 %	6,3 %	0,49	0,35
Commerce de détail	7,6 %	8,6 %	0,59	0,73
Commerce de gros	2,7 %	2,0 %	0,41	0,29
Transport et entreposage	4,2 %	1,9 %	1,02	0,54
Industries de communication	4,9 %	4,5 %	1,69	1,55
FAI*	11,5 %	19,1 %	1,76	2,00
Services aux entreprises	12,9 %	14,6 %	1,53	1,40
Complexe médical	12,2 %	10,4 %	1,15	1,27
Arts et loisirs	3,0 %	3,0 %	1,56	1,52
Hébergement et restauration	6,8 %	7,1 %	1,18	1,25
Administration publique	7,4 %	7,1 %	1,46	1,73
Autres services	6,2 %	6,1 %	1,11	1,03
Enseignement	9,0 %	6,3 %	1,23	0,98
Emplois et % du total	430 505	455 645	29,7 %	22,5 %

* Finances, assurances et immobilier. ** Quotient de localisation

Fondements économiques du centre-ville

Dans la littérature, le sigle CBD, abréviation de « Central Business District », désigne souvent le centre des affaires d'une ville ; CBD, centre des affaires et centre-ville sont synonymes. C'est la prestation de services qui constitue la principale base économique des centres-villes, surtout dans les grandes métropoles. Les tableaux 11.1a et 11.1b présentent la structure d'emploi du centre-ville de Montréal et de Toronto à dix années d'intervalle, ainsi que les quotients de localisation par secteur d'activité[1].

Si on les regarde de manière statique, sans se préoccuper des évolutions sur dix ans, on voit que le secteur manufacturier ne représente qu'entre 2 et 9 % de l'emploi du centre-ville. Ce pourcentage est d'ailleurs une surestimation de l'emploi industriel au sens strict (emploi de fabrication ou d'usine), car une part appréciable des emplois classés « manufacturiers » se trouve, en fait, dans les bureaux de sociétés industrielles dont les centres de commande sont au centre-ville (nous y reviendrons). L'emploi industriel proprement dit compte peut-être pour 1 à 5 % de l'emploi total du centre-ville. Les pourcentages sont analogues dans les quartiers centraux de villes comme Paris, Bruxelles ou New York. Les différences entre les centres-villes de Toronto et de Montréal reflètent des différences de structure industrielle au niveau de la métropole, mais aussi des différences historiques. Montréal, en tant que berceau de la révolution industrielle au Canada, comporte encore aujourd'hui des zones manufacturières situées à proximité du centre.

Si l'on compare les tableaux de 1996 et de 2006, on peut y voir le reflet des changements structurels que continuent de vivre la plupart des agglomérations occidentales : le secteur manufacturier représentait encore en 1996 entre 6 et 9 % de l'emploi du CBD, même si ceci est bien plus faible que les 14 à 18 % que l'on observait en 1981. Dix années plus tard, ce secteur ne représentait plus que 2,5 à 5 % des emplois au centre-ville. Seule une partie de cet emploi s'est relocalisée en banlieue ; la baisse importante du poids du manufacturier dans le CBD est aussi une manifestation de la tertiarisation de l'économie. Nous y reviendrons en conclusion, mais même dans ces tableaux on constate le renforcement de la présence des services aux entreprises dans les centres de Montréal et de Toronto ainsi que l'augmentation considérable (en partie, mais pas totalement, attribuable à des redéfinitions sectorielles) des services de communications, incluant entre autres le multimédia et l'édition de logiciels.

Malgré les changements importants en ce qui concerne le poids de certains secteurs dans le centre-ville, la *fonction* du CBD reste stable, et ce depuis bien avant 1996. Sur cette période récente, les quotients de localisation laissent deviner qu'en 1996, comme en 2006, ce sont d'abord les services aux entreprises (qui comprennent les services professionnels ainsi que les services de génie conseil et d'informatique), les services financiers et les services de communication qui sont concentrés dans le centre-ville. Seuls l'administration publique, les divertissements, l'hôtellerie et les services médicaux présentent également des quotients sensiblement supérieurs à 1,0 dans les deux agglomérations. Les postes de l'administration publique sont, en grande partie, des fonctions centrales de commande et de transformation de l'information analogues à celles du tertiaire supérieur privé. Les fonctions centrales, privées ou publiques, dont l'aire de desserte englobe ou dépasse la région comptent pour la plupart des emplois du centre-ville. Le secteur du divertissement et celui de l'hôtellerie et la restauration soutiennent cette concentration du tertiaire supérieur ; il facilite la circulation de l'information, offrant à la fois des lieux de rencontre et des lieux de passage pour les gens d'affaires, les fonctionnaires et les autres agents économiques.

Les activités culturelles (cinémas, théâtres, etc.) et les grandes institutions (universités, hôpitaux, etc.), dont le pouvoir d'attraction s'exerce bien au-delà du quartier central, renforcent la position du centre-ville comme principale place centrale de la région : ce rayonnement s'exprime par les quotients de localisation élevés pour les activités médicales et pour l'éducation (à Montréal). Par contre, la présence du commerce (surtout banal) dans le centre est largement induite par la présence d'autres fonctions plus centrales. Dans les rues du centre-ville, surtout en semaine, l'affluence est surtout le fait des employés qui travaillent dans les bureaux et dans d'autres fonctions centrales, ou de gens de passage : hommes et femmes d'affaires, public des manifestations culturelles, étudiants, etc. La distinction entre fonctions centrales et fonctions banales est, *mutatis mutandis*, l'équivalent pour le centre-ville de la distinction entre activités basiques et activités non basiques dans le modèle de la base économique. Ce sont les activités centrales qui amènent des passants (visiteurs ou travailleurs) dans les rues du centre-ville.

En ce qui concerne le poids du centre-ville dans l'économie métropolitaine, on voit qu'entre 1996 et 2006 les centres de Montréal et de Toronto semblent être en perte de vitesse, mais cette perte de vitesse est plus lente que celle observée entre 1981 et 1996. Le centre de Montréal passe de 30 à 28 % des emplois de la métropole, tandis que le centre de Toronto passe de 22 à 21 %. Ceci indique qu'entre 1996 et 2006 les banlieues ont crû un peu plus rapidement que le centre. Mais ceci n'indique pas que les centres-villes ont périclité. Au contraire, le CBD de Montréal a connu une croissance d'emploi de 9 %, tandis que celui de Toronto a crû de 11 %, tendance qui se poursuit après 2006 : la suburbanisation des emplois n'est pas synonyme de déclin du CBD. Dans des cas aussi divers que Montréal, Toronto, New York et Paris, la fonction unique du centre-ville se maintient, et le nombre d'emplois qui s'y localisent ne varie pas nécessairement à la baisse. Au contraire, au cours des dernières années il y a eu un renforcement des centres de plusieurs grandes métropoles qui deviennent des localisations de prestige pour beaucoup de fonctions économiques nécessitant des contacts en face à face et un accès rapide aux informations non codifiées.

Tours à bureaux : une demande dérivée

En milieu urbain, on distingue souvent le propriétaire ou promoteur du terrain de celui qui l'occupe à des fins commerciales ou résidentielles. Le promoteur vend ou loue aux utilisateurs finaux des terrains viabilisés, c'est-à-dire aménagés. Le promoteur cherche normalement à assurer l'utilisation la plus intensive des terrains qui sont à sa disposition. Plus il peut mettre d'utilisateurs sur un hectare, plus il pourra le vendre cher. Mais encore faut-il qu'il puisse « empiler » les utilisateurs et que ceux-ci y consentent. Les édifices en hauteur (ou gratte-ciel) sont, à cet égard, une innovation technologique de première importance. Cette « nouvelle » technologie a permis une exploitation plus intensive de l'espace, notamment pour le tertiaire supérieur.

Les immeubles en hauteur font augmenter la valeur possible de E ; le regroupement des activités de bureau permet de commander des prix du sol plus élevés, et donc d'évincer les autres utilisations. Dans presque toutes les grandes villes modernes, les gratte-ciel du centre-ville marquent l'endroit où la valeur du sol est à son maximum. Puisque le prix du sol est, parallèlement, un mécanisme d'affectation des ressources, le niveau élevé des prix du centre aura pour effet d'inciter les promoteurs à construire en hauteur.

Si le promoteur achète au prix fort des terrains centraux et y érige des tours à bureaux, c'est qu'il juge que la demande existe. Les édifices à bureaux sont l'expression d'une demande dérivée. Si l'on construit des édifices à bureaux, c'est que les consommateurs et les entreprises demandent certains services. La raison d'être des espaces à bureaux est de fournir un cadre physique à la production de services ; leur croissance est tributaire de l'expansion du tertiaire supérieur. La demande d'espaces à bureaux au centre-ville dépend de la demande de services supérieurs, donc du prix de ces derniers – soit *p* dans E (p – a) – et de l'importance des coûts d'interaction (f dans Efk). Voyons maintenant de plus près le rôle de ces variables dans le cas des activités de bureau.

Importance économique des rapports personnels

La figure 11.7 illustre la structure des emplois dans les bureaux du quartier central d'une grande ville : les tableaux 11.1a et 11.1b ont montré une lente évolution des structures professionnelles de l'emploi mais les structures d'emploi de bureau au centre sont assez stables dans le temps. Le portrait qui s'en dégage est conforme à l'image de ce que nous appelons le tertiaire supérieur. Quatre grands groupes d'activités ont une importance particulière : 1) les sièges sociaux et les bureaux d'administration des entreprises du secteur manufacturier et du secteur des communications, des transports et de l'énergie ; 2) les services financiers, y compris les assurances et les affaires immobilières ; 3) les services aux entreprises (bureaux d'experts-conseils, en génie, gestion, marketing, etc. ainsi que les cabinets de comptables, d'avocats, d'architectes, etc.) 4) les services de communication (services multimédias, édition, télécommunication).

Ces quatre activités de bureau (sièges sociaux, services financiers, services aux entreprises, services de communication) existent, dans des proportions variables, dans toutes les grandes villes. Si on fait abstraction de l'administration publique, elles fournissent la quasi-totalité de l'emploi de bureau dans les grands centres-villes modernes. Notons qu'un siège social est un lieu de prestation de services, au même titre qu'un bureau de comptables ou un cabinet de conseillers en administration. Ce qui le distingue est le fait que les services rendus (commandes, conseils, informations, etc.) sont destinés à d'autres établissements de la même entreprise ; on parle alors de transactions intra-entreprise.

Figure 11.7 - Structure typique des emplois de bureau dans le quartier des affaires d'une grande ville

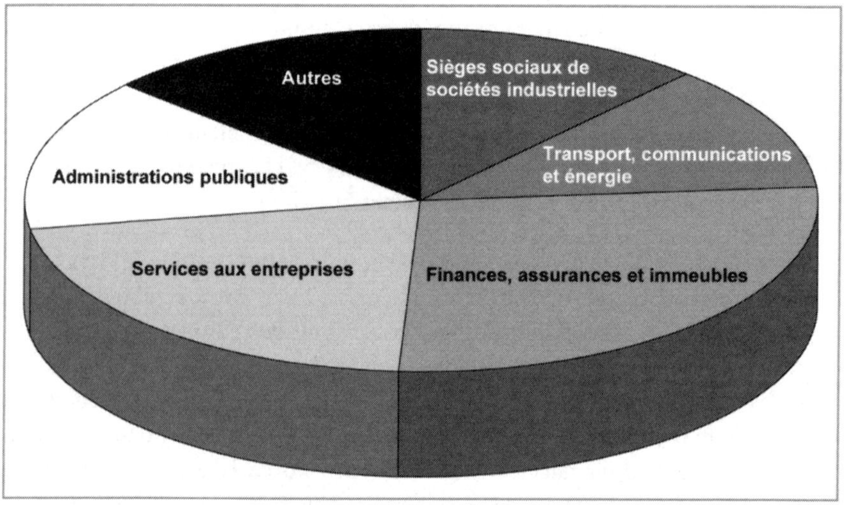

La particularité de ce secteur de l'économie est la transformation de l'information (chapitre 9). Nous savons aussi que le coût de transport (ou plutôt de communication) de l'information est surtout fonction de la fréquence des contacts interpersonnels directs (réunions et autres rencontres), et que ce coût évolue avec l'appropriation de plus en plus grande des NTI par les utilisateurs. Même si pour certaines activités du tertiaire supérieur des localisations en banlieue sont envisageables (au sein de *edge-cities,* par exemple), pour les services supérieurs stratégiques ces rapports étroits restent très importants. Ils le sont d'autant plus que l'information est complexe, privée, et son contenu sensible ou confidentiel. Le secteur financier en est un excellent exemple. L'information à traiter y est à la fois hautement complexe et sensible. Une banque ne consent pas un prêt (ou un placement) de quelques millions de dollars sans avoir analysé le dossier en profondeur et sans connaître directement les agents économiques en cause. De plus, l'information doit souvent être disponible rapidement. Les décisions d'investissement s'appuient beaucoup sur des réseaux d'information informels et de confiance. C'est pourquoi ce sont souvent les institutions financières qui définissent le cœur du quartier des affaires d'une ville, l'endroit où les loyers (au mètre carré) sont les plus élevés.

Les bureaux qui se regroupent au centre-ville et consentent à payer des loyers élevés sont par définition sensibles aux coûts de la communication interpersonnelle. Les rapports personnels et l'échange d'informations tacites et confidentielles jouent ici le même rôle que les relations intersectorielles dans un complexe industriel. C'est la nécessité de réduire les coûts rattachés aux échanges d'information qui cimente les complexes d'activités de bureau. Un bureau a d'autant plus avantage à se localiser au cœur du complexe (au cœur du centre des affaires) qu'il a des rapports fréquents de communication directe avec d'autres bureaux. Dans les complexes d'activités de bureau comme dans les grands complexes industriels, on trouve des grappes spécialisées d'activités économiques basées sur des rapports plus intenses.

Certains *edge-cities* parviennent à recréer, pour des secteurs tertiaires spécifiques, des conditions analogues à celles qu'on peut retrouver au centre-ville : la fonction du centre-ville serait moins unique pour certaines activités. Mais les secteurs tertiaires qui nécessitent la présence et l'interaction d'une multitude d'autres activités tertiaires (par exemple les entreprises de génie conseil qui collaborent souvent avec les avocats, les comptables, les experts immobiliers, ainsi qu'avec leurs clients) gravitent néanmoins vers les centres-villes : la fonction principale du centre, celle d'accessibilité maximum à l'ensemble de l'aire métropolitaine ainsi qu'aux réseaux qui convergent sur la métropole, reste unique.

Les figures 11.8 et 11.9 permettent de comparer la variation spatiale des prix de location des espaces de bureaux à Paris, à New York, à Toronto et à Los Angeles, à l'échelle des grandes régions urbaines. À noter : la structure *spatiale* des prix fonciers n'est pas une donnée conjoncturelle – à la différence des variations temporelles – si bien que le choix d'une année donnée, ici 2003, a peu d'influence sur la structure spatiale observée.

Dans les quatre cas, nous avons ramené à 1,00 le loyer par m^2 de bureaux de classe « A », c'est-à-dire des bureaux de meilleure qualité. À Paris, à Toronto et à New York on constate que les loyers du centre-ville (du CBD) sont supérieurs à ceux de localisations plus éloignées. Mais deux phénomènes retiennent notre attention. D'une part, les loyers baissent de manière plus significative à Paris (les loyers en périphérie représentent à peu près 30 % de la valeur qu'ils ont au centre) qu'à New York (40 %) ou Toronto (65 %). On pourrait en déduire que les fonctions centrales sont plus marquées à Paris que dans les deux métropoles de l'est des Amériques : le CBD parisien se démarque nettement plus des zones qui l'entourent, et les entreprises qui désirent s'y localiser doivent par conséquent en assumer le coût. D'autre part, à Paris comme à New York les loyers ne déclinent pas de façon linéaire en fonction de la distance au centre. Les centres d'affaires « secondaires » que sont la Défense à Paris et le quartier financier de New York, bien que plus éloignés du CBD que certaines autres zones, ont des loyers qui se rapprochent de ceux du centre. Ce phénomène illustre à partir de données réelles l'effet de ces centres d'affaires sur la courbe de rente (figure 11.6).

Figure 11.8 - Loyers de bureaux de classe A, Paris et New York 2003 (CBD = 1,00)

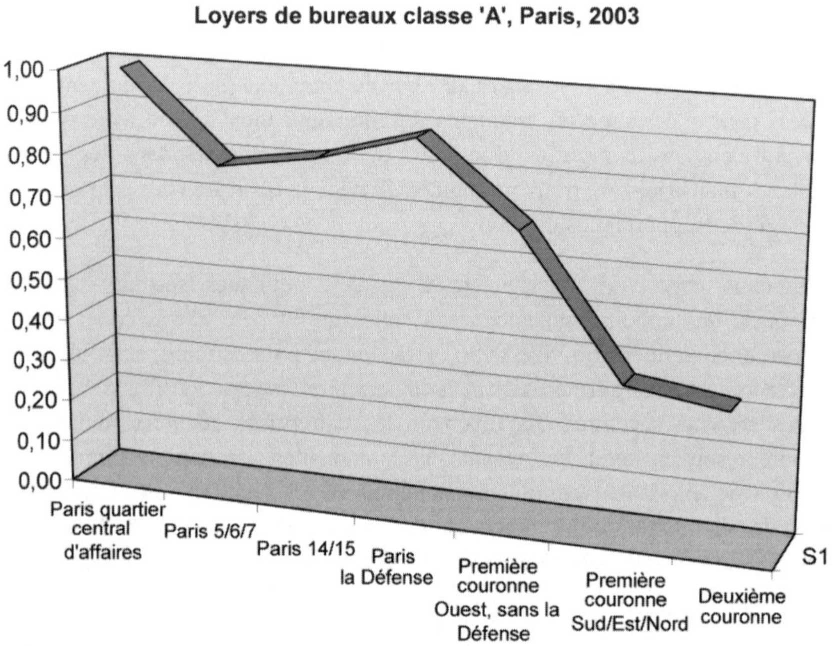

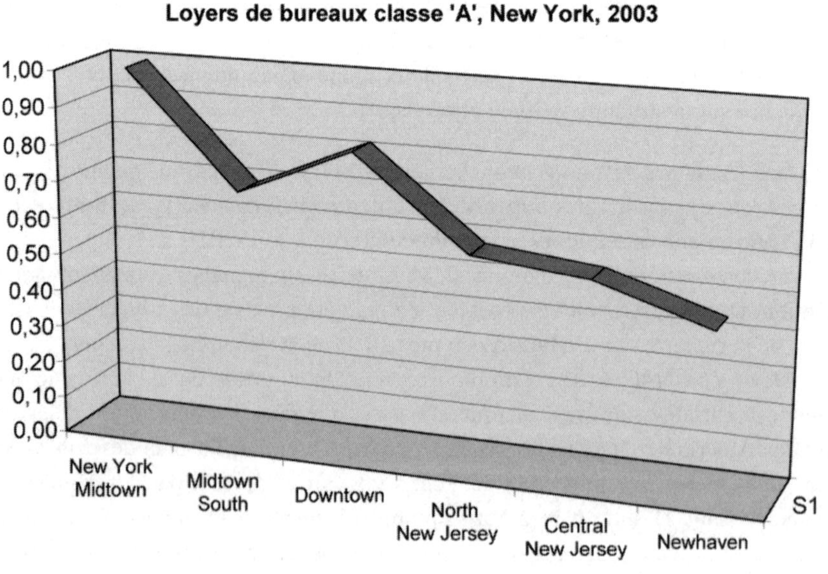

Note : La relation change peu dans le temps

Figure 11.9 - Loyers de bureaux de classe A, Toronto et Los Angeles 2003 (CBD = 1,00)

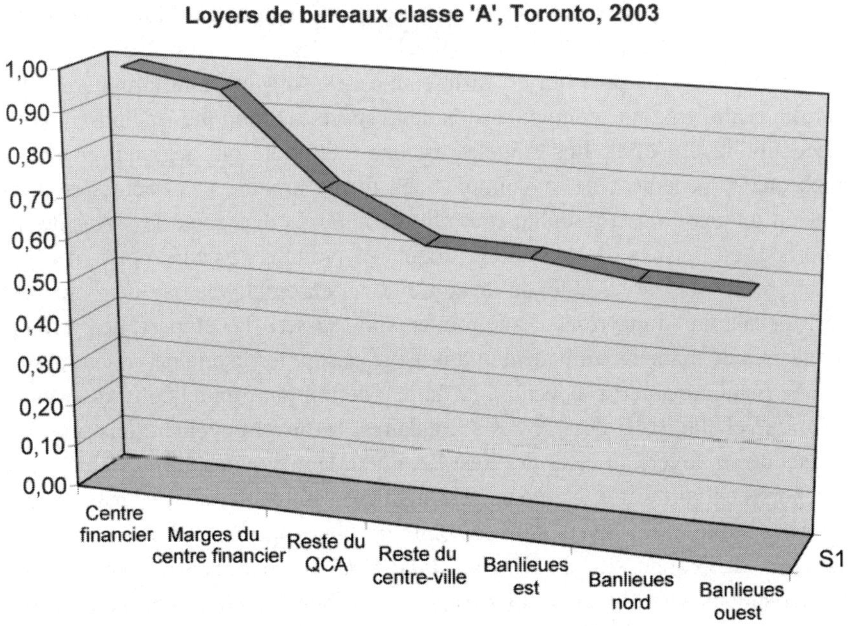

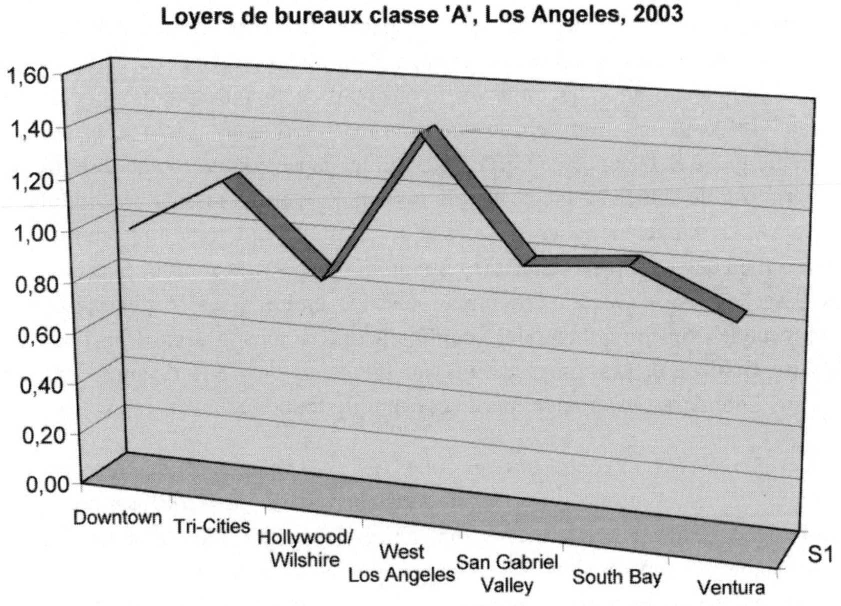

Note : La relation change peu dans le temps

Los Angeles est un cas à part : aucune relation ne semble exister entre le centre de la métropole et le niveau de loyer. Hollywood et Downtown se situent entre West LA et Tri-Cities ; même si l'on décidait de mesurer la distance à partir de West LA, aucun déclin régulier du loyer avec la distance ne serait observé. Ce constat fait dire à certains que la localisation des activités économiques à Los Angeles n'obéit plus aux théories classiques de la localisation. Mais selon nous, les théories classiques y restent applicables : c'est le rapport des activités économiques à la distance qui est différente à Los Angeles, non la motivation – qui reste centrale à toute compréhension de l'espace économique – de proximité et d'accessibilité. En effet, Los Angeles est une métropole qui a grandi en même temps que l'avènement de la voiture. Sans forme urbaine et systèmes routiers hérités d'un passé où la mobilité était plus difficile, la distance à Los Angeles se comprend en termes de durée de trajet en voiture. Aucun point n'y est foncièrement plus accessible qu'un autre car l'ensemble de la métropole est construit autour d'un réseau autoroutier qui dessert la plupart des centres secondaires de manière équivalente. Pour cette raison, les loyers ne varient pas de manière régulière à partir du centre, difficile à définir dans un tel contexte. Mais à une autre échelle, celle des centres secondaires, les loyers évoluent tels que l'on s'y attend : les loyers au cœur de West LA ou de Downtown sont plus élevés que les loyers des zones aux alentours. De manière semblable, si l'on passe à une échelle supérieure, les loyers dans le comté de Los Angeles sont plus élevés que dans ceux de Orange, de San Diego, d'Inland ou de Ventura. Autrement dit, les caractéristiques spécifiques de Los Angeles, attribuables en grande partie à son histoire, font que les régularités spatiales ne se déchiffrent pas aisément à l'échelle de la métropole. Mais aux échelles infra et supra-métropolitaines on retrouve des schémas semblables à ceux des autres espaces. Dans un espace comme Los Angeles où aucun endroit ne ressort comme étant plus accessible qu'un autre, les théories de la localisation que nous décrivons dans ce chapitre prédisent ce que le tableau 11.9 nous montre : peu de variation de loyers dans l'espace, et aucune hiérarchie liée à la distance au CBD. Dans un tel espace, la notion de distance au CBD n'a pas de sens, car aucun lieu ne rassemble – ou ne rassemble en nombre suffisant – les caractéristiques uniques d'accessibilité qui font d'un endroit un CBD. Il n'en demeure pas moins que les marchés où les prix sont les plus élevés à Los Angeles, West LA et Tri-Cities, sont les endroits de la métropole qui regroupent les fonctions centrales traditionnelles. Toutes situées dans l'axe du Wilshire Boulevard, ces zones définissent un genre de CBD linéaire, long de plusieurs kilomètres, et structuré par l'accessibilité routière.

Les prix élevés du centre (ou des zones qui s'y apparentent) en éliminent les fonctions moins centrales, qui vont s'installer dans des localisations plus périphériques. Plus les prix relatifs sont élevés au centre, plus la spécialisation intra-urbaine des fonctions est accentuée et plus la structure d'emploi du centre-ville se caractérise par des fonctions de rang élevé. Pour les fonctions de bureau plus banales (dont l'aire de desserte se limite à quelques secteurs de la ville), on assistera au développement de centres secondaires, comme nous l'avons vu pour le commerce (figure 11.6). Dans ce sens, l'essor de complexes de bureaux en périphérie est souvent l'expression de la force du centre-ville, devenu trop cher. Une décentralisation ainsi propulsée par les prix élevés du sol au centre ne doit pas être considérée comme un indice de l'affaiblissement du centre-ville.

L'étude de Gad (1985) sur la région de Toronto fournit l'une des analyses les plus détaillées du processus de spécialisation intra-urbaine des fonctions de bureau. Gad note, entre autres choses, que la suburbanisation généralisée des activités de bureau s'est accompagnée d'une accentuation de la spécialisation des fonctions au centre-ville, et donc aussi d'une hausse relative du prix des espaces de bureaux au centre. Dans la conclusion, nous proposons une simulation (tableau 12.1) basée sur un exemple hypothétique pour mieux faire comprendre pourquoi une hausse des pressions au centre n'est pas nécessairement en contradiction avec un mouvement de suburbanisation de l'emploi.

Rente de localisation du centre-ville : densité et accessibilité

La valeur économique d'un point central est d'autant plus élevée qu'il donne accès à un réseau plus diversifié d'informations et de services. Par rapport au modèle de localisation des activités de bureau (chapitre 9), le centre de la ville définit le point où les coûts de l'intrant I, l'information, sont au plus bas. Les entreprises sensibles aux coûts de l'information sont attirées à la fois par la grande ville (où les coûts de I sont minimisés) et par le centre de cette ville. Ainsi le processus de concentration des bureaux se nourrit-il lui-même, pour susciter une rente de localisation au sens propre du terme. Plus il y a de bureaux et de circulation de l'information à proximité, plus la localisation a de valeur. La rente ainsi créée résulte en partie des économies d'agglomération dues à la concentration des bureaux. En principe, dans un marché foncier concurrentiel en situation d'équilibre, la valeur des économies d'agglomération se reflète parfaitement dans les valeurs foncières. Plus les économies d'agglomération à réaliser au point central sont grandes, plus les valeurs foncières y sont élevées. Ce sont les économies d'agglomération possibles qui, dans un premier temps, limitent la rente foncière offerte par le centre.

Un centre-ville est, par définition, le « centre » d'une région. C'est là que se croisent les voies de communication et de transport, là que se trouve le meilleur accès à l'ensemble de la région. Par rapport au modèle de localisation des activités de bureau, le centre-ville est ainsi le point où les coûts d'accès à l'intrant L, la main-d'œuvre qualifiée, sont minimisés. Dans le cas de l'espace urbain, il ne s'agit pas de coûts de migration, mais du coût des déplacements journaliers domicile-travail. De plus, le centre-ville est, par définition, le point central du marché régional.

Centralité géographique et économies d'agglomération se fondent dans la même réalité. L'entreprise recherche une localisation centrale parce qu'elle veut être au centre de son marché, mais aussi parce que les informations et autres intrants nécessaires à son fonctionnement y sont plus accessibles. La valeur économique du centre repose à la fois sur l'effet de masse des activités qui s'y trouvent (ce sont les économies d'agglomération au sens strict) et sur l'étendue de l'aire de marché à laquelle il donne accès. *Ceteris paribus*, plus la ville est grande et la région qu'elle domine peuplée, plus les valeurs foncières de son centre sont élevées. Suivant ce raisonnement, les valeurs foncières du centre seront plus élevées à New York qu'à Chicago, à Paris qu'à Lyon ou Marseille.

Encadré 11.1
COMMUNICATIONS MOBILES ET LOCALISATION INTRA-MÉTROPOLITAINE

L'utilisation des espaces métropolitains est en pleine évolution : jusqu'à très récemment il fallait être localisé en un point précis de l'espace pour être joint, pour travailler, pour être un acteur urbain. Il était donc normal de subdiviser l'analyse des métropoles en deux parties : l'analyse des mouvements entre localisations fixes, et l'analyse des choix de localisation. Dans ce chapitre, nous traitons essentiellement des choix de localisation d'acteurs économiques au sein de la ville. Or, les communications mobiles changent la donne avec les deux conséquences suivantes. La première réside dans l'augmentation des possibilités de travail où qu'on soit (café, hall de gare, domicile, etc.). Pourvu qu'on soit équipé d'un téléphone mobile évolué (smartphone) et qu'on dispose d'une connexion Internet (wifi), il devient possible de travailler sans véritables contraintes de localisation. Cette opportunité ne s'adresse évidemment pas à toutes les catégories d'emploi, mais pour les plus branchées d'entre elles, la démultiplication des lieux de l'exercice professionnel est une réalité bien ancrée. Les rencontres et le face à face restent cruciaux, et c'est là la deuxième possibilité ouverte par les communications mobiles. Elles permettent la coordination des rencontres en temps réel et peuvent faire évoluer le lieu où elles se tiennent rapidement. Dans nos métropoles, la programmation du lieu de rencontre peut se fixer à quelques heures à peine du rendez-vous et ce dernier, d'une fois à l'autre, peut se tenir dans des endroits différents. Ce genre d'évolution permet d'envisager de nouvelles catégorisations possibles des activités économiques, entre celles (la majorité) qui ont encore besoin d'être attachées à des lieux précis – la logistique dans les entrepôts, la construction aéronautique dans les usines d'assemblage, la santé dans les hôpitaux – et celles qui peuvent s'en détacher. Les activités qui ont cette liberté se rencontrent en particulier dans les activités de services supérieurs et de gestion – celles qui définissent souvent la centralité. À l'avenir, il n'est pas impossible que la centralité se définisse encore plus qu'aujourd'hui en fonction de la disponibilité des lieux de rencontre, que ce soit des cafés, des restaurants – lieux permettant les interactions en face à face – ou des bureaux dans des espaces de transit. On assisterait alors au retour d'un type de centralité plus ancien, comme à l'époque où elle se définissait par les lieux de foires, de marchés… Preuve supplémentaire que le rapport à l'espace de travail change vite, de nouvelles pratiques sont en train d'émerger : le développement du « hot-desking », par exemple, permet à une entreprise de partager, avec d'autres, un espace de bureaux aménagé pour ses employés. Bref, si la morphologie de la ville ne risque pas de changer de sitôt, les usages de l'espace urbain ainsi que la nature de la centralité urbaine pourraient évoluer, à moyen terme.

Entraves à la centralité

Des facteurs d'ordre politique, social ou économique peuvent limiter voire affaiblir la valeur économique du point central. Il y a des centres-villes en péril dans plusieurs pays, notamment aux États-Unis. Plus fréquents encore sont les cas de marginalisation du vieux centre historique, qui est remplacé par un centre plus moderne situé dans un autre quartier de la ville. Dans ce cas, il serait plus juste de parler d'un déplacement du centre-ville.

Parmi les facteurs en défaveur de la consolidation du point central *x*, soulignons les plus importants :

- Le tracé des voies de communication et de transport ne favorise pas la centralité du point *x*. Dans le cas de Montréal, par exemple, le métro (construit dans les années 1960) a accru l'accessibilité relative des quartiers plus modernes situés au nord du « Vieux Montréal » accélérant le processus de marginalisation de l'ancien quartier des affaires. À Los Angeles, nous avons vu que l'utilisation banalisée de la voiture dès la naissance de l'agglomération et le dense réseau d'autoroutes n'ont pas permis à une zone particulière de se consolider en point central : le centre y serait plutôt linéaire.
- L'utilisation accrue des NTI favorise la transmission à distance d'informations codifiées. Les entreprises et les activités qui ont choisi une localisation centrale afin de bénéficier de l'accès à ce type d'informations sont maintenant moins portées sur le centre. Par contre, l'importance *relative* de l'accès aux réseaux personnels et aux informations tacites augmente dans certains secteurs et certaines activités (car l'accès aux informations codifiées ne procure plus d'avantages particuliers) : ceux qui dépendent de ce type d'informations sont davantage attirés par le centre-ville.
- Des centres secondaires se développent et parviennent parfois à recréer – pour certains secteurs et activités tertiaires – les avantages du CBD. La notion de centralité reste importante à l'échelle de chaque centre secondaire, mais une agglomération pourrait avoir plus d'un CBD. En pratique, même dans des agglomérations comme Minneapolis Saint-Paul qui ont deux CBD distincts, l'un a tendance à dominer l'autre et à concentrer davantage d'activités tertiaires stratégiques.
- La protection du patrimoine architectural et urbanistique du centre-ville rend difficile l'expansion de l'offre d'espaces de bureaux et donc la densification du centre, de sorte que la demande est satisfaite par des zones moins centrales. Le complexe de la Défense, à Paris, et celui des Docklands à Londres fournissent de bons exemples de cette situation.
- Les modèles dispersés de localisation résidentielle rendent difficile le fonctionnement (non subventionné) des systèmes de transport public axés

sur un point central, réduisant la capacité d'accueil du centre et renforçant les tendances à la dispersion résidentielle (nous y reviendrons). Ce phénomène frappe notamment les villes américaines.

- Il y a dans la ville centrale des tensions sociales relevant de causes diverses, qui se manifestent par des taux élevés de criminalité et de violence, de sorte que les entreprises et les activités de bureau recherchent d'autres localisations. C'est en partie sur ce point que les villes des États-Unis se distinguent des autres villes du monde industrialisé.
- Le découpage administratif de l'espace urbain en collectivités locales distinctes, sans système de péréquation fiscale, crée des différences « artificielles » au plan de la taxation et de la qualité des services publics (voir aussi le chapitre 8). Si le point x est situé dans une collectivité locale qui a des problèmes fiscaux, son pouvoir d'attraction sera plus faible. À nouveau, cette situation est fréquente dans les régions urbaines américaines. La ville de New York, par exemple, impose à ses habitants une ponction fiscale (sur le revenu et les biens immobiliers) plus élevée que la plupart des municipalités environnantes.

Tout centre-ville subit l'effet des facteurs de consolidation et des facteurs de déclin. Les arbitrages qu'ils imposent dépendent beaucoup des situations locales. La différence entre l'expérience des États-Unis et celle des autres pays industrialisés montre que la vitalité économique des centres-villes est très sensible aux interventions politiques.

Impact des règlements sur le zonage et la densité

Le rendement du sol, E, est en partie fonction de l'intensité de son utilisation, nous l'avons vu. Pour les activités de bureau et autres utilisations analogues, la possibilité de construire en hauteur permet au promoteur d'obtenir un rendement plus élevé. Mais dans presque toutes les villes du monde, le droit de construire est soumis à une réglementation, pour des raisons tant urbanistiques qu'esthétiques. La plupart des collectivités locales limitent à la fois la hauteur des constructions et les densités d'occupation du sol urbain (par exemple, il est permis de construire une superficie de plancher donnée par hectare de terrain viabilisé).

Réglementer équivaut, par définition, à restreindre l'offre ; normalement, cela provoque une montée des prix. Mais quels prix ? En limitant les densités permises, on fait diminuer l'offre de superficie de plancher (de bureau ou autre), mais non l'offre de sol. C'est le prix des espaces de bureaux qui devrait augmenter. Revenons aux figures 11.8 et 11.9. Les prix relatifs plus élevés du centre de Paris par rapport à Toronto s'expliquent en partie par les restrictions qui pèsent sur l'offre. Les tours à bureaux ne sont guère tolérées dans le centre de Paris ; ce n'est pas le cas à Toronto. Mais comment évaluer l'impact de ces restrictions sur les valeurs foncières ? Lorsque la densité autorisée est plus faible (occasionnant, en principe, un rendement plus faible), le prix du sol devrait tomber. La réponse n'est cependant pas aussi simple, car l'impact final des règlements touchant la densité sur le prix du sol dépend de l'élasticité-prix des acheteurs (ou locataires) des espaces du centre-ville

Si la demande d'espaces centraux est inélastique (c'est-à-dire peu sensible au prix), la diminution des espaces à offrir imposée au promoteur sera pleinement compensée par des hausses de prix, si bien que l'effet net de la réglementation sur le prix du sol sera nul. Tout dépend de la mobilité spatiale des activités de bureau, c'est-à-dire du pouvoir d'attraction du centre-ville. Supposons une région urbaine dont le centre-ville est très fort ; c'est incontestablement la localisation optimale pour tout bureau à vocation centrale. À Londres, il était quasi impensable qu'une grande banque d'investissement s'installe ailleurs que dans la « City ». Dans ce cas, la limitation de la densité des constructions a eu pour effet, dans un premier temps, de faire monter le prix relatif des espaces de bureaux et, dans un deuxième temps, d'accentuer le caractère spécialisé des zones les plus centrales, en chassant les autres activités vers des localisations plus périphériques. Aujourd'hui les banques d'investissement ont tendance à avoir leur siège social dans la City (fonction stratégique), mais de plus en plus leurs fonctions commerciales sont localisées dans les Docklands (localisation qui reste centrale à l'échelle de l'agglomération londonienne, mais qui est en périphérie de la City). Il est d'ailleurs important de noter dans cet exemple que ce sont les fonctions différentes *au sein d'un même secteur* qui font l'arbitrage entre localisations centrales et localisations plus excentrées. C'est souvent ce qui s'est produit dans les grandes villes européennes.

Supposons maintenant le cas inverse, soit, un centre-ville faible, en situation de concurrence avec d'autres points d'attraction, comme à Los Angeles. Dans ce cas, la limitation de la densité au centre entraînerait :

- une hausse des prix, dans un premier temps ;
- et conséquemment une baisse de la demande (demande parfaitement élastique), dans un deuxième temps ; des utilisateurs se déplaceront vers d'autres localisations, à l'extérieur du centre ;
- puis une baisse du prix des espaces de bureaux, dans un troisième temps ; les prix retomberont à leur niveau initial et même plus bas.

Dans ce cas, la municipalité et les promoteurs sont tous deux perdants : la valeur des terrains diminue, de même que leur valeur taxable. En d'autres termes, moins le centre-ville exerce une forte attraction au départ, moins les réglementations de tout ordre concernant la construction risquent d'être efficaces, au sens de leur impact sur les recettes fiscales et sur la spécialisation fonctionnelle du centre-ville. Ni le contribuable ni le promoteur ne peuvent bénéficier d'une « rente » de localisation si le centre-ville n'a pas, au départ, des avantages de localisation qui lui donnent une préséance évidente et absolue sur les autres lieux.

Si on limite l'offre de terrains, par des règlements de zonage par exemple, on fait aussi monter le prix du sol (donc des espaces à louer) ; l'ampleur de la hausse dépend, de nouveau, de la rente (monopolistique) de localisation dont jouissent au départ les terrains touchés. Dans un centre-ville fort, circonscrire les terrains où la construction de tours à bureaux (ou toute autre utilisation du genre) est autorisée équivaut à créer une pénurie artificielle, donc une rente additionnelle au profit des propriétaires déjà en place. On comprend alors que les promoteurs privés ne s'opposent pas nécessairement au zonage. Pour ces propriétaires, c'est une protection qui assure, voire bonifie, la valeur de leurs actifs immobiliers. On comprend aussi que ces restrictions à l'utilisation du sol sont, en termes économiques, l'équivalent de barrières à l'entrée, de tarifs douaniers ou d'autres mesures protectionnistes qui créent une « rente » pour ceux qui en profitent. Par contre, cet effet de « création de rente » ne s'exerce pas (ou guère) si les terrains font l'objet d'une demande initiale faible.

Les réglementations de zonage peuvent également procurer une rente aux propriétaires par l'impact qu'elles exercent sur les externalités en vertu des effets de voisinage. Nous avons vu au chapitre 3 que la valeur d'un terrain n'est pas indépendante de l'environnement de ce terrain. En limitant les utilisations autorisées à s'installer à proximité d'une autre, le zonage influence la valeur du sol. Un édifice à bureaux de prestige perdrait beaucoup de sa valeur le jour où une usine, un atelier de réparation ou toute autre utilisation non conforme à l'image du quartier viendrait s'installer à ses côtés. Là encore, on comprend que les promoteurs ne s'opposent pas nécessairement aux règlements de zonage ou aux plans d'urbanisme.

La principale justification économique du zonage est liée à la volonté d'éviter les externalités négatives associées à des cohabitations indésirables ou incompatibles (nous y reviendrons). Les questions de qualité de vie et d'effets de voisinage intéressent au premier chef les ménages qui vivent et travaillent dans la ville. Cela nous amène à un autre sujet : la localisation de l'habitat.

Localisation résidentielle

La plus grande partie de l'espace urbain sert à l'habitat. Les théories économiques d'explication des choix résidentiels s'appuient largement sur les schèmes de raisonnement qui servent à expliquer les choix de localisation des activités économiques. De fait, l'habitat est en concurrence avec d'autres utilisations du sol (revoir les figures 11.5 et 11.6). À nouveau, il s'agit de comprendre pourquoi certaines l'emportent sur d'autres et, comme nous le verrons, les questions de distance et d'intensité d'utilisation restent au cœur de la problématique.

Les véritables pères de la théorie de la localisation résidentielle, que les sociologues et les géographes appellent aussi écologie urbaine (ou humaine), sont les sociologues américains R. Park (1916) et E. Burgess, dont les premiers écrits remontent au début du siècle. Des travaux sur la formation des espaces sociaux dans la ville ont ensuite donné naissance à « l'École de Chicago ». En France, il faut signaler les travaux du pionnier que fut Chombart de Lauwe (1952). La formalisation ultérieure de la théorie en termes économiques repose en bonne partie sur les travaux d'Alonso (1964).

Choix résidentiel : un modèle simple

Fixons les postulats du modèle. Comme pour les activités économiques, nous supposons une plaine homogène, dont le point central est, en l'occurrence, le principal lieu de travail. Supposons un ménage qui alloue une part de son budget aux dépenses de logement. Faisons pour le moment abstraction des considérations d'esthétique et de statut social. La décision à laquelle le ménage fait face se résume, dans la plupart des cas, à un choix entre un logement plus adéquat (plus grand surtout) et un logement plus proche du lieu de travail (mais plus petit). L'idéal, bien entendu, est de pouvoir trouver un grand logement à proximité du lieu de travail. En réalité, le ménage doit établir un arbitrage entre les deux et décider combien de mètres carrés d'espace de logement il est prêt à sacrifier pour se rapprocher de son lieu de travail.

L'arbitrage entre deux biens peut être illustré par une courbe d'indifférence. Celle de la figure 11.10 représente la propension d'un ménage hypothétique à sacrifier des unités de logement pour gagner du temps sur ses déplacements. Le ménage conserve le même niveau de satisfaction (ou d'utilité) sur toute la longueur de la courbe ; c'est pourquoi l'on parle de courbe d'indifférence. Dans notre exemple, le ménage serait en principe tout aussi satisfait d'un (petit) logement d'une unité par personne, mais ne nécessitant que dix minutes de déplacement par jour, aller-retour (point A), que d'un (grand) logement de deux unités par personne exigeant une heure de déplacement par jour (point B).

Le concept d'unité de logement peut recouvrir plusieurs éléments, dont la taille du logement (mètres carrés) ou le nombre de pièces. Dans le paragraphe précédent, on pourrait substituer le mot « pièce » au mot « unité » pour le rendre plus compréhensible en langage non économique. Le concept d'unité de logement peut cependant recouvrir d'autres dimensions qui n'ont pas strictement trait à l'espace habitable : jardin, garage, autres espaces réservés à des utilisations résidentielles. De plus, le calcul d'unités comparables de logement est compliqué par le fait que le logement, lorsqu'il est acheté, est à la fois un bien de consommation et un actif. L'argent consacré au logement est alors comptabilisé à la fois comme une dépense et comme un investissement. Comment faire le partage entre les deux ? Pour faciliter la compréhension dans ce qui suit, nous ferons abstraction de l'aspect investissement pour retenir (surtout) la dimension physique (la « taille ») de l'espace de logement demandé. Comme pour les activités économiques, l'occupation de l'espace à des fins résidentielles peut se faire de façon plus ou moins intensive.

Figure 11.10 - Arbitrage entre taille du logement et temps de déplacement

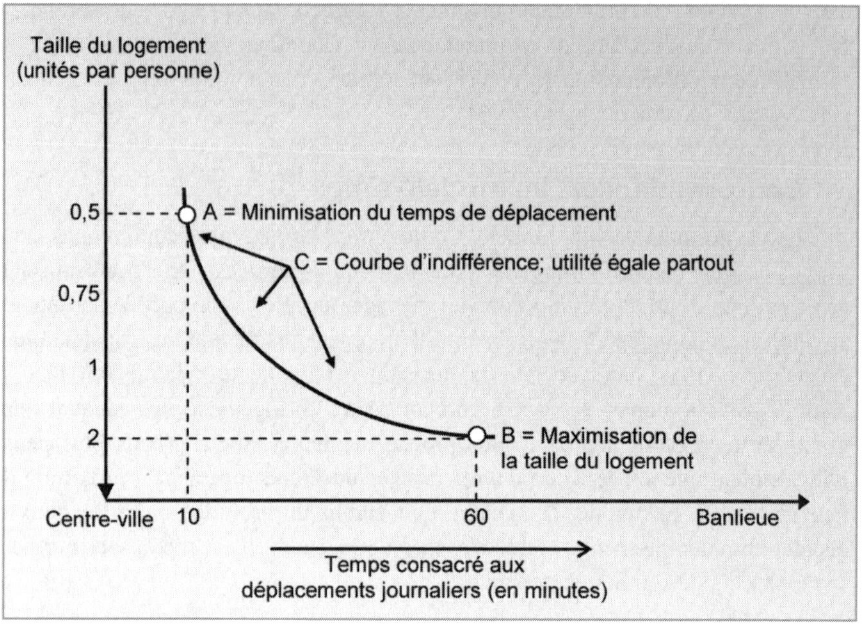

L'arbitrage entre taille du logement et proximité diffère d'un ménage et d'une ville à l'autre. Voyons d'abord l'aspect distance, c'est-à-dire l'importance relative accordée au temps de déplacement entre le domicile et le lieu de travail. Pourquoi un ménage y est-il plus sensible qu'un autre ? Nous mentionnons ci-dessous quelques facteurs qui influencent le coût relatif des déplacements journaliers :

- le coût d'option du temps consacré aux déplacements. Une personne pauvre vivant dans un pays pauvre et n'ayant pas beaucoup d'autres possibilités d'utilisation de son temps peut être disposée à consacrer plus de temps aux déplacements qu'une personne à revenu élevé qui « compte » son temps ;

- le coût de transport par rapport au revenu du ménage. Un ménage plus riche (face aux mêmes modes de transport) est en principe moins sensible à la distance qu'un ménage plus pauvre ;

- le nombre de personnes qui se déplacent dans le ménage. Si l'homme et la femme travaillent (tous les deux au centre-ville), la sensibilité à la distance sera plus grande ;

- le poids des autres déplacements réguliers : études, achats, manifestations culturelles, etc. Si, là encore, les déplacements se font souvent vers des destinations qui se chevauchent, la sensibilité à la distance sera plus grande ;

- le coût « subjectif » que la personne accorde au trajet. C'est en partie une question de préférence, mais ce coût dépend aussi de facteurs comme le moyen de transport utilisé, la qualité des équipements et la qualité de l'environnement urbain ;

- l'âge de l'utilisateur. Les personnes plus âgées sont souvent moins mobiles et plus tributaires des transports publics.

C'est surtout la « taille du logement » qui fait surgir les différences entre les ménages. Elle est aussi question de goût : certaines personnes ont besoin de beaucoup plus d'espace, d'autres veulent pouvoir jardiner. La taille du ménage est toutefois le principal facteur à entrer en ligne de compte, avec le revenu. Ce sont là, traditionnellement, les deux variables qui conditionnent la demande d'espace résidentiel. La taille du ménage est liée au statut familial et au cycle de vie : la présence ou l'absence d'enfants est, à ce titre, la principale variable discriminante.

Supposons que les deux axes (temps de parcours et taille du logement) représentent des unités comparables de mesure, soit le coût mensuel des déplacements journaliers (axe horizontal) et le coût mensuel du logement par mètre carré (axe vertical). Nous pouvons, pour tout ménage, tracer une courbe de demande d'espace résidentiel en fonction de la distance par rapport au centre (figure 11.11). Nous supposons, implicitement, des taux constants de substitution, puisque les courbes sont des droites. Chaque droite exprime une dépense globale constante ; les traits pleins représentent des dépenses globales plus importantes que les pointillés. Il s'agit toujours d'illustrer l'arbitrage (les possibilités de substitution) entre deux dépenses, et les résultats doivent être interprétés comme des courbes de rentes comparables à celles de la figure 11.3, qui révèlent combien un ménage est prêt à débourser pour un mètre carré d'espace résidentiel à mesure qu'il s'éloigne du lieu de travail principal.

Pour un petit ménage (sans enfant), la pente de la courbe est plus accentuée car, en termes relatifs, il accorde plus d'importance aux dépenses de déplacement. L'étudiant qui vit seul, la jeune professionnelle célibataire ou le retraité ne recherchent pas un grand logement ; plutôt préoccupés par la localisation et la qualité du logement, ils se contenteront peut-être de prendre un appartement dans un immeuble collectif bien situé. À l'autre extrême, la courbe des ménages qui ont plusieurs enfants et sont donc plus sensibles aux dimensions physiques du logement est beaucoup plus plate. Ces ménages sont prêts à débourser davantage pour les déplacements journaliers afin d'occuper un logement qui comble leurs besoins d'espace. Ils recherchent souvent une maison de plusieurs pièces, avec cour ou jardin si possible, pour que les enfants puissent y jouer.

Figure 11.11 - Courbes de demande d'espace résidentiel

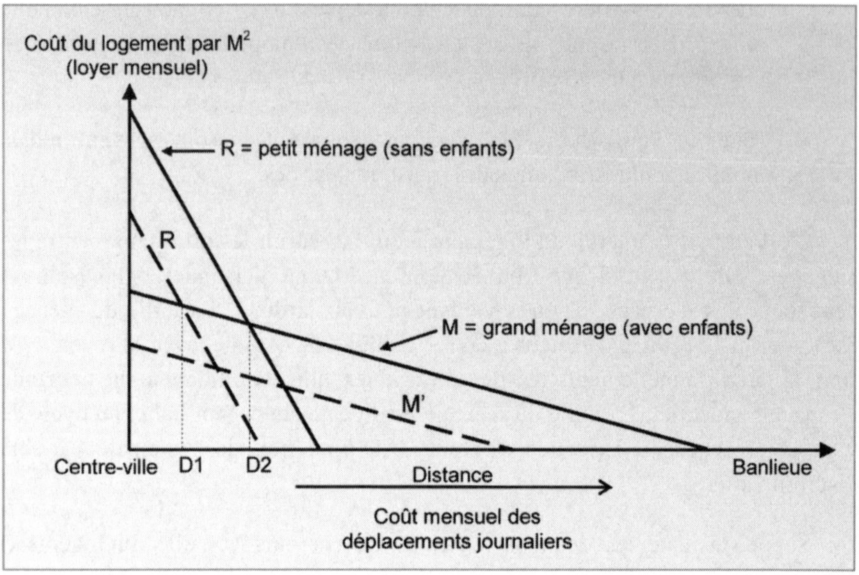

Ces choix sont illustrés dans la figure 11.11. Si l'on suppose le même niveau global de dépenses pour les courbes R et M (les deux ménages ont donc, en principe, des revenus comparables), le petit ménage R est disposé à payer le mètre carré plus cher dans la zone allant du centre-ville au point D_2 ; au-delà de ce point, le grand ménage est prêt à payer plus. L'espace résidentiel est donc divisé en bandes concentriques ; les petits ménages sont au centre et les grands à la périphérie. L'utilisation réelle du sol résidentiel résulte du jeu combiné de milliers de courbes de ce type. Il y a, bien entendu, une gamme de situations intermédiaires, selon la taille et les besoins d'espace de chaque ménage, mais l'on s'attend, en règle générale, à trouver les petits ménages près du centre et les familles avec enfants en banlieue. Ce modèle est confirmé dans ses grandes lignes dans la plupart des villes du monde industrialisé. Pour qu'il se réalise, il faut cependant qu'au moins deux conditions soient réunies :

- qu'il existe dans la ville un véritable « marché » du logement, où les ménages peuvent choisir et les propriétaires louer (ou vendre) librement des logements ;
- qu'il existe dans la ville des infrastructures (ou autres possibilités) de transport permettant aux ménages de se déplacer sur des distances plus ou moins grandes.

Dans un pays où le secteur du logement est très réglementé et où les décisions de construire (et de vendre ou de louer) se prennent selon des mécanismes hors-marché, les modèles de localisation peuvent épouser d'autres schémas.

Ainsi, dans certaines villes chinoises caractérisées par un marché du logement rigide (avec des temps d'attente de plusieurs années avant de trouver un logement) et par des déplacements domicile-travail effectués majoritairement, il n y'a pas si longtemps, à vélo ou à pied, le mouvement de suburbanisation ne s'est pas manifesté de la même façon que dans les pays occidentaux. Les densités résidentielles peuvent y être dix fois (et même davantage) plus élevées au centre que dans des quartiers comparables des villes nord-américaines. Cependant, depuis les réformes économiques des années 1990, de profonds changements ont lieu en Chine. On y observe une expansion urbaine rapide nourrie par la migration rurale, avec des aspects à la fois concentriques et polycentriques. Malgré cela, les marchés urbains restent dominés par le rôle qu'y joue l'État, et les formes et caractéristiques de cette transformation urbaine ne correspondent pas à celles d'une expansion qui serait guidée principalement par le marché. Les caractéristiques de l'expansion urbaine en Chine font d'ailleurs l'objet de multiples études qui dépassent le cadre de ce livre. Toutefois, les formes urbaines des villes chinoises risquent de se rapproches de celles des villes occidentales à mesure que le véhicule privé y fait une entrée significative et que les terrains périurbains, aujourd'hui encore agricoles, y font l'objet de transactions de libre marché.

Densité résidentielle

Comme pour les espaces de bureaux, il est possible de modifier la densité résidentielle (donc la valeur potentielle de E) en construisant en hauteur. La logique est la même : la construction résidentielle en hauteur (immeubles à appartements, tours d'habitation) fait monter le prix relatif du sol au centre et accentue la spécialisation des fonctions. Puisque les petits ménages sont (souvent) disposés à prendre un appartement dans un immeuble collectif, le promoteur a tout intérêt à construire en hauteur. La hausse des prix relatifs du sol ainsi provoquée repoussera les utilisations résidentielles plus extensives (maisons unifamiliales, pavillons) vers la périphérie, par le jeu d'expulsion-succession que nous avons observé pour les entreprises.

Le modèle général, observé dans la plupart des villes, ressemble à ce que l'on voit dans la figure 11.12. La densité résidentielle diminue à mesure qu'on s'éloigne du centre. On trouve les grands immeubles d'habitation au centre (zone C) ; un peu plus loin (zone B), on aperçoit des zones intermédiaires, où l'habitat est composé de maisons en rangée et d'habitations de hauteur diverse ; enfin, les utilisations résidentielles extensives sont dans la grande banlieue (zone A). Ce modèle général connaît cependant des variantes, suivant les situations locales.

Impact du statut social

La ségrégation résidentielle selon le statut social est une réalité qui se confirme partout. Les ménages les plus aisés cherchent normalement à se regrouper ; de plus, ils peuvent, *ceteris paribus*, offrir des prix plus élevés pour se loger, si bien qu'ils finissent par expulser les ménages moins aisés des terrains convoités. Dans la figure 11.11, on voit que les courbes des ménages plus pauvres (R' et M') sont toujours en-dessous de celles des ménages plus fortunés. À taille égale, ces derniers ont les moyens de s'offrir un prix du mètre carré plus élevé que la famille des classes inférieures.

Figure 11.12 - Utilisation du sol résidentiel : représentation schématique

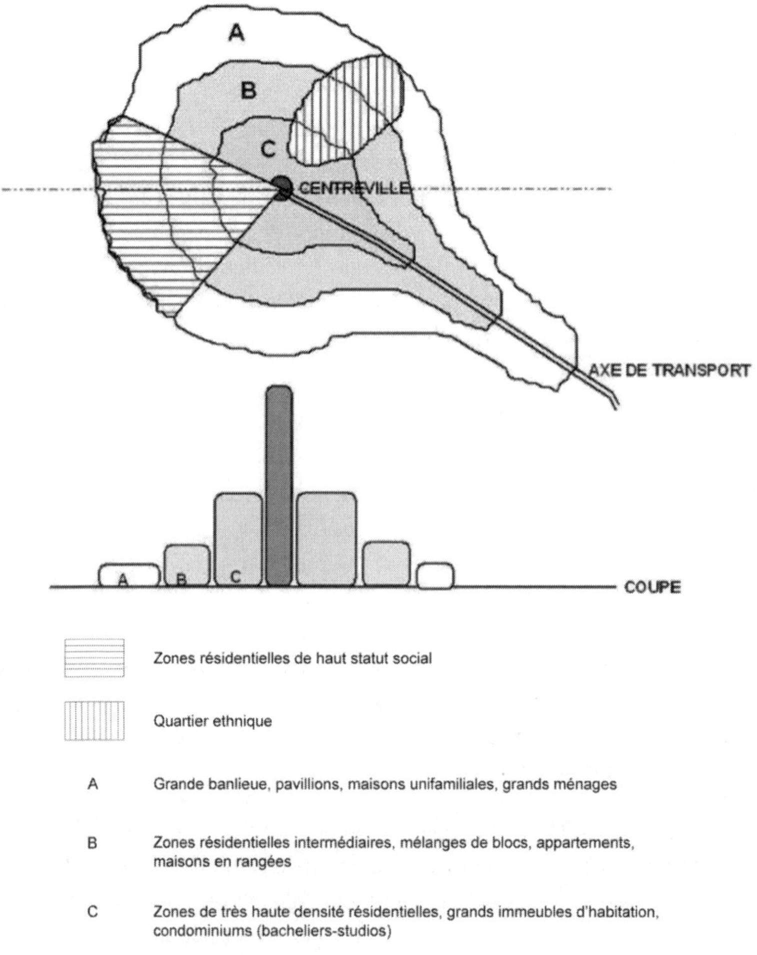

Il se produit donc une division du territoire selon les classes sociales, qui se manifeste par l'existence de secteurs résidentiels à statut social élevé. Ces secteurs ont souvent la forme d'une pointe de tarte qui, partant du centre et s'élargissant vers la périphérie, recouvre la gamme des possibilités de densité (figure 11.12). Ainsi, à Paris, on pourrait tracer une ligne qui commencerait près de l'Étoile et se prolongerait vers les banlieues cossues de l'ouest. En général, les secteurs à statut social élevé se trouvent sur les terrains qui, au départ, offraient les meilleures conditions géographiques d'habitat (du point de vue de la direction des vents, de la hauteur, de la proximité de la mer, de la qualité du sol, du drainage, etc.). Il est plutôt rare que l'on voie des quartiers riches à proximité de zones d'industrie lourde. Les divisions sociales se superposent donc au modèle concentrique, avec des variantes dues aux particularités locales.

Le jeu des variables de densité et de proximité explique aussi que des pauvres vivent parfois près du centre, malgré le prix élevé des terrains. Nous avons vu à la figure 11.11 qu'un ménage peut en évincer un autre du centre à condition que sa courbe de demande soit suffisamment accentuée ; le ménage R' est prêt à offrir plus par mètre carré (jusqu'au point D_1) que le ménage M, en dépit du fait qu'il dispose de moins de ressources.

Supposons maintenant que le ménage R' ait le même nombre d'enfants que le ménage M, plus aisé. Pourquoi sa courbe serait-elle beaucoup plus abrupte ? Certaines raisons expliquent que des ménages moins riches soient prêts à payer plus cher au centre (au mètre carré) tout en supportant des conditions difficiles d'entassement :

a) Étant donné le coût des transports urbains, les ménages pauvres sont très sensibles à la proximité du lieu de travail. S'ils vivent dans une ville dépourvue d'un bon système de transport en commun à prix modique, où la plupart des déplacements se font en voiture particulière, ils n'ont souvent pas d'autre choix que de se localiser près du centre. La limite de ce qu'ils sont prêts à payer en sus est en partie fixée par les coûts d'une voiture privée.

b) Les conditions d'emploi sont telles (emplois précaires, horaires difficiles et variables ; plusieurs membres du ménage travaillent) que le ménage veut absolument vivre à proximité du principal foyer de travail de la ville.

c) Les services publics sont surtout au centre : hôpitaux, cliniques, bureaux d'emploi et d'aide sociale, écoles de métier.

Dans une telle conjoncture, le ménage est souvent prêt à accepter un certain entassement (deux ou trois personnes par pièce) à condition d'être proche du centre. On comprend alors que des populations pauvres puissent finir par produire des « rendements » élevés au centre. Rappelons aussi qu'il est possible d'augmenter le nombre de logements par hectare en construisant en hauteur et en subdivisant les maisons.

Qualité du stock physique de logements

Une autre variable influence les choix résidentiels : la qualité du stock de logements, qui varie d'une ville à l'autre et d'un quartier à l'autre. Le modèle de ségrégation sociale est sensible à la qualité des constructions résidentielles. La causalité joue dans les deux sens, si bien qu'il est difficile de réduire l'analyse à une relation simple. Plus un quartier est de statut social élevé (ou convoité par des ménages aisés), plus les promoteurs et les propriétaires sont portés à investir dans la qualité du bâti. À l'inverse, moins le quartier est convoité par des ménages qui ont de l'argent, moins l'incitation à investir dans la qualité du bâti est forte. Cette circularité cumulative est à la base du déclin (social) de plusieurs quartiers. Elle nous ramène également à l'importance des externalités (effets de voisinage), réalité à laquelle on n'échappe guère en milieu urbain. La valeur du sol et du bâti qui s'y trouve n'est jamais un fait isolé.

Différences ethniques ou culturelles

Introduisons maintenant la possibilité qu'il y ait dans la ville des populations qui se distinguent les unes des autres par la langue, la religion, l'apparence, le mode de vie et tout autre attribut plus ou moins volontairement affiché. Dans ce cas, on verra souvent des quartiers « ethniques » naître et superposer au modèle général (figure 11.12) leurs propres divisions internes entre ménages de taille et de classe différentes. La complexité interne du quartier « ethnique » dépend de sa taille et de sa permanence.

Les modèles de ségrégation ethnique résultent à la fois de forces d'exclusion et de choix volontaires. La part des deux facteurs diffère d'une société et d'un cas à l'autre. Dans les villes américaines, la naissance de quartiers noirs est surtout attribuable (du moins avant les années 1960) à des forces d'exclusion, voire de discrimination. À Montréal, la distinction entre quartiers majoritairement anglophones et quartiers majoritairement francophones est plutôt le produit de choix volontaires, une nouvelle manifestation de l'importance des effets externes de voisinage sur les choix résidentiels. Dans les deux cas, la signification est la même : les marchés du logement ne sont pas complètement intégrés, ce qui crée une rente de localisation supplémentaire. Le membre d'un groupe se trouve à payer une prime liée au droit (ou à l'obligation) d'habiter dans le même quartier que ses pairs. Si le ménage choisit cette localisation, la rente est le prix supplémentaire qu'il consent à payer, *ceteris paribus*, pour vivre à côté des populations qui lui ressemblent.

En cas de discrimination (de ségrégation obligée), la prime, touchée en principe par le promoteur ou le propriétaire, se manifeste souvent par un logement de moindre qualité pour le même prix. Autrement dit, il serait possible d'obtenir un meilleur logement pour le même prix dans d'autres quartiers de la ville. Mais ces choix sont fermés à la personne qui est objet de discrimination. La prime associée à la discrimination peut être calculée de la façon suivante : à qualité égale de logement, combien le membre d'un groupe touché par la discrimination devrait-il payer en plus pour avoir le « privilège » d'habiter dans un quartier où il n'est pas désiré ? La discrimination impose également un coût à ceux qui l'appliquent. Celui qui veut exclure les autres races de son quartier est, en principe, prêt à payer plus cher pour vivre dans un quartier où certaines populations seraient bannies. Mais ce prix sera surtout assumé par les locataires. Si celui qui pratique l'exclusion est propriétaire, il en profitera au moment de la revente de son immeuble, dans la mesure où l'« exclusivité » du quartier continue à tirer les prix vers le haut.

Localisation de l'emploi et d'autres destinations

Jusqu'à présent, nous avons fait l'hypothèse que le lieu le plus convoitée par la population demeurait le centre-ville pour les emplois qu'il concentre, la richesse de ses activités commerciales et culturelles. Or, nous avons vu dans la section précédente que les emplois ont tendance à se suburbaniser, souvent dans des centres secondaires où se trouvent aussi commerces et services. Bien que l'origine de ce desserrement soit souvent attribuée à la suburbanisation de la population (les commerces banals auraient suivi la population), l'évolution de ces centralités émergentes en pôles d'emploi importants entraîne une autre logique : les arbitrages en matière résidentielle intègrent la nouvelle localisation des emplois, d'autant plus qu'elle permet également aux ménages de se rapprocher d'espaces de loisir et de détente plus près de la nature.

Tant que le CBD reste fort, ces logiques ne modifient pas de manière importante la distribution générale des espaces résidentiels à l'échelle de la métropole. Mais lorsque la métropole prend une organisation plus polycentrique, les espaces résidentiels vont avoir tendance à se distribuer, pour une partie d'entre eux, relativement à ces centralités secondaires. Si la répartition des ménages se fait en fonction de ces polarités secondaires plutôt qu'en fonction du CBD, cela implique que les ménages acceptent l'idée de vivre plus loin du CBD. Les zones résidentielles font du « saute-mouton » par rapport aux centres secondaires, entraînant une extension de l'aire urbanisée. Les logiques et les raisonnements économiques sont identiques à ceux que nous avons décrits plus haut : mais la multiplication des points qui sont considérés comme centraux (par certains ménages) entraîne des formes urbaines qui s'éloignent de la forme monocentrique idéalisée.

Expansion physique de la ville

Le modèle de choix résidentiel nous permet de comprendre les forces qui entraînent une expansion de l'espace urbanisé supérieure à celle qu'entraîneraient « normalement » les pressions démographiques. Nous venons d'en voir un exemple en examinant l'effet du polycentrisme sur les choix résidentiels.

Pour désigner l'expansion physique de la ville, on parle souvent de suburbanisation ou d'étalement urbain (*urban sprawl*, en anglais). Ce deuxième terme a des connotations négatives associées à l'expansion « désordonnée » de l'espace résidentiel (nous y reviendrons).

À mesure que le revenu des ménages augmente, les courbes de rente se modifient. À distance égale, la courbe exprimant la demande d'espace par personne aura tendance à monter. Dans les pays riches, la surface de plancher occupée par une personne est en moyenne deux à trois fois plus élevée que dans les pays en développement. Ce facteur, en l'absence de tout autre changement, suffit souvent à expliquer que l'étendue physique des villes double ou triple à mesure que le pays passe d'un stade de développement à un autre.

Pour ce qui est des coûts de transport, les courbes auront tendance à s'aplanir à mesure que les revenus augmentent, d'abord parce que le prix relatif des transports diminuera, mais aussi parce que les ménages pourront s'offrir de nouveaux moyens de transport (voiture particulière, notamment) qui accroîtront leur mobilité. Dans une région urbaine plus riche, les courbes de rente seront à la fois plus hautes (signalant une hausse généralisée des prix du sol) et plus plates, s'étendant toujours plus loin sur le territoire environnant.

Dans une ville polycentrique, certains ménages seront prêts à vivre plus loin du CBD, car leur point de référence n'est plus le CBD, mais un pôle suburbain. À mesure que les zones éloignées du centre s'urbanisent, les services banals du quotidien auront tendance à suivre. Une nouvelle logique de suburbanisation est alors lancée, avec l'attraction éventuelle d'emplois dans des secteurs qui ne sont pas banals, mais qui trouvent maintenant une main-d'œuvre en banlieue.

Bref, même en l'absence de croissance démographique, l'expansion physique de la ville apparaît comme une conséquence inévitable de l'enrichissement collectif et de la suburbanisation des activités économiques (les emplois et les loisirs). Quels facteurs pourraient y faire contrepoids ? Si l'on se fie aux variables du modèle, la façon la plus sûre de réduire la consommation trop extensive du sol urbain est de faire monter le prix relatif de celui-ci, en augmentant son coût unitaire ou, dans une ville monocentrique, en haussant le coût des transports urbains.

Mais si le point de référence n'est plus le centre, alors le contrôle du sol – non seulement du sol urbain mais aussi du sol en banlieue éloignée et en marge de la métropole – devient le moyen d'intervention privilégié. La hausse du coût des transports pourrait, au contraire, encourager la suburbanisation des emplois afin de permettre aux employeurs de profiter de bassins de main-d'œuvre suburbanisés qui n'ont plus accès au centre. La plupart des interventions publiques se limitent d'ailleurs au premier aspect, en agissant sur l'offre, ce qui nous amène à explorer la question du contrôle du sol urbain.

Contrôle du sol urbain

Dans presque tous les pays, le sol urbain fait l'objet de contrôles. Souvent, le périmètre disponible pour l'urbanisation est fixé par une législation. À la base de tels contrôles se trouve la prémisse que l'occupation du sol libre, sans contraintes, aboutit nécessairement à un résultat sous-optimal, pour l'individu et pour la société. Il y a tout lieu de croire que les choix purement individuels se font souvent sur des bases incomplètes, à cause surtout du poids des externalités. Toute décision individuelle d'occupation du sol ou de construction a un impact sur la valeur des terrains avoisinants. Elle a aussi un impact sur la demande d'équipements collectifs. Dans bien des cas, il se peut que les coûts privés n'égalent pas les coûts sociaux. Mais tout contrôle implique également des coûts, dans la mesure où il limite l'offre.

Les interventions publiques en matière d'utilisation du sol se font surtout pour trois raisons :

- réduire les externalités négatives auxquelles un terrain est soumis ;
- maximiser la rente que les autorités locales ou d'autres agents économiques peuvent tirer du terrain ;
- minimiser le coût de certains équipements collectifs.

Les trois objectifs se chevauchent à plusieurs égards, mais il est néanmoins utile de les traiter séparément.

Réduire les externalités négatives

La réglementation peut viser à isoler les affectations du sol de manière à éviter que des utilisations moins désirables (polluantes, bruyantes, inesthétiques…) nuisent à la qualité des emplacements voisins. L'objectif est de séparer, autant que possible, des utilisations incompatibles. Il n'est pas certain que le libre jeu du marché puisse assurer une telle séparation des fonctions. Ainsi, dans la plupart des villes du monde industrialisé, il est défendu d'ouvrir un commerce (et à plus forte raison une usine) dans un quartier résidentiel. Des terrains et des rues sont réservés à cette fin. L'instrument principal, à cet égard, est le zonage, qui, par l'intermédiaire des schémas d'aménagement, établit les utilisations du sol qui sont permises.

Le zonage peut aussi – en théorie – être appliqué à l'échelle régionale. Certaines régions urbaines européennes (comme Londres) sont entourées d'une « ceinture verte » où la construction résidentielle et commerciale est interdite. En principe, ceci limite le phénomène d'expansion urbaine et rend moins problématique le « saute-mouton » engendré par le polycentrisme. En pratique, on constate à Londres que les pressions de développement se déplacent simplement de l'autre côté de la ceinture verte. Dans beaucoup de pays, ce type de planification régionale est impossible car elle nécessiterait la coordination entre différents niveaux de gouvernement d'intérêts divergents.

L'application des règlements de zonage et de construction ne se fait pas sans difficultés. Puisqu'il s'agit d'un mécanisme politique, il est sujet à des pressions de la part de divers intérêts. Des personnes ou groupes influents peuvent l'utiliser comme moyen indirect d'exclure des populations non désirables ou de refouler des affectations non désirables vers des quartiers dont le poids politique est moins important ou dont la population aurait voté pour le parti d'opposition. L'efficacité de telles interventions dépend largement du degré d'ouverture et de représentativité du système politique local. Rappelons que le contrôle de l'utilisation du sol se traduit par une rente additionnelle pour celui qui en profite, rente qui peut faire l'objet de marchandages et d'échanges. Il revient à la collectivité locale d'assurer que cette rente additionnelle, issue d'une intervention politique, profite au moins en partie à l'ensemble de la collectivité. Dans le cas de planification régionale qui demande la coordination de plusieurs collectivités, les collectivités qui ne profiteront pas d'une hausse de valeur foncière (par exemple, celles qui sont zonées dans la ceinture verte) auront aussi tendance à s'y opposer. L'importance de la rente de localisation est le sujet de la prochaine section.

Maximiser la rente de localisation que la collectivité locale peut tirer de son territoire

La rente propre à un point central (de production, de distribution ou d'habitation) tient en partie à des interventions publiques. Le processus de création d'une rente, tout en étant le résultat « naturel » des forces économiques, n'est pas entièrement spontané. Il est normal qu'une collectivité locale veuille maximiser la rente, ne serait-ce que pour s'assurer des revenus additionnels de taxation foncière. En fixant les densités d'occupation du sol (donc les constructions permises) et en définissant le périmètre d'urbanisation, elle peut influencer la valeur du sol, nous l'avons vu. Si l'expansion urbaine est limitée (par des politiques de protection des terres agricoles par exemple, ou par des politiques de ceinture verte), le prix des terrains urbanisables augmentera et les habitants comme les entreprises auront tendance à adopter des modes plus intensifs d'occupation du sol.

L'application de telles politiques n'est pas sans poser des problèmes. Elles ne sont efficaces que si la collectivité locale jouit d'une certaine rente de monopole ; sa centralité économique doit être incontestée. De plus, leur impact dépend de la densité initiale du périmètre urbain autorisé et des pressions démographiques. Aussi faut-il que la ville exerce un contrôle sur tout l'espace potentiel à urbaniser, ce qui est rarement le cas. Une politique de contrôle de l'espace urbanisé ne tient pas longtemps lorsqu'une ville déjà très dense connaît une croissance démographique rapide qui lui fait déborder ses frontières administratives. C'est dire que des politiques de contrôle de l'expansion physique de la ville sont très difficiles à mettre en application dans les pays en voie de développement. Dans les villes en expansion, limiter trop brusquement la disponibilité de terrains à urbaniser ne peut que provoquer des hausses subites du prix des terrains dans la ville ; cela risque fort d'entraîner aussi l'apparition de marchés noirs, sous forme de peuplements informels situés en marge de la légalité. Ce sont surtout les populations les plus défavorisées qui en subissent les effets.

Minimiser le coût des équipements collectifs

La densité des populations à desservir est un important facteur de coût pour beaucoup de services et équipements collectifs. C'est un argument puissant en faveur de la planification de l'espace urbain. Si la population est peu dense, dispersée, il en coûtera plus cher, par exemple, pour la desservir avec des réseaux de transport en commun. Une ligne de métro, pour être rentable, exige une densité minimale de population à desservir. Les équipements collectifs sont sensibles aux économies d'échelle et aux coûts de transport, comme les autres activités de l'économie (revoir le chapitre 3). Qu'il s'agisse d'écoles, d'hôpitaux, de services de protection publique ou d'assainissement de l'eau, les coûts sont en partie fonction du modèle de peuplement. Il est normal que les gouvernements cherchent à réduire les coûts, en incitant (ou en obligeant) les populations et les entreprises à choisir des formes plus ordonnées et plus compactes d'occupation du sol.

La plupart des schémas d'aménagement orientent l'expansion urbaine en la situant sur des axes prédéterminés. Les villes d'Europe ont d'ailleurs souvent mieux réussi dans cette voie que les villes américaines ; c'est pourquoi les transports collectifs y sont, en général, de meilleure qualité. Mais l'application de politiques de planification urbaine se heurte à des obstacles dont l'ampleur varie d'un pays à l'autre :

- le fractionnement administratif du territoire urbanisé ;
- les conflits de responsabilité et de pouvoir entre niveaux de gouvernement ;
- la capacité limitée des administrations locales de faire respecter des règlements ;
- le peu de transparence des coûts collectifs ;
- les prix relatifs des moyens privés et publics de transport ; dans plusieurs pays, la voiture privée est implicitement subventionnée ;
- la méfiance des citoyens face à des interventions collectives.

La forme de la ville et des modèles d'occupation du sol n'est pas uniquement le reflet des lois économiques, elle dépend aussi de forces sociales et politiques.

Débats et questions

Vers de nouvelles formes ?

La ville monocentrique, modifiée par la présence de centres secondaires, de secteurs et d'autres irrégularités, est le résultat de processus économiques. Ceux-ci résultent de la combinaison de multiples arbitrages effectués par les résidents et les entreprises. Ces arbitrages sont infléchis par les choix politiques et sociaux que sont le zonage, la construction d'infrastructures de transport, et la mise en place d'équipements collectifs. Bien qu'une description détaillée du résultat spatial de ces processus soit impossible (chaque acteur a des besoins et des désirs différents), l'ensemble des choix peut se résumer à un arbitrage entre deux dimensions : celle de la proximité et celle de l'aménité. Chaque acteur, consciemment ou pas, choisit sa localisation en fonction de son accessibilité à un nombre d'infrastructures, d'équipements et de fonctions donnés : le choix final sera le lieu qui maximise l'accessibilité de l'acteur aux lieux qui lui sont importants. Mais chaque acteur a aussi certains critères d'aménités qui lui sont propres : taille de maison, accès aux espaces verts, milieu social. Donc, le critère d'accessibilité sera modifié en fonction de ces critères d'aménité. Un choix final résultera de l'équilibre de ces deux forces – équilibre qui sera contraint par la capacité de payer de l'acteur.

Un débat a lieu actuellement entre chercheurs, portant sur la forme métropolitaine. À un niveau plus abstrait, certains chercheurs de Los Angeles avancent l'idée que la ville serait devenue maintenant post-moderne : les types de processus décrits dans ce chapitre n'auraient plus cours car les décisions de localisation seraient maintenant tellement individualisées qu'aucune forme régulière n'apparaîtrait.

Sur le plan empirique, nous avons d'ailleurs vu que la distribution des loyers à Los Angeles ne semble pas correspondre aux attentes formulées à partir des modèles présentés. Il est indéniable que le processus de métropolisation entraîne de nouvelles formes urbaines : la polycentricité en est une, mais dans des métropoles hautement motorisées on observe aussi une diffusion de l'emploi. Celui-ci ne s'agglomère plus nécessairement en pôles, mais se localise le long de bandes linéaires structurées par des artères routières.

Face à ces observations, le postulat de la ville post-moderne est plausible : il est indéniable que la forme urbaine semble devenir plus complexe et ne correspond plus toujours au modèle concentrique classique. Mais il est peu probable que les mécanismes économiques et spatiaux aient fondamentalement changé. Les choix de localisation se font toujours sur la base des grands arbitrages entre accessibilité et aménité, contraints par la capacité de payer. Mais plus la mobilité est grande dans un espace métropolitain, plus l'accessibilité à de multiples facteurs peut être prise en compte et plus il existe de diversité de choix en termes d'aménités. Au fur et à mesure que des centres secondaires se développent, ces derniers deviennent à leur tour des pôles autour desquels les logiques décrites dans ce chapitre se manifestent. À Los Angeles, les prix des bureaux varient de manière régulière autour des pôles, et si l'on prend l'échelle régionale (Californie du Sud), des logiques de centralité réapparaissent. Mais même ces logiques ne sont pas inéluctables : à partir des processus décrits, on peut imaginer un « centre » linéaire. Le prix des bureaux serait plus élevé en façade de l'artère, et diminuerait en fonction de la distance perpendiculaire à l'artère. Des quartiers résidentiels se situeraient en arrière des zones d'affaires, et les « secteurs » seraient des rectangles (figure 11.13). Cette ville imaginaire, inspirée des constats empiriques, est aussi conforme au processus décrits dans ce chapitre : la seule différence étant que le centre-ville n'est plus un point, mais une ligne.

En analysant la forme urbaine à partir de schémas classiques (figures 11.6 et 11.12), que l'on peut rendre plus complexes en tenant compte des pôles d'emplois, de l'effet structurant des artères, de la modification de la notion d'accessibilité qu'engendre la voiture, les autoroutes, et peut-être de plus en plus Internet, on aboutit à une compréhension économique de la forme urbaine. Même les formes complexes qu'on voit actuellement apparaître peuvent être déchiffrées en se servant de ce cadre – mais ce déchiffrage sera toujours partiel, car chaque lieu et chaque ville restent uniques. Les chercheurs post-modernes ont choisi de mettre en avant avec force l'unicité de chaque lieu et de chaque vision de la ville : ce faisant, ils ont enrichi notre compréhension de l'urbain, et ont attiré l'attention de la communauté scientifique sur les changements et les spécificités importantes qu'on observe dans certaines métropoles. Mais à ces constats d'unicité et de spécificité se superposent également des régularités importantes. Certaines de ces régularités sont d'ordre économique, et ce sont elles auxquelles nous portons attention dans cet ouvrage.

Figure 11.13 - Extension des modèles classiques : centre et sous-centre linéaires

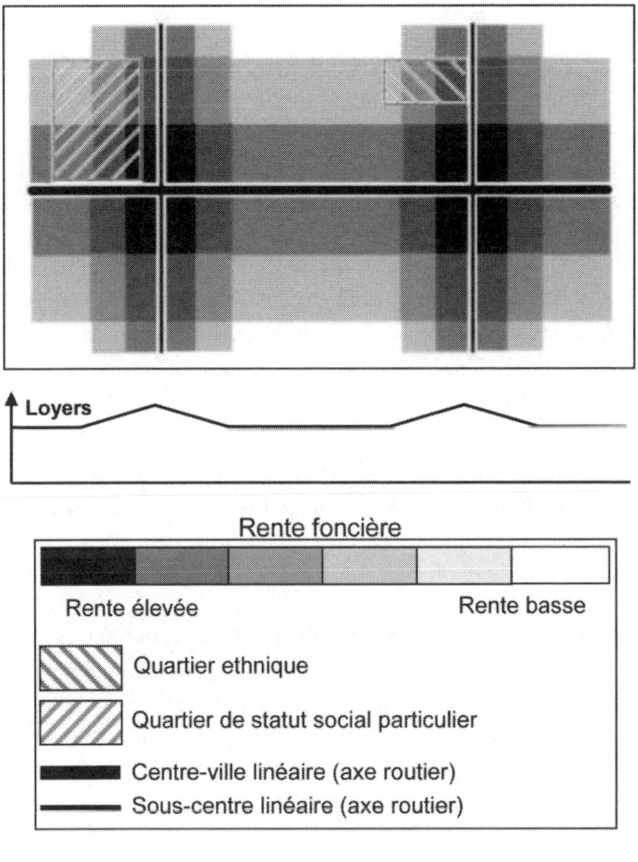

Note : cette forme urbaine, dérivée de l'extension des modèles classiques (figures 11.6 et 11.12), est présentée à titre d'illustration de nouvelles formes possibles. Extrapolée des observations empiriques de Lang (2003), elle viendrait s'ajouter à (et non remplacer) les formes mono- et multi-nucléaires plus traditionnelles. C'est l'utilisation de la voiture qui rend théoriquement accessible tous les points le long de l'axe linéaire; le croisement de deux axes entraîne de nouvelles centralités. La courbe des loyers ressemble à celle de Los Angeles (figure 11.9), et changerait selon la coupe choisie. Une coupe perpendiculaire à l'axe principal donnerait une impression de ville mono-centrique.

Transport, environnement et politique publique

Nous avons, dans ce chapitre, décrit les forces économiques qui façonnent et refaçonnent la structure spatiale des métropoles. En ce faisant, nous avons analysé l'accessibilité et les aménités telles qu'elles sont perçues par les individus et les entreprises : nous avons par ailleurs pris pour acquis que les nouvelles formes urbaines reposent de plus en plus sur l'utilisation de la voiture. Mais ces choix et préférences individuels entraînent des coûts qui ne sont pas toujours comptabilisés. Par exemple, l'expansion suburbaine des villes nord-américaines s'est faite grâce aux investissements considérables en infrastructures routières, mais aussi en infrastructures de distribution d'électricité, d'eau et d'égouts. Ces infrastructures demandent à être entretenues, d'autant plus que, construites en grande partie dans la période d'après-guerre, elles arrivent aujourd'hui en fin de vie utile.

Un autre coût important est relatif à la perte d'espaces verts : des villes ou des banlieues construites autour de l'automobile requièrent des aires importantes dédiées aux parkings, aux échangeurs autoroutiers et ainsi de suite. De manière paradoxale, la voiture, qui était perçue dans les années 1920 comme la clé d'accès aux espaces naturels, en est devenue une des consommatrices principales.

En Europe (et dans une moindre mesure au Canada), des choix différents de ceux opérés aux États-Unis ont guidé l'expansion urbaine. Sans nier l'importance croissante du véhicule particulier dans ces pays, les formes urbaines y sont plus denses. Cette densité s'accompagne d'une utilisation plus importante des transports publics. Pour ces pays, et encore plus pour les pays en voie de développement (où l'utilisation de la voiture est en train de croître très rapidement), le maintien d'une certaine densité urbaine est une condition *sine qua non* du maintien d'un réseau de transport public viable. Les conséquences de ce maintien en termes d'utilisation du sol, d'infrastructures et de pollution atmosphérique sont importantes.

Le lien qui existe entre densité urbaine et transports publics est à souligner : si les formes et densités urbaines de l'Europe et des pays en voie de développement tendent vers celles des États-Unis, il sera difficile d'éviter la motorisation croissante de la population et le déclin des transports publics. De plus, une fois la structure spatiale étendue implantée (comme à Los Angeles), il n'est plus possible de revenir en arrière (ni de remettre en place un système de transport public rentable ou efficace).

Il est aisé de poser le problème. Mais sa résolution est loin d'être facile. La causalité est circulaire : la motorisation des sociétés entraîne l'expansion urbaine, mais cette expansion rend à son tour nécessaire la motorisation (car les transports publics ne peuvent pas desservir les zones urbaines peu denses). De plus, la voiture n'est pas qu'un véhicule, mais un symbole de statut social et de liberté. Mettre en place des règlements urbanistiques sévères qui limiteraient l'expansion urbaine serait perçu par certains comme une entrave à la liberté économique qui est devenu un des fondements des sociétés industrialisées. Ces questions plus larges – qui touchent au rôle des pouvoirs publics et à la prise en compte de coûts sociaux dans un contexte néo-libéral – vont bien au-delà du sujet de ce livre. Mais il est important de souligner que les enjeux sous-jacents aux structures spatiales des métropoles décrites dans ce chapitre vont, eux aussi, bien au-delà des modèles spatiaux et économiques.

Conclusion

Les activités économiques et les habitations consomment de l'espace. Le sol est une ressource rare dont l'utilisation est soumise à une concurrence où l'offre et la demande entrent en jeu. Il a cependant ceci de particulier que chaque parcelle du territoire est unique par ses caractéristiques et sa localisation, si bien que son offre est fixe, donnant lieu à la création de rentes de localisation. À l'intérieur de l'espace urbain, la concurrence entre les différentes fonctions (industrie, commerces, bureaux, habitat, etc.) cherchant à s'implanter déterminera à la fois la répartition spatiale des activités et la valeur relative des rentes foncières.

Ce sont principalement des variables comme la densité (ou l'intensité d'utilisation) et la sensibilité aux coûts de transport (par rapport au noyau central, mais de plus en plus aussi par rapport à d'autres lieux focaux de la métropole) qui fixent les niveaux relatifs de la demande de terrains dans la ville. Plus l'activité peut faire une utilisation intensive d'une parcelle de terre et plus elle est sensible aux coûts de transport, plus elle est disposée à payer cher pour se localiser au centre de la ville, ou dans tout autre lieu de haute accessibilité aux équipements, aux infrastructures et à la main-d'œuvre qui correspondent à ses besoins : pour certaines activités, ce sont les pôles suburbains, voire des artères suburbaines, qui représentent la localisation de choix à partir de laquelle l'accessibilité est estimée.

Cependant, les avantages de localisation et les rentes de localisation n'ont rien d'immuable. La force d'attraction du centre-ville, comme la force relative d'attraction d'autres points du territoire urbain, est sensible aux interventions politiques. De plus, le changement technologique, notamment dans le domaine des communications, a pour effet de modifier constamment le positionnement relatif de différents points à l'intérieur de l'espace urbain. Finalement, le développement économique, en transformant les structures d'emploi et de consommation (il y a désormais plus de bureaux et moins d'usines, plus d'unités de logement par personne), entraîne partout un processus d'expulsion-succession, à mesure que de nouvelles utilisations du sol se substituent à d'autres. Cette question fera l'objet du dernier chapitre.

La majorité de la population mondiale, et une très grande majorité des résidents de pays occidentaux, vivent dans les grandes villes que nous venons de décrire. Même si les émissions (par habitant) de gaz à effet de serre sont plus importantes en milieu rural à cause de l'utilisation plus intensive de la voiture (voir chapitre 4), ce sont les grandes métropoles qui consomment le plus d'énergie en termes absolus. Les pays en voie de développement tendent à adopter, pour l'instant, des formes urbaines semblables à celles empruntées en Occident, c'est-à-dire des modes d'expansion fortement dépendants de la voiture. C'est donc au sein des métropoles que certaines solutions devront être trouvées afin de limiter la congestion et l'utilisation de la voiture. Le modèle urbain actuel – un centre-ville entouré de banlieues peu denses et en croissance – n'est pas *a priori* durable : nonobstant les problèmes de pollution atmosphérique, des questions purement économiques (comme celles du prix de l'énergie et de la congestion) viendront de plus en plus limiter l'expansion indéfinie de ce modèle. Des solutions alternatives, souvent axées sur le transport public ou sur le rapprochement entre domicile et travail, sont parfois prônées par les urbanistes, mais avec un succès mitigé : le transport public est mal adapté à la desserte de villes étalées, et les avantages de la métropole (diversité d'opportunités, multiples appariements possibles entre emplois et travailleurs) disparaissent si le rayon de recherche d'emploi se restreint au quartier. L'augmentation de la densité urbaine, théoriquement souhaitable – car elle multiplie les chances d'interaction, diminue les distances, et augmente l'efficacité des transports publics – ne correspond pas aux aspirations individuelles de la plupart des résidents urbains. Si on admet que l'étalement urbain devra un jour se réduire, les aspirations individuelles devront évoluer.

Les logiques et processus décrits dans ces chapitres fournissent certains éléments économiques permettant la compréhension du fonctionnement de ces aspirations. Nous y soulignons à multiples reprises que les formes urbaines reflètent souvent les rouages du marché, c'est-à-dire l'équilibre entre ce que désirent les consommateurs, les entreprises et les pouvoirs publics, contraints par leur capacité de payer (ou d'agir). Il est peu probable que les interventions directes des pouvoirs publics sur la forme urbaine auront un grand effet sur son étalement : les évènements qui ont eu le plus grand effet sur l'expansion des villes sont des chocs économiques récents, touchant la demande pour les terrains de banlieue, à savoir l'augmentation du prix de l'essence en 2007-2008 (augmentation du coût de la distance) et la récession de 2008-2009 (diminution de la demande pour les grands logements de banlieue).

LECTURES SUGGÉRÉES EN MARGE DES THÈMES TRAITÉS DANS LA TROISIÈME PARTIE

Théories et modèles de localisation / L'espace national *

Combes et Overman, 2004 ; Dicken et Lloyd, 1990 ; Mérenne-Schoumaker, 1991 ; Polèse et Shearmur, 2006a, 2007 ; Terral et Polèse, 2006 ; Pumain, 1992.

Théories et modèles de localisation / L'espace urbain *

Aguiléra, 2002 ; Bruegmann, 2005 ; Gaschet, 2002 ; Manzagol, 1992 ; Pumain et Mattei, 1998 ; Shearmur, 2012 ; Shearmur et Alvergne, 2002 ; Yeates, 1997.

Dynamique des espaces économiques et résidentiels

Duranton et Puga, 2001 ; Davis et Weinstein, 2002 ; Gaigné *et al.*, 2005 ; Glaeser et Gotlieb, 2006 ; Holtz et Houssel, 2002 ; Le Bras et Todd, 2013 ; Scott, 2001 ; Sharma, 2003 ; Shearmur, Terral et Polèse, 2013.

Nouvelles formes urbaines et débats

Brenner et Theodore, 2002 ; Dear, 2002 ; Graham et Marvin, 2001 ; Korsu, Massot et Orfeuil, 2012 ; Lang 2003 ; Shearmur *et al.*, 2007 ; Terral et Padeiro, 2013.

* La plupart des ouvrages (manuels, recueils, etc.) cités à la fin de l'introduction générale comprennent des chapitres consacrés à la présentation des modèles et théories de localisation.

Note : on trouvera les références complètes dans la bibliographie générale, à la fin du volume.

CONCLUSION

DYNAMIQUES TERRITORIALES : SYNTHÈSE ET PROSPECTIVE

Cette conclusion se présente en trois temps. Dans un premier temps, nous proposons une synthèse des dynamiques spatiales à l'échelle urbaine et régionale à l'œuvre dans les pays à économie avancée. Pour ce faire, nous développons un modèle schématique d'un pays imaginaire (typique) dont l'économie est en mutation. Nous restons largement fidèles au cadre général d'analyse qui nous a servi de point de repère dans les deux derniers chapitres de ce livre, soit un territoire habité (une plaine homogène) au centre duquel se trouve un pôle dominant. Cette représentation simple de l'espace économique s'applique autant à la compréhension des espaces urbains qu'à celle des espaces nationaux.

Dans un deuxième temps, nous nous interrogeons sur les grandes transformations structurelles des économies avancées, en suivant de plus près la montée des activités à fort contenu en savoir et en matière grise. Ces transformations structurelles, au final, sont à l'origine des dynamiques territoriales examinées dans les chapitres de ce livre, tant à l'échelle urbaine que régionale. Dans un troisième temps, nous abordons des thèmes qui n'ont pas été traités ailleurs, tout en introduisant des éléments de prospective.

Synthèse : un espace économique en mutation

La figure 12.1 trace un portrait synthèse d'un espace économique en mutation, fidèle à l'image d'une plaine homogène polarisée par une grande métropole occupant le sommet de la hiérarchie urbaine, entouré de villes de taille différente situées à des distances régulières, conformément à la théorie des lieux centraux.

Dynamique à trois échelles spatiales

Pour réaliser l'intégration des espaces urbains et nationaux, nous distinguons trois échelles spatiales, dont chacune correspond à un anneau autour de la ville-centre (le noyau foncé) ; les zones de banlieue ; l'aire de déconcentration urbaine ; la périphérie. Nous postulons un environnement dynamique sur plusieurs décennies (ou siècles) : hausses soutenues de productivité par travailleur et donc aussi du revenu réel par habitant avec les transformations démographiques et des changements dans les structures de demande et de production qui s'ensuivent. Les trois anneaux traduisent, par le même biais, des dynamiques spatiales propres aux trois échelles, soit :

Suburbanisation : le mouvement des activités économiques et des populations de la ville-centre vers les zones de banlieue. Pour être fidèles au concept de banlieue, les zones doivent se situer à l'intérieur du même bassin de main-d'œuvre que le centre-ville, c'est-à-dire dans le périmètre habituel des migrations alternantes. Celui-ci définit les limites de l'agglomération urbaine (ou de la métropole). À l'échelle du pays, les mouvements de suburbanisation ne modifient pas les rapports de centre-périphérie entre régions ou aires urbaines.

Déconcentration : les déplacements qui vont au-delà du périmètre de suburbanisation mais restent à l'intérieur d'un rayon limité. On pourrait également parler de mouvements de périurbanisation ou de métropolisation. Les limites de l'aire de déconcentration correspondent au périmètre proposé au chapitre 6 (revoir la figure 6.9) ; à savoir, une heure à une heure et demi de déplacement à partir du pôle central, qui sert à délimiter sa zone d'influence pour des services aux entreprises (conseils, commercialisation, conception…) dont la consommation exige des déplacements fréquents et des contacts en face à face.

Décentralisation : les déplacements qui dépassent le périmètre de déconcentration vers des zones plus éloignées ; ces mouvements vont également du centre vers la périphérie.

Figure 12.1 - Un espace économique en mutation : représentation schématique

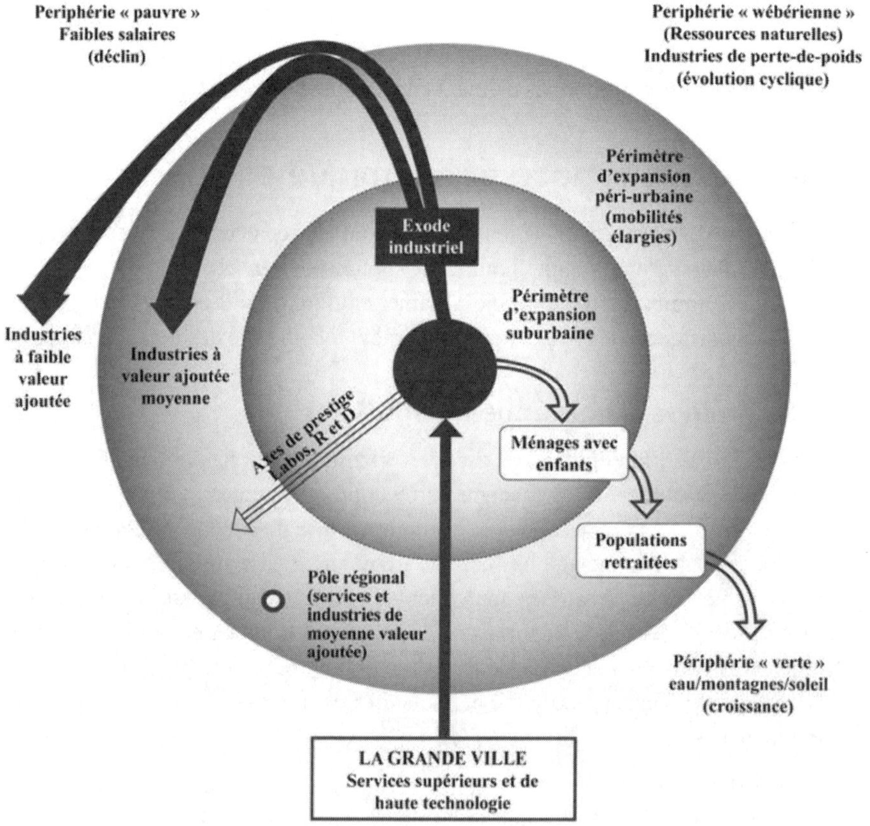

Le moteur, à la base des dynamiques territoriales schématisées à la figure 12.1, est la pression exercée sur le centre par les activités économiques qui cherchent à s'agglomérer, ce qui nous renvoie aux premiers chapitres de ce livre qui traitaient de l'urbanisation et des économies d'agglomération. Un peu à l'image du jet d'eau d'une fontaine, dont la pression au centre détermine la hauteur, les mouvements se font par à-coups, à des distances plus ou moins grandes du centre. Leur ampleur dépendra à la fois du niveau de développement et du dynamisme de l'économie nationale et des technologies de transports et de communications en place.

Cependant, ce schéma n'est pas sans limites. Comme tout modèle du genre, il est nécessairement réducteur. Il ne tient compte que d'une partie des possibilités. Que dire des mouvements entre villes de taille différente ? Ainsi, une activité peut se « décentraliser » en quittant le pôle urbain national pour une région périphérique (située, par exemple, à 500 kilomètres du centre). Mais le sens de ce mouvement sera très différent selon qu'il est dirigé vers une petite bourgade ou vers une métropole régionale. Un déplacement d'activité de Paris à Lyon n'a pas la même signification qu'un déplacement de Paris à une petite localité de la région Rhône-Alpes. Un déplacement de Montréal à Québec n'a pas la même signification qu'un déplacement vers la Gaspésie. Toutefois, les deux constituent des mouvements de décentralisation au sens de l'espace national. Enfin, ce schéma repose implicitement sur le postulat que les grandes variables géostructurelles abordées dans ce livre (distance, agglomération, localisation, géographie physique, structure industrielle....) constituent des éléments clés pour la compréhension des dynamiques territoriales et la formation de paysages économiques.

Ceci étant dit, regardons le portrait que nous propose la figure 12.1, en partant des premiers moments du développement aux économies post-industrielles d'aujourd'hui, en reprenant les grandes thématiques traitées dans ce livre.

Dynamique à long terme

Le développement économique déclenchera un mouvement d'urbanisation. Toutes les villes du système connaîtront des augmentations de population, nécessairement accompagnées de l'expansion géographique des périmètres d'urbanisation. Mais l'expansion physique de la ville se poursuivra au-delà de la période initiale de croissance urbaine. Les sources de l'étalement urbain et de la suburbanisation ne sont pas uniquement démographiques. Le périmètre d'urbanisation continuera de s'étendre tant que :

a) les populations urbaines consommeront toujours plus d'espace résidentiel (par habitant) ;

b) les activités économiques en expansion seront de plus fortes consommatrices d'espace ;

c) l'amélioration des transports urbains permettra d'effectuer des mouvements pendulaires domicile-travail sur des distances plus grandes. À ceci s'ajoute l'impact des horaires flexibles et du télétravail pour certaines professions, ce qui rend aussi les entreprises moins sensibles à la distance du centre-ville.

Il est peu probable qu'a et b exercent encore une grande influence dans les pays industrialisés ; le rétrécissement de la taille des ménages favorise plutôt le développement de formes intensives d'habitat. C'est l'évolution des moyens de transport qui, à l'avenir, sera surtout à l'origine de l'extension (ou non) du périmètre de suburbanisation. Une baisse des coûts (ou une plus grande fluidité) provoquera une plus grande dispersion autour du noyau central. Une hausse des coûts aura l'effet inverse.

À l'échelle nationale, par contre, nous savons que la diminution des coûts de communication favorise souvent la centralisation des activités économiques supérieurs. Nous savons aussi que les activités en expansion sont, en règle générale, les plus sensibles aux économies d'agglomération. Il s'ensuit un processus d'expulsion-succession par lequel les activités en expansion, à la recherche de localisations centrales et utilisatrices plus intensives de l'espace urbain, repoussent les autres vers la banlieue ou encore plus loin. Le système subit l'influence de deux forces opposées : un mouvement de centralisation, dont le principal effet visible est la spécialisation toujours plus accentuée du pôle national et de son centre-ville dans le tertiaire supérieur, et un mouvement de déconcentration dont les principales manifestations visibles sont l'expansion de la banlieue et l'exode des industries et des commerces vers des localisations périurbaines. Pour les industries (et pour certains services plus techniques), cette déconcentration est facilitée par l'amélioration des communications qui décloisonne les villes et régions dans le périmètre d'expansion, et qui élargit ce dernier.

À l'intérieur de la ville, la plus grande mobilité spatiale des populations a souvent pour effet d'accentuer la division sociale de l'espace résidentiel. L'attraction exercée par le centre sur les plus nantis sera d'autant plus forte que le tertiaire supérieur y est également fort. La mobilité résidentielle des populations les plus pauvres est largement fonction des transports collectifs, dont la disponibilité dépend en partie à son tour du caractère plus ou moins dense et plus ou moins ordonné du modèle d'habitat. Les choix politiques en matière d'urbanisme, d'infrastructures et de financement et des transports urbains auront un impact majeur sur la forme urbaine. Ainsi, les espaces urbains peuvent épouser des formes différentes d'un pays à l'autre.

Toutes les industries n'adopteront pas le même modèle de redéploiement spatial. Les industries manufacturières les plus sensibles aux économies d'agglomération recherchent des localisations, à l'intérieur du périmètre d'expansion suburbaine. Si, parfois, elles prennent de l'expansion au-delà de ce périmètre, elles restent néanmoins à l'intérieur d'un rayon limité (dans ce que nous appelons l'aire de déconcentration ou de métropolisation), pour avoir des interactions faciles avec la grande ville. Dans plusieurs régions urbaines se développera, dans le prolongement des zones résidentielles de haut statut social, une sorte de « corridor de prestige » où seront concentrées les industries fortes consommatrices de matière grise : laboratoires, industries scientifiques et autres entreprises de haute technologie.

Le mouvement de déconcentration de l'emploi, au-delà du périmètre de suburbanisation, se fera sentir relativement tôt dans le processus de développement économique. Là encore, on devine l'importance des investissements dans les infrastructures de transport et de communication. En revanche, ce mouvement vers des zones limitrophes du pôle national va souvent de pair, pour elles, avec une perte d'autonomie tertiaire à mesure que le pôle national étend son influence, dans un processus de métropolisation qui englobera un territoire toujours plus étendu. La plus grande flexibilité résidentielle de certaines populations retraitées et semi-retraitées aura également pour effet d'étendre le rayon d'interaction (sociale et commerciale) de la grande ville, entourée à des distances variables de zones de villégiature et de résidences secondaires.

Ce portrait synthèse ne se manifestera pas, bien entendu, de la même façon dans tous les pays. La taille du pays, sa géographie et son histoire de peuplement affecteront l'arbitrage entre les différentes localisations. Plus le pôle national est important (peuplé) plus les effets d'expulsion (ou de répulsion) associés aux déséconomies d'agglomération risquent de l'emporter sur les effets centralisateurs. Au Canada, les effets de centralisation continuent largement à l'emporter, au profit des plus grandes villes et des zones proches. Mais la population de la plus grande agglomération – Toronto – n'atteint même pas la moitié de celle de la région parisienne ; Montréal n'est que le tiers de Paris. Faut-il alors s'étonner que les déséconomies d'agglomération tardent à s'y manifester ou ne soient pas ressenties comme dans la capitale française ? La congestion routière à Montréal ne se compare pas à celle de Paris.

Le destin des régions plus éloignées se prête plus difficilement à des modèles généraux, régions façonnées par la géographie et l'histoire du peuplement du pays. À terme, les régions périphériques profiteront, du moins dans plusieurs cas, de la décentralisation qui se manifestera dans les phases plus tardives du développement. Dans la mesure où elles en profitent, la décentralisation touchera surtout les secteurs d'activité plus traditionnels, sensibles aux coûts de main-d'œuvre. Cependant, c'est ici que la distinction entre périphéries de ressources (à la Weber), tributaires des matières premières, et périphéries traditionnelles s'impose. La première se caractérise souvent par des salaires élevés (le pendant des « rentes » provenant des ressources naturelles), donnant lieu à ce que nous avons nommé le syndrome du rentier encombrant. Ce type de périphérie est très présent au Canada mais peu en Europe, quoique des traces en soient visibles dans les vieilles zones houillères de l'Europe (dont les localisations, toutefois, ne sont pas forcément périphériques).

L'ampleur du mouvement de décentralisation industrielle est aussi fonction de la dimension du territoire. Dans un petit pays comme la Belgique, à peu près toutes les parties du territoire national en profiteront en principe. Au Canada, par contre, plusieurs régions périphériques attendent toujours des implantations industrielles non tributaires de matières premières. Les densités de population et les distances ne sont pas les mêmes au Canada qu'en Europe. La présence historique de villes secondaires – d'une taille suffisante – est souvent le facteur déterminant. L'est du Canada (à l'est de la ville de Québec), un territoire plus vaste que la France, n'abrite aucun centre urbain dont la population dépasse 200 000 habitants (Halifax est l'unique exception). Rien de tel n'existe en Europe, excepté en Scandinavie et en Russie.

Les régions périphériques doivent parfois leur salut aux hasards de la géographie. Comment ? Dans la quasi-totalité des pays développés des zones tempérées, on assiste à un mouvement généralisé qui conduit les populations à se rapprocher des zones ensoleillées et des étendues d'eau. C'est vrai aux États-Unis, comme en France. Les régions périphériques canadiennes, à quelques rares exceptions près, ne peuvent pas, comme le midi et le littoral français (atlantique ou méditerranéen), compter sur des attributs géographiques (faveur du climat, etc.) pour attirer en grand nombre les populations de retraitées ou bien des touristes. En France, ce sont des régions autrefois considérées comme la périphérie qui profite le mieux de ce mouvement (ce qui n'exclut pas la persistance d'angles morts du développement). La géographie économique du pays en a profité pour se redéployer et propose aujourd'hui un portrait nettement plus équilibré que celui qu'on pouvait observer il y a une cinquantaine d'années. Les politiques d'aménagement n'ont pas été sans influence, également, mais on a parfois du mal à les faire parler dans ce genre d'approche, à valeur plus « schématisante ».

Dès qu'on analyse une ville, une région ou un pays dans le détail, il arrive que les particularismes l'emportent sur les possibilités de généralisation ; l'économie urbaine et régionale, comme champ d'études, est alors moins bien outillée pour apporter des réponses. Elle a d'abord pour but de relever les facteurs généralisables et les processus sous-jacents aux mutations territoriales de l'économie. Nous avons vu qu'elle parvient à fournir un cadre explicatif qui est étayé par maintes observations empiriques. Mais ce cadre n'est pas exhaustif, et pour chaque théorie ou processus général, il y a toujours des exceptions, des cas particuliers. C'est le propre des théories en sciences humaines, qui arrivent rarement à des explications pleinement satisfaisantes. Par contre, sans théories et modelés comme repères, il est impossible de saisir la spécificité des divers territoires qui composent le tissu urbain et régional du pays.

Regard en amont : la transformation continue des structures économiques nationales

La synthèse présentée à la figure 12.1 repose implicitement sur le postulat que les économies d'agglomération et la centralité (revoir les chapitres 2 et 3) continueront à alimenter la croissance du pôle central. Les principales théories et modèles en géographie économique abordés dans ce livre s'en tiennent aux dynamiques proprement *spatiales*. Les transformations structurelles des économies nationales ne figurent pas, en règle générale, dans des manuels de géographie économique. Cependant, le constat que des entreprises sont sensibles aux économies d'agglomération ou à la centralité ne suffit pas pour expliquer la force continue du jet d'eau au centre de la figure 12.1, maintenue sur des décennies, voire des siècles. Encore faut-il que les industries qui y sont sensibles continuent à arriver en plus grand nombre que celles qui le sont moins ; ce qui nous renvoie à l'évolution des structures économiques nationales sur le temps long. Quelles sont les branches d'activité en croissance ; celles en déclin et, surtout, quelle est leur sensibilité relative aux économies d'agglomération et « à l'attrait du centre» ? C'est là que se trouve la clé de l'évolution de l'arbitrage entre forces de centralisation, d'une part, et forces de déconcentration et de décentralisation, d'autre part. Commençons par un regard sur une simulation numérique.

Impact spatial des taux relatifs de croissance

Pour que les pressions sur le centre se maintiennent, il faut (1) que les branches d'activité en forte croissance manifestent aussi (2) une propension relative plus forte à la concentration spatiale (par rapport à d'autres branches) même si, pris isolément, elles donnent des signes de décentralisation. Pour fins d'illustration, nous proposons une simulation au tableau 12.1 avec une transposition des résultats au modèle shift-share (revoir l'encadré 6.3 ; chapitre 6). Nous y supposons un territoire comprenant deux zones, le centre et la périphérie (ou, si l'on préfère, le centre-ville et la banlieue), et deux secteurs d'activité économique, A et B. Le secteur A (par exemple l'industrie manufacturière, avec 100 emplois) ne connaît pas de croissance de l'emploi entre la période T1 et la période T2, tandis que le niveau d'emploi de B (par exemple le tertiaire) triple, passant de 100 à 300. Au départ, B est nettement plus concentré dans le centre : 80 % des effectifs de B (soit 80 emplois) s'y trouvent, contre seulement 20 % de ceux de A (soit 20 emplois). Entre T1 et T2, les deux secteurs accusent une tendance à la décentralisation : la proportion des effectifs de B présents au centre à la date T2 tombe à 70 % (ce qui représente 210 emplois). Pour les emplois du secteur A, la proportion au centre passe à 18 % (ce qui représente 18 emplois). Mais comme B est toujours à la fois plus concentré, en termes relatifs, et plus dynamique que A, l'emploi total du centre croît finalement plus vite (au taux de 128 %) que l'emploi de la périphérie (72 %).

Tableau 12.1 - Impact des différences dans les taux relatifs de croissance sur la répartition spatiale de l'emploi, simulation

	T1						T2						Croissance T1-T2	
	Secteur A		Secteur B		Emploi total		Secteur A		Secteur B		Emploi total		Emplois	%
Région	100		100		200	100 %	100		300		400	100 %	200	100 %
Centre	20	20 %	80	80 %	100	50 %	18	18 %	210	70 %	228	57 %	128	128 %
Périphérie	80	80 %	20	20 %	100	50 %	82	20 %	90	30 %	172	43 %	72	70 %

Note : secteur A en stagnation, pas de croissance d'emploi T1-T2. Secteur B en croissance forte, triple entre T1 et T2.

	Application de la méthode *shift-share*			
	Croissance réelle	Effet national	Effet structurel	Effet régional
Centre	128	100	140	-12
Périphérie	72	100	40	32

Note : la méthode shift-share est expliquée dans le texte.

Nous connaissons déjà la réponse à la deuxième condition. Les services supérieurs et d'autres branches d'activité assimilées sont davantage sensibles aux économies d'agglomération. À l'échelle nationale, ils manifestent une tendance disproportionnée à choisir les plus grandes villes, comme nous le rappelle la figure 12.2 pour le Canada et pour la France[1]. À l'échelle urbaine, nous savons (revoir chapitre 11) que les activités de ce type se concentrent, en règle générale, dans les centres-villes, souvent logées dans des tours à bureaux, et peuvent commander des rentes foncières plus élevées que les autres secteurs d'activité. Il nous reste à confirmer la première condition : la plus forte croissance des branches d'activité spatialement concentrées. La figure 12.3 illustre les tendances par branche d'activité pour le Canada. Les deux conditions sont donc réunies pour que les pressions au centre se maintiennent, tant à l'échelle nationale qu'urbaine. Il est peu probable que les tendances soient sensiblement différentes dans les autres pays à économie avancée.

Résumons : pour saisir la dynamique territoriale d'une économie – que ce soit à l'échelle nationale ou urbaine – il ne suffit pas d'observer comment les secteurs d'activité se déplacent (ou se décentralisent) ; il faut aussi comprendre les dynamiques de croissance des différentes branches d'activité. Dans les paragraphes qui suivent, nous proposons un examen des facteurs à la base de la tertiarisation des économies nationales, tendance amorcée dans les années 1960, et confirmée par la montée de l'économie du savoir ; ce qui nous conduit au-delà des frontières traditionnelles de la géographie économique.

Tertiarisation et montée de l'économie du savoir

Dans le premier chapitre, nous avons vu que le mouvement d'urbanisation que vit notre planète depuis plus d'un siècle s'explique, dans une large mesure, par le passage d'une économie à prédominance agricole à une économie où priment les activités industrielles et commerciales, qui résultent elles-mêmes du progrès technologique et de l'évolution des structures de consommation. Jamais auparavant les économies nationales n'avaient connu des transformations aussi radicales ; la géographie de l'emploi et des populations s'en est trouvée métamorphosée. Les nouvelles activités industrielles et commerciales, libérées de la servitude de la terre, se répartissaient dans l'espace, suivant des « lois » que nous avons essayé de mieux comprendre tout au long de ce livre. Nous savons maintenant que ces « lois » favorisent la formation de villes et de réseaux urbains. Nous savons aussi que le passage à une économie moderne ne se fait pas sans coûts sociaux. Ceux-ci prennent la forme de déplacements de population, d'usines qui ferment, de disparités régionales plus ou moins passagères, et parfois aussi de dommages à l'environnement.

Dans les pays industrialisés, le passage d'une société rurale à une société urbaine est aujourd'hui largement achevé. Il est peu probable que les pays industrialisés subissent, à l'avenir, des transformations aussi brutales que par le passé. La stabilisation graduelle des modèles spatiaux de peuplement est, en partie, la conséquence prévisible de la fin de la transformation démographique : les taux naturels de croissance sont maintenant faibles, voire nuls, et ceci ralentit les changements d'occupation de l'espace de manière presque mécanique. Par contre, la fin de la transformation démographique accroît la probabilité que certains territoires connaissent à l'avenir des déclins de population, comme c'est déjà le cas dans certaines parties du territoire français (la « fameuse » diagonale du vide) et dans l'est du Canada.

L'évolution des économies modernes ne se limite pas au passage du secteur primaire au secteur secondaire. À certains égards, le secteur manufacturier est aujourd'hui en train de subir le même sort que le secteur agricole jadis. Les uns appellent ce phénomène tertiarisation, les autres désindustrialisation. Mais quel que soit le nom qu'on utilise, il s'agit toujours de caractériser le déclin (relatif ou absolu) du secteur manufacturier et la montée, en contrepartie, du secteur tertiaire. La tertiarisation des structures d'emploi caractérise l'économie de tous les pays avancés. Au début du XXIe siècle, la part de l'emploi tertiaire dans l'emploi national approchait 80 % au Canada, aux États-Unis et en France.

La figure 12.4 illustre de façon schématique l'évolution en longue période pour un pays typique d'une économie avancée. Il convient de distinguer le secteur tertiaire « traditionnel », formé surtout de commerces et de services personnels, du tertiaire supérieur, dont il a été question dans les chapitres 10 et 11. Le secteur tertiaire est en train de subir une transformation interne. La tertiarisation des économies modernes au cours des dernières décennies est surtout le fait des services supérieurs ou encore, des services intensifs en savoir : services scientifiques et techniques ; services informatiques ; grands bureaux-conseil en génie, en recherche et en management ; etc. (revoir la figure 12.3).

Figure 12.2 - Concentration de l'emploi dans les services supérieurs selon la taille urbaine - Canada, France (2006)

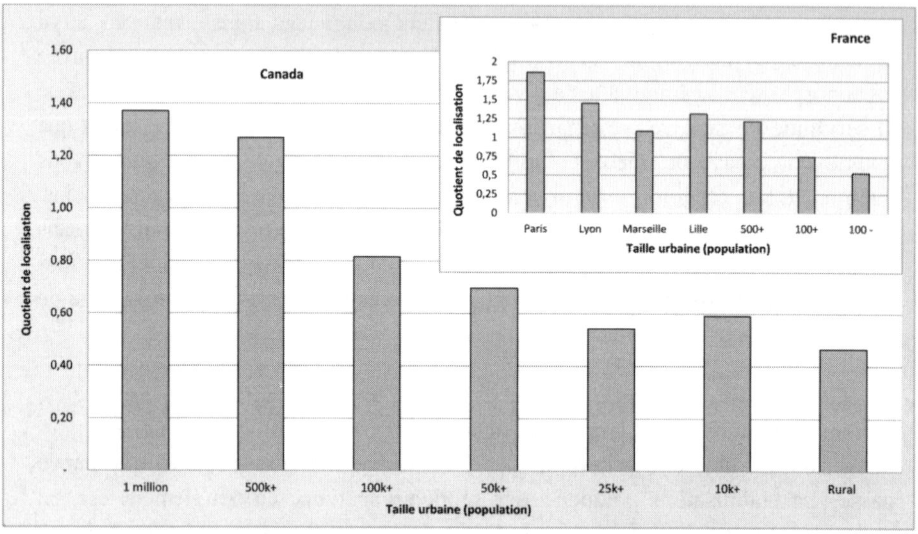

Figure 12.3 - Croissance de l'emploi (en %) par branche d'activité, Canada 1987–2014

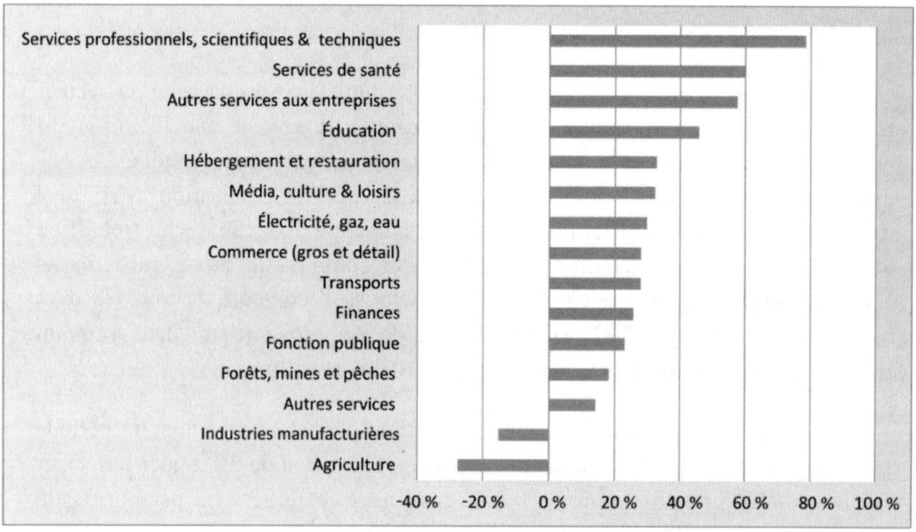

Figure 12.4 - Évolution de la structure d'emploi d'un pays développé : de la révolution industrielle à aujourd'hui (parts de l'emploi total)

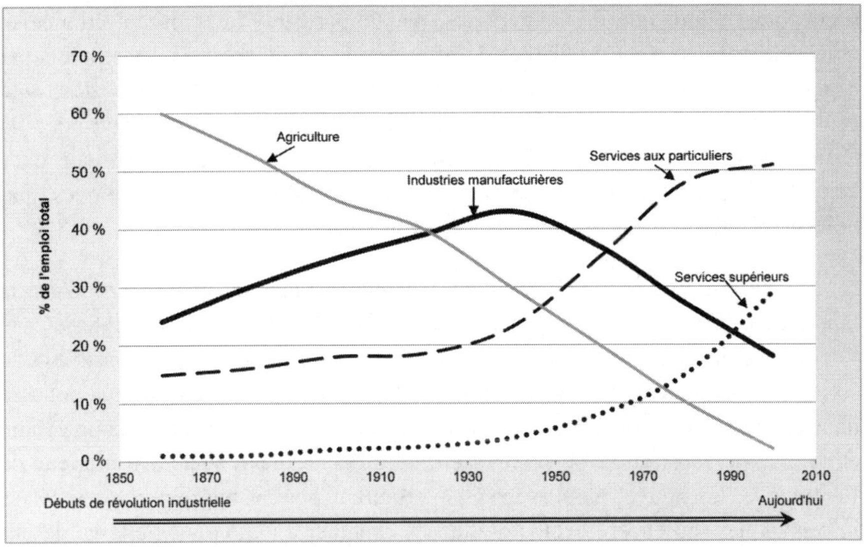

Éléments d'explication

Tertiarisation des méthodes de production

La tertiarisation du travail est intimement liée au progrès des connaissances et aux innovations technologiques. Les processus modernes de production exigent, toutes proportions gardées, de moins en moins de « bras » et de plus en plus de savoir-faire et de matière grise, sous forme d'activités de conseil, de conception, de recherche et de développement. Ce sont ces tâches, plus intensives en matière grise, qui sont au cœur de ce que nous appelons les services intensifs en savoir.

La tertiarisation des économies modernes, que confirment les statistiques nationales, apparaît en partie comme la conséquence – méthodologique – de la définition des concepts et de leur utilisation. La distinction entre « secondaire » et « tertiaire » repose en effet sur un exercice de classement des activités économiques qui comporte certaines limites. La décision de classer un travailleur dans le secteur manufacturier ne repose pas sur l'activité qu'il exerce, mais sur l'entreprise dont il fait partie. En procédant ainsi, un informaticien qui travaille chez un constructeur automobile est classé dans le secteur manufacturier (c'est la règle appliquée par la plupart des agences statistiques). Le même informaticien, qui choisirait de travailler à son compte ou pour un bureau de génie-conseil, serait alors classé dans le secteur tertiaire. Dans un contexte économique où l'impartition des tâches est très courante (par exemple, les services informatiques sont de plus en plus impartis à des entreprises de service spécialisées), on voit comment un transfert d'emplois peut s'effectuer du secteur manufacturier vers le secteur tertiaire sans que le métier, en soi, ait pu changer. Les comptables, les ingénieurs, les secrétaires, font tous l'objet de ce type de classement ambigu.

Pour pallier en partie ce problème de classement, les agences statistiques cherchent à recenser des « établissements » (des unités physiques distinctes de production) plutôt que des entreprises, peu importe les liens organisationnels : mais cela pose souvent problème[2]. L'autre option est de recenser les emplois par catégorie professionnelle (par fonction) plutôt que par branche d'activité économique. En ce sens, la tertiarisation s'observe à deux niveaux : la tertiarisation des fonctions, peu importe la branche d'activité économique dans laquelle elles sont exercées ; la tertiarisation des structures économiques, par branche d'activité. Les deux tendances s'observent.

À mesure que les établissements manufacturiers se spécialisent dans la fabrication, ils laissent à d'autres entreprises ou à d'autres unités (à l'intérieur de l'entreprise) le soin de leur fournir des services autrefois intégrés. On assiste de la sorte à une expansion du secteur tertiaire attribuable à une division plus poussée du travail et à de nouvelles formules organisationnelles. Si, par exemple, une entreprise de fabrication de poutres en acier décide de fonder, à l'intérieur de l'entreprise, un nouvel établissement « tertiaire » pour y regrouper ses services informatiques (ou encore décide d'aller les chercher à l'extérieur), elle va de fait provoquer une augmentation de l'emploi du secteur tertiaire. Autrement dit, la tertiarisation des économies résulte en partie d'un mouvement (sans doute irréversible) de spécialisation. La distinction entre secteur manufacturier et secteur tertiaire devient de moins en moins pertinente à mesure que les services à la production prennent de l'expansion. Ces services à croissance rapide sont souvent une extension de l'appareil de production des biens. En ce sens, il serait plus juste de parler de l'industrialisation du secteur tertiaire que de la désindustrialisation des économies nationales.

Jeu différentiel des taux de productivité

Grâce aux progrès des connaissances, la productivité des travailleurs du secteur manufacturier augmente constamment, comme jadis la productivité des travailleurs du secteur agricole. Pour que l'économie puisse continuer de croître, la main-d'œuvre se déplace constamment vers les secteurs d'activité où elle est plus productive : mais ce déplacement n'est possible que s'il existe une demande suffisante pour les produits de ces secteurs plus productifs. Dans la mesure où la productivité du secteur manufacturier augmente plus rapidement que la demande de biens fabriqués, il y a nécessairement, avec le temps, un déplacement de la main-d'œuvre vers d'autres secteurs d'activité.

L'évolution de la structure de la demande finale joue un moins grand rôle dans l'essor du secteur tertiaire que (jadis) dans l'essor du secteur secondaire, mais nous verrons dans la section suivante que l'évolution de la demande joue tout de même un rôle. Certes, l'élasticité-revenu de la demande est supérieure à 1 pour certains services, d'où la croissance de l'emploi dans les secteurs de la restauration, du divertissement et des loisirs. Mais c'est la différence dans la croissance relative de la productivité qui joue surtout dans le cas du secteur tertiaire. Il s'agit souvent de tâches où la machine se substitue plus difficilement à l'homme, et où les augmentations de la productivité du travail se font plus lentement. Plus la productivité globale augmente grâce au progrès technologique, plus la main-d'œuvre se déplace vers des activités où l'homme garde des avantages comparatifs sur la machine. Celles-ci sont des activités à fort contenu de savoir-faire et d'imagination, mais aussi des activités pour lesquelles le contact interpersonnel est un élément indissociable du service. Le transfert de l'emploi vers des secteurs comme la restauration, les arts, l'éducation et la santé s'explique en bonne partie par la difficulté de substituer des machines aux hommes dans ces domaines. Mais il ne faut s'y tromper. Tous les emplois tertiaires des économies modernes ne sont pas à la recherche de personnels qualifiés, et ne débouchent pas sur des rémunérations importantes, loin de là. Le secteur des services est aussi celui du travail intérimaire, du temps partiel et des tâches répétitives. Ces emplois se rencontrent aussi bien dans les services à la consommation (restauration, vente) que dans les services aux particuliers (service à la clientèle) et aux entreprises (location, sécurité, assistance technique). D'ailleurs, et c'est important de le souligner, depuis la fin des années 1990, on constate en France, mais pas seulement, une reprise à la hausse de l'emploi non qualifié, en bonne partie provoquée par les emplois créés dans les services plus routiniers. Cependant, gardons à l'esprit que la croissance la plus spectaculaire a bien eu lieu dans des activités à fort contenu de capital humain (revoir figure 11.3).

Mondialisation, spécialisation et économie du savoir

La mondialisation, aussi appelée globalisation des économies modernes (et la demande croissante en informations que celle-ci entraîne) est un facteur additionnel d'explication de la croissance du tertiaire supérieur dans les pays industrialisés, et ce pour deux raisons. Le premier effet de la globalisation est d'avoir permis une plus forte spécialisation. Nous venons de voir que les entreprises et les établissements se spécialisent. Ce constat vaut aussi à l'échelle internationale : tandis que les économies développées concentrent les activités tertiaires de recherche et développement, de management et d'autres services supérieurs, les économies émergentes, dont la Chine et l'Inde, se spécialisent dans les activités manufacturières proprement dites, notamment celles les plus sensibles aux coûts de main-d'œuvre. Dans la mesure où les emplois et les fonctions de fabrication sont de plus en plus localisés dans des pays en voie de développement, les économies développées se tertiarisent. C'est la transposition à l'échelle internationale du modèle centre-périphérie. Londres et New York ne sont pas uniquement des centres financiers de leurs pays respectifs ; mais aussi du monde.

Le deuxième effet de la mondialisation, (qui n'est pas limité aux pays industrialisés) est une demande accrue pour les conseils et l'information : à partir du moment où les entreprises sont à la recherche de (nouveaux) marchés internationaux, de méthodes de fabrication plus efficaces, de systèmes de gestion de l'information plus appropriés… il leur devient difficile de trouver et d'analyser les informations nécessaires toutes seules. Elles font appel à de l'aide extérieure, qu'elles vont chercher dans des services spécialisés chargés de leur faire comprendre les implications réglementaires, fiscales, technologiques et contractuelles de nouveaux marchés, de les guider dans leurs démarches administratives, de marketing et d'appropriation technologique. La demande accrue pour les conseils, demande générée en partie par la complexité croissante des marchés et par l'importance accrue de l'information lorsque celle-ci n'est pas toujours aisément disponible, est un facteur supplémentaire qui entraîne la croissance du tertiaire supérieur et qui, dans chaque pays, donnera lieu à des villes dites « globales », y compris dans les pays émergents : Mumbai, Shanghai, São Paulo…

Un dernier effet de cette mondialisation est la réalisation, par les pays occidentaux industrialisés, qu'il ne leur est plus possible de miser sur des termes d'échange favorables vis-à-vis des pays en voie de développement pour assurerleur croissance. En effet, les échanges avec ces pays augmentent et certains PED s'industrialisent rapidement. De plus en plus de pays occidentaux mettent donc l'accent sur l'innovation : ce n'est plus en fabriquant moins cher ou en dominant les échanges (reliquat persistant de l'ère coloniale) que les pays occidentaux se développent – bien que ces deux processus restent très importants. C'est en misant sur la qualité, sur la rapidité de la mise en œuvre de solutions et sur la production de nouveaux procédés et services dont ils détiennent la propriété intellectuelle que ces pays tentent de maintenir leur niveau de vie. Cette importance nouvelle accordée à l'innovation se répercute à tous les niveaux, et notamment dans les approches au développement local et régional. La transmission et l'utilisation appropriée d'informations et de savoirs – un des rôles importants joués par les services supérieurs – sont un des éléments clés de ces nouvelles approches au développement.

Mutation des espaces métropolitains

La propension des activités tertiaires à forte valeur ajoutée à rechercher des localisations centrales a fait progresser la tertiarisation dans les grandes villes plus rapidement qu'ailleurs, mais ce mouvement a aussi eu pour effet d'enclencher un déclin (et un exode) accéléré des secteurs manufacturiers ; les deux mouvements sont liés. Les pressions exercées sur différents points de l'espace urbain, ainsi que les modifications de l'utilisation du sol qui les accompagnent, déclenchent à chaque stade du développement une restructuration spatiale où l'on observe simultanément des mouvements de concentration et des mouvements d'expansion physique de la ville. Ainsi il est possible, pour les plus grands centres urbains, de parler de cycles de développement, comportant des phases successives de croissance rapide, d'expansion suburbaine, de métropolisation et, finalement, de stabilisation, accompagnée parfois d'un certain mouvement de retour au centre. Mais la forme réelle de ce schéma évolutif diffère d'un pays à l'autre. Comme nous l'avons vu dans le chapitre 11, la structure interne de l'espace urbain est sensible aux interventions politiques et aux particularités locales. Ainsi, pour des niveaux comparables de développement, les régions urbaines sont en général plus denses (donc moins étendues) en Europe qu'en Amérique. Les prix relatifs du transport privé et les décisions publiques d'investissement dans les infrastructures de transport comptent pour beaucoup dans l'explication des différences. L'exode urbain de l'emploi manufacturier ne se fera donc pas nécessairement sur les mêmes distances en Europe qu'en Amérique.

Tertiarisation des économies urbaines

La tertiarisation des structures d'emploi touche toutes les grandes villes du monde industrialisé. La part du secteur manufacturier dans l'emploi total est passée de 33 % à 11 % dans la région métropolitaine de Montréal entre 1971 et 2011. Sur la même période, le poids des emplois manufacturiers est passé de 25 % à 7 % dans le Grand New York et de 35 % à 12 % à Chicago, cette dernière étant pourtant réputée pour sa vocation manufacturière. Entre 1990 et 2010 la région parisienne a perdu presque la moitié de ses emplois manufacturiers : environ 400 000 emplois y ont été détruits ou délocalisés. L'industrie manufacturière n'y représente plus que 8 % de l'emploi total ce qui n'empêche pas la grande région parisienne de demeurer la première région industrielle de l`hexagone[3]. Il n'est pas exclu que certaines villes enregistrent une augmentation du nombre absolu d'emplois manufacturiers mais, y compris dans ce cas de figure, la part *relative* du secteur manufacturier diminuera.

Les emplois tertiaires ne se localisent pas seulement au centre-ville. Ces emplois occupent une grande diversité d'espaces au sein des métropoles, et seulement les services les plus à même de profiter d'une localisation centrale (et d'y payer les loyers élevés) vont s'y localiser. Au centre-ville, on retrouve les services supérieurs de pointe, ceux dont le marché recouvre l'ensemble de la métropole, voire des marchés qui s'étendent au-delà. S'y concentrent aussi les services – telle la finance – pour lesquels les informations perdent rapidement en valeur et où il est nécessaire d'être au courant, et de réagir rapidement, aux rumeurs. Mais s'y localisent également les commerces et les services de divertissement spécialisés, ainsi que les services médicaux et éducatifs de pointe ; ces services ont des besoins semblables en termes d'accessibilité à la main-d'œuvre et aux marchés que le tertiaire supérieur.

Les services plus banals, ainsi que ceux à vocation plus technique (pour lesquels la rapidité d'acquisition de l'information est moins primordiale), suivent plusieurs logiques de localisation. Le commerce non spécialisé, ainsi que les autres services à la consommation, ont tendance à se localiser au plus près des bassins de populations. Ils ont donc tendance à suivre le mouvement des populations en direction des banlieues proches et éloignées. Dans ce type d'espace où les déplacements s'effectuent majoritairement en voiture, les localisations privilégiées vont se rencontrer en bordure des axes routiers majeurs, parfois au niveau de leurs intersections. Ces lieux n'attirent pas seulement les centres commerciaux, ils sont aussi convoités par les espaces de bureaux, parfois par les zones logistiques. Ces nouvelles zones d'activité procurent un bon accès au réseau routier, aux marchés (commerciaux) et à la main-d'œuvre, et deviennent en grossissant des pôles d'emplois suburbains, avec parfois les caractéristiques des *edge-cities* (voir chapitre 11).

Figure 12.5 - Croissance (en %) de l'emploi : industries manufacturières et secteur tertiaire, Paris et Montréal 1990-2010

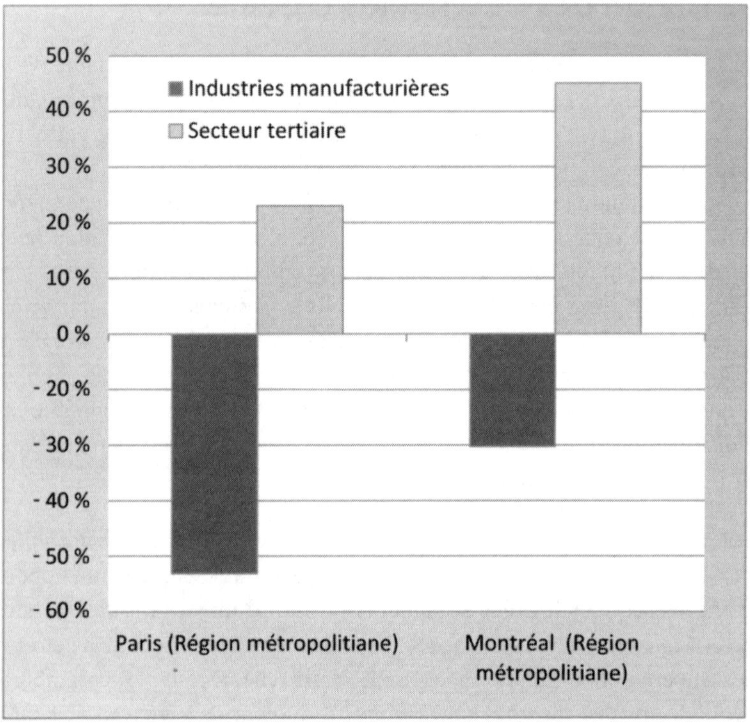

Mais d'autres logiques se manifestent, y compris dans la sphère des services supérieurs aux entreprises. Au sein de cet univers, on a l'habitude de faire la distinction entre le « *front office* » (composé des fonctions les plus stratégiques, liées à la prise de décision, comme le siège social), encore largement localisé au centre-ville, et le « *back-office* », composé des services supports et administratifs et d'unités d'appui commercial. Les concernant, la logique gouvernant les choix d'implantation suit, bien souvent, une démarche de minimisation des coûts et, par conséquent, la recherche d'espaces moins centraux[4]. Le cas parisien est intéressant à ce sujet ; on a ainsi vu des activités autrefois très centrales, comme la finance ou les assurances, franchir le périphérique, et installer un certain nombre de fonctions (celles moins sensibles à la rapidité d'acquisition de l'information par les réseaux personnels) en banlieue proche entre le milieu des années 1990 et la fin des années 2000 (Terral et Padeiro, 2013). À noter que la concentration géographique des activités en banlieue ne s'observe pas toujours et qu'une tendance plus nouvelle se répand : de plus en plus de PME de consultation ou de services d'entrepreneurs individuels à leur propre compte optent pour des localisations très dispersées dans l'espace métropolitain. Ces consultants profitent des NTI pour localiser leur bureau à proximité de leur lieu de résidence – parfois même dans un espace réservé au sein de leur propre lieu de résidence. Ils maintiennent le contact avec leurs clients via Internet et le téléphone, mais sont suffisamment proches d'eux pour les rencontrer en personne, si c'est nécessaire. Pour des raisons de coûts et de style de vie, ils choisissent de localiser leur PME en banlieue, parfois même au-delà des limites « formelles » de l'agglomération, mais toujours à proximité raisonnable (soit un maximum d'environ une heure) du centre-ville, de l'aéroport, des contacts et des services de soutien dont eux-mêmes ont besoin (Shearmur et Alvergne, 2002).

Exode industriel

La tertiarisation des économies urbaines s'accompagne donc d'un redéploiement géographique des activités économiques à l'intérieur des villes. On remarque, dans tous les pays industrialisés, un déplacement de l'activité manufacturière vers la banlieue, vers la périphérie des zones urbanisées et vers les villes moyennes, toujours aux dépens des villes centrales. Dans une ville comme Paris, les emplois proprement manufacturiers ont quasiment disparu aujourd'hui ; les seuls qui demeurent se rencontrent dans des niches très spécifiques et pour des raisons très précises. Si une bonne partie des ateliers de haute couture est encore localisée dans Paris (intra-muros), c'est que la confection exige un va-et-vient quotidien entre ouvriers et créateurs, que les pièces fabriquées sont souvent uniques (pas de production standardisée), et qu'elles peuvent directement passer de l'atelier à la boutique, elle-même localisée en pleine ville.

Quand l'emploi manufacturier est en décroissance dans une métropole (le cas de la région parisienne), la baisse se fait d'abord sentir dans la partie centrale de la région urbaine. De la même façon, lorsque l'emploi manufacturier est à la hausse, cela concerne surtout la banlieue. Aux États-Unis, les villes qui ont créé le plus d'emplois manufacturiers au cours des dernières décennies sont, de fait, des extensions suburbaines de villes plus grandes : les comtés d'Anaheim et d'Orange, à proximité de Los Angeles, San José, près de San Francisco (où se trouve la célèbre Silicon Valley), et les comtés de Nassau et de Suffolk, non loin de la métropole new-yorkaise.

À mesure que les activités de fabrication quittent les zones les plus densément urbanisées et se déploient géographiquement, la tertiarisation s'accélère dans les parties centrales des grandes régions urbaines ; nous l'avons vu au chapitre 11. De 1996 à 2006, le centre-ville de Montréal a perdu quelque 16 000 emplois manufacturiers mais gagné 55 000 emplois tertiaires. S'il faut parler de « désindustrialisation » c'est d'abord aux villes centrales qu'il faut penser, et à plus forte raison aux centres-villes.

Revalorisation résidentielle des quartiers centraux

La spécialisation croissante des zones centrales dans le tertiaire supérieur et dans les activités culturelles, s'accompagne souvent d'un deuxième mouvement qui touche plutôt l'habitat. Comme les emplois du centre-ville présentent une proportion toujours plus forte de cols blancs (employés de bureau), de professionnels et de cadres, le poids du centre-ville dans les choix résidentiels s'accroît parmi les classes aisées. Des quartiers proches du centre ou carrément centraux sont convoités par les couches plus aisées qui finissent, dans certains cas, par chasser les populations moins aisées. Ce mouvement de substitution de clientèles aisées à des ménages moins riches (souvent accompagné de la rénovation de l'habitat) est parfois appelé « gentrification » (de l'anglais *gentry*, petite noblesse). Cette revalorisation résidentielle des quartiers centraux est observée dans plusieurs grandes villes ; pensons au quartier du Marais à Paris, au Plateau Mont-Royal à Montréal, ou à SoHo à New York. Mais d'autres facteurs agissent dans le même sens :

a) le fait, précisément, que les industries et les entrepôts quittent le centre pour des localisations plus périphériques, laissant vides des terrains (friches industrielles) et des bâtiments qui peuvent servir à l'habitat. Beaucoup de « lofts » (appartements spacieux, aménagés souvent à partir d'une seule pièce) du centre de New York et de Montréal sont d'anciens entrepôts ou ateliers de confection ;

b) le centre possède, intact, un vieux stock de logements habités par des populations plus ou moins aisées, stock souvent caractérisé par sa valeur architecturale et patrimoniale, et qui exerce par conséquent un attrait sur certaines couches aisées. Le quartier du Marais (Paris) en est un bel exemple ;

c) la transformation des structures familiales a réduit la taille des ménages. Ces transformations sont celles du vieillissement de la population, de la fracture de plus en plus fréquente de ménages, et de la chute du taux de natalité. Le pourcentage de ménages sans enfants est plus important. Toutes proportions gardées, la demande de « petits » logements urbains (mais comptant souvent plusieurs pièces) s'accroît plus vite que la demande de grands pavillons de banlieue ;

d) les couples de jeunes professionnels sans enfants dont les deux membres travaillent dans le centre sont très sensibles à la proximité du centre et peuvent, toutes proportions gardées, consacrer à l'habitat des ressources monétaires plus importantes que d'autres segments de la population.

Le paragraphe b est celui qui décrit le mieux la gentrification proprement dite. C'est pourquoi ce mouvement se limite surtout aux vieilles villes d'Europe et d'Amérique qui ont, au centre, un stock de logements anciens à récupérer. La reconcentration de certaines couches aisées au centre accélérera la division spatiale des fonctions, donc l'expulsion de fonctions commerciales ou résidentielles qui ne peuvent pas assumer des rentes foncières aussi élevées. Rares sont les commerces ou les ménages capables de s'offrir un espace rue Montaigne à

Paris (dans le quartier des affaires) ou sur la 5e Avenue à New York, à proximité de Central Park. Même dans des quartiers moins huppés qui sont en processus de gentrification (comme Le Plateau à Montréal), l'offre commerciale évolue : ce sont des magasins de marque ou des cafés « bobos » qui remplacent les petits épiciers et les restaurants populaires.

Cette autre manifestation du processus d'expulsion-succession frappe nécessairement les résidents en place, et peut entraîner des coûts sociaux importants. L'arrivée de nouvelles couches sociales au centre tend à expulser les populations moins nanties (et les commerces et services qui leur sont associés), qui se replient sur des localisations moins désirables.

Mais ce mouvement ne touche pas tous les quartiers du centre. Nous avons vu au chapitre 11 que les populations les plus pauvres cherchent souvent à se localiser à proximité du centre et qu'elles sont d'autant plus prêtes à consentir des sacrifices pour y habiter que les transports urbains coûtent cher. Dans plusieurs grandes villes, on trouve souvent côte-à-côte, près du centre, des quartiers résidentiels huppés et des quartiers résidentiels à faible revenu. L'accentuation de la ségrégation sociale est encore plus marquée si les populations démunies sont d'une origine ethnique ou culturelle différente de celle de la majorité.

Les facteurs qui sont à l'origine de l'extension du périmètre d'urbanisation (la suburbanisation) ont été traités au chapitre 11. Dans la mesure où la taille des ménages reste un facteur d'explication important, l'effet combiné des faibles taux de natalité et de la multiplication des petits ménages sera de freiner la suburbanisation. Dans la plupart des pays industrialisés, la grande époque de l'expansion suburbaine est révolue, mais il existe des variations importantes, liées aux situations locales. Les perspectives d'expansion urbaine sont nécessairement limitées dans les pays qui ont atteint la fin de la transition démographique avec, souvent, des taux négatifs de croissance naturelle.

Toutefois, l'extension du rayon des migrations pendulaires se poursuit (nous en avons parlé dans le chapitre 6 sous la rubrique « mobilités nouvelles »), conséquence des revenus plus élevés de certaines couches de la population, des moyens de déplacement plus efficaces, mais aussi des changements dans les habitudes de travail (semaines plus courtes, télétravail, dispersion de certains services supérieurs…). Cette extension, sans toucher un grand nombre de citadins, commence à avoir un effet sur certaines banlieues, sur des zones plus périurbaines, et sur des lieux bien connectés plus éloignés.

À Montréal, outre la réappropriation du centre-ville par des couches plus aisées de la population, on a aussi constaté une hausse des revenus dans les banlieues plus lointaines aux confins de l'agglomération. Entre les deux, les premières banlieues, celles qui ont grandi dans l'après-guerre, plus proches du centre, affichent des revenus moyens en déclin. Moins attirantes que le centre pour les jeunes professionnels, et délaissés par les grands navetteurs à la recherche d'un style de vie moins urbain, attirés par un cadre de vie plus campagnard. Mais ce schéma, vrai pour Montréal, ne l'est pas forcément pour d'autres villes ; c'est là qu'entrent en jeu les particularismes (on y revient), que le contexte urbain a son mot à dire. À Paris par exemple, l'évolution de la division socio-spatiale de l'espace urbain suit d'autres logiques, et l'embourgeoisement de certaines banlieues proches contraste avec l'expérience montréalaise. Retenons néanmoins qu'à Paris comme à Montréal, la frontière entre ce qui est rural et ce qui est urbain est en train de se brouiller, et que c'est là une autre manifestation de ce qu'il convient d'appeler la métropolisation (voir l'encadré 12.1). Et désormais, dans les deux cas, les espaces habités en interaction quotidienne avec la grande ville peuvent se trouver à des distances plus lointaines ; c'est certainement encore plus vrai à Paris où les réseaux de transports à grande vitesse (TGV) dopent cet effet.

Dynamiques territoriales : thématiques complémentaires

Cette dernière partie de la conclusion se veut une ouverture vers des thématiques qui n'ont pas trouvé leur place avant dans l'ouvrage, soit parce qu'elles se trouvent à la marge de notre champ d'études (et qu'elles nous auraient conduits trop loin), soit parce qu'elles sont émergentes. Ce qui ne veut pas dire qu'il faille les négliger, bien au contraire. Nous en profitons aussi pour livrer quelques réflexions sur les débats en cours en géographie économique.

Montée des entreprises multinationales et division spatiale du travail intra-firme

La division spatiale du travail entre branches d'activité, illustrée à la figure 12.1, se manifeste aussi à l'intérieur des entreprises et des branches d'activité, facilitée par les NTI. C'est le corollaire de la mondialisation dont il été question dans la section précédente. Cette évolution n'est pas sans incidence au plan spatial. Pour les États-Unis, Duranton et Puga (2005) constatent l'accentuation de la division spatiale du travail (entre managers et ouvriers) à l'intérieur du secteur manufacturier, prenant la forme d'une spécialisation croissante des grandes villes dans les fonctions de gestion ; Brunelle et Polèse (2008) observent une tendance analogue pour l'industrie hydroélectrique au Canada.

Cette division spatiale du travail, en mutation constante, peut s'illustrer en adoptant la perspective d'une grande entreprise à établissements multiples (figure 12.6). Les exigences de localisation sont différentes à chaque étape de la production et à chaque moment dans l'évolution du produit. Pensons à une grande entreprise intégrée de fabrication d'ordinateurs et de conception de logiciels. La décision de lancer un nouveau produit (bien ou service) se prendra au siège social, situé fort probablement au cœur de la grande ville. La conception et le dessin du produit se feront dans des laboratoires à proximité, souvent en banlieue, en étroite collaboration avec le personnel du siège social (beaucoup de face à face). Les stratégies de commercialisation nécessiteront des va-et-vient avec la direction, en faisant peut-être appel à des consultants de marketing localisés dans ou autour de la grande ville. Le premier prototype du produit verra sans doute le jour dans une des usines (s'il s'agit d'un produit fabriqué) les plus techniquement avancées de l'entreprise, en banlieue ou en bordure de la grande ville : la localisation aura l'avantage de permettre aux chercheurs et aux dirigeants de s'y déplacer si nécessaire, et aux gestionnaires de l'usine d'avoir accès au bassin de main-d'œuvre qualifiée et aux experts de la grande ville. En phase de production, la division des tâches sera, en gros, conforme au schéma illustré dans la figure 12.5. Ainsi, les pièces standardisées, à fort contenu en matières premières (fils de cuivre ou de métal, par exemple), seront fabriquées dans de petites villes industrielles, plus éloignées. Le jour où le produit devient totalement standardisé, n'exigeant plus de changements de conception (la production se réduit largement à l'assemblage), toutes les étapes de la production se réaliseront à l'extérieur de la grande ville. Pour de telles fonctions, la supervision directe des dirigeants ou des chercheurs et l'apport d'experts extérieurs ne sont plus nécessaires de façon régulière.

Figure 12.6 - Localisation des établissements d'une grande entreprise industrielle : représentation schématique

Établissement/ Fonction	Main-d'oeuvre	Utilisation du sol	Localisation
Siège social et bureaux : direction, communication, coordination	Managers, professionnels, personnel de bureau	Utilisation intensive	Dans le centre-ville d'une grande métropole
Laboratoires : recherche et développement	Professionnels, scientifiques, techniciens	Utilisation moyennement extensive	En banlieue d'une grande métropole
Entrepôts : distribution et commercialisation	Personnel de vente, ouvriers, personnel de bureau	Utilisation extensive; grands espaces de plancher, pouvant varier selon le type de produit.	En banlieue ou à proximité d'un lieu central (régional ou national)
Usines 1 : première transformation de la matière première	Manoeuvres, ouvriers spécialisés, ingénieurs, la combinaison pouvant varier selon le type de produit.		Si index matériel > 1, dans un site proche de la ressource
Usines 2 : fabrication, deuxième transformation			Dans une ville moyenne, avec accès facile à une grande métropole
Usines 3 : assemblage et fabrication du produit final	Managers locaux et contremaîtres.		À proximité ou en banlieue d'une grande métropole

Pour revenir à notre modèle synthèse (figure 12.1), la séparation spatiale croissante des chaînes de production à l'intérieur des entreprises s'ajoute aux autres facteurs de tertiarisation des économies métropolitaines ; mais aussi de renforcement des quartiers centraux dans la mesure où les fonctions de gestion et de siège social ont proportionnellement davantage tendance à choisir des localisations au centre-ville. Toutefois, pour que la pression du « jet d'eau » du centre demeure forte, les emplois dans les fonctions de gestion doivent continuer à afficher des taux de croissance supérieurs à la moyenne.

Encadré 12.1
À PROPOS DE LA MÉTROPOLE (ET DE LA MÉTROPOLISATION)

Nous ne pouvions pas conclure cet ouvrage sans dire un mot de la métropole et du terme qui aujourd'hui décrit le mieux sa fabrication, la métropolisation. Tout au long de l'ouvrage, nous avons délibérément utilisé le terme de ville, pour sa simplicité (compris de tous) et pour son aspect « générique » dès lors qu'on parle du monde urbain (voir l'encadré 1.1). Une ville peut être de taille petite, moyenne ou grande, elle peut être de banlieue ou du centre, dense ou étalée… Ce n'est pas le cas de la métropole. La métropole est un type de ville bien particulier, devenu l'obsession de beaucoup de travaux de recherche avec la concentration de l'activité humaine et des richesses dans les villes les plus grandes (Halbert, 2010). La métropole ne se distingue des autres villes que par sa taille, elle s'en distingue principalement par sa proximité du sommet de la hiérarchie urbaine. Ainsi, Lyon, 2e agglomération après Paris, est incontestablement une métropole dans le système urbain français, mais c'est déjà moins évident à l'échelle européenne où elle vient très loin dans la hiérarchie continentale.

D'un point de vue économique, la métropole est la figure centrale – la grande ville – de notre schématisation présentée en début de conclusion (figure 12.1). Elle commande et influence les transformations de l'espace économique qui l'entoure. Plus la taille de l'espace dominé est important, plus le statut métropolitain sera sans équivoque possible. Enfin, la métropolisation décrit également, en interne, tous ces mouvements de population qui font avancer le front d'urbanisation vers des espaces toujours plus éloignés des parties centrales. L'espace urbanisé gagne du terrain, et il modifie en profondeur la vie et le quotidien de territoires, il y a peu encore, ruraux. C'est aussi à cela qu'on reconnaît la métropolisation. Elle agit avec force sur la redistribution spatiale des populations et, ce faisant, elle recompose leur mode de vie, leur mode d'habiter, ainsi que leur mobilité. Enfin, la métropole, du moins en France, est à ce point entrée dans les discours qu'elle fait même l'objet d'une reconnaissance politique inscrite dans la loi de Modernisation de l'Action Publique territoriale et d'Affirmation des Métropoles (MAPAM) du 27 janvier 2014.

Stabilité des hiérarchies urbaines et pertinence des modèles « classiques » de localisation

Dans cette conclusion, il a été question de mutations et donc de changements, mais il a aussi été question de régularités et de permanences spatiales. Dans presque tous les pays, les hiérarchies urbaines se caractérisent par une grande stabilité, accompagnée, en règle générale, d'un renforcement progressif des positions médianes et supérieures de la hiérarchie, aux dépens des positions inférieures (petites villes), à mesure que diminuent les coûts de communication. Le rapport entre la population de l'agglomération parisienne et celle de la suivante dans la hiérarchie, Lyon (environ 6 à 1), n'a guère changé depuis deux siècles. Dans presque tous les pays d'Europe, la ville (agglomération) qui était au sommet il y a un siècle est toujours la première aujourd'hui. Cette grande stabilité des hiérarchies urbaines au fil du temps s'observe également dans des vieux pays d'Asie comme le Japon et l'Inde (Davis et Weinstein, 2002 ; Sharma, 2003). Une fois inscrites dans la géographie économique du pays, souvent avant l'ère industrielle, les hiérarchies urbaines ne se modifient que très graduellement. L'accumulation de capital physique, la pérennité des voies de communication et l'interdépendance entre les divers éléments d'une hiérarchie urbaine limitent les changements probables dans l'occupation du territoire, une fois celle-ci bien avancée.

Les hiérarchies (ou réseaux) de villes définissent, pour ainsi dire, les lieux où se déroulent les mutations dont il a été question ici, mais il est plutôt rare que ces mutations bouleversent radicalement le positionnement relatif des lieux. La théorie des lieux centraux, présentée au chapitre 10, aide à comprendre cette stabilité ainsi que le jeu d'équilibre dont il a été question plus haut. Les réseaux urbains sont le résultat de l'histoire, de siècles d'investissements cumulatifs en infrastructures (routes, ports, canalisations, etc.) et en institutions de tous genres, sans oublier l'impact cumulatif des mouvements migratoires sur plusieurs siècles, qui finissent par façonner la géographie humaine d'un pays. À cet égard, il est normal que la géographie économique de l'Amérique du Nord, à la différence de celle de l'Europe, soit encore en voie de formation, notamment dans sa partie ouest. Le hasard aussi joue un rôle : la géographie économique de l'Amérique du Nord aurait connu une évolution différente si le mouvement de colonisation avait été d'ouest en est, et non l'inverse. La première agglomération des États-Unis serait peut-être San Francisco (ou Los Angeles) et non pas New York.

La stabilité des hiérarchies urbaines est en partie le corollaire du poids continu des facteurs « classiques » comme la taille urbaine (les avantages associés à l'agglomération), la proximité (des marchés, des ressources…) et les coûts (de main-d'œuvre, surtout), qui continuent largement à guider les choix de localisation des entreprises. Ce n'est pas un hasard si la compréhension des économies d'agglomération se trouve au cœur de ce qu'il convient d'appeler la « nouvelle économie géographique ». Nous avons vu que les NTI n'ont pas réduit l'importance des économies d'agglomération ou de la proximité, bien au contraire.

Libérés de contraintes associées au transport des informations codifiées, les choix de localisation sont de plus en plus tributaires de l'accès aux informations tacites (dépendantes du face à face). Ceci est vrai notamment pour les produits (biens ou services) à fort contenu en savoir-faire ou en matière grise, dont les modèles de localisation suivent des modèles hiérarchiques, comme nous l'avons vu.

Il ne faut pas confondre changements observés (on observera toujours des mutations spatiales) et changements dans les modèles d'explication. Cela est tout aussi vrai pour les espaces urbains. Au sein des métropoles, des mutations plus importantes ont été mises en évidence : tertiarisation accélérée du centre, croissance des franges métropolitaines, *edge-cities*, dispersion de certains emplois. Mais ces changements restent tributaires de la trame urbaine et du cadre bâti hérités du passé, qui se modifient lentement. Les processus sous-jacents aux changements observés – recherche de centralité, recherche d'aménités, arbitrage entre coûts et distance, importance des échanges d'informations – restent relativement stables dans le temps. La géographie économique intra-métropolitaine évolue car notre rapport à l'espace urbain évolue avec certaines nouvelles technologies (la voiture, par exemple, ou Internet et les communications mobiles) et avec l'évolution des normes de consommation (la taille des logements, l'accessibilité en voiture particulière). Mais ces évolutions restent encadrées par la nécessité de se déplacer physiquement (pour accéder à des services, pour voir des clients...) et par les contraintes physiques, temporelles et monétaires que cela implique. La géographie économique des métropoles est certes différente aujourd'hui de celle d'il y a cent ans : mais elle reste lisible et s'inscrit dans la continuité (et non en rupture) par rapport aux géographies qui la précèdent.

Retournons aux espaces nationaux et aux hiérarchies urbaines. Les mutations sur une longue période des espaces économiques ne signifient pas forcément un changement fondamental dans la logique de localisation des activités économiques. Elles sont l'expression géographique, surtout, des grandes transformations structurelles dont il fut question au début de ce chapitre (le passage vers le tertiaire moderne) et dans le premier chapitre (le déclin de l'agriculture). Lorsque des ruptures s'observent, elles sont généralement le reflet de ruptures technologiques ou historiques qui rompent avec le passé (l'invention du moteur à combustion, la découverte de l'Amérique, par exemple) ou bien le reflet d'événements dont les origines échappent aux généralisations faciles. Le renversement au sommet de la hiérarchie urbaine canadienne (Toronto a devancé Montréal) ne peut se comprendre sans raconter l'histoire de la Révolution tranquille du Québec. Pour clore cette section, rappelons cette citation de Braudel (1979 : 26-27) : « Les villes dominantes ne le sont pas *in aeternum* ; elles se remplacent. Vérité au sommet, vérité à tous les niveaux de la hiérarchie urbaine. Ces transferts, où qu'ils se produisent (au sommet ou à mi-pente), [...] sont toujours significatifs ; ils rompent des histoires tranquilles et ouvrent des aperçus d'autant plus précieux qu'ils sont rares ».

Mobilités nouvelles et disjonction production/consommation

Notre discussion dans le chapitre 6 de la mobilité spatiale des facteurs s'est restreinte à la migration des facteurs de production – du capital et des travailleurs. Nous avons toutefois évoqué le fait que la migration des travailleurs engendre aussi un déplacement de la demande qui peut être bénéfique à la région d'accueil. Or, certains types de mobilités non économiques prennent aujourd'hui une ampleur telle qu'elles ont un effet non négligeable sur le développement de certaines régions car elles dissocient spatialement la production de la consommation. Nous en évoquerons trois en particulier : les navettes de longue distance, les résidences secondaires et la migration des retraités.

L'augmentation de la vitesse et de la fiabilité des transports – par exemple du TGV en France et des petits vols sur courte distance aux États-Unis –, associée à la possibilité d'effectuer une partie de son travail à distance par le biais d'Internet, fait en sorte qu'il n'est plus nécessaire de vivre dans la région où l'on travaille. Même si l'accès à l'information, aux réseaux professionnels et aux aéroports internationaux importe, la diminution du temps nécessaire pour accomplir une même distance conduit certaines personnes à opter pour un mode de vie moins urbain, et à choisir un lieu qui peut être très éloigné de leur lieu d'emploi. De telles décisions ont pour effet de dissocier l'économie « résidentielle » de l'économie « basique » : certaines villes ou régions, celles qui généralement offrent à la fois un environnement agréable et un bon accès à la métropole, peuvent donc se développer autour d'une économie spécialisée dans les services aux ménages, sans que cela ait un lien quelconque avec la capacité de la région à exporter des biens ou des services[5]. La logique décrite est semblable à celle qu'on peut observer pour les espaces touristiques (qui vivent de l'importation de revenus de populations de passage), à la différence près que les espaces dont nous parlons là accueillent des revenus de populations résidentes.

Une autre mobilité s'apparente – du moins en ce qui concerne ses conséquences sur l'économie des régions – à celle des navettes domicile-travail de longue distance ; il s'agit de celle dirigée vers les résidences secondaires. Ce type de mobilité conduit lui aussi à une dissociation spatiale entre les lieux de travail et de consommation : les critères de sélection de la localisation d'une maison secondaire sont souvent semblables à ceux qui régissent les arbitrages d'un navetteur de longue distance. Les régions accessibles aux grands centres économiques – à deux heures d'une métropole, au maximum, ce qui peut représenter plusieurs centaines de kilomètres en TGV ! – et en mesure de proposer des aménités naturelles, climatiques ou culturelles, sont les mieux placées pour en profiter. Elles coïncident souvent avec les grandes zones touristiques à l'image de ce qu'on peut observer pour la France. On voit ainsi émerger des pans entiers de territoires caractéristiques de l'économie résidentielle, où la surdotation en activités censées répondre à la demande finale des consommateurs (Restauration, commerces, services domestiques) se voit très nettement dans les structures de l'emploi régional (Terral et Proulhac, 2014). En matière de développement, les logiques à l'œuvre s'insèrent difficilement dans un cadre d'analyse, car ces emplois qu'on dit domestiques ne sont plus destinés à servir une demande domestique, et ne sont plus franchement liés à des revenus locaux. Et en admettant qu'une bonne partie de ces emplois ne soient pas occupés par des résidents, on imagine bien le brouillage que cela peut produire sur notre connaissance du fonctionnement des économies régionales. Ces aspects n'ont pas encore été pleinement intégrés aux approches classiques de l'économie spatiale[6].

Ce type de développement, qui a certainement été rendu possible par les technologies de transport et de communication, est aussi la conséquence d'évolutions démographiques et sociétales. En effet, ce sont souvent les baby-boomers – professionnels qui ont aujourd'hui la cinquantaine et plus – qui possèdent les moyens et le capital social nécessaires pour s'éloigner des centres économiques tout en y maintenant des attaches. Les jeunes résidents de régions attractives aux navetteurs font face à des emplois de service peu rémunérateurs et sans grandes perspectives, ainsi qu'à un parc immobilier dont les prix deviennent hors de portée car tributaires de la demande venant de l'extérieur de la région. Ils tendront donc à migrer vers les plus grands centres, ou resteront dans la région et celle-ci aura alors tendance à se polariser entre travailleurs extérieurs (bien rémunérés) et travailleurs de service locaux (emplois instables et peu rémunérés).

La fin de la transition démographique entraîne des conséquences très semblables, mais avec moins de contraintes en termes de localisation : le vieillissement des populations fait en sorte que de plus en plus de retraités – vivant de rentes générées par l'économie productive – disposent des moyens de quitter les grands centres urbains pour des régions possédant des aménités et – souvent – un marché immobilier moins onéreux que celui de la région de départ. Certaines régions bénéficient donc de l'afflux de retraités, qui, tout comme les navetteurs de longue distance et les résidents secondaires, transfèrent une partie de leur revenu des régions productives (les régions où sont générées leurs rentes) vers la région de résidence.

De telles disjonctions entre lieux de production et lieux de consommation ne sont pas nouvelles, mais dans le passé elles opéraient souvent à l'intérieur des frontières régionales : il y a toujours eu, par exemple, transfert de la consommation du centre-ville vers la banlieue. De même, il a toujours existé une classe de rentiers, de riches propriétaires de terres ou d'industries, qui ont dépensé leurs revenus dans des lieux autres que ceux où ils ont été générés. Mais leur nombre n'a jamais été assez grand pour venir déséquilibrer le lien étroit entre lieu de résidence, lieu de production et lieu de travail que les économistes régionaux ont observé et sur lequel ils ont théorisé. Or, la montée en puissance des résidences secondaires et des navettes de longue distance (qui peuvent avoir de grandes conséquences sur les régions qui accueillent ces nouveaux résidents, même si elles peuvent paraître insignifiantes à l'échelle de grandes métropoles), et le poids grandissant des retraités dans la population, font qu'il n'est plus possible de négliger ces phénomènes ou de les considérer comme marginaux.

Il est possible qu'à l'avenir, on constate un divorce géographique encore plus grand – au moins pour certaines régions – entre les lieux où les activités économiques se développent et les espaces les plus attirants pour les populations. Des régions attirantes pour leur climat ou leur cadre de vie pourront croître sans pour autant posséder les clés traditionnelles (les grandes infrastructures, les externalités nécessaires aux entreprises, etc.) du développement économique.

Figure 12.7 - Solde migratoire des 55 ans et plus, par département, en 2008 (calculé en fonction de leur lieu de résidence 5 ans auparavant)

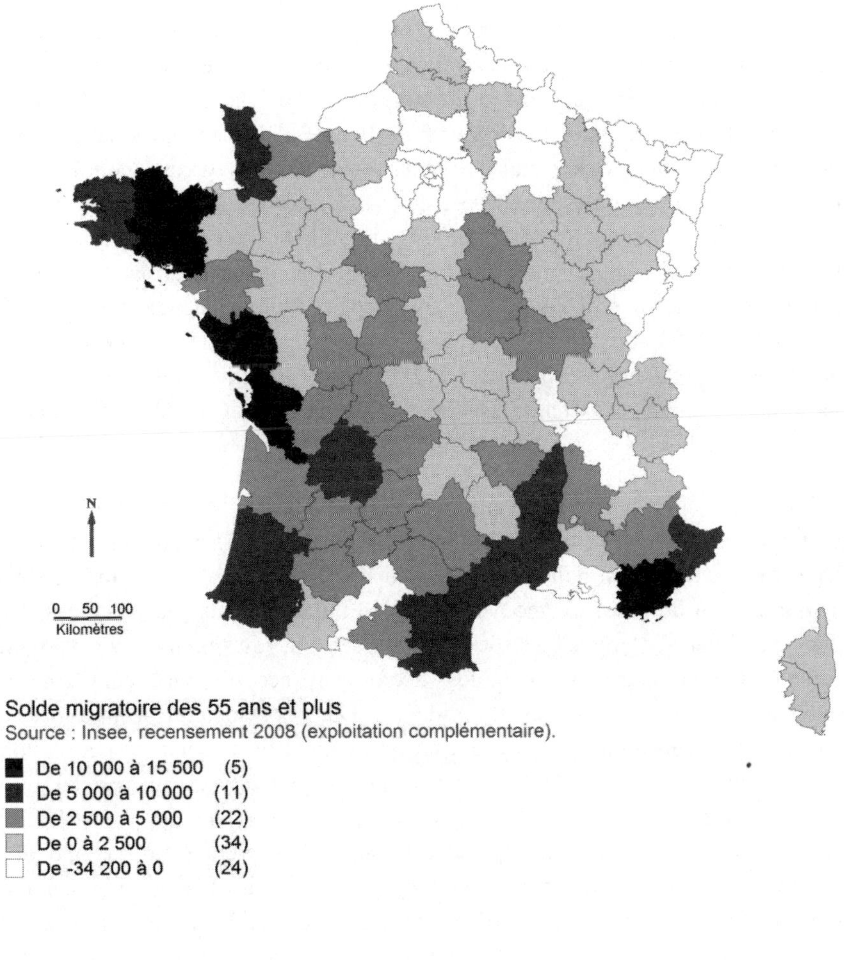

Économies d'agglomération de consommation et montée des économies résidentielles

Les sociétés avancées sont en voie de subir deux transformations, conséquences de la transition démographique et de l'enrichissement, dont les effets sur les espaces économiques se feront de plus en plus sentir à l'avenir. La première – l'augmentation des populations retraitées et leur déplacement résidentiel – accroît la disjonction production/consommation (voir rubrique précédente). La seconde est l'importance croissante des facteurs hédoniques (mot grec, signifiant la recherche du plaisir) dans les choix de carrière et de résidence. Les deux transformations sont liées, comme nous le verrons ; commençons par la première.

La fin de la transition démographique, accompagnée d'espérances de vie toujours plus longues, se traduit inévitablement par la croissance des populations âgées et, par conséquent, des populations à la retraite. Cette population a ceci de particulier que son choix de lieu de résidence n'est plus tributaire de son lieu de travail. Le choix se fera en fonction d'autres critères. Bien entendu, toutes les personnes à la retraite ne sont pas riches ou mobiles. Cependant, un nombre croissant (qui variera d'un pays à un autre) possède à la fois les moyens et les capacités de « librement » choisir leur futur lieu de résidence. Nous parlons de ce qu'il convient d'appeler les jeunes retraités (60 ans et plus, grosso modo) dont les mouvements migratoires sont en voie de transformer la démographie spatiale de plusieurs pays. Duboys-Fresney (2006) parle d'héliotropisme (la recherche du soleil) et de thalassotropisme (la recherche de l'eau), en qualifiant l'évolution géographique de la population française depuis 1990, tendance qui s'accélère depuis l'an 2000. Le littoral français est quasiment clos tant la densité de la population qui la borde est forte : 272 habitants au km^2, contre 108 pour la moyenne nationale, 250 dans les Alpes-Maritimes[7] (la Côte-d'Azur). Nice, la dixième ville de France en 1950, est aujourd'hui la sixième.

La ruée vers les zones ensoleillées et l'eau s'observe aussi dans d'autres pays. Le mouvement vers les États du *Sunbelt* (ceinture du soleil) se poursuit aux États-Unis. Miami, à peine un village au début du XXe siècle, est aujourd'hui la sixième agglomération du pays. Ce mouvement ne se limite pas aux seuls retraités. Une des conséquences prévisibles de l'enrichissement, du moins pour certaines catégories d'emplois, est le poids décroissant accordé aux considérations purement pécuniaires dans les choix de vie. Dans nos sociétés occidentales, un jeune diplômé universitaire, assuré d'un bon emploi bien rémunéré peu importe (ou presque – en général ce sera dans une ville relativement grande) où il s'installe, fera peut-être un choix qui s'appuiera autant sur des considérations hédoniques que financières. S'il aime le ski, il acceptera peut-être une offre d'emploi à Grenoble, même si un employeur à Lille lui offre une rémunération plus élevée. Pour la France, les soldes migratoires des diplômés universitaires (25 ans et plus) favorisent la région parisienne, comme on pouvait s'y attendre, mais aussi les régions côtières (au sud de la Normandie) et les régions Midi-Pyrénées et Rhône-Alpes[8].

Le glissement dans les sociétés riches vers des objets de consommation plus hédoniques, le fruit combiné de la hausse des revenus et du relâchement du lien revenu-travail (pour des populations retraitées ou semi-retraitées), a donné naissance à deux perspectives parallèles d'analyse. D'une part, les « économies résidentielles » (Davezies, 2008) sont de plus en plus présentes sur le territoire ; elles ne sont pas forcément urbaines, et la base économique ne repose pas sur l'exportation de biens ou de services, mais sur l'arrivée de personnes et donc de revenus extérieurs. D'autre part, des auteurs évoquent l'existence désormais d'économies d'agglomération de consommation pour expliquer l'attraction des grandes villes, à savoir, des externalités positives, dont profitent les particuliers et les ménages, liées au choix de vivre en ville (Carlino et Saiz, 2008 ; Glaeser et Gottlieb, 2006).

Encadré 12.2
CONTEXTE LOCAL ET « LOIS » DE LA GÉOGRAPHIE ÉCONOMIQUE

L'impact de variables clés comme *distance* et *taille urbaine* sur le comportement des agents économiques reste un constat universel, peu importe le pays ou l'époque (revoir les figures 11. 2 et 11 3). Cependant, la force des relations est sensible au contexte local (national /régional). Ainsi, des différences de géographie, de densités de population et de réseaux de transports feront que la *distance* ne jouera pas de la même façon en France qu'au Canada. L'agglomération parisienne est deux fois plus grande que la plus grande métropole canadienne (Toronto) ; si bien que le facteur *taille urbaine* ne se manifestera pas peut-être de la même façon. Les forces centrifuges d'expulsion (hors métropole) seront possiblement plus fortes en France. La force explicative du capital humain comme facteur de développement ne sera pas forcément la même au Canada qu'en France, étant donné le poids des ressources naturelles dans des localités canadiennes. Par contre, les « aménités » naturelles (soleil, mer…) afficheront vraisemblablement un faible pouvoir d'explication au Canada, à la différence de la France qui ne manque pas de régions ensoleillés.

Les économies résidentielles redonnent de l'importance aux facteurs strictement géographiques. La géographie du bassin parisien, peu accidentée, n'est pas celle de la Vallée du St-Laurent, près de Montréal. Au Québec, les régions les plus accueillantes se trouvent, dans bien des cas, à proximité de Montréal (Laurentides, Estrie réputées pour leur paysage… et leurs stations de ski). Le Québec ne possède pas de midi. En France, en revanche, la recherche du soleil et de l'eau va plutôt conduire les populations à s'éloigner du principal bassin de population, la région parisienne. Le sens des migrations résidentielles – non seulement des retraités mais aussi des actifs – illustrent parfaitement ce mouvement, au détriment de la région parisienne, et en faveur du sud et de l'ouest du pays (voir carte). On assiste progressivement mais sûrement à l'amoindrissement du clivage historique entre Paris et la province. Davezies (2008 : 63) observe que ce sont les départements du sud-ouest, traditionnellement déshérités, qui affichent désormais les taux de croissance du revenu des ménages les plus hauts. L'impact de la montée des économies résidentielles sur l'évolution des inégalités régionales de revenu (revoir le chapitre 6) ne sera donc pas le même au Québec qu'en France, en partie parce qu'il est le reflet de deux géographies très différentes. Au Québec, cette montée risque d'accentuer le clivage entre le centre – autour des pôles urbains de Montréal et de Québec – et sa périphérie, à l'inverse de la tendance observée dans l'hexagone.

Le poids croissant des considérations non monétaires dans les choix de résidence et de carrière ne préfigure pas la fin des grandes villes. D'une part, les opportunités économiques demeurent de toute première importance – et sont un facteur de choix résidentiel (pour les actifs) indéniable (Storper et Scott, 2009 ; Shearmur, 2005) : la grande ville offre des opportunités économiques multiples et diverses, diminuant ainsi le risque associé à la perte d'emploi ou, tout simplement, au désir de changer d'activité. D'autre part, la grande ville procure aussi des avantages qui ne sont pas économiques. Au chapitre 3, nous avons surtout fait le lien entre agglomération et coûts de production, dont les bénéficiaires sont les entreprises ou institutions concernées. Mais l'idée que l'agglomération procure aussi des avantages aux particuliers est en train de gagner du terrain. L'existence d'externalités de consommation, tout comme la diminution du risque économique, se manifestera dans la volonté des populations à accepter des coûts plus élevés pour le privilège de résider en ville. Les prix des logements, plus élevés en règle générale dans les grandes villes, nous disent que ce ne sont pas seulement les entreprises qui trouvent avantage à se localiser en ville. Pour reprendre une citation, aujourd'hui rendue célèbre, de l'économiste et prix Nobel américain Robert E. Lucas (1988)[9] : « Pourquoi des gens paient-ils des loyers faramineux pour vivre au centre de New York ou de Paris, si ce n'est pas pour y trouver des avantages ? ».

Le coût réel de ces « loyers faramineux » serait annulé s'il était compensé par des salaires ou autres revenus plus élevés. Mais si le coût de la vie en ville (que le logement contribue à maintenir haut) est supérieur au gain salarial, la différence peut constituer une estimation du prix que l'individu est prêt à payer pour être en ville. Des données fiables sur le coût de la vie par ville sont difficiles à obtenir ; toutefois, nos travaux pour quelques villes canadiennes et américaines laissent entendre que les salaires *réels* (ajustés pour le coût de la vie) sont parfois plus faibles dans les villes plus grandes (un salaire réel plus bas à New York qu'à Atlanta, à titre d'illustration). Nous avons là une preuve que certains travailleurs sont disposés à accepter une rémunération *réelle* plus faible pour la possibilité de vivre à New-York. Ce résultat est, par ailleurs, compatible avec une perspective d'équilibre général, qui postule que les populations se déplaceront jusqu'à ce que les bénéfices – monétaires + non monétaires – procurés (du fait de vivre dans un lieu *x* ou *y*) soient égaux partout. Présenté ainsi, les salaires réels plus bas à New

York sont la contrepartie normale des avantages que la ville offre en matière de réduction du risque économique (attribuable à un milieu riche d'une multitude d'employeurs et de clients potentiels), et en matière d'aménités urbaines de consommation.

L'idée de la ville comme objet de consommation trouve une certaine parenté avec les écrits de Florida (2002), que nous avons déjà exposés dans le chapitre 10. Pour lui, la clé du succès des grandes villes modernes réside désormais dans leur capacité à attirer les nouvelles populations mobiles qu'il nomme « la classe créative »[10]. La chasse aux entreprises s'est transformée en chasse aux « talents », avec le pari que la présence de cette classe créative (difficile à cerner) assurera la croissance future de la ville. Il est indéniable qu'une population instruite et entreprenante est un atout pour toute ville ou région. Toutefois, nous faisons face à un vieux problème en sciences humaines que nous avons déjà évoqué : la difficulté à séparer causes et conséquences. Les jeunes populations instruites (ou entreprenantes) se dirigent-elles vers certaines villes parce que celles-ci sont dynamiques ou ces villes sont-elles dynamiques parce que ces populations s'y dirigent ?

Même si nous devons reconnaître qu'il n'y a pas de réponse simple à cette question – des processus circulaires et cumulatifs font qu'il est difficile de séparer les causes et les effets – il est cependant évident que, quels que soient les attraits d'une ville ou d'une région, un jeune actif ne se résoudra à y vivre que s'il y trouve suffisamment d'opportunités économiques. La ville comme lieu de réduction du risque économique est sans doute plus importante pour la majorité des actifs que la ville comme objet de consommation, bien que les deux soient inextricablement liées (une ville avec de multiples opportunités économiques aura plus de consommateurs et ceux-ci susciteront une offre diversifiée de produits et services de consommation). Dans ce sens, Storper et Scott (2009) ont sans doute raison d'affirmer que ce sont d'abord les activités économiques qui attirent les migrants actifs et non l'inverse.

Mot de la fin

Notre voyage se termine ici, mais les paysages économiques continuent à évoluer sous l'effet combiné des changements technologiques, démographiques et sociaux. Nous avons commencé notre voyage avec l'exode rural (chapitre 1), point de départ de la grande épopée d'urbanisation et de croissance urbaine, qui tire aujourd'hui vers sa fin dans les pays à économie avancée. Cette époque fut marquée, à ses débuts, par des écarts croissants de bien-être entre régions, mais dont l'ampleur n'a cessé de se réduire dans la deuxième moitié du XXe siècle (du moins dans des pays comme la France et le Canada). Aujourd'hui, de nouvelles préoccupations comme l'organisation des grandes régions urbaines, le défi écologique, la compétitivité des territoires s'ajoutent aux plus anciennes.

Tout au long de cet ouvrage nous avons souhaité présenter les modèles et les théories propres à la géographique économique (ou, si l'on préfère, à l'économie spatiale) dans une perspective dynamique. Leurs manifestations sur le terrain se présentent toujours sous la forme d'une tension entre, d'une part, *les forces et les contraintes de la géographie économique* (distance, paysages physiques, forces d'agglomération…) au caractère universel et intemporel et, d'autre part, *les attributs propres à l'époque étudiée* (technologies en vigueur, politiques publiques, évolution démographique, niveau de développement…). Comprendre comment à chaque époque les « lois » de l'économie spatiale façonnent nos régions, nos paysages et nos villes reste le grand défi de la géographie économique.

NOTES

Chapitre 1

[1] C'est aussi la définition employée par la majorité des agences statistiques nationales, dont Statistique Canada et l'INSEE.

[2] Banque mondiale (en ligne) : les *Indicateurs de développement*, publiés annuellement par la Banque mondiale, sont une source inépuisable d'information, aujourd'hui facilement accessible en ligne (www.banquemondiale.org/). Nous invitons le lecteur à le consulter pour les données les plus récentes.

[3] Sources : Banque mondiale (enligne), *op. cit*, et http://www.ers.usda.gov/data-products/food-expenditures.aspx#.UuE9EHn0Ay5

[4] On remarquera que le déclin s'arrête durant les années 1930, époque de grande crise économique, et s'accélère après 1950, début de la période de croissance prolongée qui a suivi la fin de la Deuxième Guerre mondiale.

[5] Mêmes sources que pour la note 3.

[6] Pour les données complètes par pays, nous invitons à nouveau le lecteur à consulter les bases de données de la Banque mondiale; plus particulièrement, dans ce cas, le lien suivant :
http://donnees.banquemondiale.org/indicateur/EA.PRD.AGRI.KD

[7] Source : Banque mondiale (enligne), *op. cit.*

[8] Le principe de terre communale demeure une valeur fondamentale chez plusieurs peuples autochtones des Amériques (amérindiens) et peuples d'Afrique.

Chapitre 2

[1] Ce terme latin signifie « toutes choses égales par ailleurs ». L'analyse scientifique nous demande souvent d'isoler une relation, de l'examiner en l'absence d'autres relations. Cela ne signifie pas que d'autres relations n'existent pas. Cependant, si l'on n'accepte pas d'appliquer cette restriction, il devient impossible de raisonner en termes de liens de causalité.

[2] Nous entrons ici dans la théorie de l'entreprise, élément de base de l'analyse micro-économique.

[3] Il existe plusieurs termes pour désigner cette région : zone d'influence commerciale, *hinterland* (mot allemand signifiant arrière-pays), zone économique, zone d'attraction. Ce sont des synonymes qui désignent une même réalité.

[4] Nous employons la notation traditionnelle, qui veut que l'on désigne tout point x par la lettre i et toute autre origine ou destination par la lettre j. Le lecteur ne doit pas confondre cette notation générique avec l'utilisation que nous faisons parfois des lettres i et j pour désigner des localisations.

[5] Certes, il y a des exceptions : les commis-voyageurs, les marchands ambulants, les marchés (hebdomadaires) se déplacent d'un village à l'autre. Cependant, le niveau de commerce et d'échanges que peuvent soutenir ces méthodes non sédentaires reste très limité.

[6] Pour se convaincre que le transport peut faire l'objet du même calcul que les autres activités économiques, le lecteur pourra, au tableau 2.1, substituer des kilomètres aux quantités. Dans la même veine, il existe également pour chaque mode de transport une distance (quantité) optimale, à partir de laquelle les coûts marginaux dépassent les coûts moyens.

Chapitre 3

[1] La traduction complète de la citation de Marshall se trouve dans Fujita et Thisse (2003 : 23).

[2] Notons que le lien entre productivité et salaires plus élevés dépend d'un partage des bénéfices entre travailleurs et patrons.

[3] La thèse de la taille urbaine optimale est abordée au chapitre 4.

[4] À noter, dans Henderson (2003), la variable « taille » est mesurée par le nombre d'établissements (usines).

[5] Pour éviter que des concurrents proches ne profitent, précisément, de ce genre d'externalité, l'entreprise impose parfois une clause au contrat d'engagement (de l'employé prisé), lui interdisant de travailler pour une entreprise concurrente pendant un an (ou plus) après son départ, le cas échéant. Cependant, l'application dans les faits de telles clauses pose souvent des problèmes.

[6] La différence entre modèles statiques et modèles dynamiques en sciences économiques est abordée au chapitre 5.

[7] Pour d'autres écrits qui font état de l'absence d'une relation agglomération - développement, voir Brülhart et Sbergami, 2009 ; Brückner, 2012 ; Henderson, 2003 ; Polèse, 2012.

[8] L'analyse de régression des deux axes de la figure 1.3 donne effectivement un R^2 de 0,82 (après transformation logarithmique de l'axe horizontal).

Chapitre 4

[1] Le tableau 3.1, au chapitre précédent, nous dit que l'écart entre le revenu par habitant à Shanghai et la moyenne chinoise est de l'ordre de 10 à 1, signe d'un déséquilibre évident. Selon l'agence nationale de la statistique de Chine, le revenu d'un citadin était en 2002 le triple, en moyenne, de celui d'un habitant de la campagne (*The Economist*, 27 septembre 2003 : 39).

[2] L'exode des industries polluantes vers des villes plus petites et vers des villes de pays en développement y est aussi pour quelque chose. L'exode industriel est abordé au chapitre 11.

3 S'y ajoute l'effet des réglementations locales et nationales en matière de cylindrés et de carburants. L'élimination de l'essence avec plomb a eu un effet bénéfique notable dans plusieurs régions. Toutefois, malgré une réglementation très sévère (mise en place par l'État de Californie), la pollution de l'air reste un fléau à Los Angeles, non pas seulement à cause du très (trop) grand nombre de véhicules, mais aussi des montagnes à l'est qui empêchent les vents dominants (de l'ouest) de circuler.

Chapitre 5

1 Le concept d'aire de marché est présenté au chapitre 2 ; le découpage des aires de marchés est expliqué au chapitre 9.

2 C'est véritablement avec les lois de la décentralisation de 1982 que les 22 régions administratives françaises deviennent des entités politiques, les premières élections régionales ont lieu en 1986, et l'action publique régionale, depuis lors, n'a cessé de se structurer et de se renforcer. Ceux que la réforme territoriale actuelle des régions intéresse peuvent consulter les débats qui animent le blog suivant : http://bigbangterritorial.unblog.fr/

3 Il faut nuancer cette affirmation. Les importations peuvent être sources de création d'emplois dans la mesure où elles peuvent donner lieu, par exemple, à la mise en place de réseaux de distribution et de commerce de gros ; elles peuvent aussi stimuler l'essor des institutions financières locales; voir le chapitre 2.

4 Les intrants de type la « publicité » ou le « génie-conseil » sont compris, ici, dans le secteur des services (secteur 4).

5 Il est utile de rappeler que, tout au long de ce livre, nous employons comme synonymes les termes « développement », « développement économique », « croissance économique à long terme ».

6 Parmi les pères de cette révolution de la pensée économique figurent les économistes américains E. Denison, S. Kuznets, P. Romer et R. Solow.

7 La contribution des facteurs 5 et 6 a tendance à diminuer avec le niveau de développement du pays ; en contrepartie, la part du « résidu » (facteur 7) croîtra à mesure que les effets attribuables à l'urbanisation arrivent à leur limite.

Chapitre 6

1 Nous avons choisi d'employer le terme « inégalités » plutôt que « disparités » ; mais les deux peuvent s'employer ici comme des synonymes.

2 Il est plus exact de parler d'un cadre de *statique comparative,* car les trois figures auxquelles nous ferons appel (6.1, 6.2 et 6.3) représentent trois moments dans le temps : t1, t2 et t3. La distinction entre *statique* et *dynamique* est expliquée au chapitre 5.

[3] Les deux groupes de la population dont les taux d'activité sont traditionnellement les plus flexibles sont les femmes et les jeunes. Dans les pays industrialisés, l'entrée massive des femmes sur le marché du travail depuis la Deuxième Guerre mondiale s'est traduite par de fortes hausses des taux d'activité globaux.

[4] Nous continuons, par commodité, à employer le symbole du dollar ($), mais le lecteur peut, bien entendu, y substituer l'euro ou toute autre devise.

[5] À cause de la façon dont les courbes d'offre sont tracées (celle de B étant plus élastique), le nombre de travailleurs qui quitteront B sera inférieur au nombre total de travailleurs qui se seront retirés du marché du travail de B, si bien que la quantité représentée par Q2 – Q3 dans les deux régions ne sera pas parfaitement équivalente. Dans B, des travailleurs se sont retirés du marché du travail, mais sont restés dans la région.

[6] Nous invitons le lecteur à faire l'exercice pour son propre compte : de combien l'offre d'un meilleur salaire dans une autre région devra-t-elle être supérieure à ce qu'il gagne actuellement (10 %, 15 %, 25 %, etc.) pour qu'il trouve qu'il est dans son intérêt de partir ?

[7] La figure doit s'interpréter avec prudence, car les sources et les méthodes de calcul ne sont pas les mêmes pour les deux périodes. Pour plus de détails, voir la rubrique « Sources et notes méthodologiques » à la fin du livre.

[8] Ceci est à différencier de l'égalisation interpersonnelle (ou inter-ménages) des revenus. La distribution des revenus entre particuliers ou ménages est plus inégale aux États-Unis que dans la plupart des pays industrialisés.

[9] L'analyse porte sur la période 1971-2001, mais demeure pertinente pour illustrer la mécanique intersectorielle derrière le redéploiement territorial de l'emploi..

[10] Au moment de la rédaction, seulement deux pays avaient encore des économies entièrement (ou du moins, très largement) planifiées : Cuba et la Corée du Nord.

Chapitre 7

[1] Abitibi-Témiscamingue ; Saguenay – Lac-St.-Jean ; Bas St.-Laurent ; Gaspésie et les Îles ; Côte-Nord.

[2] Pour les politiques canadiennes (fédérales et québécoises), Joyal (2002) et Proulx (2002) sont de très bonnes sources.

[3] La même logique s'applique à des initiatives particulières que l'on voudrait encourager (formation de la main-d'œuvre, investissements en recherche et développement, etc.). Il est plus facile d'imaginer des mesures pour « récompenser » l'entreprise de ses bonnes actions (des incitatifs, en somme) que de concevoir des régimes qui la pénaliseront pour ses mauvais coups. Sur ce plan, le marché est encore l'outil le plus sûr pour imposer les sanctions souhaitables.

[4] Au Canada, il est effectivement arrivé que l'État verse des sommes importantes à de grandes entreprises pour favoriser leur implantation dans des régions éloignées. On peut citer le cas de la société Michelin en Nouvelle-Écosse.

[5] Sauf dans les cas où l'État décide d'être particulièrement généreux. Voir la note précédente.

[6] Les effets centralisateurs des transports sont également examinés au chapitre 9, sous la section sur la concurrence spatiale.

[7] Pour une analyse critique en profondeur du concept de pôle de développement, voir Parr (1999). Voir aussi Polèse et Shearmur (2003) pour une critique propre au Québec.

[8] Départements (ou Territoires) d'Outre-Mer.

Chapitre 8

[1] La subvention peut prendre des formes diverses. Au Québec, par exemple, les actions des sociétés de développement économique (SODEQ) étaient assorties d'importants avantages fiscaux pour les acheteurs. Cette initiative, prise à la fin des années 1970, a connu un succès mitigé, précisément parce que plusieurs SODEQ ont eu du mal à trouver des investissements rentables dans leur région.

[2] De fait, aux États-Unis, les écoles primaires sont gérées par des commissions scolaires locales dotées de pouvoirs de taxation.

[3] Sous la rubrique « syndrome de dépendance », on trouvera au chapitre 7 une analyse des effets contradictoires des paiements de transferts sur l'évolution des disparités régionales.

Chapitre 10

[1] Par des formulations mathématiques plus complexes du modèle de Weber, on cherche à calculer le point optimal à l'intérieur de ce triangle, soit le point où les coûts totaux de transports sont minimisés. En l'absence d'accidents géographiques ou d'autres contraintes, la solution de ce problème « théorique » n'est pas facile à trouver. En réalité, comme nous le verrons, les choix auxquels les entreprises font face sont limités, notamment à cause de l'effet exercé sur les coûts de transport par les points de *rupture de charge*.

[2] Nous avons déjà insisté sur la fragilité des ressources naturelles comme facteur de développement économique régional (voir surtout le chapitre 5). Cette fragilité est liée à l'impact, souvent imprévisible, du changement technologique.

[3] Pour se rafraîchir la mémoire sur la dérivation des courbes de transport, on pourra réexaminer la figure 2.1 (chapitre 2).

[4] La figure 9.3 donne une représentation schématisée des relations de prix entre différents modes de transport. Les pentes peuvent différer selon les époques, les technologies, les produits transportés et les conditions locales, mais les tracés que l'on voit ici sont, en gros, fidèles à la réalité.

[5] Nous parlons de *coûts de communication* pour les intrants ou extrants non matériels, afin de les distinguer des coûts de transport entendus strictement. Le concept générique de coûts de transport recouvre cependant tous les coûts d'interaction spatiale, y compris les coûts de communication.

[6] Les seules exceptions seraient les très petits pays (Andorre, par exemple) ou des villes-état comme Singapour.

[7] Dans le reste de cette section, il n'est question que d'informations tacites qui ne sont transmissibles que par le face à face (combiné avec des entretiens téléphoniques, des courriers électroniques, et des rapports spécifiques).

[8] Pour exprimer la distinction, il faudrait subdiviser le coefficient r_q de l'équation (2) en composantes $r_{q\ \text{implicite}}$ et $r_{q\ \text{explicite}}$.

[9] Ce qu'il en coûte pour faire fonctionner le siège social d'une grande entreprise multi-établissement représente en général un élément négligeable dans l'ensemble de la structure de coûts de l'entreprise. En outre, même s'il convient de les considérer comme des établissements individuels sur le plan de la localisation, les sièges sociaux sont rarement traités par les entreprises comme des sources de profit distinctes.

[10] Rappelons que les données se rapportent aux régions métropolitaines.

Chapitre 11

[1] L'utilisation des données de 1996 et de 2006 demeurent utiles pour la démonstration. Les relations structurelles dont il est question ici doivent se comprendre dans un contexte plus général au-delà des variations à caractère conjoncturel ou les particularismes des villes présentées.

Conclusion

[1] Pour la France, le terme « services supérieurs » inclut toutes les activités des secteurs « conseil et assistance » et « recherche-développement » selon la classification NES 36. Au Canada, il s'agit de la classe industrielle « services professionnels, scientifiques et techniques » selon la nomenclature de Statistique Canada. Les données canadiennes sont pour l'année 2011; celles de la France sont pour l'année 2006.

[2] Une grande entreprise (firme) multinationale englobera normalement plusieurs établissements; voir aussi la figure 12.6, plus loin. L'entreprise ne tient pas forcément une comptabilité séparée pour chaque établissement. De plus, les liens juridiques entre établissements peuvent fluctuer, à mesure que changent les propriétaires et les formules organisationnelles.

[3] La grande région parisienne = Île de France.

[4] Ce type de service « *back-office* » peut aussi être délocalisé vers des régions ou pays plus éloignés : les deux facteurs nécessaires à l'exploitation de tels établissements sont une main-d'œuvre adéquate (en nombre, qualifications et affinités culturelles – voir chapitre 9) et des moyens de communications avec le siège social.

[5] Une logique semblable opère aussi dans certaines régions en difficulté, telle Terre-Neuve : beaucoup de jeunes hommes (surtout) font la navette mensuelle ou bimensuelle vers les puits de pétrole albertains tout en maintenant leur lieu de résidence en Terre-Neuve. Le salaire accumulé en Alberta est en grande partie dépensé en Terre-Neuve. L'augmentation des navettes peut donc aussi être un moyen pour les régions en difficulté de maintenir leurs communautés malgré le manque d'opportunités économiques locales.

[6] Davezies (2008) introduit la notion d'économie résidentielle, qui fait l'objet d'une définition détaillée dans le lexique. Urbain (2002) souligne la montée en puissance et l'ambivalence des résidents secondaires, notamment pour ce qui est de leur insertion dans la région d'accueil. Massey (2005) remet en cause toute notion simple de région ou d'identité régionale, proposant l'idée qu'une « région » est une entité fluide, l'intersection de multiples trajectoires individuelles dans le temps et dans l'espace.

[7] Source : Duboys-Fresney (2006 : 27).

[8] Source : Observatoire des territoires (France), consulté mars 2009 : www.territoires.gouv.fr/indicateurs/portail_fr/indicateurs_fr/p1_presentation.php

[9] Lucas (1988 : 39). La citation originale, que nous avons légèrement modifiée aux fins de l'argumentation, se lit : « What can people be paying Manhattan or downtown Chicago rents for, if not for being near other people ?».

[10] Pour une analyse critique des thèses de Florida, voir Shearmur (2005).

SOURCES ET NOTES MÉTHODOLOGIQUES

- Les données canadiennes utilisées dans cet ouvrage proviennent, sauf indication contraire, de la banque de données du LASER (*Laboratoire d'analyse spatiale et d'économie urbaine et régionale*) localisée au Centre Urbanisation Culture Société de l'INRS à Montréal (http://laser.ucs.inrs.ca/)

  Pour ces données, nous mettons la mention « LASER » comme source. Cependant, la source ultime est Statistique Canada, par l'intermédiaire de compilations spéciales effectuées pour le compte de l'INRS.

- Les données françaises proviennent, pour la plupart, du Recensement Général de la Population (fichier détail et exploitations complémentaires) dont le traitement spécifique a été réalisé par le *Laboratoire Ville Mobilité Transports* (LVMT : www.lvmt.fr/ ?lang=fr) de l'Université Paris-Est, Marne-la-Vallée, laboratoire commun à l'IFSTTAR, l'École des Ponts et l'UPEM. Nous indiquons alors la mention « LVMT ».

- Les *Indicateurs de développement*, publiés annuellement par la Banque mondiale, accessibles en ligne (www.banquemondiale.org/), sont une source indispensable pour les comparaisons internationales. Pour cette source, où il s'agit toujours de la donnée la plus récente disponible, nous indiquons « Banque mondiale (en ligne) » sauf pour les cas où il s'agit de publications particulières. La mention « Banque mondiale » est alors suivie de l'année de référence.

  Pour les sources qui figurent aussi dans la bibliographie, ne sont indiqués ici que les titres abrégés. La référence complète se trouve alors dans la bibliographie.

- Les graphiques à caractère plus théorique ou schématique sont le produit de compilations diverses élaborées par les auteurs. La mention « les auteurs » est alors indiquée.

Chapitre 1

- Figure 1.1 : Banque mondiale (en ligne), Cipolla (1962), Kuznets (1966).
- Figure 1.2 : Banque mondiale (1990), Breese (1966), The Economist (1990).
- Figure 1.3 : Banque mondiale (en ligne).
- Figure 1.4 : Banque mondiale (1998, 2003), Baudhuin (1966).

- Figure 1.5 : United Nations Population Division, World Urbanization Prospects: The 2007 Revision Population Database, Nations Unies, 2008 : http://esa.un.org/unup/
- Figure 1.6 : Les auteurs. Les courbes ne sont pas tracées au hasard : celles pour les pays industrialisés s'appuient sur l'évolution du Royaume-Uni entre 1750 et aujourd'hui. Celles pour les PED sont une synthèse de la tendance dans plusieurs pays, dont notamment l'Inde et le Mexique.
- Figure 1.7 : Adaptée de Dillinger (1991).
- Tableau 1.1 : Banque mondiale (en ligne), Cipolla (1962), Kuznets (1966).
- Tableau 1.2 : Kuznets (1966), Population Reference Bureau : http://www.prb.org/
- Tableau 1.3 : Les auteurs.

Chapitre 2

- Toutes les figures et tableaux sont des auteurs.

Chapitre 3

- Toutes les figures sont des auteurs.
- Tableau 3.1 : Sources diverses : calculs des auteurs à partir d'agences statistiques nationales (comptes économiques ou recensements). Voir aussi McKinsey (2011) Urban world : Mapping the economic power of cites : http://www.mckinsey.com/insights/urbanization/urban_world ;
- Tableau 3.2 : Henderson (1988).
- Tableau 3.3 : LASER pour le Canada. LVMT pour la France.

Chapitre 4

- Figures 4.1 et 4.2 : Les auteurs.
- Figure 4.3 : Banque mondiale (en ligne). À noter que les informations les plus récentes publiées par la Banque mondiale datent de 2001.
- Figure 4.4 : Banque mondiale (en ligne).
- Figure 4.5 : Banque mondiale (en ligne).

Chapitre 5

- Figure 5.1 : Les auteurs.
- Tableau 5.1 : Les auteurs.
- Tableau 5.2 : Les estimations (fourchettes) des contributions à la croissance sont une synthèse de plusieurs sources et études nationales, avec Denison (1985) comme une source clé.

Chapitre 6

- Figures 6.1 à 6. 4 : Les auteurs.
- Figure 6.5 : Pour les États-Unis : *Bureau of Economic Analysis*, US Department of Commerce, www.bea.doc.gov/bea/regional ; pour le Canada : Statistique Canada, *Système de comptabilité nationale : comptes économiques provinciaux,* publié à intervalles irréguliers. No. 13-213 du catalogue.
- Figure 6.6 : Barro et Sala-i-Martin (1995) pour la période 1950-1990. Eurostat (données régionales) pour la période 1995-2011 : http://ec.europa.eu/eurostat/data/database
    - Les deux indices d'inégalité régionale ne sont pas comparables, raison pour laquelle nous conservons deux graphiques distincts. Le calcul de Barro et Sala-i-Martin s'appuie sur un découpage géographique de niveau NUTS 2 (Nomenclature d'unités territoriales statistiques) et se réfère à des écarts-types du logarithme. Le calcul d'Eurostat s'appuie sur un découpage (plus fin) de niveau NUTS 3, et fait appel à un indice de dispersion défini comme la somme des différences absolues entre le PIB national par habitant et le PIB régional par habitant, somme pondérée par la part de la population et exprimée en pourcentage du PIB national par habitant.
- Figure 6.7 : LASER pour le Canada ; LVMT pour la France, à partir du recensement général de la population de 1999 : découpage du territoire d'après la définition de l'INSEE du zonage en aire urbaine.
- Figure 6.8 : La figure est adaptée de Lung (1989) dont les données s'arrêtent en 1985. Pour l'extension des courbes après cette date – qui doivent s'interpréter comme des approximations – nous nous sommes inspirés de Gaigné *et al.* (2005), qui constatent la poursuite du mouvement de déconcentration industrielle en France.
- Figure 6.9 : Les auteurs : figure adaptée de Trachen (1985).
- Tableau 6.1 : Les auteurs.

- Tableau 6.2 : Les auteurs à partir de LASER.
- Tableau 6.3 : Les auteurs à partir de LASER.

Chapitre 7

- Figure 7.1 : Carte géographique fabriquée par le LASER. Source : site de la Commission européenne « Politique régionale : InfoRegio » : http://ec.europa.eu/regional_policy/fr/information/maps/
- Figure 7.2 : Estimations des auteurs à partir de la structure d'emploi de l'État fédéral canadien.
- Figure 7.3 : Les auteurs.
- Tableau 7.1 : Statistique Canada, *Système de comptabilité nationale : comptes économiques provinciaux* et *Centre for the Study of Living Standards* (Ottawa) : http://www.statcan.gc.ca/pub/13-016-x/13-016-x2014002-fra.pdf ; http://www.csls.ca/reports/csls2014-03.pdf

Chapitre 8

- Figures 8. 1 : Les auteurs.

Chapitre 9

- Figures 9.1 : Les auteurs.

Chapitre 10

- Figures 10.1 à 10.3 : Les auteurs.
- Figure 10.4 : Terral et Polèse (2006) ; les données sont tirées des recensements américains et canadiens, logées au LASER.
- Figures 10.5 à 10.9 : Les auteurs.
- Figure 10.10 : Guérin-Pace (1995) et LVMT pour des séries plus récentes, fondées sur des données de populations légales par commune (2006).
- Figure 10.11 : Les auteurs.

Chapitre 11

- Figures 11.1 à 11.6 : Les auteurs.

- Figure 11.7 : Synthèse des auteurs à partir de sources diverses sur les structures d'emploi des centres-villes de New-York, Paris, Londres, Toronto et Montréal.
- Figure 11.8 : Webimm.com, site consulté en 2004. Informations sur le marché immobilier parisien : www.webimm.com
- Figure 11.9 : Informations sur les marchés immobiliers : CB Richard Ellis (www.cbre.com) et Cushman and Wakefield : www.cushmannwakefield.com, sites consultés en 2004.
- Figures 11.10 à 11.13 : Les auteurs
- Tableau 11.1 : LASER.

Conclusion

- Figure 12.1 : Les auteurs
- Figure 12.2 : LASER et calculs des auteurs à partir des données d'emploi (NES 36) de 2006 pour la France.
- Figure 12.3 : LASER.
- Figure 12.4 : Les auteurs. Synthèse à partir des tendances réelles de plusieurs pays industrialisés, dont les États-Unis, le Canada, la France et d'autres pays de l'Europe de l'Ouest.
- Figure 12.5 : LVMT pour la France à partir d'estimations de l'INSEE. LASER pour le Canada.
- Figure 12.6 : Les auteurs.
- Figure 12.7 : Calculs du LVMT à partir du fichier Migcom (2008). La carte illustre les migrations résidentielles des populations de 55 ans et plus. Pour sa lecture, le solde indique la différence entre les populations de 55 ans et plus résidentes dans un département en 2008 (et qui déclaraient résider dans un autre département 5 ans auparavant) et les populations sortantes (c'est-à-dire les populations, qui 5 ans auparavant, déclaraient résider dans ce même département).

BIBLIOGRAPHIE

ACS, Z.. (éd). 2006. *The Growth of Cities*. Cheltenham, Edward Elgar.

AGUILÉRA, A. 2002. « Services aux entreprises, centralité et multipolarisation. Le cas de Lyon », *Revue d'Économie Régionale et Urbaine*, 3, 397-422.

AGUILÉRA, A. et LETHIAIS, V. 2011. « Transmission des connaissances dans les relations de coopération inter-entreprises : TIC versus face à face », *Revue d'Économie Régionale et Urbaine*, 2, 269-293.

ALONSO, W. 1964. *Location and Land Use - Toward a General Theory of Land Rent*. Cambridge (Mass.), Harvard University Press.

ASHEIM, B. et ISAKSEN, A. 2002. « The Integration of Regional "Sticky" and Global "Ubiquitous" Knowledge », *Journal of Technology Transfer*, 27, 77-86.

AYDALOT, P. 1976. *Dynamique spatiale et développement inégal*. Paris, Economica.

BADCOCK, B. 2002. *Making Sense of Cities. A Geographical Survey*. Londres, Arnold.

BAIROCH, P. 1992. *Le Tiers Monde dans l'impasse*. Paris, Gallimard.

BANQUE MONDIALE, 1991. *Politique urbaine et développement économique : un agenda pour les années 1990*. Washington D.C., Banque Mondiale.

BARRO, R. et SALA-I-MARTIN, X. 1995. *Economic Growth*. New York, McGraw-Hill.

BAUDHUIN, F. 1966. *Principes d'économie contemporaine. Tome 4, « La consommation »*. Verviers (Belgique), Marabout Service.

BAUMONT, C., COMBES, P., DERYCKE, P. et JAYET, H. (éds). 2000. *Économie géographique. Les théories à l'épreuve des faits*. Paris, Economica.

BENKO, G. et LIPIETZ, A. (éds). 2000. *La richesse des régions. La nouvelle géographie socio-économique*. Paris, Presses Universitaires de France.

BOSCHMA, R. et IAMMARINO, S. 2009. « Related variety, trade linkages and regional growth », *Economic Geography*, 85, 289-311.

BOSCHMA, R. et FRITSCH, M. 2009. « Creative Class and Regional Growth : Empirical Evidence from Seven European Countries », *Economic Geography*, 85, 391-423.

BRÜCKNER, M. 2012. « Economic growth, size of the agricultural sector, and urbanization in Africa », *Journal of Urban Economics*, 71, 26-36.

BOUDEVILLE, J. 1972. *Aménagement du territoire et polarisation*. Paris, Genin.

BOUINOT, J. 2002. « Effets d'agglomération et dynamisme économique local : approfondissement récent et connaissance », *Géographie, Économie, Société*, 4, 95-102.

BOURDEAU-LEPAGE, L. 2002. « Marchés du travail et disparités régionales en Pologne », *Région et Développement*, 15, 79-104.

BRAUDEL, FERNAND. 1979. *Civilisation matérielle, économie et capitalisme XVe –XVIIe siècle. 3. Le temps du monde*. Paris, Armand Colin.

BREESE, G. 1966. *Urbanisation in Newly Developing Countries*. Englewood-Cliffs, Prentice-Hall.

BRENNER, N. et THEODORE, N. 2002. *Spaces of Neoliberalism : Urban Restructuring in North America and Western Europe.* Oxford, Blackwell.

BRUEGMANN, R. 2005. *A Compact History of Sprawl*. Chicago, University of Chicago Press.

BRÜLHART, M. et SBERGAMI, F. 2009. « Agglomeration and Growth : Cross-Country Evidence », *Journal of Urban Economics*, 65, 48-63.

BRUNELLE, C. et POLÈSE, M. 2008. « Functional Specialization across Space : A Case Study of the Canadian Electricity Industry, 1971-2001 », *Le Géographe Canadien*, 52, 486-504.

BURGESS, E. 1927. « The Determination of Gradients in the Growth of Cities », *American Sociological Society*, 21, 178-184.

BUSSIÈRE, Y. et MADRE, J.-L. 2002. *Démographie et transport* : *villes du nord et villes du sud.* Paris, L'Harmattan.

CAMAGNI, R. 1996. *Principes et modèles de l'économie urbaine*. Paris, Economica.

CAMPAGNE, P. et PECQUEUR, B. 2014. *Le Développement territorial : Une réponse émergente à la mondialisation.* Paris, Charles Léopold Mayer.

CARLINO, G. et SAIZ. A. 2008. « Beautiful city : Leisure amenities and urban growth », *Federal Reserve Bank of Philadelphia*, Working Paper No. 0822.

CARRINCAZEAUX, C. 2000. « La notion de distance dans les analyses empiriques des effets de débordement géographique du savoir: une revue de la littérature », *Revue d'Économie Régionale et Urbaine*, 4, 619-642.

CHOMBART DE LAUWE, P. 1952. *Paris et l'agglomération urbaine : l'espace social dans la cité*. Paris, Presses Universitaires de France.

CHRISTALLER, W. 1935. *Die zentralen Orte in Süddeutschland*. Iéna, Fischer.

CIPOLLA, C. 1962. *The Economic History of World Population*. Baltimore, Penguin Books.

CLARK, G., FELDMAN, M. et GERTLER, M. 2000. *The Oxford Handbook of Economic Geography*. Oxford, Oxford University Press.

COE, N., KELLY, P. F. et YEUNG, H. W. 2007. *Economic Geography : A Contemporary Introduction*. Londres, Blackwell.

COMBES, P.-P. et OVERMAN, H. 2004. « The Spatial Distribution of Economic Activities in the European Union », *Handbook of Regional and Urban Economics*, 4, 2845-2909.

COMBES, P.-P., LAFOURCADE, M., THISSE, J.-F., et TOUTAIN, J.-C. 2011. « The Rise and Fall of Spatial Inequalities in France : A long-run perspective », *Explorations in Economic History*, 48, 243–271.

COMBES, P.-P., MAYER, T. et THISSE, J.-F. 2006. *Géographie économique : L'intégration des régions et des nations*. Paris, Economica.

COOKE, P., HEIDENREICH, M. et BRACZYK, H., (éds). 2004. *Regional Innovation Systems*. Londres, Routledge (2e edition).

COOPÉRATION FRANÇAISE POUR LE DÉVELOPPEMENT URBAIN. 1989. « Dossier : Villes et développement économique ». *Villes en développement,* 6.

COULOMBE, S. 2000. « New Evidence of Convergence Across Canadian Provinces : The Role of Urbanization », *Regional Studies*, 34, 713-515.

CREVOISIER, O. 2001. « L'approche par les milieux innovateurs : état des lieux et perspectives », *Revue d'Économie Régionale et Urbaine,* 1, 153-166.

CUADRADO-ROURA, J. 2001. « Regional Convergence in the European Union ; From Hypothesis to the Actual Trends », *Annals of Regional Science*, 35, 333-356.

CURRID, E. 2007. *The Warhol Economy : How Fashion, Art and Music Drive New York City*. Princeton, Princeton University Press.

DAVEZIES, L. 2008. *La république et ses territoires : La circulation invisible des richesses*. Paris, Seuil.

DAVEZIES, L. 2009. « L'économie locale résidentielle », *Géographie, Économie, Société*, 11, 47-53.

DAVIS, R.D. et WEINSTEIN, D.E. 2002. « Bones, Bombs, and Break Points : The Geography of Economic Activity », *American Economic Review*, 92, 5 : 1269-1289.

DEAR, M. (éd.). 2002. *From Chicago to LA : Making Sense of Urban Theory*. Thousand Oaks (CA), Sage Publications.

DENISON, E. 1985. *Trends in American Growth, 1929-1982*. Washington D.C., The Brookings Institution.

DESMET, K. et FAFCHAMPS, M. 2005. « Changes in the spatial concentration of employment across US counties : a sectoral analysis : 1972-2000 », *Journal of Economic Geography*, 5, 261-284.

DEVES, C. et GOUTTEBEL, J.-Y. 1988. « Que reste-t-il du dispositif d'aides de janvier – septembre 1982 ? », *Revue d'Économie Régionale et Urbaine*, 2, 208-230.

DICKEN, P. et LLOYD, P. 1990. *Location in Space : Theoretical Perspectives in Economic Geography*. Boston, Addison Wesley (3e édition).

DILLINGER, W. 1991. *La réforme de l'impôt foncier urbain*. Washington, D.C., Banque Mondiale, Programme de gestion urbaine.

DODMAN, D. 2009. « Blaming cities for climate change? An analysis of urban greenhouse gas emissions », *Environment and Urbanization*, 21, 185-201.

DOLOREUX, D. et BITARD, P. 2005. « Les systèmes locaux d'innovation : discussion critique », *Géographie, Économie et Société*, 7, 21-36.

DOMAR, E. 1946. « Capital Expansion, Rate of Growth, and Employment », *Econometrica*, 14, 137-147.

DUBOYS-FRESNEY, L. 2006. *Atlas des Français d'aujourd'hui*. Paris, Autrement.

DUNN, E. 1954. *Agricultural Production, Location and Rent*. Gainesville (Floride), University of Florida Press.

DURANTON, G. et PUGA, D. 2005. « From Sectoral to Functional Urban Specialisation », *Journal of Urban Economics*, 57, 343-370.

DURANTON, G. et PUGA, D. 2001. « Nursery Cities: Urban Diversity, Process Innovation, and the Life Cycle of Products », *American Economic Review*, 91, 1454-1477.

DURANTON, G. et TURNER, M. 2011. « The Fundamental Law of Road Congestion : Evidence from US Cities », *American Economic Review*, 101, 2616-2652

ECONOMIST, THE. 1990. *Book of Vital World Statistics*. New York, Times Books, et Londres, Random House.

ECONOMIST, THE. 1996. *The World Economy. A Special Survey*. numéro du 28 septembre 1996.

EDQUIST, C. 1997. *Systems of Innovation: Technologies, Institutions and Organisations*. Londres, Pinter Publishers et Casell Academic.

FELSENSTEIN, D. et PORTNOV, B. 2005, « Understanding Regional Inequalities in Small Countries », *Regional Studies*, 39, 647-658.

FLORIDA, R. 2002. *The Rise of the Creative Class*. New York, Basic Books.

FRENKEN, K., VAN OORT, F. et VERBURG, T. 2007. « Related Variety, Unrelated Variety and Regional Economic Growth », *Regional Studies,* 41, 685-697.

FRIEDMANN, J. 1966. *Regional Development Policy*. Cambridge (Mass.), Massachusetts Institute of Technology. Press.

FUJITA, M. et THISSE, J.-F. 2003. *Économie des villes et de la localisation*. Bruxelles, De Boeck.

FUJITA, M. et THISSE, J.-F. 2013. *Economics of Agglomeration*. Cambridge, Cambridge University Press (2e édition).

FUNCK, B. et PIZZATI, L. 2003. *European Integration, Regional Policy, and Growth*. Washington D.C., Banque mondiale.

GAD, G. 1985. « Office Location Dynamics in Toronto : Suburbanization and Central District Specialization », *Urban Geography*, 6, 331-351.

GAIGNÉ, C., PIGUET, et SCMITT, B. 2005. « Évolution récente de l'emploi industriel dans les pays territoires ruraux et urbains : une analyse structurelle-géographique sur des données françaises », *Revue d'Économie Régionale et Urbaine,* 1, 3-30.

GASCHET, F. 2002. « The New Intra-Urban Dynamics : Suburbanisation and Functional Specialisation in French Cities », *Papers in Regional Science*, 81, 63-81.

GERTLER, M. 2003. « Tacit Knowledge and the Economic Geography of Context, or the Undefinable Tacitness of Being (There) », *Journal of Economic Geography*, 3, 75-99.

GHIO, S. et VAN HUFFEL, C. 2001. « Intégration économique et disparités spatiales dans l'Union européenne », *Revue d'Économie Régionale et Urbaine,* 2, 249-270.

GIBSON-GRAHAM, J.-K. 1996. *The End of Capitalism (as We Knew it).* Londres, Blackwell.

GLAESER, E., et GOTTLIEB, J. 2006. « Urban resurgence and the consumer city », *Urban Studies,* 43, 1275-1299.

GLAESER, E. et KAHN, M. 2010. « The greenness of cities : Carbon dioxide emissions and urban development », *Journal of Urban Economics*, 67, 404-418.

GLAESER, E. (éd). 2010. *Agglomeration Economics*. Chicago, University of Chicago Press.

GOTTMANN, J. 1961. *Megalopolis*. New York, Twentieth Century Fund.

GRAHAM, S. et MARVIN, S. 2001. *Splintering Urbanism : Networked Infrastructures, Technological Mobilities and the Urban Condition.* Londres, Routledge.

GUÉRIN-PACE, F. 1995. « Rank-Size Distribution and the Process of Urban Growth », *Urban Studies*, 32, 551-562.

GUILLAIN, R. et HURIOT, J.-M. 2000. « Les externalités d'information, mythe ou réalité ? » dans BAUMONT, C., COMBES, P., DERYCKE, P. et JAYET, H. (éds). 2000. *Économie géographique. Les théories à l'épreuve des faits*. Paris, Economica, 179-208.

HALBERT, L. 2010. *L'avantage métropolitain*. Paris, Presses universitaires de France.

HARROD, R. 1939. « An Essay on Dynamic Theory », *Economic Journal*, 59, 14-33.

HENDERSON, V. 1988. *Urban Development : Theory, Fact and Illusion*. Oxford, Oxford University Press.

HENDERSON, V. 2003. « Marshall's Scale Economies », *Journal of Urban Economics*, 53, 1-28.

HENDERSON, V. 2010. « Cities and development », *Journal of Regional Science*, 50, 515-540.

HOLTZ, J.-M. et HOUSSEL, J.-P. 2002. *L'industrie dans la nouvelle économie mondiale*. Paris, Presses Universitaires de France.

HOOVER, E. 1948. *The Location of Economic Activity*. New York, McGraw-Hill.

HURIOT, J.-M et BOURDEAU-LEPAGE, L. 2009. *Économie des villes contemporaines*. Paris, Economica.

ISARD, W. 1956. *Location and Space Economy*. Cambrige (Mass.), Massachusetts Institute of Technology Press.

ISARD, W., SCHOOLER, E. et VIETORISZ, T. 1959. *Industrial Complex Analysis and Regional Development*. Cambridge (Mass.), Massachusetts Institute of Technology Press.

ISARD, W. 1975. *Introduction to Regional Science*. Englewood Cliffs, Prentice-Hall.

ISSERMAN, A. 1980. « Estimating Export Activity in a Regional Economy : A Theoretical and Empirical Analysis of Alternative Methods », *International Regional Science Review*, 5, 155-184.

JACOBS, J. 1969. *The Economy of Cities*. New York, Vintage Books.

JACOBS, J. 1984. *Les villes et la richesse des nations : réflexions sur la vie économique*. Paris, Seuil.

JOYAL, A. 2002. *Le développement local : comment stimuler l'économie des régions en difficulté*. Québec, éditions de l'Institut Québécois de la Recherche sur la Culture.

KEYNES, J. 1936. *A General Theory of Employment, Interest and Money.* New York, Harcourt and Brace.

KORSU, E., MASSOT, M.-H. et ORFEUIL, J.-P. 2012. *La ville cohérente, penser autrement la proximité*. Paris, La Documentation française.

KRUGMAN, P. 1995. *Development, Geography, and Economic Theory.* Cambridge (Mass.), Massachusetts Institute of Technology Press.

KUZNETS, S. 1965. *Towards a Theory of Economic Growth*. New York, Norton.

KUZNETS, S. 1966. *Modern Economic Growth : Rate, Structure and Spread.* New Haven, Yale University Press.

LAJUGIE, J. 1989. « Un siècle d'aménagement volontariste du territoire », *Revue d'Économie Régionale et Urbaine*, 1, 10-39.

LANDIS, D. 1998. *The Wealth and Poverty of Nations : Why Some are so Rich and Some so Poor.* New York et Londres, Norton. Paru en français sous le titre : *Richesse et pauvreté des nations : pourquoi des riches ? Pourquoi des pauvres ?* Paris, Albin Michel, 2000.

LE BRAS, H. et TODD, E. 2013. *Le Mystère Français*. Paris, Le Seuil.

LEMELIN, A. 1991. « Le coefficient de localisation et la corrélation spatiale : une comparaison », *Revue Canadienne des Sciences Régionales*, 14, 413-432.

LICHTENBERG, R. 1960. *One Tenth of a Nation*. Cambridge (Mass.), Harvard University Press.

LÖSCH, A. 1944. *Die räumliche Ordnung der Wirtschaft.* Maison d'édition inconnue, (2e édition). Version anglaise : *The Economics of Location*. New Haven, Yale University Press, 1967.

LUCAS, R. 1988. « On the Mechanics of Economic Development », *Journal of Monetary Economics,* 22, 3-42.

LUCAS, R. 1990. « Why Doesn't Capital Flow from Rich to Poor Countries ? », *American Economic Review*, 80, 92-96.

LUCHINI, S. (éd). 2000. « Environnement et territoire : évaluations économiques et gestion », *Région et Développement*, numéro spécial, 12.

LUNDVALL, B.-A. 1992. *National Systems of Innovation : Towards a Theory of Innovation and Interactivre Learning.* Londres, Frances Pinter.

LUNG, Y. 1989. « Changements structurels et périodisation de la dynamique spatiale. L'évolution de la répartition départementale de l'emploi industriel en France 1896-1957 », *Revue d'Économie Régionale et Urbaine*, 3, 448-469.

MACLAREN, V. (éd). 2002. « Les sciences régionales et l'environnement », *Revue Canadienne des Sciences Régionales,* numéro spécial, 25, 2.

MAILLAT, D. 1992. « La relation des entreprises innovatrices avec leur milieu », dans MAILLAT, D. et PERRIN, J.-C. (éds). *Entreprises innovatrices et développement territorial.* Neuchâtel, GREMI/EDES.

MALECKI, E. et OINAS, P. (éds). 1999. *Making Connections: Technological Learning and Regional Economic Change.* Aldershot, Ashgate.

MALECKI, E. et MORISET, B. 2008. *The Digital Economy : Business Organization, Production Processes, and Regional Development.* Londres, Routledge.

MANZAGOL, C. 1992. « La localisation des activités spécifiques », in BAILLY, A., FERRAS, R. et PUMAIN, D. (éds). 1992. *Encyclopédie de Géographie.* Paris, Economica.

MARKUSEN, A., HALL, P., CAMPBELL, S. et DEITRICK, S. 1991. *The Rise of the Gun Belt.* Oxford, Oxford University Press.

MARSHALL, A. 1890. *Principles of Economics.* Londres, Macmillan.

MASSEY, D. 2005. *For Space.* Londres, Routledge.

McCANN, P. 2013. *Modern Urban and Regional Economics.* New York, Oxford University Press.

MÉRENNE-SCHOUMAKER, B. 1991. *La localisation des industries.* Paris, Presses Universitaires de France.

MERLIN, P. 2002. *L'aménagement du territoire.* Paris, Economica.

MORAN, P. 1963. *L'Analyse spatiale en sciences économiques.* Paris, Éditions Cujas.

MYRDAL, G. 1957. *Economic Theory and Underdeveloped Regions*, New York, Harper Torchbooks. Paru en français sous le titre : *Théorie économique et pays sous- développés.* Paris, Présence Africaine, 1959.

NOLHIER. M. (éd). 1990. *Coopération française pour le développement urbain.* Paris, Ministère de la coopération et du développement et Caisse centrale de coopération économique.

O'SULLIVAN, A. 2008. *Urban Economics*, McGraw-Hill, Boston (7e edition).

OLSON, M. 2000. *Power and Prosperity*. New York, Basic Books.

ORMEROD, P. 1998. *Butterfly Economics*. New York, Pantheon Books.

PARK, R. 1916. « The City: Suggestions for the Investigation of Human Behavior in the Urban Environment », *American Journal of Sociology*, 20, 577-612.

PARR, J. 1999. « Growth-pole Strategies in Regional Economic Development Planning : A Retrospective View. Part 1. Origins and Advocacy », *Urban Studies*, 36, 1195-1215.

PARR, J. 2002. « Agglomeration Economies : Ambiguities and Confusions », *Environment and Planning A,* 34, 717-731.

PAULUS, F. 2004. *Coévolution dans les systèmes de villes : croissance et spécialisation des aires urbaines françaises de 1950 à 2000.* Thèse en Géographie, Paris, Université Panthéon-Sorbonne – Paris I.

PERROUX, F. 1955. « Note sur la notion de pôle de croissance », *Économie Appliquée*, 8, 307-320.

PIRENNE, H. 1925. *Les villes du moyen âge.* Paris, Presses Universitaires de France.

POFFET, G. 1989. « Les méthodes de mesure du multiplicateur régional et leur degré d'application au contexte suisse », *Revue d'Économie Régionale et Urbaine*, 5, 753-780.

POLANYI, K. 1983. *La grande transformation : aux origines politiques et économiques de notre temps*. Paris, Gallimard.

POLÈSE, M. 2012. « The Arts Employment and Local Economic Development : Can a Strong Arts Presence Uplift Local Economies ? », *Urban Studies*, 49, 1811-35.

POLÈSE, M. 2012. « Ville et croissance, une relation ambiguë », Dans BOURDEAU-LEPAGE L. (éd.) *Regards sur la ville*, Economica/Anthropos, Paris.

POLÈSE, M. et R. SHEARMUR R. 2002. *La périphérie face à l'économie du savoir : la dynamique spatiale de l'économie canadienne et l'avenir des régions non métropolitaines du Québec et du Canada atlantique.* Montréal, Institut National de la Recherche Scientifique, et Moncton, Institut Canadien de Recherche sur le Développement Régional. http://www.ucs.inrs.ca.

POLÈSE, M. et SHEARMUR, R. 2003. « R.I.P-H.M.R : à propos du concept de pôle de développement et des stratégies de développement économique des régions québécoises », *Revue Canadienne des Sciences Régionales,* 26, 66-86.

POLÈSE, M. et SHEARMUR, R. 2006. « Why Some Regions will Decline: A Canadian Case Study with Thoughts on Local Economic Development », *Papers in Regional Science*, 85, 23-46.

POLÈSE, M. et SHEARMUR, R. 2006a. « Growth and Location of Economic Activity: The Spatial Dynamics of Industries in Canada 1971-2001 », *Growth and Change*, 37, 362-395.

POLÈSE, M. et SHEARMUR, R. 2007. « La stabilité des modèles de localisation industrielle, Canada 1971-2001. Une analyse pour soixante-et-onze secteurs d'activité économique », *Revue d'Économie Régionale et Urbaine,* 4, 1-26.

POLÈSE, M. et WOLFE, J. (éds). 1995. *L'urbanisation des pays en développement.* Paris, Economica.

PONSARD, C. (éd). 1988. *Analyse économique spatiale.* Paris, Presses Universitaires de France.

POTTER, J. et MIRANDA, G. 2009. *Pôles de compétitivité, innovation et entrepreneuriat.* Paris, Organisation de Coopération et de Développement Économique.

PROULX, M.-U. 2002. *L'économie des territoires au Québec.* Québec, Presses de l'Université du Québec.

PUGA, D. 2010. « The Magnitude and Causes of Agglomeration Economies », *Journal of Regional Science*, 50, 2013-19.

PUMAIN, D. 1992. « Les systèmes de villes » dans BAILLY, A, FERRAS, R. et PUMAIN, D. (éds). *Encyclopédie de Géographie.* Paris, Economica.

PUMAIN, D. et MATTEI, M.-F. (éds). 1998. *Données Urbaines II.* Paris, Anthropos.

RÉMY, J. 2000. *La Ville : phénomène économique*. Paris, Anthropos.

RETOUR, D. 2009. « Pôles de compétitivité, propos d'étape », *Revue Française de Gestion*, 190, 93-99.

ROMER, P. 1986. « Increasing Returns and Long Run Growth », *Journal of Political Economy,* 94, 1002-1037.

ROMER, P. 1994. « The Origins of Endogenous Growth », *Journal of Economic Perspectives*, 8, 3-22.

SCHUMPETER, J. 1926. *Theorie der wirtschaftlichen Entwicklung*. Version anglaise : *The Theory of Economic Development*. New York, Oxford University Press, 1934.

SCOTT, S. 2001. *Les régions et l'économie du monde*. Paris, L'Harmattan.

SEN, A. 1992. *Inequality Re-examined,* Cambridge (Mass.), Harvard University Press.

SEXTON, R. 2013. « Market Power, Misconceptions, and Modern Agricultural Markets », *American Journal of Agricultural Economics*, 95, 205-19.

SHARMA, S. 2003. « Persistence and Stability in City Growth », *Journal of Urban Economics,* 53, 300-320.

SHEARMUR R. 2005. *L'aristocratie mobile du savoir : quelques réflexions sur les thèses de Richard Florida*. Inédits/Working Paper 2005-09, Montréal, Institut National de la Recherche Scientifique - Urbanisation, Culture et Société. http://www.ucs.inrs.ca.

SHEARMUR, R. 2012. « The Geography of Intra-metropolitan KIBS Innovation : Distinguishing Agglomeration Economies from Innovation Dynamics », *Urban Studies*, 49, 2331-2356.

SHEARMUR, R. 2013. « Le triomphe des métropoles ? Et si l'innovation métropolitaine n'était qu'un mythe ? », dans KLEIN, J.-L. et GUILLAUME, R. (éds), *Vers une nouvelle géographie économique*, Québec, Presses de l'Université du Québec, 93-126.

SHEARMUR, R. 2015. « Far from the Madding Crowd : Slow Innovators, Information Value and the Geography of Innovation », *Growth & Change*, DOI: 10.1111/grow.12097

SHEARMUR, R. et ALVERGNE, C. 2002. « Intra-metropolitan Patterns of High-order Business Service Location: a Comparative Study of Seventeen Sectors in Ile-de-France », *Urban Studies*, 39, 1143-1164.

SHEARMUR, R., COFFEY, W. DUBÉ, C. et BARBONNE, R. 2007. « Intrametropolitan Employment Structure: Polycentricity, Scatteration, Dispersal and Chaos in Toronto, Montreal and Vancouver, 1996-2001 », *Urban Studies*, 44, 1713-1738.

SHEARMUR, R., TERRAL, L. et POLÈSE, M. 2013. « La géographie de la croissance d'emploi en France à l'aune de processus nord-américains : vers une théorisation du contexte », *Cybergéo : European Journal of Geography* document 631, http://cybergeo.revues.org/25703.

SOLOW, R. 1988. « Growth Theory and After », *The American Economic Review*, 3, 307-317.

STORPER, M. et SCOTT, A. 2009. « Rethinking Human Capital, Creativity and Urban Growth », *Journal of Economic Geography*, 9, 147-67.

TERRAL, L. et POLÈSE, M. 2006. « À la recherche de grandes régularités dans la localisation de l'activité économique. Analyse du tertiaire supérieur et de l'industrie manufacturière pour l'espace nord-américain », *Revue Canadienne de Sciences Régionales*, 29, 275-298.

TERRAL, L. et PADEIRO, M. 2013. « La centralité d'affaires parisienne face au desserrement des emplois. Un examen par le biais de la localisation d'activités témoins », *Géographie, Economie, Société*, 15, 205-237.

TERRAL, L. et PROULHAC, L. 2014. « Les espaces de consommation. Vers une économie résidentielle », dans KLEIN, J.-L. et GUILLAUME, R. (éds), *Vers une nouvelle géographie économique*, Québec : Presses de l'Université du Québec, 153-175.

THÜNEN, J.-H. (Von). 1826. *Der isolierte Staat in Beziehung auf Landwirtschaft und Nationalökonomie*. Hambourg, maison d'édition non identifiée. Traduction anglaise : *The Isolated State*, Oxford, Pergamon, 1966.

TIEBOUT, C. 1962. *The Community Economic Base Study*. New York, Committee for Economic Development.

TRACHEN, A. 1985. *Développement et dynamique de l'inégalité*. Paris, Economica.

URBAIN, J.-D. 2002. *Paradis Verts*. Paris, Payot & Rivages.

WEBER, A. 1909. *Über den Standort des Industrien*. Tübingen. Traduction anglaise: *Alfred Weber's Theory of the Location of Industries*. Chicago, University of Chicago Press, 1929.

WILLIAMSON, J. 1965. « Regional Inequality and the Process of National Development : A Description of the Patterns », *Economic Development and Cultural Change*, 13, 3-54.

YEATES, M. 1997. *The North American City*. Boston, Addison Wesley (5e édition).

ZIPF, G. 1949. *Human Behaviour and the Principle of Least Effort: An Introduction to Human Ecology*. Cambridge (Mass.), Addison-Wesley Press.

LEXIQUE ABRÉGÉ DE TERMES ET CONCEPTS EMPLOYÉS DANS CE LIVRE

Nous avons ajouté le terme anglais dans certains cas pour faciliter les recherches dans des sources anglophones.

Capital. Tout élément ou matière qui contribue au potentiel (futur) de production, à la différence de biens et de produits qui répondent aux besoins courants.

Capital, stock de (*Capital Stock*). La quantité de capital (le nombre de machines ou d'équipements, par exemple) qui se trouve sur un lieu à un moment donné. Le terme « stock » peut aussi s'appliquer au *capital humain* ou à toute autre forme de capital.

Capital humain (*Human Capital*). Les connaissances et les compétences qu'une personne porte en elle, ou que des groupes portent en eux, connaissances qui se traduisent par des hausses dans le futur de la *productivité* et du *revenu réel* par habitant.

CBD. Abréviation de « Central Business District », qui signifie centre des affaires. Souvent employé pour désigner le cœur financier et commercial de la ville, c'est épicentre de l'activité de bureaux avec ses tours et ses immeubles en hauteur. En Europe, s'utilise aussi parfois pour désigner le centre-ville ancien.

Cluster. Terme anglais qui signifie « regroupement ». Désigne un regroupement géographique d'entreprises œuvrant dans un même secteur d'activité ou dans des domaines connexes. Les termes français « grappe » (industrielle) et « filière » s'emploient parfois pour désigner le même concept.

Coûts d'option ou Coûts d'opportunité (*Opportunity Cost*). Le coût associé à une action à laquelle on renonce pour en entreprendre une autre. S'utilise pour exprimer la valeur du temps.

Déséconomies (*Diseconomies*). Antonyme d'« économies ». Les coûts ou les pertes subis par une personne ou une entreprise, attribuables à une action ou à une réalité. Ainsi, on parlera de déséconomies d'agglomération ou de déséconomies externes.

Économies d'agglomération (***Agglomeration Economies***). Les gains économiques attribuables au regroupement géographique des entreprises et des populations. Les gains se manifestent sous forme de hausses de *productivité*.

Économies d'échelle (***Scale Economies***). Aussi appelées « économies de grande dimension » ou « rendements à l'échelle ». La réduction dans les coûts unitaires de production (synonymes de hausses de *productivité*) qui découle d'une hausse dans la quantité produite.

Économies de localisation (***Localization Economies***). Sous-catégorie d'*économies d'agglomération*. Les gains que tirent des entreprises du même secteur d'activité (ou de secteurs connexes) de leur regroupement dans l'espace.

Économies d'urbanisation (***Urbanization Economies***). Sous-catégorie d'*économies d'agglomération*. Les gains que tirent les entreprises du fait qu'elles sont localisées dans une ville.

Économies résidentielles. Concept qui s'est développé avec la séparation géographique croissante entre lieux de production et lieux de vie ; exprime l'idée selon laquelle un territoire peut s'enrichir en misant sur son attractivité résidentielle, en captant des revenus générés à l'extérieur de ses frontières. On parle aussi d'*économie présentielle* pour les territoires lorsqu'on compte une population présente supérieure à la population résidentielle ; dans ce cas, c'est le supplément de présence qui génère des revenus en plus. Le concept s'emploie, par exemple, pour décrire l'économie de territoires touristiques très fréquentés à certaines périodes de l'année.

Écoumène. La partie habitée ou habitable du territoire.

Edge-cities. Terme anglais qui signifie « villes en bordure ». Employé, notamment aux États-Unis, pour désigner des zones denses d'affaires (bureaux, commerces, industries…) qui surgissent en banlieue, au point parfois de se substituer au centre-ville.

Élasticité (***Elasticity***). Le rapport mathématique entre deux taux de changement. S'emploie en sciences économiques pour exprimer la sensibilité d'un phénomène à un autre. Ainsi, l'élasticité-prix exprime la sensibilité (par exemple, de la demande de pain) aux changements de prix. Si elle est peu sensible au prix, on dira que la demande (de pain) est peu élastique ou inélastique.

Endogène/Exogène (*Endogenous/Exogenous*). Adjectifs employés en sciences économiques pour signaler le caractère interne (*endogène*) d'un élément d'explication, par opposition aux éléments (*exogènes*) fixés par des conditions extérieures.

Entrepreneurship. Terme anglais qui désigne le goût des affaires ou l'esprit d'entreprise.

Entreprise. « Firme », mais aussi « société », « compagnie » ou « corporation » (anglicisme) sont des synonymes habituels. L'entreprise constitue l'entité organisationnelle de base dans les économies de marché modernes. Une grande société (entreprise) peut englober plusieurs « établissements ».

Externalités (*Externalities*). Elles sont positives ou négatives. On parle aussi d'« économies externes » (positives) et de « déséconomies externes » (négatives). Elles désignent, respectivement, les gains ou les coûts qui découlent d'événements ou de réalités extérieurs (à la personne ou à l'entreprise), mais aussi des gains ou des coûts qui se répercutent sur des tiers. Les *économies d'agglomération* sont l'expression d'une économie externe positive.

Extrants/Intrants (*Outputs/Inputs*). Termes génériques pour désigner les unités produites (les *extrants*) et les unités qui entrent dans le processus de productions (les *intrants*).

Facteurs de production (*Factors of Production*). Les éléments nécessaires pour produire un bien ou un service. Les facteurs classiques sont la terre, le capital et le travail. Dans les économies modernes, on parle de plus en plus d'autres facteurs comme le *capital humain* et des facteurs intangibles comme les connaissances et le climat social.

Fonction de production (*Production Function*). La relation mathématique qui exprime le rapport entre les différents éléments (*facteurs de production*) nécessaires pour produire un bien ou un service.

Friction de l'espace (*Spatial Friction*). Expression qui résume les coûts imposés par l'espace, par la distance, qui réduisent d'autant les possibilités d'interaction et d'échanges entre les hommes.

Informations tacites. Des informations spécialisées à fort teneur affective ou privée, qui exigent, en règle générale, un contact personnel (face à face) pour être pleinement saisies ; par opposition à des informations codifiées qui peuvent se transmettre par des voies électroniques.

Investissement. Les dépenses ou les efforts consentis qui ne servent pas à répondre à des besoins courants, mais servent à accroître le potentiel futur de production ou de génération de revenus. Ainsi, on parle d'investissements en *capital humain* ou en capital physique.

Migrations pendulaires ou journalières, Navettage (*Commuting*). Déplacements quotidiens entre lieux de résidence et lieux de travail (ou d'études).

Mondialisation (*Globalization*). La réduction progressive des barrières nationales qui faisaient obstacle au libre mouvement des capitaux, des marchandises, des idées et des personnes, avec pour conséquence (selon ses détracteurs) le nivellement des modes-de-vie et l'affaiblissement des États.

Optimum social (*Social Optimum*). Se dit aussi « Optimum de Pareto ». Désigne une économie en situation d'équilibre (idéal) ; la production et le bien-être sont maximisés. Cela signifie que tout déplacement (d'un travailleur ou d'une entreprise) se traduira par une diminution de la production.

PIB (*GDP, Gross Domestic Product*). abréviation de produit intérieur brut. Il exprime la valeur aux prix du marché de tous les biens et services produits au cours d'une année pour des fins de consommation finale.

Productivité (*Productivity*). Le rapport, pour tout type de production, entre le nombre d'*extrants* et le nombre d'*intrants*. Ainsi, la productivité du travail exprime, à titre d'illustration, le rapport entre le nombre d'*extrants* (le nombre de chemises produites, par exemple) et le nombre d'unités de travail (une heure, par exemple).

Rente (*Rent*). Désigne, en sciences économiques, des revenus (gains) qui résultent d'un accident de la nature ou de toute autre circonstance favorable, par opposition à des revenus qui sont le fruit d'un effort supplémentaire. Ainsi, on parle de « rente de site » ou de « rente de localisation » pour désigner les gains associés à une localisation favorable.

Rente foncière (*Land Rent*). Les rentes (revenus) associées à une parcelle de terre. On parle aussi de prix fonciers ou de valeurs foncières pour véhiculer la même notion.

Rentier encombrant. Une grande entreprise, souvent, qui tire profit de la présence d'une ressource particulièrement riche (pétrole, minerais...), lui permettant d'accroître ses bénéfices, mais aussi de payer des salaires supérieurs aux taux « normaux » dictés par le marché. C'est un gain pour les travailleurs qui en profitent, mais agit comme un frein à l'émergence d'entreprises incapables de supporter les mêmes taux.

Revenu réel (*Real Income*). Revenus ajustés pour tenir compte du coût de la vie ou de l'inflation.

Savoir, effets de débordement du (*Knowledge spillovers*). Les gains de *productivité* qui découlent de la multiplication et du regroupement géographique de personnes avec un haut niveau d'instruction et de savoir. Exemple d'une *externalité* positive.

Services supérieurs ou tertiaire supérieur (*High-Order Services*). Des services marchands qui se distinguent par certains attributs : exportables, forte teneur en information ou en matière grise, clientèle d'affaires. Antonymes : services banals, services personnels, services à la consommation.

Transferts (*Transfer Payments*). Se dit aussi « paiements de transfert ». Désigne l'argent versé par l'État (national, régional ou local), sous forme de subventions, de prestations, d'allocations ou d'autres transferts, aux particuliers, aux entreprises et à d'autres niveaux de gouvernement. Se distingue des revenus de travail (salaires) et des revenus de placement (intérêts, dividendes...).

Valeur ajoutée (*Value added*). La différence entre le prix final d'un produit (bien ou service) et le coût des intrants nécessaires pour le produire, à l'exclusion, notamment, du travail ou capital. C'est la *valeur* que les travailleurs et les investisseurs *ajoutent* à chaque étape de production ; soit, la somme des salaires versés et des revenus d'investissement (profits, dividendes, intérêts).

Voisinage, effets de (*Neighborhood effects*). Synonyme d'*externalités* et d'*effets de débordement,* à la différence près que les effets externes en cause se limitent au voisinage (quartier).

TABLE DES MATIÈRES

Cet ouvrage a été achevé d'imprimer en France en mai 2015
dans les ateliers de Normandie Roto Impression s.a.s.
61250 Lonrai
N° d'impression : 1502259
Dépôt légal : juin 2015

Imprimé en France